邹韬奋传

沈谦芳 著

生活·讀書·新知 三联书店

Copyright © 2015 by SDX Joint Publishing Company.
All Rights Reserved.
本作品版权由生活・读书・新知三联书店所有。
未经许可，不得翻印。

图书在版编目（CIP）数据

邹韬奋传／沈谦芳著. —北京：生活・读书・新知三联书店，2016.1
ISBN 978 – 7 – 108 – 05572 – 9

Ⅰ.①邹…　Ⅱ.①沈…　Ⅲ.①邹韬奋（1895～1944）－传记
Ⅳ.①K825.42

中国版本图书馆 CIP 数据核字（2015）第 249619 号

责任编辑	朱利国　马　翀
装帧设计	蔡立国
责任印制	宋　家
出版发行	生活・讀書・新知 三联书店
	（北京市东城区美术馆东街 22 号 100010）
网　　址	www.sdxjpc.com
经　　销	新华书店
印　　刷	北京隆昌伟业印刷有限公司
版　　次	2016 年 1 月北京第 1 版
	2016 年 1 月北京第 1 次印刷
开　　本	635 毫米×965 毫米　1/16　印张 31.5
字　　数	365 千字
印　　数	0,001 – 5,000 册
定　　价	68.00 元

（印装查询：01064002715；邮购查询：01084010542）

谨以此书纪念韬奋诞辰一百二十周年

目　录

一　童年暗淡　母爱殷深　1
二　艰难求学　砥砺品行　5
三　曲线就业　蓄势待发　29
四　艰苦创业　改造社会　58
五　狼烟频起　杜鹃啼血　99
六　矢志救国　书生谈兵　127
七　半路出家　走向革命　152
八　考察欧美　思想升华　184
九　奔走呼号　联合救亡　223
十　千古奇冤　救国有罪　261
十一　披肝沥胆　投身抗战　307
十二　山城雾锁　壮志难酬（上）　345
十三　山城雾锁　壮志难酬（下）　388
十四　转战香港　力倡民主　411
十五　光荣归宿　青史垂名　439

邹韬奋年表　480
主要参考书目　493
再版后记　495

一　童年暗淡　母爱殷深

1895年11月5日（农历乙未年九月十九日），邹韬奋出生于福建省永安县一个日趋破落的封建大家庭，取名恩润，乳名荫书。"韬奋"是他后来办《生活周刊》时用的一个笔名。他曾这样解释："韬是韬光养晦的韬，奋是奋斗的奋。"[1]一面要韬光养晦，一面要奋斗，从一定意义上说，寄托了邹韬奋的人生理念。

童年邹韬奋

邹韬奋祖籍江西省余江县沙塘村。祖父邹晓村，号舒宇，曾考中清廷拔贡，初以七品京官分发福建省候补知县。先后担任永安、长乐知县，官至延平府知府。他为官清廉，不置产业，家中常靠借钱度日，所写《借钱》一诗就说明了这种窘况。诗云："自从出守剑津门，妙手空空上债台；一窘神仙都没法，牛郎也只借钱来。"[2]

父亲邹国珍，号庸倩，排行十四。1900年，祖父年老告退，父亲带着家眷前往福州，在福建省盐务局里做事，后候补浦城盐务局长。

---

[1] 毕云程：《邹韬奋先生五周年祭》，见邹嘉骊编《忆韬奋》，上海：学林出版社，1985年版，第194页。

[2] 邹舒宇手抄本《梅花一笑馆诗存卷二》。

1915年前后迁居北京，在财政部印花税处任科长。他深受"实业救国"思想影响，一面依此培养邹韬奋，一面则身体力行，筹办过一个大型纱厂。但在帝国主义的经济侵略和国内封建势力的重重阻拦下，中国的民族工业命运多舛，结果不但办厂未成，反而欠了一身巨债。

母亲查氏，浙江海宁人，大家闺秀，通文墨，喜看小说讲故事，生有三男三女，邹韬奋是长子。

邹韬奋生长在国难殷深的多事时代。先是甲午惨败，再是帝国主义疯狂瓜分中国，接下来又是八国联军占领北京。邹韬奋的家道随着国难的加剧而衰落。他虽然出生在"做官"人家，但并未因此过上好日子。在他的记忆里，父亲"赤手空拳出来做官，家里一贫如洗"。有时家里竟至无米下锅，不得不靠领救济穷人的"仓米"来糊口。领"仓米"的事都由跟随母亲来的名叫妹仔的女仆去做。母亲抱着哭泣的二弟在家里焦急地等候。邹韬奋当时并不知道"这就是穷的光景，只诧异着母亲的脸何以那样苍白，她那样静寂无语地好像有着满腔无处诉的心事"。[1]

邹韬奋刚到六岁，父亲亲自为他"发蒙"，教读《三字经》。第一次上的课是"人之初，性本善；性相近，习相远"，弄得他莫名其妙。他一个人坐在一个小客厅的炕床上"朗诵"了半天，苦不堪言！母亲觉得要教好他，就得请一位"西席"老夫子。第一个请来的老夫子，除供膳宿外，每月只需四块大洋，但这四块大洋来之不易，是母亲节衣缩食省下来的。

为着家计，母亲吃尽了辛苦，操透了心。邹韬奋七八岁时，二弟6岁，还有一个妹妹3岁。三个人的衣服鞋袜，没有一件不是母亲自己做的。她还时常从外面收些女红来做，所以很忙。稍知

---

[1] 邹韬奋：《韬奋全集》第7卷，上海：上海人民出版社，1995年版，第288页。

人事的邹韬奋,看见母亲那样辛苦,心里常觉不安。

有一个夏天的深夜,邹韬奋忽然从梦中醒来,从帐里望见母亲独自一个人在灯下做鞋底,想到母亲的劳苦,辗转反侧睡不着,很想起来陪陪母亲。他找了个借口,说太热睡不着,想起来坐一会儿。母亲同意了,让他坐在身边。邹韬奋眼巴巴地看着母亲额上的汗珠往下流,手上一针不停地做着布鞋。这时万籁俱静,母亲温馨的呼吸隐约可闻。邹韬奋暗自想着,为着他要穿鞋,累得母亲深夜工作不休,感到说不出的歉疚,但又感到能坐着陪陪母亲,似乎可以减轻些心里的不安成分。当时一脑子的心事,却不敢对母亲说出一句。母亲到死也不知道这个儿子心里曾有过这样一段没有说出的想法。[1]

随着年岁增长,邹韬奋读书日多。10岁时,读"孟子见梁惠王"。父亲望子成龙心切,到年底的时候,要清算邹韬奋平日的功课,在夜里亲自听儿子背书,背不出,就用竹板打手心。邹韬奋呜咽着背,同时听得见坐在旁边的母亲也唏嘘地哭着。母亲十二分地同情、心疼儿子,但为着儿子上进,却时时从呜咽着的断断续续的声音里勉强说着"打得好"。背完了半本"梁惠王",被打右手掌肿得有半寸高,偷向灯光中一照,通亮,好像满肚子装着已成熟的丝的蚕身一样。母亲含着泪把邹韬奋抱上床,轻轻盖上被子,并在他额头上吻了几吻,然后离去。

之后,邹韬奋又读《纲鉴》等书。当看到西晋的怀帝被后汉刘聪所虏,腼颜称臣,被逼着"青衣行酒"(即做斟酒的奴隶)后还是被杀时,"小小的心弦也被震动,感到莫名其妙的凄惨"。到1936年,邹韬奋还用这个国破家亡后、欲求奴隶之地位而不可得的"凄

---

[1] 邹韬奋:《韬奋全集》第7卷,上海:上海人民出版社,1995年版,第289—290页。

惨"故事,来警告对日本侵略者惯于妥协退让的蒋介石国民党政府。

近十年的"牢狱式"的私塾学习并非一无是处,至少为邹韬奋以后从事文化事业打下了较好的国学基础。他读古书,受到了较为系统的传统文化教育,对祖国的历史、民族的特征已有所了解,培养了亲近感,还学到了许多为人处世的道理。他青年时期所写文章,多有子曰诗云,私塾教育的影响可见一斑。

但是,邹韬奋并不囿于古书,没有为古书所累。他勤于思索,时常将古书之义与现实生活相对照,独立做出判断。父亲的专断和高压使他觉得委屈和不称心,从而产生反抗封建大家族的心理。母亲集传统东方女性美德于一身,但她的"可爱的性格"、"努力的精神"、"能干的才具","都埋没在封建社会的一个家族里,都葬送在没有什么意义的事务上",不仅没有成为社会上一个更有贡献的分子,而且连个姓名都没有留下。[1] 他从母亲身上看出了封建社会妇女的低下地位。日后,他力倡妇女解放,实在根源于对母亲的观察。

在暗淡的童年时光中,只有母爱是最温暖宝贵的。在童年记忆里,邹韬奋认为母亲是所见过的女子中"最美的一个"。母亲勤劳刻苦宽厚慈爱的风范,给他终生以深刻的影响。他是"推母爱以爱我民族和人群"的。[2]

1907年农历五月,邹韬奋13岁时,母亲不幸病逝,年仅29岁。他怎么也忘不了母亲临终的那一夜,"忍泪叫着一个一个子女嘱咐一番"的情景!

30年后,邹韬奋特意写了一篇纪念母亲的文章,附在《经历》一书后面,通篇充满着由衷的眷恋和真挚的情感。

---

[1] 邹韬奋:《韬奋全集》第7卷,上海:上海人民出版社,1995年版,第290页。
[2] 1937年3月21日在苏州看守所题字。

二 艰难求学 砥砺品行

1908年农历九月，祖父在江西余江老家去世。11月，邹韬奋随父亲回余江奔丧，并扶前一年去世的母亲的灵柩同往，在老家住了4个月。邹韬奋在一生当中，只到余江老家去过一次。老家对他没有什么深刻的印象，他在以后的著述中没有任何记载。

1909年春，邹韬奋回到福州。原来的塾师另谋高就了，新的塾师还没有请到。于是，邹韬奋的学习就成了问题。恰在这时，孩子上了洋学堂的邻居来鼓动邹韬奋的父亲，说洋学堂也没有什么大逆不道的，可以去上。这样，得到父亲的允许，邹韬奋和他的叔父邹国垿一同考取了福州工业学校。时年15岁。

福州工业学校诞生于洋务运动中，在中国是较早的新学堂之一。该校学制6年，其中预科2年，本科4年，除开设有关的专业课程外，还开有英语和国文课。

邹韬奋初学英文时，颇感吃力。有些字母总是记不清，他就写在纸上，反复诵读，连续默写达十几次，直到牢固掌握。他精通英文之路，正是从此起步的。国文课教的是"经书"和唐诗。他喜欢读《左传》等书，也常阅读梁启超的文章。邹韬奋从家庭走到学校，视野大为开阔，接触到了许多新知识，其中梁启超的社会改良思想使他耳目一新，最终促使他把新闻记者定为终身志向。

邹韬奋对一些历史陈案产生了新的看法。有一次，六叔邹国玖以《郭巨论》为题，命他作文。郭巨是晋朝人，据说他的妻子生了一个男孩，因为家里太穷，不但不高兴，反而非常忧虑，担心供养儿子会减少母亲的食物。于是，他决定把儿子活埋，省下粮食给母亲吃。在他挖穴时，突然挖出一坛黄金，坛中有一张纸条，上面写着12个字："孝子郭巨，黄金一釜，以用赐汝。"后来这个故事广为流传，被列为宣扬封建孝道的"二十四孝"之一。邹韬奋在文章中对郭巨的残忍行为严加痛斥，以为郭巨竟毫无人性，影响所及，就会杀人媚君，贻害无穷，字里行间充满着对封建纲常礼教的义愤。

1911年10月，武昌起义成功，各省同盟会发动新军响应。福州光复后，邹韬奋异常兴奋，特约同学数人拍了一张照片留念。

1912年4月1日，孙中山辞去临时大总统职务。之后，他周游各省。4月20日到达福州。21日在欢迎会上发表演说，主张兴船政以振海军。接着又到马尾船政局参观，一直到25日才离开福州。[1]在这期间，邹韬奋初次见到孙中山，[2]心中充满仰慕之情。1925年3月，邹韬奋从报纸上看到孙中山病逝的消息时，"不能自

---

[1] 广东省哲学社会科学研究所历史研究室等：《孙中山年谱》，北京：中华书局，1980年版，第145页。
[2] 关于邹韬奋何时见到孙中山，许多论著都写到，1911年12月底，孙中山由海外回南京筹建临时政府，路过福州时，邹韬奋挤在欢迎的人群中，第一次见到了孙中山。实际上，当时孙中山并未到福州，邹韬奋也就无从见到他了。俞润生在其所著《邹韬奋传》第36页提到了这个问题，认为邹韬奋见到孙中山可能是1924年4月，而不是1911年底，但他只从《孙中山年谱》中发现了问题，而没有从邹韬奋留下的文字材料中找到证据。他只得再写上一句："因缺乏充足的资料证明，姑且存疑于此。"其实，证据是有的。1929年6月16日，邹韬奋在《生活周刊》上发表《我们要想到》，文章明确写道："我记得我初次看见孙中山先生系在民国元年，当时他刚辞临时总统职，周游各省，到福州时，该处官民欢迎甚盛，我当时才十几岁的一个小把戏，凑巧也在该处，杂在道旁人群中瞻望着。"他还详细描述了孙中山的音容笑貌，以及围观同胞们的关于"真命天子"的议论（邹韬奋：《韬奋全集》第2卷，上海：上海人民出版社，1995年版，第633页）。

主地为之震掉下泪"。后来，他主编《生活周刊》时，编写过许多介绍孙中山生平及其革命思想、革命活动的文章。

1912年秋，18岁的邹韬奋在福州工业学校肄业。父亲从"实业救国"思想出发，送他进上海南洋公学（上海交通大学的前身）下院（附小）读书，想把他培养成为一名工程师。邹韬奋到校时，同学们上课月余，适逢四年级中有一缺额，乃为插班生。

当时的南洋公学以工科见长，颇负盛名，是培养工程师的摇篮。该校大、中、小学齐全，并且由下院毕业可直接升中院（附中），中院毕业可直接升上院（大学），上院毕业成绩优异者可直接资送出洋，就学于各国大学。所以一跨进附小，就好像是准备做工程师似的。

邹韬奋1913年升中院，1917年升上院电机工程科，1919年9月考入圣约翰大学，在南洋公学共学习了8年时间。

但是，"做工程师"只是父亲的一厢情愿，邹韬奋自己对"工程师"的概念则模糊不清，也不知道什么是"实业救国"，只是以为工程师能造铁路，薪俸很高，所以父亲叫他准备"做工程师"，他也就"冒冒失失地准备做工程师"。

邹韬奋很快发现自己的"天性"实在不配"做工程师"。他对算学、物理一类的科目极不感兴趣，正如他后来回忆说："每遇着上算学课，简直是好像上断头台！"[1]他小学毕业时，算学考得不好，但是总平均仍然最高，在总分上占着便宜。升入中院后，师友们都把他看成成绩优异的学生。为虚荣心所驱动，他勉为其难，什么代数、几何，都拼命用功地学，考的成绩居然都很好，大考的结果仍侥幸得到最前的名次。由此，他得出这样认识：一个人

---

[1] 邹韬奋：《韬奋全集》第7卷，上海：上海人民出版社，1995年版，第135页。

在学校成绩好、名次高,都靠不住,关键要看他对于所学东西是否真正喜欢,是否真有浓厚的兴趣和敏感。

邹韬奋最喜欢的课程是国文和历史。南洋公学是工科学校,注重工科,但邹韬奋就读时的校长唐慰芝,[1] 积极提倡研究国文,形成了风气。大家都很重视这个科目,"蹩脚的国文教员便不敢滥竽充数其间,对于教材及教法方面都不能不加以相当的注意"。[2]

邹韬奋对课外阅读有着浓厚的兴趣。《古文辞类纂》、《经史百家杂钞》、唐宋八大家的各个专集(尤其是《韩昌黎全集》)、《王阳明全集》、《曾文正全集》,以及《明儒学案》等等他都看过。其中最喜欢的得暇就看,爱不释手。梁启超主编的《新民丛报》,他也读得津津有味。另外,还有所谓《三名臣书牍》,他也有很深的兴趣。由于兴味盎然,他注意力集中,所读东西记得住,用得活。后来当他拿起笔写作时,一些句子或典故便会突然在脑海中出现,又像是千军万马奔赴而来,听从调遣。

邹韬奋下苦功夫练习作文,取得了很好的成绩。1914年7月苏州振新书社版《南洋公学新国文》收录邹韬奋小学最后一年级和中学一年级所写作文7篇。第一篇《斯宾塞谓修道之法在于尝人生最大之辛苦说》是邹韬奋最早的正式出版或发表的文字。教师下的评语是:"文事轩爽,能见其大。后路尤足为有为者痛下一针砭。"《班超遣甘英使大秦至条支临大海不渡而还论》,教师下的评语是:"笔力坚凝,语有根据,合作也。"《诸葛武侯谓我心如秤论》,教师下的评语是:"心明如镜,笔快如刀。具此识力,加以读书之功,便当前无古人。"《西国自活版兴而人群之进化以速论》,教师下的

---

[1] 唐文治(1865—1954),是我国近代著名的教育家、国学家。
[2] 邹韬奋:《韬奋全集》第7卷,上海:上海人民出版社,1995年版,第137页。

评语是:"笔意清超,能见其大,起处尤为得手。"其余3篇教师下的评语分别是:"文气疏宕,词义精辟。少年得此,的是隽才。""刊落肤词,独标真谛,是文之极有心得者。""庖丁解牛,如土委地,所谓技进于道也。向见作者听讲,端容默坐,异于常人。阅此文,知其修养有得,喜极喜极!"[1]这些作文融汇中外,见解精辟,具有很强的思辨性和说服力。文如其人,从评语来看,教师不仅对他的作文称道有加,而且对他的人品修养甚是赏识,并寄予厚望。

1917年10月上海苏新书社、苏州振新书社版《南洋公学国文成绩》二集各卷收录邹韬奋在中院时的作文12篇,同样受到教师的高度赏识。

从1915年开始,邹韬奋开始有意识地向报刊投稿。

据邹韬奋自己回忆,最先以"谷僧"为笔名,向《申报》副刊《自由谈》投稿。但是,在1915年的《申报·自由谈》上,找不到署名"谷僧"的文章。实际上,他1937年在狱中作《经历》时,把时间记错了。他向《申报·自由谈》投稿不是1915年,而是1919年。在1919年的《申报·自由谈》上,共有12篇署名"谷僧"的知识性、趣闻性的短篇文章。

1915年,邹韬奋只发表了3篇文章。这3篇文章均以"交通部上海工业专门学校中院二年生邹恩润"[2]署名,发表在上海商务印书馆出版的《学生》杂志上。第一篇题为《不求轩困勉录——交友四德》,认为交友要讲四德:敬爱、虚心、不蓄私、不嫉妒。第二篇是校医俞凤宾博士的演讲录,邹韬奋加按语曰"自来有健康强固之体魄,然后有坚忍不屈之精神"。德育、智育、体育"三

---

[1] 邹韬奋:《韬奋全集》第1卷,上海:上海人民出版社,1995年版,第3—14页。
[2] 自1907年始,南洋公学改名为交通部上海工业专门学校,但人们习惯上还称南洋公学。

育并重,无所轩轾"。第三篇题为《强毅与刚愎》,阐发曾文正(曾国藩)的有关论述,指出:"强毅志士,则进德修业,日进无疆,个人文章事业以成,而国家亦利赖也。刚愎小人之结果,则适得其反。"[1]随后,邹韬奋先后在上海商务印书馆《学生》杂志、交通部上海工业专门学校《学生》杂志等刊物上发表一系列学习方法、人生修养、体育卫生等方面的文章。

通过刻苦练习,对于"写的技术"和"写的内容",邹韬奋都已有所领会了。但他并不以此自矜。他知书达礼,知恩图报,富有人情味。他念念不忘的是两位恩师的指导。一位是小学四年级(他所上的班级)的主任教员沈永癯先生,一位是中学初年级的国文教员朱叔子先生。

沈永癯先生为邹韬奋走上写作之路铺下了第一块路石。1916年5月,邹韬奋撰《我小学时代之追述》(刊载于1917年4月26日上海工业专门学校《学生》杂志2卷1期),特意写道:"沈师永癯为吾级主任,授国文和历史。先生讲授能引人入胜,如随侍先生游名山大川而毫无烦苦。""余侍先生左右岁仅一年,自问自结发读书以来,受教之乐,无有逾于此时。"过了20年,1936年10月,邹韬奋以《永不能忘的先生》为题,作文缅怀已去世多年的沈先生。文中说"他那样讲解得清晰有条理,课本以外所供给的参考材料的丰富,都格外增加了我的研究兴趣"。"他的认真和负责的态度,是我一生做事所最得力的模范。……他在举止言行上给我的现成的榜样,是我终身所不能忘的。"沈永癯在批改作文时加入竞赛方法,"每星期都受着推动一次,大家都的确容易有进步"。[2]随后,

---

[1] 邹韬奋:《韬奋全集》第1卷,上海:上海人民出版社,1995年版,第34页。
[2] 邹韬奋:《韬奋全集》第7卷,上海:上海人民出版社,1995年版,第132—133页。

邹韬奋编辑《经历》一书时，收录此文，且置第一篇，由此可以看出邹韬奋对恩师沈永癯的感情是多么深厚。

朱叔子先生则为邹韬奋走上写作之路加油充气。邹韬奋是这样描述朱叔子的："他一口的太仓话，上海人听来已怪有趣，而他上国文课时的起劲，更非笔墨所能形容。他对学生讲解古文的时候，读一段，讲一段，读时是用着全副气力，提高嗓子，埋头苦喊，读到有精彩处，更是弄得头上的筋一条条地显露出来，面色涨红得像关老爷，全身都震动起来（他总是立着读），无论哪一个善打瞌睡的同学，也不得不肃然悚然！……他的那样聚精会神，一点不肯撒烂污的认真态度，我到现在还是很佩服他。"上作文课时，"朱先生每次把所批改的文卷订成一厚本，带到课堂里来，从第一名批评起，一篇一篇的批评到最后，遇着同学的文卷里有精彩处，他也用读古文时的同样的拼命态度，大声疾呼地朗诵起来，往往要弄得哄堂大笑。""朱先生改文章很有本领，他改你一个字，都有道理；你的文章里只要有句精彩的话，他都不会抹煞掉。他实在是一个极好的国文教师。"邹韬奋认为"像他那样改国文，学的人才易有进步。朱先生的长处就在他能设身处地替学生的立场和思想加以考虑，不是拿起笔来，随着自己的意思乱改一阵"。[1]

邹韬奋从两位恩师那里得到的"写作的要诀"，一生受用无穷。《南洋公学新国文》和《南洋公学国文成绩》收录的邹韬奋的作文批语皆由这两位恩师所写。日后，邹韬奋借诸书刊，浓墨重笔地赞颂、缅怀恩师，也可算作是对两位恩师的一种回报吧。

在英文方面，当时除圣约翰大学外，南洋公学的资格也很老，对于英文也很重视。

---

[1] 邹韬奋：《韬奋全集》第 7 卷，上海：上海人民出版社，1995 年版，第 137 页。

邹韬奋认为"在国际交通日密,学术国际化时代,我们要研究学问,学习一两种外国文以作为研究学问的工具,在事实上是很有必要的"。他为了"作研究学问的工具"而学外语,与为了出国,为了成为发达国家的绿卡公民而学外语有着根本的不同。

邹韬奋悉心学习,着重培养听的能力与看的能力。他上的不是专门的外语学校,所学也不是外语专业。从1909年福州工业学校算起,到1921年圣约翰大学毕业,学习英文的时间不过十一二年,然而他已能娴熟地运用这一工具了。他听说自如,阅读畅达,文章融汇中外,并常有译作发表。1920年,他在《时事新报》上发表两封信和一篇"意见",所讨论的就是翻译问题。

邹韬奋英文方面的长进,既得益于自身的刻苦努力,同时也得益于南洋公学注重素质提高和能力培养的教学方法。邹韬奋从不忘记老师。英文方面,他"不能忘却在南洋公学的中院里所得到两位教师"。一位是黄添福,生长在美国,英语流利畅达,口音正确,上课时没有一刻不在让学生练习听的能力和看的能力。他就是邹韬奋后来翻译的《一个美国人嫁与一位中国人的自述》那本书的主人公。另一位是徐守良。他是当时的中院主任,曾经在美国研究经济学,英文功底很好。为了克服"中国式的英文"的毛病,他要求学生在学习写作时千万不要用自己从来没有听过或读过的字句。邹韬奋在《经历》一书中写道:"黄先生使我们听得懂听得快,看得懂看得快,偏重在意义方面的收获;徐先生使我们注意成语的运用,对于阅读的能力当然也有很大的裨益,尤其偏重在写作能力的收获。"[1]

像对待国文恩师一样,邹韬奋对英文恩师也充满着感激和深

---

[1] 邹韬奋:《韬奋全集》第7卷,上海:上海人民出版社,1995年版,第148页。

深的敬意。

邹韬奋把"当新闻记者"定为终身志向的念头萌生于小学最后一年,到中学时变得更加坚定。

在南洋附小时,邹韬奋对于《时报》上黄远生的《北京》通讯着了迷。每次到阅报室里去看报,先要注意《时报》上有没有黄的特约通讯。黄首创通讯文体,并以其反对官僚政治和社会黑暗,力谋改善政治和改造国家的斗争业绩,被誉为"报界奇才"。邹韬奋非常"佩服"和"羡慕"黄所写的内容和写作技巧,并"希望自己将来也能做成那样一个新闻记者"。这样,"有一点却在小学的最后一年就在心里决定了的,那就是自己宜于做一个新闻记者"。[1]

为邹韬奋所崇敬的沈永癯先生收藏有梁启超主编的全份《新民丛报》。进入中学后,邹韬奋仍常在夜里跑到沈先生处请教,并几本几本地借出《新民丛报》,"简直看入了迷"。梁的文章激昂慷慨,对于当时政治问题的深刻评判,以及对于实际问题的敏锐的建议,往往令人非终篇不能释卷。邹韬奋所苦的是在夜里不得不自修校课,尤其讨厌的是做算学题目。他一面埋头苦算,一面心事却常常转向新借来放在桌旁的那几本《新民丛报》。夜里照章熄灯后,他点着蜡烛在帐里偷看,往往看到两三点钟才勉强熄灯睡觉,睡梦中还畅游在《新民丛报》的美丽王国里。[2]

《新民丛报》1902年创刊,1907年终刊。邹韬奋认为梁启超一生最有吸引力的文章要算是这个时代了。但是,他知道文章里面所建议的事情和所讨论的问题,与自己所处时代已不适合。因此,

---

[1] 邹韬奋:《韬奋全集》第7卷,上海:上海人民出版社,1995年版,第144页。

[2] 同[1],第136页。

"在中学二年级的时候就无意再看了,可是增强了我要做个新闻记者的动机,那影响却是很有永久性的"。[1]

在中学二年级的时候,邹韬奋对秋桐(章士钊)主办的《甲寅杂志》有了"特殊的注意",每期都从朋友那里借来看。秋桐的文字能平心静气地说理,结构细密周严,对政敌和争论对手有诚恳的礼貌,一点没有泼妇骂街的习气。邹韬奋很看重这点,认为这对于他"要做新闻记者的动机,也有相当的推动力。"[2]

然而,邹韬奋在国文和英文两方面的突飞猛进,不仅抵消不了反而增大了他"勉强向着工程师的路上跑"的痛苦。

小学、中学勉强上下来,已是别有一番滋味在心头。中学毕业后要分科,当时南洋公学设有土木、电机和铁路管理三个科,邹韬奋硬着头皮选定了电机科。他是这样解释的:做工程师的幻想"所以还未消失,并不是因为我喜欢做工程师,却是因为不知道有更改的必要和可能"。[3]

上大学后,邹韬奋很快又被微积分和高等物理学弄得叫苦连天。他下决心彻底摆脱"做工程师"的幻想,并跑向"做新闻记者"之路。但是,要在事实上做到这点,并非易事。

邹韬奋在南洋公学期间,"在精神上常感到麻烦的,一件是经济的窘迫,一件是勉强向着工程师的路上跑"。[4]这两个"麻烦"实际上又是交织在一起的。升入大学,得知可以更改学校和专业,邹韬奋随即着手解除后一个"麻烦"。然而,前一个"麻烦"横亘

---

[1] 邹韬奋:《韬奋全集》第7卷,上海:上海人民出版社,1995年版,第145页。
[2] 同[1],第145页。
[3] 同[1],第153页。
[4] 同[1],第152页。

在前,阻挠着他对后一个"麻烦"的解除。

邹韬奋的家庭一贯是穷,况且母亲早逝,缺乏管理,更显日子艰难。邹韬奋在南洋附小只读了一年,升入中学时,父亲暂时失业,家里经济更加困难,已无力供给他学习费用。随后,父亲进京到财政部任职,很快因办工厂未成而负了一身巨债,家里给他的费用便完全断绝了。"过一学期算一学期,过一个月算一个月。这学期不知道下学期的费用在哪里,甚至这一个月不知道下一个月的费用在哪里","心境上常常好像有一块石头重重地压住"。[1]这就是邹韬奋上学时的苦状。

邹韬奋之所以能够读完中学,并坚持读到大学毕业,完全是靠异常艰辛的自我供给才得以实现的。为了"救穷",把书念下去,邹韬奋采取了许多措施,其中主要有:

一是争取获得"优行生"资格以免缴学费。要获得"优行生"资格,"最重要的是在大考时候那一篇修身科的试卷",这对于国文好的邹韬奋来说倒不是很难。但"仅仅修身科考卷好还不够,其他功课也要相当的好"。邹韬奋上的是工科学校,算学、物理、几何、微积分等都是他极厌烦极没灵感的课程,要考出好成绩,做"优行生"谈何容易!他日夜苦读,有两次竟熬到咯血,由"学监"出来劝阻,并通知家属来信劝阻。这样苦读的结果,他在南洋读到大学二年级时,除一学期外,都获得了"优行生"资格。这学期因为学得太好了,校长认为是物质难以奖励的,故把"优行生"的名义暂停一次,可是他那一学期的学费却"大费了一番的筹谋!"[2]

二是向报刊投稿,挣点稿酬。邹韬奋在求学期间,从1915年

---

[1] 邹韬奋:《韬奋全集》第7卷,上海:上海人民出版社,1995年版,第151页。

[2] 同[1],第149—150页。

开始，除《南洋公学新国文》以及《南洋公学国文成绩》收录的19篇作文外，通过向报刊投稿形式发表著译文章近六十篇。"投稿生涯也是'开源'之一法，所以有许多写作译述，与其说是要发表意见或介绍知识，不如说是要救穷。"[1]他最初是"偶然在学校的阅报室里看到《申报》的《自由谈》登着请领稿费的启事，才打定主意写点东西去试试看"。[2]虽然他最先不是向《申报·自由谈》投稿，并不是从那里得到最早的一笔稿费，但最先从那里得到投稿意识则是可能的。邹韬奋在学习时投稿挣钱不是很容易的事，往往投出去好几篇才有一篇登出来，发表近六十篇就得投出去数百篇，可见区区稿酬来之不易。

三是当家庭教师。邹韬奋在暑假极力找家庭教师做。当时，南洋公学名气大，招生考试特别严格，有志报考者，在暑期内多请人辅导功课。邹韬奋及同在南洋公学读书的二弟因得同学们的信任和介绍，常能得到这样的机会。

除了"开源"外，邹韬奋还特别注意"节流"。从徐家汇到上海（指闹市区）有一二十里路，邹韬奋出校办事，往往连乘电车的钱都舍不得花，只得跑路。别的同学，在星期日有着当然的娱乐，邹韬奋则寂寞孤独地躲在学校里。

邹韬奋有一位姓戴的同级同学，对于学工科很有天赋，但对于医学的研究更有兴趣，便下决心于中学毕业后，考入圣约翰大学的医科（先须进理科）。他去了后，偶尔来谈及圣约翰大学的情况。邹韬奋这才知道圣约翰的文科课程合于自己的需要，可以作为转校的参考。然而，圣约翰向来是有名的贵族学校，不仅没有"优

---

[1] 邹韬奋：《韬奋全集》第7卷，上海：上海人民出版社，1995年版，第151页。
[2] 同[1]，第141页。

行生"免除学费待遇,而且贵族化的收费,更让经济上朝不保夕的邹韬奋不寒而栗。他已经到了这样的地步:不得不暂时中止学业,拿出全部的时间和精力先来解除经济上的"麻烦"。

事有凑巧,正当邹韬奋不知如何是好的时候,同级的一位名叫葛英的同学,给他提供了一次下乡"筹款"的机会。葛英有个本家在江苏省宜兴县的蜀山镇开瓷厂,年已六十几岁了,对于3个孙子的学业很牵挂,托他代为物色一个好教师来家辅导。葛英知道邹韬奋有做事积资再行求学的意思,便极力劝说邹韬奋接受这份工作。

时值1918年放年假,东家打算请邹韬奋去任教半年,以便那3个小学生能在第二年的暑假考入学校。东家自动提出每月束修40元,并负担来往盘费,算是特别优待了。邹韬奋一方面为东家"那样谦恭诚挚的盛情厚谊"所感动,另一方面,又因为时间长,不得不中断在南洋的正常学习,"心理上的确发生了非常烦闷悒郁的情绪"。但是,机不可失,时不再来,邹韬奋很快打定了主意,"按着已定的计划向前干去"。[1]

年假过尽,冬去春来。1919年2月,邹韬奋没有像往年一样到南洋公学报到上课,而是跟着"拖着一根辫子"的葛老东家离开上海,坐火车再转小火轮,赶赴宜兴县蜀山镇去当青年"老学究"了。

3个小学生的年龄都不过十一二岁,有一个很聪明,一个稍次,一个是聋子,最笨,但性情都"诚挚笃厚得可爱"。邹韬奋感到"虽像入山隐居,但有机会和这些天真的儿童朝夕相对,倒不觉得怎

---

[1] 邹韬奋:《韬奋全集》第7卷,上海:上海人民出版社,1995年版,第154—155页。

样烦闷"。[1]出了大门，便是碧绿的田野。相距不远的地方有个山墩。邹韬奋每日放学后，便独自一人在田陌中乱跑，跑到山墩上瞭望一番。有时候，他也带着3个小学生一同出去玩。江南的春夏，草木葱茏，野花竞发，禾黍生香，百鸟和鸣，历来为文人墨客所歌咏。邹韬奋在这里享受了爽心悦目的自然美，倒也有几分悠然自得。

在功课方面，邹韬奋包办了一切。他要讲解《论语》《孟子》，要讲历史和地理，要教短篇论说、英文、算学、书法，要出题目改文章。他自己吃过私塾的苦头，知道私塾偏重记忆而忽略理解的弊端，所以当他自己做"老学究"时，便反其道而行之，特重理解力的训练，对于背诵并不注重。他"独出心裁"大干一阵的结果，除了那位聋子学生没有多大进步外，其余的两个学生，都有很大的进步。

这是成年后的邹韬奋第一次来到农村，但他是为当"老学究"而来，以筹资继续上学为目的，因而对当地农村、农民问题了解不多。时光匆匆，转瞬已到暑假。3个小学生到上海投考学校，邹韬奋也回到上海准备投考圣约翰大学。

要从南洋公学工科大学二年级考入圣约翰大学文科三年级，可不是一件容易的事。虽然邹韬奋对文科有兴趣，根底较好，但好多朋友还是认为他太大胆、太冒险了。事已至此，邹韬奋"不得不大胆来拼一下"。他说得很坦白："与其说是我的野心，不如说是因为我的经济力量常在风雨飘摇的境况中，希望早些结束我的大学教育。"[2]

---

[1] 邹韬奋：《韬奋全集》第7卷，上海：上海人民出版社，1995年版，第156页。

[2] 同[1]，第157页。

邹韬奋和同年级的一位姓王的投考圣约翰大学医科的同学一起，住在上海青年会寄宿舍的同一个房间里。临考的那几天，他们两人都非常紧张，差不多每日24小时都是时刻在惶恐不安中度过。每天夜里，都开着"夜车"，预备考试功课到凌晨两三点钟，疲惫不堪。功夫不负有心人，结果两人都考取了。

1919年9月，邹韬奋如愿以偿地考进了圣约翰大学文科三年级，主修西洋文学，副修教育。该校由美国人用退还的庚子赔款创办的，以文科见长，在当时颇负盛名。邹韬奋转到这里，"在南洋时功课上所感到的烦闷，一扫而光，这是最痛快的一件事"。[1] 这样，邹韬奋在用自己的意志支配自己的行动方面迈出了第一大步。他由此摆脱了父亲给他安排的"做工程师"的幻想，开始了对自己认定的"做新闻记者"理想的追求。

邹韬奋在圣约翰大学虽然只读了两年，但获益良多。哲学教授卜威廉、历史学教授麦克纳尔、经济学教授伦默等都很不错。跟他们学习，邹韬奋的英文得到了强化训练，已臻炉火纯青。他较广泛地学习、研究了西方的社会科学，知识结构更趋全面、合理，从而具备了娴熟驾驭文字、自由表述思想的能力。虽然在社会科学方面，该校"只是沿袭着美国式的传统的说法"，但邹韬奋还是认为"这两年的光阴并不觉得是虚掷的"。[2]

邹韬奋最感索然乏味的是每晨20分钟和星期日上午一两小时的"做礼拜"。每晨上课之前，全体同学千余人聚在大礼堂，校长和教授们聚在大礼堂的讲坛上，有校长领着祷告和朗诵圣经。依例全体学生都要跪着，邹韬奋却和后面的大多数同学一起实行"马

---

[1] 邹韬奋：《韬奋全集》第7卷，上海：上海人民出版社，1995年版，第158页。

[2] 同[1]，第159页。

虎主义","堂而皇之"地坐在一排一排的矮椅上。邹韬奋虽不得不坐在教堂里听主教胡说八道,而脑海里却海阔天空地想着自己的心思。这件小事反映了邹韬奋身在洋学堂而不崇洋的可贵品质。

邹韬奋解除了学业上的"麻烦",着实痛快了一阵,但"经济上的窘迫"仍然继续着,并且随着开支大增而愈演愈烈。

邹韬奋在乡下辛辛苦苦做了几个月"老学究"所得的经费,一个学期就用光了。圣约翰富家子弟很多。到了星期六,一辆辆的汽车长蛇阵似的来迎接"少爷们"回府。邹韬奋穿着寒酸,出门连黄包车都不敢坐,望着这样景象,觉得自己在这个学校简直是个"化外"的人物。但他并不自馁,因为他打定了"走曲线"的求学方法。

邹韬奋在"节流"上狠下功夫。他虽不致衣不蔽体,但是往往衣服破烂了,便无力置备新的;别人棉衣上身,他还穿着夹衣。蚊帐破得东一个洞,西一个洞,蚊虫轮番进袭,大作其孽,夏夜难眠!

但是,无论怎样"节流",该花的钱总是要花的。学费要交,否则只有卷铺盖滚蛋;膳费要有,否则就得喝西北风;买书费、纸笔费、洗衣费以及各种零用费都缺不了。因此,"节流"实在是一种无可奈何的克己办法;换句话说,总不能一点"开源"的办法都没有。

邹韬奋继续不断地写稿投稿。在圣约翰期间,他投稿的园地主要有《申报·自由谈》、《约翰声》、《约翰年刊》、《时事新报》、《新中国》杂志等报刊。1919年冬,邹韬奋开始翻译杜威所著《民治与教育》(后来改名为《民本主义与教育》),希望通过巨著的译述,多增加些收入。该书坚涩难译,加之巨著的译述一时难以完成,有远水难救近火之苦,邹韬奋只译出了前四章,就暂停了这一工程。已译出的四章曾以《德谟克拉西与教育》为名,分别刊载于1920年1月15日《新中国》杂志第2卷第1号、4月15日第4号、7月15日第7号及8月15日第8号。

做家庭教师仍是邹韬奋"开源"的最主要的办法。这种工作,他必须持续不断地干下去。和在南洋时一样,不靠什么职业介绍所,也不登报自荐,仍然是深得同学们信任,由同学们主动帮忙联系。邹韬奋每日下午下课后就要往外奔,教两个小时后再奔回学校。这样在经济上有相当的补救,可是在时间上就弄得更忙,辛苦备至。功课方面,白天的时间不够用,只能常在夜里"开夜车"。

后来,三弟进了南洋中学,邹韬奋和二弟每人每月还要设法拿几块钱给他零用,这又加重了邹韬奋的经济负担。幸亏那时校图书馆要雇用一个晚间的助理员,每夜1小时,月薪9块钱。邹韬奋毛遂自荐,竟被校长核准,这才勉强渡过难关。

"开源"所得不是及时稳定的。邹韬奋在实在没有办法的时候,也不得不借些钱。邹韬奋怎么也忘不了附小时的同学郁锡范。那时郁已入职业界,邹韬奋在走投无路时,往往到他那里去5块10块钱的借用一下。郁虽不富裕,但每次都没有丝毫的难堪和不快。最让邹韬奋感动的是,有一次学费不够,郁手边也周转不灵,他征得夫人的同意,竟把她的首饰都典当了来帮助邹韬奋。因而,邹韬奋称郁为苦学时代的"鲍叔"。

别的一些同学和朋友也向邹韬奋伸出过温暖的援手。

邹韬奋刚入圣约翰做新生的时候,就与同级的刘威阁同学成了莫逆之交。有一天,刘威阁由家返校,手里抱着一大包衣物,一团高兴地跑进邹韬奋的卧室。包里原来是一件棉袍,一顶纱帐,刘一定要邹韬奋收下。这对于饱受蚊虫叮咬、寒冷侵袭的邹韬奋来说，无异于雪中送炭。刘当时已结婚，和大家庭住一起，其夫人每月按例要从大家族分到10块零花钱。有一次他夫人回苏州娘家住了一个月，他就把那10块钱领出送给邹韬奋用。邹韬奋"觉得这十块钱所含蓄的情义，是几十万几百万的巨款所含蓄不了的"。[1]

有一次，邹韬奋做了整个暑假的苦工，但学费还凑不够，在开学的前一天还是一筹莫展，行李暂时搬进了学校，独自一人静悄悄地坐在房里发呆。这时，仅与邹韬奋在朋友家晤谈一两次的毕云程不知怎么知道了，赶坐汽车送来一笔钱，强要邹韬奋收下。邹韬奋感于毕云程的诚意，最后决定借用。毕云程一跨出房门，邹韬奋回身把房门关上，"不知为什么竟感伤得独自一人哭了一顿"。[2] 后来，他们成为好朋友、好同事、好战友。

来自同学、朋友的帮助弥足珍贵。贫穷、孤独、寂寞、心力交瘁的邹韬奋从中感受到人间还有真情在，并从中获取生活的信心和前进的动力。

学海无涯，学制有期。进入1921年，邹韬奋就要毕业于圣约翰大学，艰难的求学生活总算熬过来了。他通过了毕业考试，获得文学学士学位。

在毕业典礼上，按例各同学都一律要穿西装，要罩上宽袍大袖的学士服，戴上方帽子。这对那些富家子弟，出钱特制很讲究的西装和礼服，只是小菜一碟。可对邹韬奋来说，又是一个难以解决的大问题。学士礼服和方帽子可以租用，没有什么问题。至于西装，一辈子就大学毕业这一回，不置办不行。平日常有西装

---

[1] 邹韬奋：《韬奋全集》第7卷，上海：上海人民出版社，1995年版，第161页。
[2] 邹韬奋：《韬奋全集》第5卷，上海：上海人民出版社，1995年版，第622页。

裁缝到寄宿舍来揽生意,毕业典礼前来的更多,邹韬奋便和其中一个商量,要暂时赊账,等两三个月以后再付钱。那个裁缝答应了,邹韬奋的西装问题才得以解决。

到了毕业典礼那天,各同学的家属,男女老少都跑来凑热闹。他们当然都是眉飞色舞,喜气洋洋。各同学先在操场上列成双人队,由校长和各教授引导着,缓步进入大礼堂,家属和来宾们拥挤地围着鼓掌。面对此情此景,夹在队伍中的邹韬奋心潮起伏,"的确引起了异样的情感——与其说是胜利的感觉,不如说是伤感的意味居多。我的大家族住在北平,自己还未结婚,没有什么娇妻,也没有什么爱人,来分受我在这刹那间的情绪上的反应。所以我很像是个孤零零的孤儿夹在怪热闹的环境中,想到平日的苦忙,想到平日筹措学费的艰辛,想到这一天所剩下来的是三四百元的债务和身上穿着的赊账的西装!这种零零碎碎的毫无系统的念头,像闪电似的在脑际掠过去,竟使我在那刹那间'生踢门陀'(Sentimental)起来了,眼眶里涌上了热泪——莫名其妙的热泪。但在前后左右都充满着喜容和笑声,独有一个人掉泪,似乎是怪难为情的,所以立刻装作笑容,把那涌上来的热泪抑制着向里流。"[1]

1921年邹韬奋在圣约翰大学毕业时留影

---

[1] 邹韬奋:《韬奋全集》第7卷,上海:上海人民出版社,1995年版,第165页。

十年寒窗，练就了邹韬奋过硬的中外文功夫，更练就了他自立自主自强的性格和坚韧不拔的意志。他虽然自知不是做工程师的料子，但他"生性不做事则已，既做事又要尽力做得象样"；"不想做工程师则已，要做工程师，决不愿做个'蹩脚'的工程师。"[1]为了学好算学、物理等头痛课程，他不知比别人多付出了多少心血！他虽然穷得要命，但在做家庭教师时，一点不愿存"患得患失"的念头，对于学生的功课异常严格，决不允许职务上所应有的"主权"受到侵犯，所持的态度是："你要我教，我就是这样；你不愿我这样教，尽管另请高明。"他"深信不严格就教不好书"，"教不好书我就不愿干，此时的心里已把'穷'字抛到九霄云外了！"[2]这样为人处世的态度，发展到后来便成了"服务上的彻底精神"和"不为不义屈"、"不为强权屈"的献身精神，而这一切又成为他毕生从善如流追求进步的内在动力。

邹韬奋在艰苦求学时期所发表的文章虽为救穷而写，但"写的内容"还是经过一番考虑的。这些文章从很大的程度上反映了那个时期邹韬奋的思想状况：

一是朴素的爱国思想。1916年，邹韬奋发表《不求轩困勉录——学生十思》，提出第一要怀着感恩之心情"思国家"，认为"吾人得自由从事学问，国家之力也"，"吾人思国家恩我之厚，而所以报国之道，其知所从事矣"。[3]他不空谈爱国，认为国家名誉与国民息息相关，"故爱国者，非爱国而爱国也，乃爱己而爱国也，以吾国之名誉，即吾之名誉也。""故不爱国者，谓之不爱己焉可

---

[1] 邹韬奋:《韬奋全集》第7卷，上海：上海人民出版社，1995年版，第152页。
[2] 同[1]，第164—165页。
[3] 邹韬奋:《韬奋全集》第1卷，上海：上海人民出版社，1995年版，第38页。

也。"[1] 1919年发表的《青年奋斗之精神与国家前途之希望》，显示出较为强烈的以天下为己任思想。文章最后说："故吾敬掬诚告吾全国青年曰，吾国惨景阴凄，几已无复可望，青年奋斗精神，吾国前途唯一之希望也。汝祖国之魂，方辗转哀号于泥淖之中，望其子孙加以拯救也。拯救之人，非吾青年而谁！拯救之方，非吾青年之奋斗精神而何耶！"[2]

二是朦胧的社会改良思想。主要表现在以下三个方面：第一，改造家庭。他认为："国家之改革在使政治入轨范，尤在使社会进化阻碍之腐败制度铲除务尽。为吾国社会进化阻碍之最大者，殆莫甚于家庭之腐败恶习。"[3]于是，发表《改造家庭之两大观念》，提出"如果要改造中国社会，改造家庭问题就是一件极紧要的事情"。若要改造家庭，一定要改造两大观念："第一观念是组织家庭是父母娶媳妇，不是自己娶妻子。第二观念是组织家庭是替祖宗传后不是替社会上增加健全的分子。"这两大观念是黑暗家庭的根源，"中国社会上不知有几千万的男子受着这种观念恶果的束缚，不能发展他们的天才。更不知有几千万女子婉转哀痛于黑暗家庭之下，令人痛心"。"有了健全的家庭，才有健全的社会。"[4]为此，他还提出了改良家庭教育（主要是改良儿童的衣服和精神）、改善（而不是废除）孝道、妇女解放（男女平等、婚姻自由、寡妇可以再嫁、受教育有技能）等方面的具体主张。第二，提高国民体质。自从进校以来，他亲眼看见为他所佩服的好几位朋友死了。他们

---

[1] 邹韬奋：《韬奋全集》第1卷，上海：上海人民出版社，1995年版，第57页。
[2] 同[1]，第174页。
[3] 同[1]，第173页。
[4] 同[1]，第207页。

学问、品性都好，就是身体不好，不久就夭折了，这对邹韬奋刺激很大，感触很深。他发表《吾国国民体育怎样可以增进》，呼吁"造成一种喜欢运动和卫生的好风气，使这好风气变成一般国民的第二天性"、"于儿童体育当积极改良"。[1]第三，教育群众。他认为许多无知无识的群众阻滞着国家的进步、社会的改良。他所注意的不是有力量进学校的人、有机会求学的人，而是那些在下等社会未曾受过教育的人和许多没有能力和机会受相当教育的那些小孩子。他批评知识界"高谈主义很容易，如果要着实做去，便要缩颈胁肩逃掉"。他呼吁知识界要负起责任来，利用既有条件，多办夜校，普及教育，"又使农业学校因此和农人不无多少联系，商业学校因此和商人不无多少的联络，其利益更不可胜计"。[2]

三是浓郁的爱校敬业思想。邹韬奋发表《爱校心之培养》、《爱校与勤学》、《对于吾校二十周纪念之感想》、《吾侪所以报答母校者》、《与约翰老先生临别的赠言》等文章，情真意切。他认为爱校为学生应尽之义务，欲培养爱校心，"必师友敬爱相得"、"必学业笃实有恒"、"当知学校之所以恩我者何在"、"当知校誉之关系我者何如"。为了学校的发展，他还提出了一些好的建议。1917年，南洋公学二十周年校庆，邹韬奋撰长文为之贺，盛赞"吾工业专门学校者，吾中华新学之先锋，而优秀人才之渊源也"。"恩润无上荣幸，得躬与厥盛，而回顾吾校，万感咸集，不禁喜极而涕也。"[3]大学即将毕业，邹韬奋怀着恋恋不舍的心情赠言"约翰老先生"："我和你老先生相处虽仅两年，然而师生的情谊却是很深，所以我

---

[1] 邹韬奋：《韬奋全集》第1卷，上海：上海人民出版社，1995年版，第175页。
[2] 同[1]，第203页。
[3] 同[1]，第93—94页。

临走的时候，心中恋恋不舍，好像和数十年交情的挚友或情深似海的情人离别一样，怪不得心中觉得好难过似的。"就要出去工作了，为了学校的荣光，"有两个宗旨可以预先奉告你老先生，第一必选择性情所近和自己学识所宜的职务；第二既就一事，必聚精会神做去，一扫社会上因循苟且敷衍的恶习"。[1]

四是崇拜先哲时贤。自孔孟以降，为邹韬奋所遵从的先哲甚多。其中，给邹韬奋影响最大者当推曾文正。他曾撮录曾氏诫子弟书及日记中"可为吾侪修学时代立身治事之仪法者"，以《我师录》为题，分三期刊载于《学生》杂志，并加按语云："抑思是录又岂特我师而已，有志之士欲从事修养者，日置座右，可以当一良师焉。"在时贤中，邹韬奋最为推崇的是梁启超。从福州工业学校起，邹韬奋就是梁启超作品的热心读者，思想上、感情上早就认知了梁启超。梁启超对邹韬奋之最大影响有二：一是促使邹韬奋走上新闻出版道路，二是引导邹韬奋了解社会，谋求社会改良。邹韬奋"立国之道，莫要于开民智，滋民力。而欲开民智，滋民力，舍教育未由"的国事主张，显然受到了梁启超的"新民说"影响。1916 年 12 月 15 日下午，梁启超莅临南洋公学，发表演说。邹韬奋怀着激动的心情记录梁氏之演词，整理后分两次刊载于 1917 年 4 月和 5 月上海商务印书馆出版的《学生》杂志上，按语云："当吾听先生演讲时，吾目无他视，耳无他闻，惟先生是视，惟先生是闻。""以为全国学者，当奉为座右之铭，冀以自淑而淑吾国，则吾国前途，庶其有豸。"[2]

轰轰烈烈的五四反帝爱国运动爆发时，邹韬奋正在僻静的蜀

---

[1] 邹韬奋:《韬奋全集》第 1 卷，上海：上海人民出版社，1995 年版，第 226 — 229 页。
[2] 同[1]，第 114 页。

山镇做着青年"老学究"。五四运动在中国近代史上有着划时代的重大意义,一大批进步青年从此走上政治舞台,投身革命,肩负起救国救民的历史重任。邹韬奋在运动高潮过后的7月份才回到上海,虽然参加了上海《学生联合会日刊》的编辑工作,但主要心思却用在准备投考圣约翰大学方面。经济上的严重匮乏以及学业上的不称心与追求,几乎占去了邹韬奋的全部精力,他失去了一次充当时代弄潮儿的机会。

三　曲线就业　蓄势待发

毕业后该向何处去是每一个学子都必须考虑并做出选择的问题。同级的同学多在将毕业前，对于自己将来的职业就已开始打算。其中少数人已决定毕业后到美国去留学。邹韬奋在钱权两方面均无所依恃，没有这么幸运。他本来想进入新闻界，但一时得不到适当的机会，不得不像求学时期一样，再走"曲线就业"的路子。

还在毕业前的一两个月，毕云程有意介绍邹韬奋到厚生纱厂去当英文秘书。厚生纱厂为民族资本家穆藕初所办，毕云程当时任上海纱业公所书记和纱厂主任。穆藕初热心教育事业，不久前出资5万元送5个北京大学学生出国留学。这件事引起了邹韬奋对穆藕初的好感和敬意，于是便答应下来。

1921年9月，邹韬奋怀着复杂的心情到厚生纱厂报到上班，从此正式加入职业界，走向社会。那么，等待着他的将会是什么呢？

上学期间，虽为学科、经济两大"麻烦"所苦，但二十几岁的邹韬奋，血管里毕竟流淌着青春的血液。他也会憧憬未来，也会向往美好的生活。1921年《约翰年刊》载有他（署名邹恩润）毕业前所写的《编辑室之七情》。他写的"七情"为"喜、怒、哀、惧、爱、恶、欲"。其中，"喜我喜近天真烂漫红颊笑靥之儿童幼女，喜闻星期日在思孟时清风由礼拜堂送到耳朵里的清脆娇柔的'姊妹'歌声";"爱我爱读我未婚妻的信";"欲我欲我的朋友都得到'玫瑰床'（rosy bed）,'自然的温暖'（natural warmth）,'甜蜜的看护妇'（sweet nurse）和'温柔的照顾'（tender care）"。[1]这种惬意的浪漫生活能梦想成真吗？

邹韬奋到厚生纱厂办事没有几天，穆藕初又创办上海纱布交易所，自任理事长，同时也把邹韬奋调到纱布交易所担任英文秘书。

其实，纱布交易所里面关于英文的信件很少，每天只翻译几页英文电讯，内容只是数字的变异，格式都是很呆板的。这点事情对于饱经磨炼的邹韬奋来说实在是大材小用了。邹韬奋虽然不这么认为，但这份工作不合于他的爱好，空闲的时候又太多，因而常感不安和苦闷。每月薪水120元，这对于刚刚毕业的邹韬奋来说，已不能算少。邹韬奋并不挑剔工资待遇，只是干得"没劲"，但是因为一方面还没有较适宜的机会，一方面又急于归还所欠债务，只得打定主意"拖"下去。[2]

与余天栋的相知相识，给整日"烦闷"中的邹韬奋带来了一丝愉快的亮光。余当时担任纱布交易所的会计科科长。在纱布交易所成立会上经穆藕初介绍，邹韬奋与他相识。他们性情相投，坦诚爽快，特别能谈得来。邹韬奋那时因为要还债，每次领薪水的时候，能留下自用的钱总是很少的，到了月底往往只剩下几角钱。余的薪水比较高些，到了这种时候，往往自动地把5元钱强借给邹韬奋用。这是邹韬奋后来所念念不忘的。

初出茅庐的第一炮似乎打得并不响。但是，邹韬奋对于所做

---

[1] 邹韬奋:《韬奋全集》第1卷，上海：上海人民出版社，1995年版，第230页。
[2] 邹韬奋:《韬奋全集》第7卷，上海：上海人民出版社，1995年版，第166页。

的事决不肯马虎。每天所译纱市电讯,总是很仔细地与原稿校对无误后才发出去,因为他知道数字上出了差错对于商人意味着什么。他所持的态度是:"我要末立刻辞职不干,否则在职一日,当然要尽我一日的职守。"[1]

邹韬奋在工作上特别认真,同时对于任何外来欺侮又特别敢碰硬。纱布交易所里有一个高级职员仗势欺人,同事们虽怀恨在心,但敢怒不敢言。有一天,他也想试试邹韬奋,用很不客气的口吻"命令"邹韬奋写一封英文信。邹韬奋立即板起面孔,回击道:"你不要那样神气活现!我不是你个人的英文秘书!我不写!"对方还想争辩,邹韬奋不容他置喙,又反击道:"你不配和我多说,有理尽可径向理事长或理事会报告!"那位高级职员怒气冲冲地跑走了。同事们为此而欢呼雀跃,好友余天栋也跑进来和邹韬奋握手道贺。几天过去,并没有什么动静。相反,那位自恃有靠山的职员不但不敢再惹邹韬奋,就是对于其他同事,也不得不稍微小心些了。

在这场风波中,邹韬奋虽然取得了胜利,但他越来越不想在这个环境里继续工作下去了。后来,邹韬奋在《经历》中写道:"他虽然不能打破我的饭碗,我自己却很想打破这个饭碗!我是靠自食其力的人,要打破这个旧饭碗,不得不先找新饭碗,所以我在这个时候的问题是怎样找个新饭碗。"[2]

进入新闻界是邹韬奋梦牵魂绕的事情,所以他的注意力会自觉不自觉地转到这方面来。当时邹韬奋的圣约翰同学张竹平正在做《申报》经理。邹韬奋凭着同学关系去找他,表明希望进新闻

---

[1] 邹韬奋:《韬奋全集》第7卷,上海:上海人民出版社,1995年版,第168页。
[2] 同[1]。

界服务的意思，托他帮助留意合适的机会。张很诚恳，先拿一份近两万字的英文文件叫邹韬奋翻译。邹韬奋很卖力地在最短时间内译好送去，张看后表示满意，送给邹韬奋20元稿费，同时叫邹韬奋再等机会。

不久，张竹平让邹韬奋过去。张说报馆里暂时有不少英文函件想请邹韬奋帮忙，但说明只是以私人的资格去帮他的忙，不算正式职员。邹韬奋同意了，于是每天下午6点后，就离开交易所的办公室，匆匆往申报馆跑。

邹韬奋和张竹平同在申报馆楼上一间小小的办公室里。邹韬奋的小桌上摆着一架英文打字机，张的办公桌上横七竖八地堆着不少待复的英文函件。张办事非常认真，对英文写作的辨别力很强。替他写英文信，一定要把他的意思完全不漏地写出来，并用很有力的字句来表达，否则无论写了多少还是一定要重新写过。对每一件要答复的事，他总是要转尽念头，要说明的总要说得一丝一毫不漏，要驳复的总要使得接信的人不能再开口！邹韬奋每夜都要滴滴嗒嗒地在打字机上工作到10点钟，每封信打到最后一行时，总要很担心地望望那位踱方步抓秃头的朋友！当走出申报馆的时候，邹韬奋总是筋疲力尽，好像生了一场大病刚好似的。

这样"打工"似的干了3个星期，把堆积的英文信件清理后告一段落。邹韬奋本来想通过张竹平寻机进入新闻界，没想到就这样连新闻的边都没沾上就离开了申报馆，"新饭碗"问题的解决更无从谈起。但邹韬奋没有任何抱怨，反而觉得"做了三星期的练习生，学得办事的认真态度，却是无价之宝"。[1] 后来，张竹平拉邹韬奋加入《时事新报》，与这3个星期的"练习生"是很有联

---

[1] 邹韬奋:《韬奋全集》第7卷，上海：上海人民出版社，1995年版，第170页。

系的。

"新饭碗"在哪儿？邹韬奋还得煞费苦心地去寻找。

很快，应一位圣约翰大学前一级同学之邀，邹韬奋又到上海青年会中学兼任英文教员。那位同学时任该中学教务主任，该校有三四个"吵客"学生非常难缠，连英文教员都被他们轰走了。听说邹韬奋对付"学潮"很有办法，于是便请邹韬奋来任教。为便利起见，那位同学特把上课的时间安排在午后的1小时，不致妨碍邹韬奋在纱布交易所的办公时间。其实邹韬奋只做过家庭教师，对于学校的正式教课并没有实际经验，但感于那位同学要求之迫切，又鉴于自己也有闲时，便答应试试。

邹韬奋很认真地备好课，上课的时候使学生所提的疑问都能得到满意的解释。等到大家没有问题可问的时候，他就考问学生，并随手记下结果，使学生知道他非常注意各人的平时成绩，不是可以含糊过去的。对于那几位有名的"吵客"，每课都要问到，但又不使他们误会是有意为难他们，目的是要促使他们把注意力集中到学习上来。偶有"吵客"捣乱，邹韬奋也不大声咆哮，只是稍停授课注目于他，这样全体学生都会转移视线对他望着，竟可羞得他面红耳赤，再也不敢捣乱了。

以前那位英文教员每课一句句用中文讲给学生听，学生自己不必预备，不必用功夫查字典，学生对他还是不满意；邹韬奋渐渐让学生自己预备功课，查字典，上课用英语考问，学生不但不讨厌，反而表示欢迎，在学期末了，还特向教务主任要求请邹韬奋连任下去。

以没有任何正式学校教学经验的英文教员，与驱逐教员的学生们周旋，竟取得良好的结果，邹韬奋由此得出结论："觉得学校之所以有学潮，除有特殊的复杂情形之外，教师自己的不行实在是主要的原因，不能完全怪学生。"[1] 30年代，邹韬奋支持学生抗日救亡运动，为"学潮"辩护，其思想根源可以追溯到这里。

每星期三四小时功课，游刃于学生之间，但这毕竟不是长久之计，邹韬奋还得努力去寻找"新饭碗"。

新闻界一时既没有适当的机会，在上海青年会中学又有相当好的印象，于是邹韬奋"觉得倘若教育界方面能有相当的机会做做看，也颇想试试'走曲线'的就业策略"。[2]

邹韬奋打定主意后，就写信给黄炎培。黄炎培生于1878年，也曾就读南洋公学，可以说是邹韬奋的前辈学长。当时，黄炎培所主持的中华职业教育社正在物色一个中英文都相当好的编辑人员，这给邹韬奋以很大的希望。

黄炎培接信后，便约邹韬奋面谈，并要了几本载有邹韬奋文章的《约翰声》。黄炎培又向穆藕初和当时在申报馆营业部工作的一位圣约翰同学了解邹韬奋的为人，得到对邹韬奋的好评。不久黄炎培便根据考察所得，决定请邹韬奋到中华职业教育社去担任编辑股主任，主编《教育与职业》月刊。这样，邹韬奋终于有了"新饭碗"。

中华职业教育社1917年5月6日成立于上海，是个主张"教育救国"的组织，目的是通过推广职业教育，改良职业教育和普通教育，为中国民族工商业的发展培养建设人才和管理人才。邹韬奋供职于职教社，自此走进了民族资产阶级营垒。

---

[1] 邹韬奋：《韬奋全集》第7卷，上海：上海人民出版社，1995年版，第171页。

[2] 同[1]，第172页。

进入1922年，邹韬奋辞去纱布交易所的职务，"跳槽"到中华职业教育社。但是，限于财力，职教社只能请邹韬奋担任半天的职务，月薪60元。邹韬奋所欠债务还未还清，"新饭碗"显然是吃不饱。黄炎培为此煞费苦心，答应还有半天另想办法。这时，江苏省教育会附设的科学名词审查会需要一个人编辑已审查过的各科名词。黄炎培便介绍邹韬奋替该会做半天的工作，由此略得补助。因此，邹韬奋上半天替职教社编译职业教育丛书，下半天替科学名词审查会编辑各科名词，好在办公的地方都在江苏省教育会的会所里面，两处任职还算便利。

编辑科学名词，实际是一种非常机械的呆板的工作。各科的名词草案已用铅字印好，订成小册子，用横排的方式，依次列着英德日以及中文的译名，不过先后的次序还未依照字母排好。所要做的事不过是先把这册子里的名词裁成字条，分成顺序，一条一条地贴入一本空白的纸簿上，以备排印。这份工作对邹韬奋来说，实在没有什么意义，但一时又没有什么有意义的事做，只好接受下来。就是这样的工作，邹韬奋也不存一丝一毫的撒烂污，而是非常认真细致地做。

编辑丛书的事情虽然只有半天，但邹韬奋认为"较有意义"。当时，他在职教社所主持的事情有两种：一是编辑职教社出版的《教育与职业》月刊，二是编辑职业教育丛书。此外，每半年编写一册关于中国职业教育的英文小册子，寄往各国教育机做作宣传之用。

之前，邹韬奋只尝试着翻译过杜威的《民治与教育》（后更名为《民本主义与教育》），对于编译书邹韬奋还没有经验。

邹韬奋编译的第一本书是《职业智能测验法》。开始时，邹韬奋只是根据英文书的内容和顺序，依样画葫芦似地把它翻译成中文，并很卖力地译成了三万多字。殊不知，黄炎培看后很不满意，认为"合于英美人胃口的编法和措辞，未必即合于中国读者的胃口"。黄炎培又心平气和地耐心解释道："我们编译这本书的时候，不要忘却我们的重要的对象——中国的读者。我们要处处顾到读者的理解力，顾到读者的心理，顾到读者的需要。"邹韬奋在刹那间好像冷水浇头，但在黄炎培诚恳示教的长者风度面前，又发不出脾气。他接受了批评，从头改过，写完1万字就给黄炎培看，并把全书的纲要也写出来给他看。这次的结果与上次的结果大为相反。黄炎培看后大加称赞，并示诸他人，引得他人也大加称赞和鼓励。

严格而不苛刻，教诲重于批评，这就是黄炎培对于青年邹韬奋的态度。邹韬奋一生的进步，与他善于吸纳师友们的教诲息息相关。他当然不会忘记这件事，很诚恳地说："黄先生给我的这个教训，却很有益于我以后的著作方法，很有助于我以后办刊物时的技术。……我认为这是有志著述的人们最要注意的一个原则：在写作的时候，不要忘记了你的读者。"[1]邹韬奋后来主办报刊8种，种种风行，出书40部，部部好销，根本原因就在于始终把读者放在第一位。

从加盟中华职业教育社，到1926年10月接任《生活周刊》主编，邹韬奋在近五年的时间里，一直是这样过来的：半天在职教社编辑《教育与职业》月刊和丛书，或参加一些社里的活动；半天则"随行就市"，根据社会需要自主选择兼职。他端着半边"饭碗"，从事职业教育研究、参与职业指导运动数年，感触良多。

---

[1] 邹韬奋：《韬奋全集》第7卷，上海：上海人民出版社，1995年版，第173—174页。

三 曲线就业 蓄势待发　37

1924年邹韬奋在上海

邹韬奋在剪贴科学名词期间，曾在海澜英文专门学校兼教，为时近一年。1922年，平海澜[1]创办海澜英文专门学校。该校离职教社办公的地方不远，邹韬奋每星期被平海澜拉去教两三个小时的书。课程是英文文学和英文地理，时间都安排在邹韬奋的办公时间之外，有的在清早，有的在午饭后。"这是零星的'外快'工作，算是帮帮朋友的忙。"[2]

在科学名词审查会的工作告一段落后，邹韬奋又接受中华职业学校校长顾荫亭的聘请，兼任该校英文教务主任。从这时起，邹韬奋每日上半天便在中华职业学校那边任职，下半天（征得职教社负责人同意，由原来的上半天改为下半天）仍在职教社主持

---

[1] 平海澜（1885—1960），上海松江人，毕业于南洋公学，曾任清华学堂教授、南洋公学附中主任、商务印书馆《英文杂志》主编、大同大学教授、校长，后为华东师范大学教授。

[2] 邹韬奋:《韬奋全集》第7卷，上海：上海人民出版社，1995年版，第176页。

编辑股事务，夜里用来预备教课，修改卷子和阅看书报，生活稳定多了。这个工作干了许多年，到1927年暂时加入《时事新报》止。

英文教务主任的职责是排列课程，分配钟点，选定课本，协助教员解决问题等等。这种职责，只是在开学和期末时忙些，平日主要还是教学。邹韬奋在圣约翰时主修西洋文学，辅修教育，现在用一半时间从事教学实践，可以说是用即所学了。所以，他的"兴趣比较的好"，虽然每天上午要教三四小时课，"忙而不甚其苦"，[1]并探索出一些行之有效的教学方法。

邹韬奋把学习英文所要掌握的技能概括为说、看、写三种。

关于"说"的方面，邹韬奋认为有个非常重要的基本原则，"那就是在英文课堂里，要用全部分的时间使学生听的是英文，讲的是英文，看的当然也是英文；非万不得已的时候，最好一个中文字不讲。（所谓万不得已的时候，也许有时遇着一个名词，用中文解释一下最容易明白，但也只可说一次，不宜多说。）"他在教英文的时候，开宗明义第一章，就是要使学生明白这个原则，相信这个原则。对于英文初学者，邹韬奋用"直接教授法"来解决。这个方法很简单，"只是用英文教英文，不用中文教英文"。"因为初学的学生不能立刻听得懂，所以一定要先从实物入手，从可见的行动入手。教师要把实物带到课堂里去，拿什么给学生看的时候，就把什么名词说给学生听，同时叫学生随着你说；随后你可以做相当的行动给他们看，同时把这种行动的说法说给学生听，并叫学生随着你说。"这样反复练习，烂熟于心，就用不着教师再用中文来解释英文了。[2]

---

[1] 邹韬奋：《韬奋全集》第7卷，上海：上海人民出版社，1995年版，第177页。

[2] 同[1]，第180—182页。

关于"看"的方面，邹韬奋认为"最重要的事情是要训练学生用英文字典。最好是要用英文注解的字典，至少也要用中英文注解的字典，这样不但可以得到正确的意义，而且也可于无意中多学得几个生字"。为使学生勤用字典，他注意"使学生养成自己预备功课的习惯"。每次上课的时候，他总要指定下一次的功课，开始的时候，所指定的页数少一些，渐渐地加多。学生在下次上课以前，必须利用字典把所指定的功课预备好。他们在预备的时候，不但要把每个生字的意义弄明白，而且要把全课的意思弄清楚，要弄到上课的时候，合上书能用英语把要点说出来。[1]

关于"写"的方面，邹韬奋认识到"中国学生不是没有意思发表，往往苦于所习的英文生字和成语不够用；要补这个缺憾，只有在看的时候注意'积蓄'最有用的生字和成语。可是仅在看的时候'积蓄'还不够，还要训练他们在写的时候也要下'积蓄'的功夫"。当时的课本不外乎故事或传记之类，并且是分章的。学生每读完一章，邹韬奋就要求学生每人在课外预备一篇短文，把本章的内容要点，用自己的结构，重新写出来，既要比原文短，且要包括原文全部的要点。所以学生尽管用了原文里的许多生字和成语，却不能把原文照抄下来。但是因为用了原文里的许多生字和成语，"便在写的里面也包含着'积蓄'的功用"。短文在课外写好后，下一次上课时重新写过。在课堂上写时，可以看书查字典，但不允许看自己预备好的稿子。理由很简单，就是要让极少数向别人请教或干脆请人代劳的学生"也不得不用心，把这短文原稿的意义和结构弄清楚，记清楚"，也能有所收益和长进。这样写作每进行若干次后，再出一个学生所熟悉的题目，让他们自

---

[1] 邹韬奋：《韬奋全集》第7卷，上海：上海人民出版社，1995年版，第182—183页。

由作文，成绩则非常可观。[1]

邹韬奋合理地继承了他在中学和大学时期英文教师的教学方法，又加进了自己的创造，因而在教学方面显得得心应手，教学效果较为显著。从顾荫亭开始，历经三位校长，邹韬奋都主持英文教务于中华职业学校，如果滥竽充数，那是怎么也混不下去的。邹韬奋的英文教学，注重素质的培养和能力的提高，其方法到今天还值得英文教学工作者参考借鉴。

邹韬奋热爱青年，"觉得青年都是可爱的"，认为"大多数的青年学生，只须教员教得认真，教得好，赏罚公平，青年学生没有不敬爱教员的"。他认定做教员"是一种有趣味的工作"，因为由此可以"和天真的青年接触"。但他后来没有继续做下去，原因何在？邹韬奋自己做出如下两点解释：一是性子太急，看见学生有时答不出，或是错误多了一些，容易生气，易于疾言厉色，予人以难堪，事后往往后悔，第二次遇着同样情形时仍不免再犯这个毛病。"我觉得忍耐性也是做教师的应有的特性，我的忍耐性——至少在教学方面——太缺乏，因此我觉得自己还不十分适宜于做教员。"二是因为经济的关系，教员的钟点太多，夜里缺乏自己看书的时间。每天上午上三四小时课还不要紧，但课外要为学生做的事情还很多，修改考卷和文卷费时很多，都不得不放在夜里做。这样除了全天的紧张工作外，夜里也不自由，看书的时间固然没有，一遇应酬或有其他临时的事情，往往不得不"开夜车"。正因为这两个缺憾，所以邹韬奋"不得不抛弃教员的生活"。[2]

鉴于他的"经济力"尚不允许他立即放弃教员生活，因而他

---

[1] 邹韬奋:《韬奋全集》第7卷，上海：上海人民出版社，1995年版，第185—187页。

[2] 同[1]，第188页。

一面留心更适宜的机会，一面对于他的职责仍然很认真地去做。在教学方面，邹韬奋严格要求，实事求是，坚持原则，敢顶压力。

有一年，邹韬奋所教的商科三年级里有一个低能生，英文考试不合格，补考仍不合格。为此，邹韬奋决定该生不能升级。殊不知，这个决定引起了轩然大波！该生的父亲有相当大的势力，与该校的董事们都有密切联系。他跑到校长那里去交涉，说邹韬奋对他儿子有成见。邹韬奋把平日的记录给校长看，并声明如果这样的学生可以升级，立刻辞职不干。那位父亲又跑到两个校董那里去糟蹋邹韬奋，但两位校董平日知道邹韬奋的教学情况，反给那位父亲一顿教训。校长最终没有屈服于那位有势力的家长而牺牲邹韬奋的职务，邹韬奋不会忘记这件事，因为其中包含着做人的道理。

邹韬奋在中华职业教育社的半天工作是卓有成效的。他说："编辑的职务是最合于我的个性。"[1]从1922年到1926年，邹韬奋编辑《教育与职业》月刊五十余期，发表职业教育（含职业指导）方面的文章五十余篇。他编著、编译职业教育丛刊6种，均由上海商务印书馆出版。书名依次为：《职业教育研究》、《职业智能测验法》、《职业指导》、《职业指导实验》（第二辑）、《职业心理学》、《书记之知能与任务》。另外，他还翻译完成杜威的名著《民本主义与教育》一书。该书1928年3月由上海商务印书馆出版，编入《大学丛书》。

邹韬奋视英文为"研究学问的工具"，并在"曲线就业"期间运用得心应手。邹韬奋的译书、译文信息量大，译法精湛。《职业教育研究》所根据之英文参考书与杂志约三十种。《职业心理学》参考十多种中外学者著作编纂而成。他在编译的时候，没有忘记

---

[1] 邹韬奋：《韬奋全集》第7卷，上海：上海人民出版社，1995年版，第187页。

邹韬奋为中华职业教育社编译的部分书籍

读者。他不是生吞活剥地直译原文,而是含英咀华,理解其意,然后用通俗规范的中文意译出来。

职业教育诞生于西方工业革命的进程之中,到十九世纪初在欧美诸发达国家已达到较为完备的程度。20年代的中国,职业教育还处在探索、研究、积累经验的初始阶段,适合中国国情的职业教育机制还没有真正建立起来。邹韬奋大量编译介绍美、英、法、德、日等发达国家职业教育方面的材料,其目的就在于为中国职业教育的发展提供研究资料和借鉴。

同时,邹韬奋又认识到"各国职业教育皆有其特性","实行职业教育者,固宜博考他国之良法美意为借镜,尤宜体察本地之社会状况为基本,庶几因地制宜,不贻削足适履之讥"。[1]于是,他在大力介绍西方职业教育理论和方法时,又密切联系中国的实际,潜心研究,探索适合中国国情的职业教育理论和方法。

针对当时社会上把普通教育与职业教育概念相混的现象,邹

---

[1] 邹韬奋:《韬奋全集》第11卷,上海:上海人民出版社,1995年版,第173页。

韬奋发表《职业教育之鹄的》，辨明两者之关系。他认为职业教育重在"实用"，依此"造成具有智慧之特别职业生产者"，普通教育主要目的则在于"增进一般智慧，即其间采用具有职业性质之科目，亦为选择将来职业之助"。[1]

邹韬奋主张职业教育平民化。他提出办理平民职业教育所应依据的五条原则：一是授予工艺技能所需资本宜小，否则技能自技能，而无力谋生自无力谋生；二是所授工作须能独立经营；三是所授技能须应社会之当前需要；四是训练之时间宜短；五是所授知能宜有教育的价值，不能仅注意谋生而造成许多"机械"。[2]

邹韬奋又提出职业教育必须顾及纵横两个方面。就横的方面而言，职业教育与"平民主义之教育"相适应，"使受经济压迫而不得不提早就业者，得择所欲学之专门知能而从事焉"，"使因天资所限而不能勉臻深造者，亦得量其所能而选学专业以自献于世，弗为社会之蠹"。就纵的方面说，"受经济困迫之青年，其中未尝无天资卓越，大有可造之材，则宜设法辅助，依其能力而导之升学深造，使成高深之专门人材，以益人群"。[3]

邹韬奋认为职业指导"绝非由外面加入教育范围内之事，并非存立于教育范围以外之事，乃即在教育范围以内应为之一部分重要事务"。[4]他编译《职业指导》专书，阐发其内容，并用极简赅之辞作《职业指导之真谛》一文，指出：一、"职业指导包括职业介绍，非即职业介绍。"二、"职业指导乃长时期继续进行之事业，

---

[1] 邹韬奋：《韬奋全集》第1卷，上海：上海人民出版社，1995年版，第274页。
[2] 同[1]，第468—470页。
[3] 同[1]，第406页。
[4] 同[1]，第440页。

非短时期之商榷。"三、"职业指导乃有实在根据之事业,非模糊猜度之判断。"四、"职业指导乃处于辅导地位,非处于代决地位。"五、"职业指导非孤立的事业,乃合作的事业。"六、"职业指导要有专门之研究与训练,不可敷衍塞责。"[1]

邹韬奋并不囿于宏观的理论研究,还就许多实际问题具体提出了卓有见地的主张。

关于学校教育,邹韬奋认为"职业指导之范围,自小学职业陶冶开其基,经中学而大学,终于服务指导,为长时期之进行程序",任何一个环节都不可缺少。[2]

小学时期,无论是升学或不升学的学生都"应该受职业陶冶"。邹韬奋解释说:"所谓职业陶冶,并非直接授儿童以木匠石匠等等的技术,强使儿童成为徒弟职工;乃是避去从前一切虚空的教育,仅属书记文字知识的教育,其主要之点在利用各种作业,对于全部儿童,施以各种业务上之普遍的陶冶,事事与生活实际相合,与社会生活接触,使儿童依此作业,收得种种教训,培养勤劳精神与实行能力。""至于小学里面实施职业陶冶的方法,固须特别注重课外作业,指导儿童自己合作组织经营,练习办事才能,使将来得应用这种勤劳习惯于职业,又因各种作业团体的服务,使儿童自觉道德的重要而注意实践,又使因互助服务而明了个人与团体的关系,无形中养成将来尽其特长以贡献于社会福利的精神。"[3]

中学时期,学生个性发展已趋明朗,分科学习也已进行,邹韬奋认为要"用种种方法,唤起青年尽天赋以贡献社会之精神,

---

[1] 邹韬奋:《韬奋全集》第1卷,上海:上海人民出版社,1995年版,第290—291页。

[2] 邹韬奋:《韬奋全集》第11卷,上海:上海人民出版社,1995年版,第558页。

[3] 同[1],第309—311页。

使青年对于职业有正确之观念与态度，以立其基"。要让青年学生了解社会，增加社会常识，协助青年研究个性，考查知能，施以修学指导与择业指导，使学生"不特职业问题有正确之趋向，即于品学方面，亦于无形中启发其自动之精神焉"。[1]

鉴于"大学校之职业指导材料，尚付阙如"，邹韬奋特介绍美国学者密歇根大学迈尔斯教授（Prof. George E. Myres）所述美国四大学实施职业指导之梗概，以资借鉴。[2]

关于军队教育，邹韬奋主张培养士兵正当谋生的意识和技能。他认为"国人苦兵久矣。无已，其裁兵乎。要知人非乐于为兵也，亦藉饷糈以为生耳。裁之而无以资生，势必流而为匪。惟有在未裁前，予以一种简易之农工教练，养成其生活技能。抑不仅退伍军人为应受职业教育也。即在伍者，亦何不可行。其利有三：（一）养成作业习惯。（二）供给军队需要。（三）退伍后可恃以自营生活"。[3] 他还编译《美国军队职业教育之特点》一文，"想为热心军队职业教育者"提供借鉴。

关于农村教育，邹韬奋主张教育与农业生产和农村生活相结合。他曾介绍美国学者革德门氏（A. K. Getman）调查中国农村状况后所写的《农村学校与社会》一文，"以供研究农村教育者参考"。认为"吾国不办农村教育则已，否则于农村与社会，不可不加以特别注意。不然，教育自教育，农村自农村，孜孜提倡何为哉"。[4]

关于童工问题，邹韬奋认为："教育方法之改良，亦有裨于童

---

[1] 邹韬奋：《韬奋全集》第1卷，上海：上海人民出版社，1995年版，第314—315页。
[2] 邹韬奋：《韬奋全集》第11卷，上海：上海人民出版社，1995年版，第558页。
[3] 同[1]，第287页。
[4] 同[2]，第164页。

工之减少，禁止儿童入厂工作，尚为消极的方法；改进学校环境，振兴职业教育，乃为积极途径。而学校当局对于学校设备及方法，亦须特加改良，使儿童有充分之游戏及运用活泼体力之机会，否则养成不悦学之风，虽经济问题解决，亦不能全无困难也。"[1]

邹韬奋在大量介绍、着力研究职业教育理论和方法的同时，还积极参加中华职业教育社开展的职业指导活动。

中华职业教育社鉴于职业指导的重要，在社内特设职业指导股，刘湛恩为主任，邹韬奋以副主任的名义协助工作。

1923年7月又组织职业指导委员会，刘湛恩为主任，朱经农、廖茂如、杨卫玉、黄伯樵、陆规亮为委员，庄泽宣、陈友古、顾荫亭、王志莘为通讯委员。刘湛恩编著有《职业指导实验法》，提倡一星期职业指导运动。另外，职教社编有《职业指导》，王志莘著有《青年与职业》，刘麟生译有《世界十大成功名人传》，顾树森译有《职业指导与选择》，杨鄂联著有《职业陶冶》。刘湛恩起草择业自审表，以备职业指导之应用。

经过较为充分的准备，1924年4月间，职业指导委员会在上海的澄衷中学与青年会中学、南京的省立第一中学、济南的正谊中学等著名中学，与各校组织的职业指导委员会共同开展职业指导活动周，让学生填写职业指导表，延请专家和当地各该业知名人士讲演，并与青年作个别的谈话。5月底又到武昌中华大学附属中学实行这种职业指导运动周。以上活动邹韬奋均亲历其间。

1925年1月，邹韬奋编纂的《职业指导实验》（第二辑）由上海商务印书馆出版。该书系由中华职业教育社上年在上海、南京、

---

[1] 邹韬奋：《韬奋全集》第1卷，上海：上海人民出版社，1995年版，第436页。

济南、武昌试行职业指导之结果汇编而成。书中录有邹韬奋的演讲稿《择业的方法》。他首先把主观的乱碰的择业方法与职业指导所提倡的科学的方法区分开来。对后一种方法，他分五个层次来讲解：一、了解重要各业内容的大概，可资比较；二、注意个人的特长，使自己对社会能由此做出最大的贡献，并因此而享职业真乐；三、注意社会的需要；四、须有试验的态度；五、须有充分的预备。[1]实际上一星期职业指导运动也是根据这种方法进行的。

中华职业教育社定于1925年5月27日在南京举行第8次年会，先期组织参观团，到上海、苏州、无锡、常州、镇江、南京等处，根据10种职业教育机关之分类，择要参观，以资研究，邹韬奋参与其间。参观后，邹韬奋所得感触最深者在于一些学校"因学生大多数志在升学，不在得业。学校迁就学生心理，相率改为普通小学，或职业学校其名而普通学校其实"。他认为"因大多数学生志在升学而改原有之职业学校为普通学校，全属消极，决非善策"。"力主此种学校应以专收贫苦无力子弟而急于求得相当智能以自立者为原则，决不可再收家境宽裕，求学机会已多之青年。""职业学校以就业为原则，以升学为例外"已为教育界所共识。"在已有求学机会之子弟，视职业学校为不满。在贫苦无学可求之子弟，则视职业学校为乐地。……如此则在职业学校方面何至因学生志在升学而变其初志，在学生方面亦何至因志在升学而令职业学校之基础动摇。'周急不济富'，吾愿今之办乙种实业学校者三复斯言。"[2]其后，邹韬奋又发表《参观江苏职业教育后的感触与建议》，重申并周详论述上述观点。

---

[1] 邹韬奋:《韬奋全集》第1卷，上海：上海人民出版社，1995年版，第355—358页。
[2] 同[1]，第401页。

1925年10月，邹韬奋到南京参观江苏地方物品展览会和江苏职业教育手工成绩第2届展览会，并分别报道于13日之《申报》。后一篇报道之中提到："苏州女子职业中学开办虽仅六年，其美术科得刺绣名家沈粹缜女士之主持，指导进步尤速。"11日参加中华职业教育社在南京贡院召集的江苏初中职业指导研究会。

1926年邹韬奋起草《中华职业教育社对英庚款之意见》，指出："处理此事之基本原则有二，一为顾全中国主权，一为注意中国大多数民众之福利。"关于第一条原则，"宜由两国以对等形式协商决定，由中英两国声望素著之人士合组董事会；其中董事中英人士各半。董事长宜以深明中国实际情形之华人任之……若仅由英国政府之片面处理，则有参与中国内政之嫌，反足引起中国国民之怀疑，亦非中国国民所允许，大背增进两国友谊与了解之本旨矣"。关于第二条原则，"至少须以庚款之一部分，专办有益于多数平民之事业，有益大多数平民之事业虽多，而就中国之实际情形而论，以农村教育与工业补习教育为尤要。……故深望研究庚款之用途者，加以特别之注意与考虑。"[1] 该件译成英文，以备送交英国庚款调查委员会。

1926年5月参加第9次年会，并在职业指导组会议上讲话。还参加江苏中等学校职业指导研究会成立会，并讲话。8月19日，参加江苏职业学校联合会在上海召开的年会，并作《评述江厅长关于职业教育之演讲》，发表于《教育与职业》第79期，认为只要"教育行政领袖"重视，职业教育就会"前途甚大"。

邹韬奋在研究职业教育、参与职业指导运动的过程中，自身

---

[1] 邹韬奋：《韬奋全集》第1卷，上海：上海人民出版社，1995年版，第464页。

受到了很好的职业道德教育。

邹韬奋对"职业"的见解是深刻的，人生观、价值观是端正的。他认为"要想享得职业的真乐，先要明白职业的真谛。职业是一方面利己，一方面利人的行为。一个人生在世界，受了人群的许多利益，人人都应该各尽所长，对于社会有尽量的贡献"，"一个人果能尽其所长服务社会，社会对他自然有相当的酬报，所以于利人里面，利己的结果自然而然的同时顾到。明白了这个原理，我们服务的时候，眼光与思想就不至限于专顾私利的方面"。他指出欲壑难填，私心难满，人生有限，死不带去，何必那样贪得无厌，提出"一人的真正价值，全在他一生对于社会能有多大贡献。这样一来，能多尽一分材力替社会多做一件好事，便多一分快乐。所尽的职务愈有效果，精神上的快乐也随之增高。这就是职业的真乐。这种真乐是求之在我的，是别人抢不去的，是永久无穷的"。而且职业无高低贵贱之分，各人"尽其所长，对于社会能作尽量贡献"，"真乐自然而然的会随在后面"。"不知享受这种真乐的人，就是世界上最没有价值的人，就是虽生如死的人。"[1]

邹韬奋热爱青年，苦口婆心，乐于解惑，帮助青年人树立正确的世界观、人生观。他知道"青年初入职业界服务，其所遇之现象有二：一为所任事物之较属平常；一为所受酬报之较属微薄"。有些青年接受不了这个现实，走向消极，因循苟且，敷衍塞责，"盖由于不明服务之主要用意"。他循循善诱，诚挚解劝："职业之正确意义，为人类共同生活中之互助的永久的行为，人类由争夺时代而演进于共同生活世代；人类共同生活愈进化，则互助行为之种类亦愈复杂，而又各为增进社会福利所不可少；于是各人须外察

---

[1] 邹韬奋:《韬奋全集》第1卷，上海：上海人民出版社，1995年版，第304—306页。

社会需要，内审自己境地与特长，择其一种以自献，与社会其他分子同心戮力，维持社会已有之产业，督促社会未来之进步。明乎此义，则知吾人所以服务社会，其用意决非仅在易得多少物质上之酬报，遂无其他蕴义；则知吾人所以服务，乃各尽所能，为社会全体分任一部分之当尽义务，否则徒受社会之益而无以为报，乃虚生人世，毫无价值。固服务实为人人对于社会应有之天知，决非仅为料理他人之事，一若与自身毫无关系也者。又知社会之组织既复杂，不得不有种种差异之有益事业，以应其需要；既同为社会所必须，即同为互助之行为，其范围虽有大小之别，其性质实无贵贱之分。""吾人必先明澈职业所含蓄之重要意义，然后始觉忠诚服务中自有无上快乐，有此觉悟，始知不可限其眼光于利己方面，但注其全副精神于职务之改进，于此处用其心力，在职务上必有其相当之优良成绩，决不至于徒劳无功也。吾人之服务动机既已正确，不必成绩已全，始觉愉快，即在运用思想，规划筹谋之际，已乐在其中矣。诚能如此，则意虽不孳孳于报酬，而酬报之逐渐增厚，乃其一种自然的附带结果，故研究效率专家伯灵顿氏（Edward Earle Purinton）有言曰：'为金钱而工作者愈穷；为事业而工作者愈富。'此中得失，有识者其知所从矣。"[1]

邹韬奋每干一事（包括不合其"天性"的事）都认真负责，让人家觉得离不开他。这体现了他"毋忝职守的道德准则"和"服务上之彻底精神"。"何谓服务上之彻底精神？即吾人不任事则已，既已任事，必竭吾心力，务使所处理之事，达到尽量完备之境域，始肯释手，丝毫不存迁就敷衍之态度。服务上最忌之恶劣根性，莫甚于以'勉强过得去'为满足。""此种彻底精神之基础，

---

[1] 邹韬奋：《韬奋全集》第1卷，上海：上海人民出版社，1995年版，第420—422页。

在于乐吾所业,诚以天下事必为吾所乐为者,始肯竭吾心力为之;否则貌合神离,其身虽在,而一心以为鸿鹄将至,于是对于所事,以能速了为大幸。其结果之成绩如何非所问。"[1]这种"服务上之彻底精神"发轫于苦学生涯,定型于"曲线就业",并贯穿于邹韬奋以后的一切行动之中,推动着他不断走向进步。

"曲线就业"期间,中国共产党成立并发展壮大起来,国共两党第一次合作,掀起了"国民革命"高潮。然而,中国历史上的这一系列大变化在邹韬奋同期的著述中少有提及。为了"饭碗",他东奔西走,兢兢业业于所任之事,又一次失去了投身革命、参加社会政治活动的大好时机。

但是,邹韬奋并非闭目塞听之人。他从自身所从事的工作中,还是敏锐感觉到社会政治经济问题严重,思想上受到很大震动。

职业指导运动的参加以及京沪沿线职业教育的考察,邹韬奋一方面"感到兴趣的是乘着这个机会和各地的青年谈话,并到各处观察观察社会的情形"。另一方面,他又看到:"职业指导和教育指导是分不开的,在中国的现状下,进小学校还要经过竞争考试;中学以上的学校,你要学什么,不见得就有你所要进的学校,就是有,好的不易进,坏的不愿进;此外还有经济问题也不是空言指导所能解决的。职业指导和现实社会的职业状况当然更是分不开。在中国的现状下,谁都看出职业界是一团糟,有许多地方用人并不根据真正的才能,只靠背后的势力怎样,或是位置私人;有许多地方受着不景气的影响,虽想用人而不敢用;结果除少数例外,往往不免所用非所学,甚至于出了学校便须立即加入失业的队伍里去!在这样的状况下,我虽不敢说职业指导一点没有用

---

[1] 邹韬奋:《韬奋全集》第4卷,上海:上海人民出版社,1995年版,第694—695页。

处,但是不得不承认所受的限制实在太大了!"

于是,邹韬奋"愈研究职业指导,愈在实际方面帮着职业指导呐喊,愈使我深刻地感觉到在现状下职业指导的效用很有限,愈使我想跳出职业指导的工作!"他虽不敢说参加职业指导运动"对于青年究竟有着什么实际的效果",但对于自己"确有很重要的'指导'作用","使我从这里面感到惭愧,感到苦闷,感到我的思想应该由原来的'牛角尖'里面转出来!换句话说,这现实的教训使我的思想不得不转变!"[1]

邹韬奋从事职业教育研究和参加职业指导运动,耗费了大量的心血,但是到社会上去一看,政治的黑暗和经济的不景气,严重制约了他所从事事业的效果。"服务上的彻底精神"在残酷的社会现实面前已无能为力,邹韬奋的思想受到了前所未有的震动,并想从"牛角尖"里转出来。这是邹韬奋思想的第一次自觉的转变,即由闭门造车转向对国事民瘼的强烈关注。

邹韬奋对所任之事的兴趣发生了动摇,但他还得等待时机。他说:"一方面在意识上虽有这样的觉悟,一方面对于我的职业指导的职务——我当时的一部分职务——仍然是很认真地干着。但是这个'干'只是'职务'上的事情,只是'毋忝职守'的'道德'在后面推动着,并不能唤起我的兴会淋漓的精神,并不能使我的全部身心陶醉在这事业里面。"[2]

不仅如此,邹韬奋还努力维护职业教育的社会声誉。1925年,邹韬奋在《中华教育界》发表长文,就当时社会上对职业指导的误解做出很有说服力的解释,其中重点探讨了中国中学职业指导

---

[1] 邹韬奋:《韬奋全集》第7卷,上海:上海人民出版社,1995年版,第190—191页。
[2] 同[1],第191页。

是否走得通的问题。邹韬奋认为中国需要职业指导，现有职业指导已经有了相当之功效，学校和职业界存在的诸多问题正是职业指导所要克服的，不能以此作为中国中学职业指导走不通的证据。最后，在谈论到职业指导所感到的择校和就业两大困难时，邹韬奋一方面承认"现在中国的政治不进轨道，各业萧条，真是极危的现象。这种现象诚然要各方面共谋救济，绝不是职业指导单独所能为力"。另一方面又认为，不能把困难看得太严重而自馁，困难是相对的而不是绝对的，职业界依恃奥援与钻营者毕竟是少数，且不能持久，职业指导仍须在可能的范围内努力上进。[1] 这种解释精辟透彻，头头是道，但亦是职业道德所使然，就是能说服他人，也说服不了邹韬奋自己。这种极度矛盾的心理状态，已经到了非解决不可的地步了。

似乎是命中注定，邹韬奋在求学上走了"曲线"，在就业上走了"曲线"，殊不知在婚姻上也不那么顺利。

经受五四大潮的洗礼，许多男女青年在打倒"吃人"礼教的呼声中，对大家族发起了冲击，对婚姻自由权提出了大胆的要求，并把理想社会与理想家庭混为一谈，甚至相信理想家庭是理想社会的基础。邹韬奋接受了这种思潮，并予以大力提倡和宣传。求学时代写过一些这方面的文章，走上职业界后也写过一些。

1922年，邹韬奋作《爱与人生》述："母子之爱占人之前半生，夫妇之爱占人之后半生"，后半生如不得"夫妇之爱"，则虽生犹死。要得"夫妇"之爱，就得"先有恋爱而后有夫妇"，就得清除腐儒所提倡的陋俗，就得脱离腐败之大家庭环境。他特别批评了

---

[1] 邹韬奋:《韬奋全集》第1卷，上海：上海人民出版社，1995年版，第388—389页。

"夫妇相敬如宾"、"举案齐眉"等谰言,认为"今以夫妇之亲且爱,而劝其相敬如宾,已近囚狱,苟益以举案齐眉之行为,则径可以加以锣鼓与猴戏比其优劣矣。""当知'恭恭敬敬'、'客客气气'皆为招待路人之良法。至于夫妇之间,则以融和怡悦为尊尚。"[1] "融和怡悦"的夫妇之爱,正是邹韬奋所追求的婚姻理想。

但是,邹韬奋的现实处境比想象的要曲折、艰难得多。

邹韬奋还在学生时代,父亲没有能力供养他,却给他包办了婚姻。他在《经历》中写道:"我的父亲和我的岳父在前清末季同在福建省的政界里混着,他们因为自己的友谊深厚,便把儿女结成了'秦晋之好',那时我虽在学校时代,五四运动的前奏还未开幕,对于这件事只有着糊里糊涂的态度。后来经过五四的洗礼后,对这件事才提出抗议。"[2]

父亲给邹韬奋钦定的未婚妻叶复琼,是一位十足的"诗礼之家"的闺秀,能吟诗读书,工于针线。邹韬奋不满意之处有两点:一是她虽不是没有受过教育的女子,但没有进过学校,他在心理上接受不了;二是与她从未见过面,说过话,全由"父母之命"而成婚约,他在感情上接受不了。邹韬奋提出抗议后,双方家长都不答应,"未婚妻"遵循"诗礼之家"的训诲,表示情愿为着邹韬奋而终身不嫁。于是,这件事便成了僵局。邹韬奋的求学费用全由自己筹措,家里拿他也没有什么办法。这事到邹韬奋离开学校加入职业界后的很长一段时间都还一直搁着。

叶复琼非邹韬奋不嫁,不是因为情感深厚而忠贞不贰,而是受封建礼教的毒害过深。邹韬奋能够理解这点,反倒为难起来。

---

[1] 邹韬奋:《韬奋全集》第1卷,上海:上海人民出版社,1995年版,第244—245页。
[2] 邹韬奋:《韬奋全集》第7卷,上海:上海人民出版社,1995年版,第193页。

他每想到有个女子为着他而终身不嫁,"于心似乎有些不忍,又想她只是个时代的牺牲者,我再坚持僵局,徒然增加她的牺牲而已,因此坚持了几年,终于自动地收回了我的抗议"。[1]邹韬奋答应了婚事,不是屈服于封建礼教,而是为同情心所驱使,他宁愿自己冒终身不幸福之险,也不忍心别人为着他而受苦,这也正是邹韬奋品德的可贵之处。到了1923年,邹韬奋还清了债务,并积攒了几百块钱,可以为自己办理婚事了。邹韬奋所堪自慰的是婚事的费用完全由自己担任,没有给任何方面以丝毫的牵累。家里不必说,就是亲友,他也不收一文钱的礼。他不办宴席,仅以茶点代替。在仪式上,邹韬奋还别出心裁地"维新"一番。行礼时,新郎新娘都要演说,这对邹韬奋倒没什么,对叶复琼来说却是个难题。但是她为了迁就邹韬奋,也只得勉强说几句。为说这几句话,事前的好几天就让她痛快不得。这也罢了,邹韬奋又要求岳父也须演说。那知岳父是"百分的老实人",生平从未演说过,根本没有在数百人面前说话的勇气,但也因为要迁就邹韬奋,只得勉强说几句。在行礼的前几天,他每天手上拿着一张纸,上面写着几十个字的短无可短的演说词,在房里踱着方步朗诵着,好像小学生似的"实习"了好几天。但在行礼那天,他刚立起来,便忘得一干二净,勉强说了三两句答谢的话就坐了下来。后来,邹韬奋每想到此事,心中总有愧意,觉得实在不该把这样的难题出给岳父大人和他的女儿做。

叶复琼满腹温柔,生性笃厚,结婚以后在生活上对邹韬奋"非常的厚"。在事业上,叶复琼也是个贤内助。1925年之前,邹韬奋得以译毕最难翻译的杜威名著《民本主义与教育》一书,实在有

---

[1] 邹韬奋:《韬奋全集》第7卷,上海:上海人民出版社,1995年版,第193页。

赖于叶复琼的大力相助。该书到1928年才由上海商务印书馆出版，邹韬奋早已写好的"译者序言"中有这样一段话："我译这本书的时候，有许多斟酌修改的地方，常得内子叶复琼女士的帮助商量。她替我誊录校对所费的功夫更不少。若非有她时常督促鼓励，恐怕这本书至今还不能完毕。这也是我要特别志谢的。"[1]叶复琼没能活着看到书的出版，这里的"志谢"也就变成了永久的纪念了。

邹韬奋怎么也没想到父亲做主包办的婚姻竟然也有"融和怡悦"的夫妇之爱。但是，好景不长，1925年初，叶复琼因患伤寒症而离开了人世。邹韬奋29岁结婚，此时31岁，而立丧妻，何其不幸！后来，他在《经历》中饱蘸血泪写下了亡妻后的情形："她死了之后，我才更深刻地感到她的待我的厚，每一想起她，就泪如泉涌地痛哭着。她死后的那几个月，我简直是发了狂，独自一人跑到她的停柩处，在灵前对她哭诉！我生平不知道什么叫做鬼，但是在那时候——在情感那样激动的时候——并无暇加以理解，竟那样发疯似的常常跑到她的灵前哭着诉着。我知道她活的时候是异常重视我的，但是经我屡次的哭诉，固然得不到什么回答，即在夜里也没有给我什么梦。——老实说，我在那时候，实在希望她能在梦里来和我谈谈，告诉我她的近况！这种发疯的情形，实在是被她待我过厚所感动而出于无法自禁的。我在那个时候的生活，简直完全沉浸于情感的激动中，几于完全失去了理性的控制。"[2]

邹韬奋在昏惨惨、孤寂寂中熬过几个月后，经杨卫玉介绍，一个年轻、美丽、端庄的现代职业女性来到了他的身边，以慈母

---

[1] 邹韬奋:《韬奋全集》第12卷,上海：上海人民出版社,1995年版,第9页。

[2] 邹韬奋:《韬奋全集》第7卷,上海：上海人民出版社,1995年版,第194页。

1926年1月邹韬奋与沈粹缜结婚时留影　　邹韬奋和夫人沈粹缜（1926年）

般的温暖抚平他心灵上的疮口，洗落他满身的尘埃，为他重新点燃生活的火焰。她，就是知名的苏州女子职业中学美术科主任沈粹缜——邹韬奋曾经在写给《申报》的报道中提到过她的事迹。

　　1926年1月1日，邹韬奋与沈粹缜结为伉俪。邹韬奋破碎的婚姻理想由此得以完美地延续。沈粹缜无怨无悔地放弃了自己的职业，充当起"甜蜜的看护妇"，全力支持邹韬奋。邹韬奋得此动力，很快就进入了事业上的第一个辉煌时代——《生活》周刊时代。

四　艰苦创业　改造社会

1926年10月,邹韬奋接任《生活》周刊主编,从此开始了从事新闻出版工作的生涯。

《生活》周刊是1925年10月由中华职业教育社创办的,银行家王志莘为第一任主编。

初创阶段的《生活》周刊可不像后来那么红火。由于宗旨不明,[1]内容狭窄,编排呆板,没能为社会所接受。订户几乎没有,

---

[1] 邹韬奋曾在有关著述中清楚地写道,《生活》周刊最初的宗旨是"专门用来宣传职业教育及职业指导的消息和简要的言论"。(《韬奋全集》第9卷第717页)"所以大部分的篇幅都是登载各报上搜集下来关于职业教育的消息。"(邹韬奋:《韬奋全集》第7卷,上海:上海人民出版社,1995年版,第192页)几乎所有的论者都不加分析地引用了邹韬奋的上述表述。但是,邹韬奋所说的只是拟议中的意旨,在实际的办刊过程中则没有贯彻下去。第1卷《生活》周刊,名副其实地大谈"生活"问题。"生活"之名为中华职业教育社副主任杨卫玉所取,"生活"两字为中华职业教育社主任黄炎培所书。黄炎培在《创刊词》中开宗明义地说:"世界一切问题的中心,是人类;人类一切问题的中心是生活。"创办《生活》周刊,目的就在于"合力以谋此问题之渐解"。

第2期的"编辑者言"曰:本刊愿揭出"社会上困苦和快乐的生活实况"、"人类生活正当的途径"、"改善人类生活的方法"、"各种职业之性质与青年择业安业乐业的准则"。

在第1卷52期内容中,只有15篇文章勉强算得上"职业教育及职业指导的消息",其余所见皆谈"生活"。1927年秋,应读者要求,《生活》周刊第1卷汇刊发行,邹韬奋所写之"弁言"揭出第1卷之"旨趣"为:"揭出人类正当生活的途径","揭出各种职业之性质与青年择业安业乐业的准则"以及为"丰富的生活"提供"适当的训练与修养"。(邹韬奋:《韬奋全集》第1卷,上海:上海人民出版社,1995年版,第839页)这个"旨趣"是根据已有的刊物揭出的,重点也在"生活",与原来商办该刊时的用意不一致。后来,邹韬奋也认为本刊"最初一年的宗旨似未十分确定",记者接办后,确定宗旨,"方向较定,努力亦较专"。(邹韬奋:《韬奋全集》第3卷,上海:上海人民出版社,1995年版,第256页)

报贩也不乐意销售，每期印数只有千把份，多是分送给职教社社员。再多下来的则论斤两一捆一捆地卖给报贩，或拿到体育场去送人。邹韬奋为该刊写稿不多。在第1卷上，他只写了3篇文章。

王志莘兼职主编《生活》周刊一年后，就脱离该职专门去做银行家了。邹韬奋作为职教社编辑股主任，"在当时也没有看出这个'弃儿'有什么远大的前程，只是因为它是一个突然失去了保姆怪可怜的'弃儿'"，才"义不容辞地把它收容下来"！[1]

邹韬奋接编《生活》周刊时，还兼有中华职业学校的英文教务主任和英文教员的职务。1927年初，他辞去所兼教职，应张竹平的邀请，兼任《时事新报》秘书主任，并主持该报副刊《人生》的编务，为时近一年。张竹平时任《时事新报》董事长，新闻老手潘公弼出任总经理，文坛巨子陈布雷担任主笔，阵容非常强大。作为秘书主任，邹韬奋的工作几乎包括了全报馆的内容，需要占用全天的时间。他征得职教社领导同意，把在职教社的半天工作移到夜里去做。邹韬奋和潘公弼都全日在馆办公，且同在一间办公室。潘已有十几年的新闻经验，对新闻业务很熟悉，与他相处，耳濡目染，邹韬奋大受教益。张竹平办事精明详密，也给邹韬奋以深刻的印象。邹韬奋说："我在时事新报馆工作的一年，是我生平更有意义的'练习'的时期。我常常觉得我的这一年的'练习'，比进什么大学的新闻科都来得切实，来得更有益处。"[2]

邹韬奋接编《生活》周刊时的态度是勉强的，主要的时间和精力也没有放到这方面。但他既已接编，凭着"服务上之彻底精神"，"确也不忍薄待它"。他明定宗旨，锐意改革，密切联系读者，

---

[1] 邹韬奋：《韬奋全集》第9卷，上海：上海人民出版社，1995年版，第718页。

[2] 邹韬奋：《韬奋全集》第7卷，上海：上海人民出版社，1995年版，第195页。

竭诚为读者服务，使《生活》周刊也从职业指导（商办时的意旨）的"牛角尖"里转了出来，日益为社会各界所认知、所欢迎。他越干越"干得兴会淋漓"，越干越能使他"全部身心陶醉在里面"。[1]于是，到了1928年初，他自动辞去时事新报馆的职务，全力以赴地去办《生活》周刊。邹韬奋关心国事民瘼，"力谋社会改造"，正是充分利用《生活》周刊这一稳固的可靠的阵地来进行的。

邹韬奋不是坐享其成者。《生活》周刊的发达经历了一个艰难的奋斗历程。

《生活》周刊编辑部最初设在上海辣斐德路（今复兴中路）的一个小小过街楼里。两个半人（邹韬奋和徐伯昕为专职，孙梦旦为兼职）、三张办公桌就把屋子塞得满满的，几乎转不过身来。他们白手起家，没有什么大宗的开办费。邹韬奋的月薪最多，每月拿60块钱，徐伯昕每月二十几块钱，孙梦旦是兼职，每月才拿几块钱。邹韬奋的主要职责是编辑和撰述。

由于一文钱稿费都

上海辣斐德路（现名复兴路）生活周刊社过德楼外景

---

[1] 邹韬奋：《韬奋全集》第7卷，上海：上海人民出版社，1995年版，第191页。

没有，刊物的销路又不行，外面来稿极少，结果往往全期的文章都由邹韬奋自己包办。他模仿孙悟空摇身一变的把戏，取了心水、因公、灵觉、秋月、落霞、清风、春风、惭虚、太平、孤峰、笑世、思退、云霄、韬奋等十几个笔名，每个笔名派一个特殊的任务，在外人看来，好像人才济济，应有尽有。"韬奋"第一次使用于1927年9月25日出版的《生活》周刊之"小言论"，以后严肃的社论（评论）就由"韬奋"来写，并以此闻名于世。没有资料室，邹韬奋就采用"跑街"政策，常到书店里去乱窜，东翻西阅，利用现成的"资料室"。有些西文杂志太贵，实在买不起，只好记个大概，回去就编写。

　　做记者、当编辑合于邹韬奋的"天性"。他"对于搜集材料，选择文稿，撰述评论，解答问题，都感到极深刻浓厚的兴趣"，他的全副精神已和他的工作融为一体了。[1]徐伯昕也对《生活》周刊渐渐发生浓厚兴趣，和邹韬奋一样用着全部的精神去工作。孙梦旦也渐渐使用上了全部的时间。最初经营《生活》周刊的就只这三个人。邹韬奋著《经历》时，留恋往夕时光，用欣慰的心情写道："永远不能忘记在那个小小的过街楼里，在几盏悬挂在办公桌上的电灯光下面，和徐孙两先生共同工作到午夜的景象。在那样静寂的夜里，就好像全世界上只有着我们这三个人；但同时念到我们的精神是和无数万的读者联系着，又好像我们是夹在无数万的好友丛中工作着！"[2]他们乐此不疲地干着，好像都是傻瓜，"事情干不完，只得恋恋不舍地和办公桌暂时告别。没有什么人强迫或监督我们这样发傻，我们自己也只觉得傻得有趣，并没有存着别的

---

[1] 邹韬奋：《韬奋全集》第7卷，上海：上海人民出版社，1995年版，第199页。

[2] 同[1]，第200页。

什么奢望"。[1]

邹韬奋明定第 2 卷《生活》周刊的"旨趣"为"期以生动的文字，有价值有兴味的材料，建议改进生活途径的方法，同时注意提醒关于人生修养及安慰之种种要点，俾人人得到丰富而愉快的生活，由此养成健全的社会"。[2]这个宗旨较为明确，《生活》周刊谈论生活问题，名实相符。值得注意的是，邹韬奋谈生活问题实际含有积极的意味，即不只谈论生活本身，而要在谋求"人人"生活改善的同时，进而"养成健全的社会"——经过两三年的演进，该"旨趣"逐渐明晰为以"力谋社会改造"为中心鹄的的新宗旨。

要达到上述目的，最为根本的问题是要让"人人"都愿意看这个刊物，都喜爱这个刊物，都信赖这个刊物。为此，邹韬奋对刊物的形式和内容都予以更新，并密切了与读者的联系，培育了服务意识。

文章的形式活泼多样，不拘一格，有时评、短论、社论、随笔、游记、传记、通讯、名家作品选登等。文字方面则"力避'佶屈聱牙'的贵族式的文字，采用'明显畅快'的平民式的文字"。[3]文风朴实，避免空泛繁琐的长篇大论。编排式样的更新，照片、漫画的插入，都使刊物增色不少。

邹韬奋变换刊物内容，注重刊物的趣味和价值。当他搜集到"有趣味、有价值"的材料，或收到这样的一篇文章时，"便快乐得好像哥伦布发现了新大陆似的！"不管是名人还是后辈，只要文字精彩，他都竭诚地欢迎。他"只知道周刊的内容应该怎样有精彩，

---

[1] 邹韬奋:《韬奋全集》第 5 卷，上海：上海人民出版社，1995 年版，第 623 页。
[2] 邹韬奋:《韬奋全集》第 1 卷，上海：上海人民出版社，1995 年版，第 839 页。
[3] 同[2]，第 648 页。

不知道什么叫作情面,不知道什么叫作恩怨,不知道其他一切!"[1]

邹韬奋从接手的第2卷第1期起,开辟《读者信箱》专栏。他通过《读者信箱》专栏与读者保持密切联系,养成工作即服务的良好工作作风。读者反映的问题形形色色,如求学、恋爱、婚姻、家庭、职业、修养等等,几乎是天天都要碰到的问题。有的因为夫人肚子大了,再三细问哪一个产科医生好;有的因为肚子大了要打胎,恳请介绍个地方;有的来信详细询问避孕的方法……读者把邹韬奋当成可以解惑的亲密朋友,有个读者在来信中写道:"我发觉了自己的痛苦,所以毅然决然写这封信来请你指教。"开始时,邹韬奋每天差不多要用半天的时间来看信、复信,其中有的在《信箱》栏中公开答复,并附登读者来信,有的直接个别答复(留有底稿,结集出版《信箱外集》)。来信的增多是《生活》周刊渐渐发达起来的标志,最盛的时候,有五六个同事帮助处理,都还来不及。邹韬奋有责任心,有亲切感,认真解答每一个问题,有些解答不了的就请行家代答。他乐此不疲地为读者服务,"把读者的事看作自己的事,与读者的悲欢离合,甜酸苦辣,打成一片"。[2]觉得"好像天天和许多好友谈话,静心倾听许多读者好友的衷情",从中"感到工作上的极愉快的兴趣,乃至无上的荣幸"。

从第2卷第47期起,开辟《小言论》专栏。《小言论》专栏也是邹韬奋最为重视的为读者服务的园地。每期虽仅几百字,但却是他"每周最费心血的一篇"。新闻的导向,舆论的力量主要是通过这个栏目体现出来。他每次必尽心力就一般读者认为最该说几句话的事情,发表意见。因而,"这一栏也最受读者的注意;后来

---

[1] 邹韬奋:《韬奋全集》第7卷,上海:上海人民出版社,1995年版,第199页。
[2] 邹韬奋:《韬奋全集》第9卷,上海:上海人民出版社,1995年版,第721页。

有许多读者来信说，他们每遇着社会上发生一个轰动的事件或问题，就期待着看这一栏的文字"。[1]这样就使得《生活》周刊与社会现实结合得更加密切。

在撰述方面，邹韬奋个人的心力毕竟有限，于是他想到要敦聘特约撰述。曾在关键时候多次帮助过邹韬奋的毕云程为特约撰述第一人，又来帮助邹韬奋。敦聘撰述是要付较高稿酬的，邹韬奋和同事们"经过再三的慎重考虑，每千字敬送名符其薄的稿费四毛钱！"毕云程不为钱来，热心之至，每有灵感，就写一篇稿子坐着黄包车亲自送来。国内特约撰述有了，邹韬奋又设法弄到了国外的通讯。最初两位是在日本的徐玉文和在美国的李公朴，他们都为《生活》周刊写了不少的通讯。稿费是"薄得可以"的千字大洋一只，可这在邹韬奋他们"已是出了满身大汗，不能想象有再高的稿酬了！"[2]

邹韬奋办刊物非常认真，"不愿有一字或一句为我所不懂的，或为我所觉得不称心的，就随便付排。校样也完全由我一人看，看校样时的聚精会神，就和在写作的时候一样，因为我的目的要使它没有一个错字；一个错字都没有，在实际上也许做不到，但是我总是要以此为鹄的，至少能使它的错字极少"。每期校样他都要看三遍，有时简直不是校，竟是重新改过！[3]再好的内容，如果错别字连篇，也会让读者大倒胃口，这是一个刊物的形象问题。邹韬奋严格认真的办刊态度，足以标榜后人。

《生活》周刊社对于读者委托的事情一概义务地去办。海外侨

---

[1] 邹韬奋:《韬奋全集》第7卷，上海：上海人民出版社，1995年版，第198页。
[2] 邹韬奋:《韬奋全集》第9卷，上海：上海人民出版社，1995年版，第720—721页。
[3] 同[1]，第201页。

胞和内地同胞时常寄钱来托他们买书报、鞋子、衣料等东西。对此，他们置为"义不容辞"之列。有一次，南洋某地一位读者来信，托买几尺布，有个同事上街东奔西走跑了一天买了回来，但挂号寄出不久，回信说颜色不合适，他们立即派人上街重购，一直买到让那位读者满意了才罢休。"麻烦虽是麻烦，但是寥寥几个同事却没有丝毫烦躁或不高兴，简直跑得愉快，麻烦得愉快！"因为他们把广大读者托他们买东西看作"是本刊在读者中所建立的信任心"。所代买的东西中，书报占最大部分，开始由同事兼带照料，后来越来越多，兼带不了，于是到1930年设立"书报代办部"，对读者还是纯尽义务。后来的生活书店正是从"书报代办部"这个胚胎发展起来的。[1]

通过一系列的革新，并以"服务"为传媒，《生活》周刊以崭新的面貌出现在社会上，逐渐受到读者的欢迎。邹韬奋接编时，印数才2800份，1927年11月因销数急增，从第3卷第1期起获得邮局特准立券特别优益寄送的权利（邮费按重量每月计算，不必再逐一粘贴邮票），到1928年底增至4万份。

《生活》周刊的起步和初步发展以及其他事业的跟进，在经费和人员方面提出了新的问题，这些问题若得不到妥善的解决，就会制约《生活》周刊的进一步发展。

《生活》周刊的发展是随着本身经济力的发展而逐步向前推进的。《生活》周刊没有什么大宗的开办费，其经济来源不外两个方面：一方面是发行的推广，由此增加报费的收入；一方面是广告费的收入随着销数的增加而增加。职教社筹措教育经费已是焦头烂额，绝对没有余力顾及，唯一的办法只有自力更生！

---

[1] 邹韬奋：《韬奋全集》第9卷，上海：上海人民出版社，1995年版，第723页。

1928年社址由辣斐德路（现名复兴路）迁到华龙路（现名雁荡路）八十号

《生活》周刊由一张加到一张半，不是一想到就能办到的。由一张半加到本子格式，不但要增加篇幅，而且还要加上订工，是个更大的难关。邹韬奋他们向来重视读者的意见，许多读者来信要求改成本子，于是下决心改成本子。但是两手空空，怎么扩充呢？商量来商量去，只得自己想办法：一面推广销路，一面设法拉广告。

在拉广告中，邹韬奋曾亲自出马拉成过一个洋广告，但真正大拉广告的人是徐伯昕。他不但有十二分的热诚，而且还有一副艺术家的本领。他每天夹着一个黑色皮包，里面藏着不少自制的并且设计精美的宣传品，东奔西跑，到各行家鼓"苏张之舌"，尽游说怂恿之能事。功夫不负有心人，广告居然一天天多起来。1929年10月以后，改成本子格式的薄薄一本《生活》周刊，每期所登广告竟在五六十家以上。

《生活》周刊对所登广告限制非常严格。略有迹近妨碍道德的广告不登，略有迹近招摇撞骗的广告不登，花柳病药的广告不登，迹近滑头医生的广告不登，有国货代用品的外国货广告不登。尤其是最后一点所体现出来的爱国热情更是难能可贵。这也不登，那也不登，但《生活》周刊的广告却一天天火爆起来，引起上海整个广告界的震惊。究其原因，一方面是《生活》周刊销数急增，声誉日隆；另一方面就要归功于徐伯昕手段的高明了。

徐伯昕在拉广告中替刊物广告善缘，带来了无量的同情和友谊，这是他的工作作风。他完全用服务的精神，独出心裁地替登广告者作义务设计，大家看了心满意足，钦佩之至，不但愿意把它登在《生活》周刊上，而且登在别处的广告也用着同样的底稿。因此，这样的广告多登一家，便好像多交一位相知甚深的朋友。

平日的长期广告已是相当可观，遇着要出特号增加广告时，只要徐伯昕夹着一个大皮包，到各处巡回奔跑一番，便满载而归。

当时，在上海做广告业务的，往往最初替报馆工作，等到做顺了，各种关系有了，总是宣告独立自办广告公司，大发其财。徐伯昕多才多艺，工于交际，被邹韬奋评价为"出将入相"。他若是要替自己打算，早就发大财了。但他始终没有丝毫为自己打算，始终涓滴归公。邹韬奋后来写《生活书店史话》时对徐伯昕的才华品德赞颂有加，认为徐伯昕"为本店努力开源的艰辛，实在值得我们永久的敬念"，"使本店在奠定最初的基础上得到一个有力的臂助，这在本店的功绩，是永远不朽的"，"他的满腔心血都灌溉到本店的经济基础上面去；为了集体的文化事业，忘记了他自己的一切要求"。对这些高度评价，徐伯昕是当之无愧的。邹韬奋在文化事业上所取得的巨大成就，实在凝聚着徐伯昕的大量心血。

《生活》周刊为了事业而拼命赚钱。邹韬奋和徐伯昕"憨头憨脑地立下一个心愿，就是把所有赚来的钱，统统用到事业上面去"。[1]为不增加读者的负担，屡次增加篇幅，出特刊，一个钱不加。为了刊物内容的精彩，稿费大加特加，由开始发稿费时的八毛钱一千字，到后来由1元、2元、3元一直加到10元。在当时，《生活》周刊竟成为全国刊物中稿费最高的刊物了！这种种开销所用的钱都是从营业上艰苦赚来的。

《生活》周刊由此走上了以广告养刊物、以刊物促广告的良性发展轨道。其发行数量一路上升。1929年12月由单张改成16开本时，增至8万份，1930年达到12万份，1932年突破15万份大关，开创了当时杂志发行量的最高纪录。销路的大增也带来了可观的报

---

[1] 邹韬奋:《韬奋全集》第9卷，上海：上海人民出版社，1995年版，第728—730页。

1928年邹韬奋和夫人沈粹缜及长子嘉骅合影

费收入。该刊年订费最盛时达到十几万元,存在银行里,只需分期或随时以刊物偿还,这在资金上对刊物有很大的裨益。

随着刊物的发展,人员的增加也势在必行。从1926年10月到1928年一年多时间里,《生活》周刊由两个半人勉力办着。但因经济力有限,事务的增多和人手的增多不能成正比例。他们只得夜以继日,劳苦工作。有一次,沈粹缜对邹韬奋开玩笑地说:"我看你恨不得要把床铺搬到办公室里面去!"其实后来纵然"把床铺搬到办公室里面去"也是来不及的。[1]

1928年10月,黄宝询女士是加入的第一人。那时经济困难,她算是"起码职员",每月才大洋18元,且膳宿自备。当年11月,十三四岁的陈凤芳(后来的得力干部陈其襄)加入,成为《生活》

---

[1] 邹韬奋:《韬奋全集》第7卷,上海:上海人民出版社,1995年版,第201页。

周刊社练习生的"开山鼻祖"。这时,原来的半个人(孙梦旦)也成为一个人,一共有了5位同事。1930年"书报代办部"设立,富有书业经验的严长衍被专门请来主持其事。这是第二批加入的同事。

1931年,艾寒松也加入进来。他原是《生活》周刊的热心读者,1930年10月,在复旦大学刚毕业时,以读者的身份给邹韬奋写了一封信,讨论当时的青年问题和国是问题。邹韬奋看后,觉得人才难得,赶紧写信约谈,但信被邮局退回,说查无此人,因为艾寒松所用的是笔名"何敬之"。邹韬奋常常想起他,后来把那封信略加删改后,加上按语,登在《生活》周刊上。有一天,艾寒松在街上偶然看到,就飞奔来见邹韬奋。邹韬奋当时虽很想请他加入,但是经济力不够,显得力不从心。艾寒松"是完全以热烈的同情心来想加入共同努力的",没有提出任何要求,每月只需要30元生活费就够了。但依据当时《生活》周刊"总的经济"状况,还是无法决定。于是,邹韬奋想了一个没有办法的办法,与艾寒松商定,每期替《生活》周刊写一篇关于青年修养的文章,用稿费凑成三十元左右,同时在办公室里加一张桌子,请他来办公。艾寒松并不计较,很诚恳地答应了。他原号涤尘,写第一篇文章时,请邹韬奋代取一个笔名,邹韬奋就代取了"寒松"两字。他很虚心,有些文章根据邹韬奋的意见,反复修改,几易其稿。艾寒松后来成为邹韬奋办报刊、办书店最为得力的助手之一,可加入的时候待遇是那样菲薄,工作上又是那样尽心竭力,邹韬奋由衷地称赞"老艾总是诚诚恳恳地帮助我们,这真不愧是一棵'岁寒然后知松柏之后凋也'的'寒松'了!"[1]

在用人问题上,邹韬奋采取"人才主义的用人政策"。自从他

---

[1] 邹韬奋:《韬奋全集》第9卷,上海:上海人民出版社,1995年版,第733页。

全权主持生活周刊社工作之后,始终坚持不用自己的亲戚,不以私人的任何关系而作为用人的标准。1930年8月3日,邹韬奋招聘撰述助手,所列条件有四:一是大公无私,凭良知说话,不被利用,不徇私情;二是思想深入,不人云亦云;三是文笔畅达;四是至少精通一种外国文。关于一般的原则,他提出了三点:一是主张用人当注重真才实学而不必问资格——指学校毕业的资格;二是以实际才能为标准,绝对不讲情面;三是根据各人的个性兴趣才能安排工作。[1] 他用人唯德,用人唯才,不是靠金钱、地位,而是用共同的事业目标聚拢了一批德才兼备的优秀人才。这是邹韬奋所办《生活》周刊以及别的文化事业得以取得巨大成功的最重要原因。

邹韬奋不是为办刊物而办刊物,更不是为了成名人谋厚利而夙兴夜寐办刊物。邹韬奋办刊物,实实在在地带有浓烈、悲怆的经世致用思想。

自1840年鸦片战争以来,中国日益沦为半殖民地半封建社会的国家。外受帝国主义势力的欺凌、榨取,内受封建势力的阻拦、遏制,民族工业举步维艰,农村经济难以维系,整个国民经济濒于崩溃的边缘。一次次对外战争失败而赔付的巨款,清王朝维持庞大统治机器运转的经费,无不榨取于民,人民大众生活在水深火热之中。清王朝覆灭后,代之以徒有虚名的"中华民国"。北洋军阀派系林立,内讧不息,战争频仍,万千生命和无数财富毁于兵燹。中国积弱积贫,国际地位低下,被列强讥笑为"东亚病夫"。

邹韬奋虽然闭门造车、独善其身许多年,但对政局的动荡、

---

[1] 邹韬奋:《韬奋全集》第3卷,上海:上海人民出版社,1995年版,第170—172页。

国势的衰微，无论怎么说，还是有所感触的。早年以儒家学说为主要内容的私塾教育，使得以天下为己任的积极入世思想早已深入他的骨髓。父亲对"实业救国"理想的追求及其失败不只是给家庭带来了巨债，而且使邹韬奋直接感受到国力维艰。在南洋公学上学时，他虽然体味不出父亲"实业救国"的苦衷，极力摆脱"做工程师的幻想"，但国弱家贫的现实又不能不使得他感到实业的重要。"曲线就业"期间，耳闻目睹政治黑暗和经济不景气，深感社会问题严重。追本溯源，他认识到社会问题若得不到解决，职业指导的效应就难以达到"完美之境域"。于是，他从"牛角尖"里转出来，投身于学生时代就曾设想过的改良社会的实践当中。

　　随着《生活》周刊的日益发达，邹韬奋的经世致用意图越来越强烈。1929年12月1日《生活》周刊第5卷第1期，刊头醒目印有"本刊期以生动的文字，有趣味有价值的材料，暗示人生修养，唤起服务精神，力谋社会改造"。这是已经成形的《生活》周刊的宗旨，或者说是《生活》周刊的精神。邹韬奋接编时就特别强调"有趣味有价值"，并作为革新《生活》周刊最为主要的措施。"有趣味"，说到底就是要增强可读性，使读者愿看喜看。但这还不够，还必须"有价值"，要让读者看后在"进德修业"方面能有所收益，否则不仅看了形同没看，反而浪费了读者的宝贵时间。邹韬奋的真实用意就在于通过"有趣味"诱导读者从"有价值"的材料中真正获得"价值"。这个"价值"就在于要"暗示人生修养，唤起服务精神，力谋社会改造"。而这三种"价值"又不是等量齐观的。前两者属于"修身养性"，是条件和手段，后者则是"治国平天下"，是目的。同时，印于刊头的英文宗旨只有"The Life Weekly: Devoted to Social Development of China"，就是很好的证明。九一八事变后,《生活》周刊的主题转换为宣传抗日救亡,更加切合时代的需要。"力谋社会改造"是邹韬奋走上救国救民道路的起点。

如何改造社会?邹韬奋最初的着眼点是设法改善民众的生活。

邹韬奋接编前的《生活》周刊曾大量反映社会生活,并谋求生活问题的解决,接编后的一段时间里反映各地生活仍是刊物的主要内容。从源源不断的反映社会生活问题的来稿中,他分明感觉到有许许多多的人虽终日劳作而难得温饱,受尽了欺压而无处申诉。

1927年3月27日,邹韬奋发表《本刊与民众——本刊动机的重要说明》,明确宣称要为民众办刊。他说:"农人的苦生活,工人的苦生活,学徒的苦生活,乃至工役的苦生活,女仆的苦生活……都是本刊已载过的材料,也就是本刊替民众里面最苦的部分,对于社会的呼吁。""本刊的动机完全以民众的福利为前提,今后仍本此旨,努力进行。而且本刊向来的态度是尽量容纳读者的意见,不但读者通信栏为此而设,即其他文字,凡来稿之有价值有趣味而与此旨相合者,无论意见或有异同,无不公布以作公开的讨论,今后仍本此态度,容纳民众之意见,使本刊对于民众有相当的贡献。"

邹韬奋认为:"说到全国大多数民众的利益,我们以为'力求政治的清明'与'实业的振兴',都是根本要策。所以我们痛恶虐待职工不顾人道的惨酷资本家;而对于优待职工热心群众利益的实业家,却表同情。"

那么,邹韬奋心目中的民众是些什么样的人呢?《本刊与民众》提出了一个明确的界说:"我以为搜刮民膏摧残国势的军阀与贪官污吏不在内;兴波作浪,朝秦暮楚,惟个人私利是图的无耻政客不在内;虐待职工,不顾人道主义的惨酷资本家不在内;徒赖遗产,除衣食住及无谓消遣以外,对于人群丝毫无益的蠹虫也不在内。除此之外，一般有正当职业或正在准备加入正当职业的平民都在内；尤其是这般人里面受恶制度压迫特甚的部分。"[1]

此时，邹韬奋还不具有政治意义上的阶级观点。他是以道德和职业为标准来划分民众和非民众的，改善民众生活的"根本要策"也带有较为明显的改良主义色彩。但有一点可以肯定，他所指的民众是社会上绝大多数的老百姓，尤其是里面最穷苦的部分。这种明确的认识是邹韬奋以后走上与人民群众相结合道路的深厚思想基础。

邹韬奋非常崇敬伟大的民主革命先行者孙中山，并从"三民主义"学说里面寻觅到改善民众生活的理论指南。

1927年4月17日至7月17日，《生活》周刊第2卷第24期至第37期，邹韬奋以"灵觉"为笔名，介绍孙中山的"三民主义"学说，共14篇。国民党第一次全国代表大会之后，孙中山重新阐释"三民主义"，并手定《国民政府建国大纲》。邹韬奋所介绍的"三民主义"乃孙中山的新"三民主义"。浓缩精华，钩玄提要，不加分析，是邹韬奋所使用的方法。

在"三民主义"之中，"民生主义"是介绍之重点。邹韬奋以《孙中山先生民生主义的研究》为总标题，预告刊登于4月10日出版的《生活》周刊上。孙中山给"三民主义"以最简单的定义，即"三民主义就是救国主义"，"民生就是人民的生活"。邹韬奋办《生活》周刊，旨在谋求社会生活的改善，进而力谋社会改造，觉得"民生主义""与本刊更有密切的关系"，于是郑重地予以介绍，"与读者共同研究"。[2]

邹韬奋以"民生"、"民族"、"民权"为序，与孙中山"民族"、

---

[1] 邹韬奋:《韬奋全集》第1卷，上海：上海人民出版社，1995年版，第647—648页。

[2] 同[1]，第662页。

"民权"、"民生"之序不一致。内容未变，顺序改变，且在"民族"之一篇项下加上副标题"与民生有密切关系的民族主义之研究"，在"民权"全部四篇项下加上副标题"与民生有密切关系的民权主义之研究"，说明当时邹韬奋所思所虑的焦点的确在于"生活"。"三民主义"之"民权主义"的原稿写有：民权"简单的说，就是要来维持人类的生存。人类要能够生存，就须有两件最大的事：第一件是保，第二件是养"。邹韬奋在介绍这一重要观点时易"生存"二字为"生活"，[1]也反映出当时邹韬奋的真实的思想倾向。

与此同时，4月24日至7月17日，《生活》周刊第2卷第25期至第37期，邹韬奋以"因公"的笔名分13篇介绍孙中山的生平事迹，盛赞孙中山不怕失败、愈挫愈振的革命精神，胸怀宽广、不计嫌怨的宽恕精神以及手不释卷、终身求学的坚毅精神。

《生活》周刊还选登了许多孙中山不同时期、不同装束、不同姿势的相片，邹韬奋以"编者"的名义，分别写上说明文字。

邹韬奋接受并信服孙中山的"平均地权"、"节制资本"、"发达国家资本、发展国家实业"等最为重要的"民生"主张。他在介绍、宣传"民生主义"学说的同时，注重结合社会生活实际，切实加以研究，指出问题症结之所在，并提出相应的解决办法，从而成长为一个爱国忧民的民主主义者。

在诸多的社会生活问题当中，邹韬奋最为关切的有两个。

第一个问题是广大劳苦民众虽终日劳作而衣食难保，他为此感到"可痛"。在上海这一国际性都市里，到处都是过着非人生活的黄包车夫，被外国人看在眼里，实在有损"国家体面"，"很能酿成外人觉得中国人生命卑贱的错误观念"。邹韬奋认为"这件事的根

---

[1] 邹韬奋:《韬奋全集》第1卷，上海：上海人民出版社，1995年版，第725页。这种改动是很少有的。

本补救，当然要从国民生计方面的设法，也就是要赶紧于最短时期内力求实现民生主义，不是各人难为了长腿就能补救的"。[1]他富有同情心，一点也没有看不起他们，并设身处地为他们着想，为他们辩护："有人说刁顽凶狠的人力车夫也有极可恶的时候，这话也有一部分的实在情形。不过我们要晓得他们未受教育，一点知识没有，又处在'非人'的境遇，就是坏的，也是他的恶环境造成的。我们哪里能够把'君子'的行为来责备他们呢？但是仅仅原谅他们，于事实上还是无补的，要从积极方面设法拯救才行。"[2]邹韬奋甚至把黄包车夫称为"中国的黑奴"，呼唤中国的"林肯"出现。

第二个是严重的失业问题，许多有志服务社会的青年，毕了业就加入了失业的队伍，他为此感到"心酸"。社会就业机会少，竞争激烈，绝大多数人向隅而泣。邹韬奋认为这"实在可以表示我国现状之可危，失业人数倏增之可痛，倘不从速根本上力图挽救，一面设法排除外国经济压迫的祸害，一面赶紧使全国统一，振兴实业，将来必至民无死所，盗匪横行而后已！所望热心志士，共同努力解此倒悬"。[3]他把"国权"与"职业"联系起来考察，认为与列强相反，我国关税主权受损，不能保护民族工商业，致使中国工商业衰落，职业恐慌。再者外人把持我国铁路、海关、邮政、盐务等重要事业之主要位置，阻塞了大量中国人的就业之路。解救之计在于"统一全国以期政治之修明，协力同心以博外交之胜利，是在吾国之努力已"。[4]

在经济不景气的情况下，王志莘作《穿长衫人的苦痛》，述短

---

[1]邹韬奋时闻吴稚晖立定主意不坐人力车，遇着没有电车的地方，就"难为了两条长腿"。
[2]邹韬奋：《韬奋全集》第1卷，上海：上海人民出版社，1995年版，第714页。
[3]同[2]，第721页。
[4]同[2]，第753—754页。

衣苦力固然是苦，大家都看在眼里，他们自己为了自救，也愿意把所受之苦宣传出来，以引起社会的同情。在长衫队伍里的大部分平民，工作及衣食住看起来比苦力好得多，"可是他们直接或间接所感受经济生活的苦痛，要比穿短衣的苦力深得许多。但是他们因为要维持穿长衫的身份，所以不惜把所受的痛苦尽量掩藏起来，于是受了物质上的苦痛不算，还要加上一层精神痛苦"。邹韬奋在附言中说："一想到'物质的救济'，非全国统一，政治上轨道，使农工商及其他实业有发展的可能，我们个人简直觉得'没有办法'！"[1]

邹韬奋眼界开阔，能以小见大，认为社会生活问题非头痛医头脚痛医脚所能解决，亦非个人的能力所能解决，"要政府用大刀阔斧的态度，通盘筹算的方案，对全国有积极的建设计划，而且要志在必行的切实计划"才有办法。[2] 他把"民生主义"看成消除社会不平、化解社会矛盾、维护社会稳定的不二法门，认为"民生问题能如此解决，社会革命便不成问题，阶级斗争更无由发生"。[3]

邹韬奋赞同孙中山对于中国社会现状的分析，屡屡宣传孙中山"中国人大家都是贫，并没有大富的特殊阶级，只有一般普通的贫，中国人所谓贫富不均，不过在贫的阶级之中，分出大贫小贫"这一著名的论断。《生活》周刊曾发表文章，反对"阶级观念"，认为"阶级的观念对于社会的稳固有极大的损害。一个社会里阶级愈多，阶级的观念愈深，这个社会愈不稳固"。[4]

然而，"朱门酒肉臭，路有冻死骨"是客观的社会现象。邹韬

---

[1] 邹韬奋：《韬奋全集》第1卷，上海：上海人民出版社，1995年版，第795—796页。
[2] 邹韬奋：《韬奋全集》第2卷，上海：上海人民出版社，1995年版，第193页。
[3] 邹韬奋：《病根》，1930年8月24日《生活》周刊第5卷第37期。该文未收入《韬奋全集》。
[4] 陈选善：《知识阶级》，《生活》周刊第4卷第43期，1929年9月22日。

奋看在眼里，听在耳里，并大量揭露于《生活》周刊上，以期引起人们的关注。他意识到，消除社会不平的"社会革命实为绝对不能避免的事情"。依据当时的情势，他认为"社会革命"将有两条路可走："一条是阶级斗争激烈手段的路，其末流乃至杀人放火，残酷无伦；一条是中山先生所主张的民生主义。这两条路总是要走上一条的，国人如不实事求是的努力实现中山先生所主张的民生主义，因循苟且，混战捣乱，则势必在实际上等于鼓励第一条路。"[1]

邹韬奋把贯彻"民生主义"，实现"政治的清明"、"经济的振兴"的愿望寄托在南京国民政府身上。

邹韬奋接编《生活》周刊时，国共两党第一次合作掀起的国民革命适值高潮。北洋军阀政府行将就木，显然指望不上。1927年3月，国民革命军"解放"上海，4月南京国民政府成立。对于这一新政府，邹韬奋一开始抱有很大期望。

邹韬奋从改善民生、改造社会的角度，认同和支持南京国民政府的大政方针。他支持国民党单方面发动的"第二次北伐"，认为赶紧使全国统一是挽救当时我国危险形势的根本步骤之一。

1928年6月，"北伐军"占领平津，南京国民政府宣告"统一完成"，然后宣布实行"裁兵"和"财政统一"。对此，邹韬奋甚为赞同，随即发表《民穷财尽中的一线曙光》，予以宣传并期其实现。文章写道："最近在黑暗中有了一线曙光了，这一线曙光是'裁兵'和'财政统一'两盏'明灯'里射放出来的。国民如要藉这两盏明灯达到光明之域，对这两件事要十二分注意，要造成群

---

[1] 邹韬奋：《社会革命的两条路》，《生活》周刊第5卷第38期，1930年8月31日。《韬奋全集》第3卷收入该文时，删去了上面所引部分。

众一致的意志，努力促成，舆论方面，尤须大声疾呼，期成事实，不可任这两盏'明灯'忽明忽昧，甚至灭熄，否则全国悲惨哀苦的国民又要暗无天日了。""军阀未倒以前，南北未统一以前，全国民众一致的心意是打倒军阀，达到南北统一的目的。现在军阀倒了，南北统一了，我国便须积极建设，准备实力，以安国基而御外侮。要达到这个目的，非先行裁兵和做到财政统一不可。"[1]

邹韬奋欢迎"训政约法"，认为"训政"是通向光明前途的过渡桥梁，主张各地"军政"一结束，即行"训政"。《生活》周刊发表过一些拥护"训政"的文章，其中毕云程的一篇尤能反映当时《生活》周刊的态度。文章认为：孙中山"规定一个训政时期，注重训练民众，要养成他们施行直接运用民权的能力"，训练民众的基本工作就是要增加民众的知识，"希望大家认清楚这个目的，努力完成训政时期的使命"。[2]邹韬奋发表《中国的军费与教育费》，比较1928年中国与各国的军费和教育费，中国军费占总支出的87.2%，列第一，教育费占1.70%，列第末，认为"主要原因当然是因为我国正在军政时期，而各国则在平安时期，不过可见我国若再不赶紧将军政时期结束而努力于训政时期之建设事业，国家财政，便不堪问！"[3]

邹韬奋曾把蒋介石视为孙中山事业的继承人而抱有好感。《生活》周刊上不乏蒋介石政治、军事、生活等方面的报道。1928年7月15日，邹韬奋在《生活》周刊《小言论》栏发表《蒋总司令哭灵》，对蒋介石称颂有加。文中叙述蒋、冯、阎、李四个集团军领袖于

---

[1] 邹韬奋：《韬奋全集》第2卷，上海：上海人民出版社，1995年版，第194—195页。
[2] 毕云程：《民众》，《生活》周刊第4卷第3期，1928年12月2日。
[3] 同[1]，第642页。

北平"解放"后到西山碧云寺祭告孙中山时的情形，蒋主祭，"不禁失声痛哭"。邹韬奋认为这一哭的意义有三：（一）"孙先生以四十年不顾身家，流离颠沛，以致中国于自由平等之域，为唯一职志，其本心固'不计成败'，而今南北统一，竟以艰危困厄以死而不及见，共患难者，想念及此，能无心酸"；（二）"天下事愈大则艰难愈甚，蒋先生受总理付托之重，所经困难艰危，必有非外人所能深悉者……好像孤儿之追怀慈爱的'保姆'，遗容在望，曲诉衷情，安得不一洒辛酸泪！"（三）"若就受感动的人说，我们觉得所见蒋先生这一哭，一则唤起我们追念孙先生一生的博爱精神，牺牲精神，奋斗精神，大无畏精神……二则觉得天下最能感人的德性，最能使人歌泣的德性，莫过于'忠贞'，孙先生一生的富贵不能淫，威武不能屈，贫贱不能移，一生的彻始彻终，不肯变节，固是忠贞；蒋先生受遗命而艰苦奋斗，百折不回，怀念总理至痛苦悲怆，其感人之处亦在忠贞之气充胸臆、薄云霄。"[1]

邹韬奋曾经崇尚胡适所提倡的"多研究些问题，少谈些主义"的实用主义处世态度，[2]研究、评述所能接触到的一切社会问题。

---

[1] 该文未收入《韬奋全集》。

[2] 邹韬奋尊称胡适为"名闻中外的学者"，思想上一度受到胡适较大的影响。自1926年11月28日《生活》周刊第2卷6期起，增设《名著一览》栏目。12月5日的第7期上即刊载了胡适的《时间不值钱》一文。这是邹韬奋在《生活》周刊上首次发表胡适的文章。此后，到1933年12月终刊的7年时间里，共发表胡适的"名著"5篇，介绍、引述胡适言论的文章8篇，邹韬奋本人及别人专门评述胡适言论的文章8篇，访问记1篇，胡适的画像1幅，照片两张。有的重点"名著"，如《我们对于西洋文明的态度》（上、中、下）是事先通过书信联系，征得胡适同意后发表的。可以说，在诸多名家中，胡适在《生活》周刊上是宣传（九一八事变前）或批判（九一八事变后）的重点对象。1927年11月16日，邹韬奋对胡适进行了专访。邹韬奋先把《生活》周刊的宗旨告诉胡适："你先生曾经说过，少谈主义，多研究问题，本刊是要少发空论多叙述有趣味有价值的事实，要请你加以切实的批评与指导。"胡适说："《生活》周刊，我每期都看的，选材很精，办得非常之好。""我向来对于出版物是不肯轻易恭维的，这是实在话。……我并听得许多人都称赞《生活》周刊。"临别时胡适还说："很佩服《生活》周刊的努力精神。"

他一方面"尽我所有"地提出建议,供政府参考、采纳,一方面竭尽全力地提供优质精神食粮,启迪民智,指导生活。

供政府参考、采纳的建议包含与社会生活密切相关的各个方面。兹举政治、军事、经济、教育4个方面的例子如下:

关于政治方面,邹韬奋根据"民权主义"学说,并参考欧美各国政制,呼吁速"上正轨",政府要为民众谋福利,不得"营私图利";政府各部门要铲除贪官污吏,裁汰冗员,提高办事效率;要抓紧训育民众,增进民众知识和觉悟,及早还政于民;"政治领袖"要"有能"、"公忠"、"廉洁",还必须言行一致,不能搞个人崇拜。邹韬奋是主持言论工作的,更希望国民党能够广开言路,体察民意,若对"在野之言论","用武力压迫,或以盛气相凌,消极方面徒使全国暮气沉沉,民意无从表现,政轨何所遵循,积极方面反为真正反动者制造民间悒郁愤怨之心理,以为混乱之导火线,则又何苦?"[1]他还引用大量国外政治状况和政治人物方面的材料,提请为政当国者注意,"在政治上轨道的国家,不能为国民生计及国家建设努力的政府,国民便要请它下台"。[2]

关于军事,邹韬奋的思路主要沿着"统一"、"剿匪"、"御侮"3个方面展开,并有所建言。中国军阀割据,四分五裂,邹韬奋特别注重"统一"问题,在国家未"统一"之前,积极支持"统一"中国的军事行动;"统一完成"后,则吁请国人"珍视统一",竭力劝阻、批评、反对国民党新军阀之间的相互争斗。中国政治不修,内战连年,匪患风起,若不剿除,"国无宁日,民无死所",邹韬奋看到了问题的严重性,因此屡屡呼吁掌握兵柄者一方面约束好

---

[1] 邹韬奋:《韬奋全集》第3卷,上海:上海人民出版社,1995年版,第298—299页。
[2] 邹韬奋:《韬奋全集》第2卷,上海:上海人民出版社,1995年版,第728页。

兵，勿使兵沦为匪，另一方面切实负起责任来，扫除匪患。当时，祸国殃民的大匪小匪洋匪土匪，诚然太多，理该剿除，但邹韬奋把中国共产党领导的工农革命武装也论列为匪，这又是不对的。济南惨案后，邹韬奋更加强调军队的"御侮"职能，呼吁要在军事上暗作准备，将来不惜与日本一战。邹韬奋在一篇文章里掬诚相告："对外第一事是要有个统一的政府"，"对内第一事"也是"统一"，"切望全国上下时刻垂念目前救亡之急迫，国将不国，个人私利更何所附？有兵柄者绝对不可再生抢夺地盘之心，致蹈军阀之覆辙；全国国民尤当养成一致保存统一的心愿；国命为个人生活所倚赖，力救国命，即所以自救"。[1]

关于经济，邹韬奋力主切实实施"民生主义"。他渴望"乱事"停止，呼唤建设时代的到来。他尤为注重"中国统一后"的大规模的经济建设，并列出"发展国家实业"的要点，"第一是交通事业。像铁路运河，都要兴大规模的建筑。第二是矿产。中国矿产极富，必须开辟。第三是工业。赶快用国家力量振兴工业，用机器生产，使全国工人都有工做，不致受私人或外国商人所把持。这三种大实业都由国家经营，收入很大。所得利益归大家共享，那么全国人民便得享资本的利，不致受资本的害"。[2]邹韬奋在经济方面的见解既是研究孙中山"民生主义"之心得，同时也是他冷静观察、分析社会生活问题之结果。他善于把经济问题与政治问题、社会问题联系起来考虑，认为社会动荡、匪患炽烈的总根源在于"民生"问题没有得到解决。他反复提醒政府和富人阶层要注意"民生"问题，否则政府的地位和富人的安全都将没有保证。

---

[1] 邹韬奋：《韬奋全集》第2卷，上海：上海人民出版社，1995年版，第168页。
[2] 邹韬奋：《韬奋全集》第1卷，上海：上海人民出版社，1995年版，第671页。

关于教育，邹韬奋一方面提出要大力培养学生的动手能力，一方面呼吁不拘一格录用人才。邹韬奋认为当时中国的教育"是养成善于养尊处优而没有实际工作和生产能力的惰民——也就是所谓高等游民"，[1] 必须把这种抄袭得来的所谓"新教育制度"根本推翻。他呼吁"教育革命"，"根本废除现在教师演讲式的学校，全改为由教师指导的机关，也可以说根本废除现在形式的学校，仅有大规模的图书馆及实验室，学生愿研究者须在图书馆或实验室中教师指导之下自修"。[2]

1930 年，国民党教育部为了所谓的整顿学校，严限考试资格，《生活》周刊认为此事不妥，陆续发表十余篇文章和来信，陈述考试资格之不可限。年底，陈布雷出任教育部次长，因与他素有交往，邹韬奋遂致函于他，为"许多没有机会入校，不得不勉力自修，而有志于自修后应考相当程度学校的苦人儿；许多不得不早离学校以谋生计，而有志于获得若干经验和蓄得若干财力之后应考相应程度学校的苦人儿；以及许多不幸在教育部未严厉取缔私立学校以前误入现在未得立案的学校，而实际由自己努力得到的学问，并不因所入学校之未尽善以致无应考能力的苦人儿"争取考试资格。[3]

邹韬奋在提供精神食粮、启迪民智方面，得心应手，游刃有余。他要把《生活》周刊办成人人的好朋友，"好像每一星期乘读者在星期日上午的余暇，代邀几位好友聚拢来随意谈谈，没有拘束，避免呆板，力求轻松生动简练雅洁而饶有趣味，读者好像在十几

---

[1] 邹韬奋：《韬奋全集》第 3 卷，上海：上海人民出版社，1995 年版，第 145 页。
[2] 同 [1]，第 150 页。
[3] 同 [1]，第 281—283 页。

分至二十分钟的短时间内参加一种有趣味的谈话会,大家在谈笑风生的空气中欣欣然愉快一番"。《生活》周刊"不但是普通化的,而且是通俗化的,是给一般人看的",但又"总以所明揭的宗旨为中心"。[1]

在《生活》周刊这个"小花园"里,邹韬奋自比"花匠","只望能在茫茫的人生长途中,寻得一花一蕊,贡献给诸君;倘诸君觉得在些趣味的材料中,随处得一点安慰,得一点愉快,得一点同情,得一点鼓励,便是他暗中在精神上所得到的无限的愉快"。[2]

《生活》周刊是人人的好朋友,其"普通化"、"通俗化"主要表现在以下几个方面:

第一,《生活》周刊是娱乐性的,意在生成健康之国民。

百期纪念特别征文题目为"我所最喜欢的娱乐方法",要求说明方法及喜欢的理由,特别注意有价值、有趣味,文字要生动。[3]

第3卷辟有《健而美的体格》专栏,刊登一些泳装或运动装外国女性相片,并附有介绍运动方法的说明文字,也刊登过一些英姿飒爽的中国女运动员的相片,借以引起人们锻炼身体的兴趣。该卷还特辟《健康顾问部》专栏,用意有二:"一是从积极方面指示健康的途径;一是从消极方面指示防病的途径。"

邹韬奋以"落霞"、"孤峰"、"韬奋"等笔名,介绍了大量的运动方法,如米勒氏十五分钟体操、日光浴、腰腹颈等部位运动法、补胸法(让女子胸部发达起来)、磕头运动等等。他提倡走路时挺起腰板,不要迈"鸭步"。

---

[1] 邹韬奋:《韬奋全集》第2卷,上海:上海人民出版社,1995年版,第791—792页。
[2] 同[1],第800页。
[3] 邹韬奋:《韬奋全集》第1卷,上海:上海人民出版社,1995年版,第765页。

邹韬奋之所以如此不厌其烦，是因为他对于体育的重要性有着深切的了解，并上升到国家前途民族命运的高度。他认为"聚一群病夫而望其智力之得充分发展，与振作精神以勇于团结，殆无异缘木求鱼，为事实上所不可能者"，"有志青年所尤当有充分之修养者，莫要于体力智力与团结力，此三力实为民族复兴与繁荣之骨髓，而体力尤为智力与团结力的基础"。[1]

第二，《生活》周刊是生活顾问，意在给人们排忧解难。

求学、职业、家庭、社交、恋爱、婚姻等问题每期都会讨论到，发表在《生活》周刊上的又被编成《信箱汇集》出版，未发表的编成《信箱外集》出版，广为发行。从国学书目的开列，到工资不够用怎么办、讨小老婆的烦恼、男女社交公开、爱的表达方法、分餐制的好坏、家庭纠纷的调解，甚至到如何保护皮肤、如何医治狐臭、怎样有效避孕……几乎所有的生活问题都能在《生活》周刊及《信箱外集》里面找到有益的答案。

邹韬奋译述的《一位美国人嫁与一位中国人的自述》、《一位英国女子与

邹韬奋译述的3本纪实小说

---

[1] 邹韬奋：《韬奋全集》第3卷，上海：上海人民出版社，1995年版，第641页。

孙先生的婚姻》以及《一个女子恋爱的时候》三本脍炙人口的爱情故事，意在提倡婚姻自由、妇女解放，给陷入婚姻苦痛的人们带来了精神上的慰藉和摆脱苦痛的决心。《一位美国人嫁与一位中国人的自述》收到赞扬信两百多封，口头赞扬无数，可见其影响之大。

第三，《生活》周刊是上进的阶梯，为人们"进德修业"提供借鉴。

邹韬奋介绍孙中山艰苦卓绝、可歌可泣的奋斗历程；介绍德国史特莱斯曼之为国尽瘁，死而后已；介绍美国爱迪生之"不肯停息的好奇心"和"永不屈服的忍耐力"；介绍拯救土耳其于危亡中的凯末尔；介绍舍身拯救同胞，精诚泣鬼神的甘地……目的在于"无意中提醒或暗示种种足为我们观摩比较或参考的特性"。他介绍汽车大王福特助人自立，介绍煤油大王洛克菲勒为人群用去12亿元，以引起中国的富人也应具有同情心。他介绍外国的人和事，刊登国外通讯，还在于让国人开阔眼界，具有世界的眼光。当人们使用留声机和电灯时，他总要提请人们想想发明这些东西是多么不容易。

邹韬奋强调良好的职业道德和"干"的精神，主张不顾一切往前干，既有付出必有收获，能成就多少就成就多少，干到不能再干为止。这样，"一面要与恶环境奋斗"，同时又须保持浓厚兴趣，"对于奋斗有乐此不疲的精神"，"这种愉快的精神是积极的，不是消极的；是前进的，不是保守的"。[1]

生活本来包括物质与精神两个方面。邹韬奋主张"物质文明与精神生活"并举，"弃精神生活而专重物质文明，或弃物质文明

---

[1] 邹韬奋：《韬奋全集》第1卷，上海：上海人民出版社，1995年版，第647页。

而空谈精神生活,其失惟均",希望努力创造"与精神生活相辅而行"的"物质文明"。[1]

邹韬奋"以为无论做人做事,宜动些脑子,加些思考,不苟同,不盲从,有自动的精神,有创作的心愿,总能有所树立,个人和社会才有进步的可能"。[2]

第四,《生活》周刊是一面镜子,照出国人丑态,意在生成文明之国民。

中国人管理的火车、轮船总要比外国人管理的脏;中国的个别外交官居然向外国轮船豪华客舱的地毯上大吐其痰;中国的一些商人宴请外商时竟若无其事地大放其屁;中国人购票时没有排队的习惯,争抢打斗厉害;中国人好赌,富人赌钱穷人赌命……凡此种种都是《生活》周刊所登载过的材料。邹韬奋对国人的丑态屡有批评,自觉承担起"公民训练"义务。

无论是供政府参考的建议,还是为广大民众提供的精神食粮,"总以所明揭的宗旨为中心",都经过邹韬奋的深思熟虑、精心比较和认真选择。他所从事的是社会良心工作,希望通过自上而下的改革和自下而上的建设来达到"政治的清明"和"实业的振兴",通过"润物细无声"的方式来改善民众的生活和谋求社会的改造,让春光永驻人间。抛开他的主观臆想性不说,也抛开与时代的迫切需要相脱节不说,单从做人的角度来说,点点滴滴的改良措施都是从他心灵深处流出的甘泉,充分映现出他关心国事民瘼的人格美。

应当指出,邹韬奋又是很有骨气的人。他虽然曾经对国民党持积极的合作态度,但不能说明他就包容国民党的弊政了。

---

[1] 邹韬奋:《韬奋全集》第 2 卷,上海:上海人民出版社,1995 年版,第 561—562 页。
[2] 同[1],第 226 页。

《生活》周刊没有任何党派背景,没有接受任何方面的资助,完全是靠自力更生发展壮大起来的,形成了一种近乎超然物外的"独立精神"和"自由精神"。该刊由中华职业教育社创办,邹韬奋接编后即享有编辑主权,至第4年,"经济与管理方面均完全自立"。邹韬奋曾怀着感激的心情写道:"幸得创办者之绝对信任,记者乃得以公正独立的精神,独往独来的态度,不受任何个人任何团体的牵掣,尽心尽力放手办去。"[1]

1928年10月30日,邹韬奋收到一封措辞严厉的责备信,信中说:"贵刊的态度我恍然了,是建筑在资本家残羹冷饭之上。"邹韬奋在答复中曰:"个人要经济独立,才配讲自由,刊物也是如此。""本刊对于社会问题,不过本良心的主张,有所论列,以供社会参考,不是要强人与己同,如有就事实加以指正的,极愿虚心承受,决不存护短之意。……编者所敢老实奉告贺军(来信者——引者注)的,就是我深信没有气骨的人不配主持有价值的刊物,区区既忝主本刊笔政,我的态度是头可杀,而我的良心主张,我的言论自由,我的编辑主权,是断然不受任何方面任何个人所屈服的。"[2]

邹韬奋有强烈的社会责任感,敢于讲真话,对于黑暗的社会势力总要迎头痛击。他自称"好管闲事,喜欢说老实话,又缺少涵养工夫,下笔时每不能自敛锋芒,固私怨虽无,而因公招怨不少"。[3]"很多爱护本刊的朋友,说本刊发达到现在的规模很不容易,应力加维护,勿令冒险,勿多管闲事。他们的盛意隆情,我当十

---

[1] 邹韬奋:《韬奋全集》第3卷,上海:上海人民出版社,1995年版,第256页。

[2] 邹韬奋:《韬奋全集》第2卷,上海:上海人民出版社,1995年版,第390—392页。

[3] 同[1],第314页。

分的感谢,但我同时以为《生活》的生存价值在能尽其心力为社会多争些正义,多加些光明,若必同流合污以图苟存,则社会何贵有此《生活》?《生活》亦虽生犹死,何贵乎生存?故我但知凭理性为南针,以正义为灯塔,以为不但我个人应抛弃'患得患失'的心理,即本刊亦应抛弃'患得患失'的态度。"[1]

邹韬奋勇于承担言论责任。他曾郑重声明:"韬奋在本刊上所发表的言论,署名韬奋者,由本人负完全责任。其他文字,除读者信箱向来声明由投函者负责外,亦由韬奋负连带责任。""如不佞在言论中有过失,请直接向本人交涉","如有应受的法律制裁,愿泰然承当,决不躲避"。[2]

邹韬奋对社会丑恶现象的揭露入木三分,且不避国民党党国要人以及黑社会头目,嬉笑怒骂,皆成文章。

邹韬奋揭露国民党政府交通部长王伯群挪用公款四十余万元修建私房的丑行,就是典型的一例。1931年8月,读者来信要求《生活》周刊调查王伯群挪用公款修建私房一事。接信后,邹韬奋亲自进行了实地调查,并拍了许多照片,8月中旬将调查结果写成文章,准备在《生活》周刊上发表。王得知风声,派了两个人携10万元巨款来贿赂邹韬奋。邹韬奋当场拒绝,并于8月15日在《生活》周刊上发表了读者来信和调查报告,揭露王伯群的贪污腐化行为,并怒斥王为"做贼心虚而自己丧尽人格者","以为只须出几个臭钱,便无人不入其彀中,以为天下都是要钱不要脸的没有骨气的人"。

像这样足以表现邹韬奋刚直不阿、指斥权贵的事例还很多。例如:

---

[1] 邹韬奋:《韬奋全集》第3卷,上海:上海人民出版社,1995年版,第385—386页。
[2] 邹韬奋:《韬奋全集》第2卷,上海:上海人民出版社,1995年版,第817—818页。

邹韬奋派人实地调查宋子文在南京"北极阁"修建别墅之事，并在《生活》周刊上发表附有照片的调查报告，邹韬奋按语曰："在天灾人祸内外交困的国难中，最近沪上哄传宋子文氏在京又有新别墅之经营，特函记者罗云霄君调查真相，此文即其回答。"[1]

杜月笙在故乡浦东高桥新建家祠，举行落成典礼，官盖云集，盛况空前。邹韬奋发表评论，对于国人只知有家族不知有国族的劣根性深表忧虑。杜氏乃上海一霸，是黑社会的最大头目，无恶不作，邹韬奋竟敢太岁头上动土，没有不怕吃枪子的胆量是不敢为的。[2]

国民党安徽省政府主席陈调元耗资十余万为其母大祝其寿，邹韬奋以《民穷财尽中的阔人做寿》为题，发表评论，说："在此民穷财尽、哀鸿遍野的中国，身居高级官吏，何得有此丧心病狂的举动！此种行为如出于北京政府时代之军阀官僚，我们做小百姓的不愿有一字的批评，因为全无心肝不知人世间有羞耻事的军阀官僚，彼等心目中原无国家与人民福利的影子！"[3]邹韬奋痛心疾首，措辞激烈，莫此为甚。

邹韬奋自称是用"出世的精神来干着入世的事业"，死都不怕还怕什么？他随时准备为自己的言论付出一切代价。可以说，邹韬奋刚直不阿的办报办刊品格在《生活》周刊时代的前期就已经定了型。

然而，四一二反革命政变后，中国革命进入低潮。大地主大资产阶级反革命气焰嚣张。一时间，民族资产阶级也迷失了方向，

---

[1] 邹韬奋：《韬奋全集》第 3 卷，上海：上海人民出版社，1995 年版，第 440－441 页。
[2] 同[1]，第 645－646 页。
[3] 同[1]，第 595－596 页。

基本上也附和着进入反革命营垒。历史上，中国民族资本主义没有得到充分的发展，呈先天不足症状。民族资产阶级作为一个阶级出现在半殖民地半封建社会中国的政治舞台上，虽曾努力争取独立生存，但不可避免地带有软弱性和依赖性。邹韬奋作为一个爱国忧民品质高尚的知识分子，由于所在阶级（虽然他一直闹穷）的局限和认识上的偏差，在中国革命进入低潮后，实际上已没有中立的余地了。他的傲然骨气和《生活》周刊的"独立精神"，不仅无益于中国人民的革命事业，反而为国民党当局说了不少的好话。他恨铁不成钢，虽对国民党内部的腐败现象有所揭露和指斥，但不会危及国民党的执政地位。

鉴于邹韬奋较为温和的政治态度，九一八事变之前国民党当局基本上没有干涉《生活》周刊的言论自由，甚至还曾赏识过《生活》周刊。1929年9月6日，国民党上海特别市政府教育局经过审查，在致《生活》周刊社函中说："贵社发行之《生活》周刊取材丰富，立论新颖，且多含有教育意味之著述。"邹韬奋据此撰文说：本刊"幸获读者的信任及教育当局的鼓励，愈益自愧，只有力求进步，毋负期望而已"。[1]

邹韬奋欢迎民众运动，但认为必须合法有序地进行。

1927年的春天是沸腾的春天。国民革命高潮席卷中国南部。工农民众经受了前所未有的革命洗礼，湖南、湖北民众运动尤为高涨。

邹韬奋心情甚为激动，称国民革命为"群众的革命"。他用联系的观点看问题，认为"我国往古当权的是君相，国家好像是属

---

[1] 邹韬奋：《韬奋全集》第2卷，上海：上海人民出版社，1995年版，第791页。

于他们几个人的！群众则'不识不知，顺帝之则'。民国成立的时代，靠少数先知先觉的努力而成功，已经好了；但是当时热心改进国事的仍不过少数先知先觉的人，腐败的官僚和军阀的余孽，还得苟延残喘，甚至仍能作威作福；群众方面仍是对国事'莫知莫觉'，怀着'袖手旁观'的态度"。而"现在不同了，现在的改进，不是少数人的事，是全国群众感觉国事糟到极步，生活苦到极步，群策群力的起来努力一番。这是群众的革命！把全国归于全体的国民，以后我国的政府便不是少数人营私图利的机关，是要代表群众的意思，维持并改进群众的利益！有了这种群众的觉悟与努力，我国前途才能有一线的曙光！群众万岁！中国万岁！"[1]这种欢呼是发自内心的，寄托了他强烈的改善民生和改造社会的愿望。

杨耻之从湖南寄来一文，题为《湖南农民运动的成绩》，述："湖南农民的进步，非常的快……湖南农民自军阀打倒以后，由知识界教员或学生的宣传，陆续的由被压迫里面转入施压迫的途径了。农民所作的运动，就是游街会啊，提灯会啊，四处张贴标语，印发宣言，没有不是联合农工的运动，打倒万恶的军阀，反对暴虐的地主，铲除贪官污吏，革除土豪劣绅，种种口号，没有一件不应当的……但是农民的进步很快，口里是那样喊，心里就要那样做。近来湘潭更加弄得有劲，农民协会捉得姓晏的劣绅，交着县署，县长不能办理，想打电（报）去问省政府，农民决不依从，于是就拿出衙门，挥旗为命令，就把姓晏的枪决了。还有别的县份，捉到土豪劣绅，戴高帽子，游街示众，你看是怎样的力量，不就是农民群众的力量吗？这样的事情都做到了，你看是何等的快乐？"

---

[1] 邹韬奋:《韬奋全集》第1卷，上海：上海人民出版社，1995年版，第656页。

邹韬奋读后,"很有感触",把题目改为《农民运动与暴动》,加上附言(他自己的"感触"),一并刊登在1927年1月30日的《生活》周刊上。邹韬奋认为确有三点"可以乐观":

第一,"我国虽称以农立国,但是农民生活可以说是苦极了"。"我们极力主张改良农村生活,也是有见于此。现在听见湖南的农民能陆续的由被压迫的境地里面转身出来,确是可以乐观。"

第二,"我国国民里面,农民约占四分之三。所以要改进国家,当然要极力想法改进这四分之三的国家基础"。但他们缺乏教育,觉悟低,对于国事无动于衷,"对于万恶的军阀,暴虐的地主,以至贪官污吏与土豪劣绅的摧残苛刻,都只有饮泣吞声,无可如何,现在居然能晓得起来替地方上铲除害群之马,替地方上谋公共的幸福,这不但可为农民庆,如把这种精神引入正轨,传播全国,实为全国的福音,所以也是可以乐观的"。

第三,"我国的不振,一方面固然由于大多数国民对于地方上及国家大事,看得非常淡漠;同时也是因为有了一般蠹虫,蟊贼——即所谓万恶的军阀,暴虐的地主,贪官污吏,土豪劣绅等等,无时无地不施其摧残国命的手段,现在居然能使这班人走投无路,无以自存于社会,这种社会制裁力,真是可贵极了!"

不过,除了"乐观"之外,邹韬奋认为"就是惩罚恶徒,也要经过相当的法律手续",民众"也应当有相当的组织,相当的裁判,然后凭证据而定罪",否则"恐怕渐渐要引起'暴动'的风气,而失却'运动'的本来好意。我觉得指导农民运动的人,对于这一点很可注意"。[1]

---

[1]《韬奋全集》第1卷收入"附言"时删去了最后一段,意思不完整。本传依据原件将"不过"之后的意思完整引出,以此存真。

从"附言"中可以看出，邹韬奋之所以感到乐观，主要是因为从农民运动中反映出农民的觉悟提高了，并表现出较强的"社会制裁力"，且与自己谋求农民生活改善的愿望相一致。他是真心同情并支持农民运动的，这是毋庸怀疑的。但是，从题目的更改以及文字的表述两方面都可以看出邹韬奋是不赞成"暴动"的。第二个"乐观"里有云"如把这种精神引入正轨，传播全国，实为全国的福音"，意为湖南的农民运动还有待于"引入正轨"，否则就不一定是"福音"了。根据邹韬奋的一贯思想，他所说的"社会制裁力"与他所说的"监督力"是一回事，就是要让为政当国者、掌握兵柄者乃至害群之马不敢轻举妄动，胡作非为。惩罚恶徒要经过法律程序，从法理上说是对的。但当时中国的法律，本身就不是保护民众利益的法律，且为权势和金钱所支配，是恶徒们的保护伞，依法惩罚恶徒的想法只能是异想天开。当时的中国需要"暴动"，仅有"运动"不足以根本解决中国问题，邹韬奋的思想则处在"运动"阶段，害怕农民因"暴动"而失去"运动"的好意。农民运动中确有一些过火行为，不利于团结一切可以团结的力量，有时界限标准把握不清，错打错斗错杀的事也有所发生，邹韬奋冷静地提请"指导农民运动的人"注意，也是有一定道理的。

邹韬奋认为解决农民生活问题之根本途径在于实施"民生主义"于农村。"民生主义"实行"平均地权"之法，借以使"耕者有其田"，又能使地主易于接受，可以和平解决，无须"暴动"。适值两湖农民运动风起云涌之际，邹韬奋却把丹麦改良农村的基本办法介绍进来。在丹麦，由国会通过议案，只许种田者置田；由政府特设银行，借钱与农民由农民照特定的相当市价，向地主购买。这样就田归种者,再教以改良农业的方法,因有切身利益,农民乐从。丹麦的办法与"民生主义"里的办法相近,因而邹韬奋很感兴趣。不过,他也认识到"现在我们适当'国事乱如麻'的时代,这种相类的计划,当然还说不到;不过我希望时机一到,即有这种较大规模的革新运动,替三万万六千万的农民造幸福,就是替全国造一极好的基础,那么丹麦的前例,便是一个强有力的模范了"。[1]

邹韬奋寄希望于政府,寄希望于未来。他的改善民众生活的主张都要依托政府的措施,他本人的价值就在于通过言论影响政府,监督政府,使政府切实为民众谋福利。政治、经济、军事、教育等与社会生活息息相关的重要方面且不说,就连他向来主张的解放妇女问题,也要留待将来由政府去解决。有一位读者来信,反映一个女青年被封建礼教逼迫得死去活来。邹韬奋在出了一些挣脱痛苦婚姻的主意后,说:"至于这种恶制度,我们立在舆论方面,只有痛骂痛击,大呼'打倒'。有良好政府时,应由政府用法令禁止。"[2]因而,他对于自下而上要求自己改变自己命运的民众运动,所持的是谨慎的欢迎态度。

邹韬奋不仅关心民众的苦生活,而且十分关注他们对于苦生活的态度。他认为:"凡是身处这种千难万苦的境遇,固然要留心机会,筹谋改进的方法,但是在目的未达,或甚至尚相当无机会的时候,在此千难万苦中先须何以自处,倒是一个亟须回答的重要问题。"他劝慰"苦人儿""切不可徒事焦灼,于事无济","胸

---

[1] 邹韬奋:《韬奋全集》第1卷,上海:上海人民出版社,1995年版,第610—611页。
[2] 同[1],第899页。

怀仍须宽大,留此有用之身体精神,以图将来"。[1]邹韬奋在言论界有很大影响,这种平和、理性的态度客观上有利于消解社会矛盾,对于人民革命的宣传鼓动工作不利。

盛极一时的国民革命,因为国民党的叛变和陈独秀右倾路线的错误而失败于1927年春夏,中国共产党人和革命群众经受着血雨腥风的考验。坚定的中国共产党人没有屈服于国民党的枪杆和屠刀,认识到只有用革命的武装反抗反革命武装,用枪杆夺取政权,才能根本解决中国的出路问题。于是,遂有南昌起义、秋收起义、广州起义,才有中国工农红军的诞生。

邹韬奋对于主张通过阶级斗争以"根本解决"中国社会问题的中国共产党及其领导下的工农红军不怀好感,甚至持敌视的态度。他对共产党的最初了解多来源于道听途说,或直接来源于国党报刊,错误甚多。

1927年3月,在北伐军进占南京时,溃逃的直鲁联军和国民革命军收编的部分旧军阀部队以及一些地痞流氓,袭击抢劫了外国领事馆及外国人住地,造成人员伤亡。英美帝国主义驻华部队以此为借口,于3月24日,炮击南京,打死打伤中国军民一百余人,造成南京血案。时过一年,1928年3月15日,《生活》周刊载文说:"去年三月国民军初到南京时候,共产党造成的大暴动,曾经伤害外侨的生命及财产。"这种说法与国民党对外交涉和对内宣传时的口径完全一致。

连续几年,《生活》周刊都把共产党及其武装视为"匪"类。如1928年9月2日第3卷第42期报道:"江西共匪朱德毛泽东两部,

---

[1] 邹韬奋:《韬奋全集》第1卷,上海:上海人民出版社,1995年版,第845—846页。

骚扰地方，异常猖獗，吉安各县焚掠尤惨。"9月23日第3卷第45期报道："浙江各县近来匪患甚烈，洋面之海匪，与金严各属赤匪，在地方焚杀甚盛。"1930年4月20日第5卷第19期《小评论》述："朱毛之乱以数千人而能横行赣粤边境，赣南最近受其蹂躏者已二三十县，现在他们尚在继续努力。"7月，红军一度攻入长沙，第5卷第36期即作了《焚杀掳掠，创巨痛深》之报道。国民党军队大举围剿中央红军期间，《生活》周刊屡有战况及蒋介石"剿匪"行踪的报道。

邹韬奋支持国民党"剿共"战争。1930年5月，他在《好县长》一文中，述"蹂躏湘粤闽赣边境的朱毛匪患愈演愈剧"，对被红军打死的国民党江西省南丰县县长吴兆丰称颂备至，认为吴氏为"保境安民而能奋不顾身，死而后已"，这种"只知有群众幸福而不知有一己私利之精神"，实"值得国人之讴歌悼惜"。中原大战结束后，《生活》周刊即载文建议："军事解决以后，政府的第一责任是赶紧肃清土匪。"邹韬奋加编者按称"此文中附言之尤能引起国人的特别注意"。[1]

战争荼毒生灵，病民久矣，毕竟不是好办法。邹韬奋和同事们认为"民生"问题的解决，乃是治本之要举。1929年3月24日《生活》周刊第4卷第17期，发表毕云程文章，认为"民生主义不但为穷苦人谋幸福，也是为有财有势的人谋安全。惟有努力实行民生主义，才能根本打消阶级斗争杀人放火的大祸。所以我以为实行民生主义好像是种牛痘，必须种了民生主义的'牛痘'，才能免除杀人放火的'天花'的传染"。邹韬奋对毕云程的文章负连带责任，实际上他们在思想上是一致的，这点前文已有所说明。

---

[1]《生活》周刊第5卷第46期，1935年10月26日。

邹韬奋后来成长为坚定的共产主义战士，他的好友和同事徐伯昕、毕云程、艾寒松等也都成长为坚定的优秀的共产党人。当他们因为《生活》周刊凝结在一起，"力谋社会改造"的时候，与中国共产党都有过一段时间的误会和抵触。说清楚这些历史事实，丝毫不会影响他们后来的伟大。他们都是在不断探索救国救民的道路上逐渐认知、认同、追求、参加中国共产党的。他们走出了一条近代中国爱国的民族资产阶级知识分子都要走过的崎岖而又前景光明的进步之路。

五　狼烟频起　杜鹃啼血

近代以来，帝国主义各国对中国的政治压迫和经济侵略是导致中国长期贫穷落后的重要原因之一。邹韬奋最初是从改善民生的角度来关注国家前途民族命运问题的。

1927年4月至7月，邹韬奋作"孙中山先生民生主义的研究"时，曾连续以《民族主义中的人口问题》、《政治力与经济力的压迫》、《世界重要民族的大势和中国所处的地位》、《怎样恢复我们的民族精神》、《怎样恢复民族地位》为题，撮要介绍了孙中山"民族主义"的精华，并从中获取了观察国家前途民族命运问题的理论思维。

"民族主义"认为要挽救中国的危亡，第一个重要条件是通过大力宣传使人人知道中国所处的极危险的地位，第二个重要条件是既已知道中国所处地位之危险，便要联合起来，共同奋斗。

关于第一点，"民族主义"认为中国受到了三种力量的一齐压迫，前途万分危险。

首先是"天然力"。中国民族在以往的百年内，不仅没有增多，反而减少了，而列强的人口日日增多，等到列强人口变成了多数，依此天然淘汰下去，不但失去主权，要亡国，简直还要灭种。

其次是"政治力"。近百年来，中国受外国政治力压迫，失去了许多领土，做了各国的殖民地，这种地位实际上比做一国殖民地的高丽（朝鲜）、安南（越南）都不如，还不配称为"殖民地"，只可以说是"次殖民地"。

其三是"经济力"。借"政治力"为后盾的"经济力"压迫，使中国每年损失总共不下十二万万元，以后还要年年增加，现在已经弄到民穷财尽，再这样下去，必至国亡种灭而后已。

在三种力量当中，人口减少固可怕，外国政治和经济力压迫更可怕。此后，中国民族如果单受"天然力"的淘汰，还可以支持百年，如果兼受了"政治力"和"经济力"的压迫，就很难度过10年。因此，在此10年内，简直是中国民族的生死关头。

关于第二点，"民族主义"认为要恢复中国民族的地位，一方面要恢复中国固有的道德知识和能力；一方面还要去学欧美之所长。

中国固有的道德最显著的是忠孝信义仁爱与和平，对于这几种好道德，不但要保存，并且要发扬光大。正心诚意修身齐家治国的道理，是中国固有的最可宝贵的知识，也应该恢复起来。往昔中国的许多发明创造，外国人利用了，才有今日的地位，说明中国古时不是没有能力的。后来失去了那种能力，中国民族地位才逐渐退化，现在要把这类能力恢复起来。但是，在外国科学昌明的时代，要进中国于世界一等的地位，还要加上欧美之所长，才能和外国并驾齐驱。中国爱好和平，就是强盛起来，对于弱小民族便要扶持他，对于世界列强便要抵抗他，如果全国人民都立定这个志愿，共同奋斗，中国民族便可以发达。

正当邹韬奋在改造社会的道路上蹒跚前进的时候，日本帝国主义在中国山东制造了震惊中外的济南惨案。

1928年4月7日，国民党军队再次举行北伐，同日本支持的张作霖展开争夺全国统治权的战争。国民党军队的北伐，遭到日本帝国主义的武装干涉。4月17日，日本政府决定第二次出兵中国山东。5月1日，北伐军攻克济南。5月3日，日军进攻济南，屠杀中国军民四千余人。国民政府外交部长黄郛被日军扣押18个小时。国民党战地政务委员会外交处主任蔡公时及署内全体人员被捆绑。蔡因提出抗议，被割去耳鼻舌，挖出眼睛，后蔡及其余人员全部被杀。随后，日军继续增兵并炮轰济南，11日占领济南。从3日到11日，中国军民死伤逾万。

中国的安全受到严重威胁，这是任何一个关心国事民瘼、图谋社会改造的人都无法回避的问题。对于济南惨案，《生活》周刊做了及时的报道，并发表了大量的研究、宣传文章，提出了一系列的对策、建议。

5月20日，《生活》周刊发表毕云程的署名文章《济南惨剧后我们应该怎样？》，表明了《生活》周刊当时的态度。文章写道：日军"有计划有组织的空前暴行，竟发生于我先哲孔孟出生地之山东！这是我全国人民永远不能忘却的奇耻大辱！"文章认为日本制造事端的目的有二：一是防止中国的北伐，二是要缓和国内的反对。提出"在残余军阀尚未肃清，中国尚未统一以前，我们暂时应该用别的方法叫他暗中吃苦头，而不可因此分我们的兵力。当以全力完成北伐，对于日本兵此次在济南的横暴侮辱，不得不暂时忍辱负重，以求最后的胜利"。指出日本的野心在于要吞并我们的土地，对日军的暴行"我们决不能冷眼旁观，以为仅是济南一地的不幸；我们必须认清楚这是我们中国全民族的切身利害"。呼吁"全国国民从今日起必须要下一个决心，于中国统一后，用十年苦功夫,积极为对日宣战的准备",因为"我们中国要有翻身的日子,非和他打一仗不可"。文章还具体提出,在北伐完成以后,军队要加以训练,要增造潜水艇及飞机,防守沿海各口,全国青壮年都要参加军事训练;另外,经济上要增加国家的富力,教育上要使多数民众知爱国的切要。文章最后提出了全国国民应有的正当态度:"(1)从直接间接各方面,用全力赞助北伐的成功,以立建设及雪耻的基础;(2)极力宣传上面所说的十年准备的雪耻计划;(3)现在各人应当力除私见,对于自己范围内的职务及为国家尽力的事务,积极地干去;(4)对日本方面应有持久的经济绝交的精神,因为在目前只有这件事能使他们感觉苦痛,虽然在根本方面须设法有国货出来替代,才易于永续。"

这篇文章是邹韬奋请毕云程写的。邹韬奋在"编者附言"中说:"自五月三日日本在济南发生暴行后,国人的惨痛达到极点,人人都有牺牲一切,以此身贡献于国家的心愿,但是倘若没有正确的了解与态度,便有无从着手之感。我在这几天无日不想如何牺牲一切,为国效死而不惜。昨遇老友云程先生,大发挥我的悲愤,他说徒然悲愤无用,须全体国民有一致的觉悟,有一致的决心,有一致的准备才行。我觉得他所谈的话很能使国民对此事有一种正确的了解与态度,便参加了我自己的一点小意见,请他于百忙中写成此文,在本期发表。"

邹韬奋在1928年

5月27日,邹韬奋在《生活》周刊上发表《一致》,认为:"我国在勾结外人甘心卖国的残余军阀未灭以前,国家决无统一的希望,国家既不能统一,决无一致对外的可能,故为国命前途计,一致的共同目标是打倒军阀;现在军阀快要灭亡,等到军阀灭亡之后,我们全国一致的共同目标便是先要对付日本的侵略。认清了对付日本侵略的共同目标,便应该下'十年生聚,十年教训'的一致准备工夫。等到准备已定,日本肯还我一切便罢,否则就与一战!"

6月3日,邹韬奋在《生活》周刊上发表《对付国仇靠什么?》,认为济南惨案的教训在于"我国自己没有实力,只有任人唾骂,任人宰割而已",因此"对付国仇全靠实力","非积极养成'立刻攫而掷之户外'的实力不可"。"现在的世界,尤其是在国际之间,还只是单讲强权不讲公理的,这是毋庸为讳的事实;所以就是要和人讲公理,还是要有实力做后盾。"为此,他郑重提出了三点建议:一是扩大军事训练的范围,二是养成军用品的自造力,三是养成强有力的民众。文章后面引用陈冷血的话说"今日之受辱,为以前国人之不自振作,以前掌国政者之不自奋发","故有此今日之结果,非今日之罪,亦非今日所能争。今日之后,而能官民一心,力求振作与奋斗,则国事日理,国本日强,不但不至受辱,且不求荣而自荣"。

从以上3篇文章可以看出,邹韬奋和同事们对付"国仇"的态度。他们把北伐成功、中国"统一"看成是建设、御侮的前提条件,在这个前提条件不具备的情况下,劝告国民要"忍辱负重"。他们认为对付"国仇"要靠实力,中日之战终必不可免,但"实力"必须在"统一"后,用十年的功夫来准备。他们根本不存在立即用武装反抗侵略者的意念,在救急的方面,认为只有"经济绝交"最为有效,是"叫他们暗中吃苦头"的唯一办法。显而易见,与改善社会生活一样，他们又把抵御外侮的希望寄托在南京国民政府身上。他们宣传"十年雪耻计划"，要求人民"忍辱负重"，全力支持北伐，是适合国民党确立全国统治之需要的。不过，他们对日本制造事端之目的的分析以及对国际上强权政治的认识是深刻的、正确的。他们具有全局观点，不孤立地看问题，认为济南惨案不只是济南一地的不幸，实乃全国的不幸，关系着全国的安危，适应了增强国人的危机感、救国心的迫切需要。他们在军事、经济、教育三方面"尽我所有"地提出的一些建议，其中不乏合理之处，显示出以天下为己任的负责精神。

为唤起国人的觉醒和抗争，从7月1日第3卷第3期开始，《生活》周刊刊登黑体大字口号："时刻勿忘暴日强占济南的奇耻"，"国人只须顾念济案日人对我之惨酷即当捐弃私见团结一致"，"努力建设，一致对外"，"团结努力，誓雪国耻"，到1929年10月6日第4卷第45期，从不间断，为时一年又三个月。[1]这些口号是邹韬奋和同事们御侮主张的缩影。

济南惨案在邹韬奋的人生历程中具有里程碑意义。他从此走上政论家生涯，自觉背负起挽救民族危亡的重任。

济南惨案之前，邹韬奋孜孜以求的是改善民生、改造社会，不谈政治。《生活》周刊是生活型的、消遣型的，目的在于"暗示人生修养，唤起服务精神，力谋社会改造"。有时对政治问题虽有所论列，但只是因为"力求政治的清明"是改善民生的重要手段之一，不得不谈。邹韬奋介绍"三民主义"，所冠之总标题则为"孙中山先生的民生主义研究"，而且还要特别声明"民生主义""与本刊

---

[1]《韬奋全集》第14卷第639页之"连续刊登达两个半月"之说不确。

更有密切的关系"。1928年3月,《生活》周刊发表署名叔雍的《国人谈政治之分析观》一文,邹韬奋在附言中说:"本刊之旨趣为社会的,而非政治的,叔雍先生为政治论坛健将,而此文则以社会的眼光出之,适与本刊旨趣吻合。"[1]

济南惨案后,激于民族之义愤,邹韬奋再也不回避政治问题。他在《济南惨剧后我们应该怎样?》的附言中云:"本刊向来是注重社会问题而不谈政治的,但是此次的奇耻大辱,是国命生死存亡的关键。我们国人要获得正当的生存与向上的发展,非对此事有正确的了解与态度,努力雪耻,否则国且无为,何有于生存,更何有于进展?"[2]

《生活》周刊随着邹韬奋思想的进步而进步,"应着时代的要求,渐渐注意于社会的问题和政治的问题,渐渐由个人出发点而转到集体的出发点了","渐渐转变为主持正义的舆论机关,对于黑暗势力不免要迎头痛击"。[3]

邹韬奋还希望全体国民都来关心政治问题。他大力介绍美国的"民主政治",对美国民众很高的政治热情颇为赞赏,反观中国,"我国的政治,还是不过极少数的人在那里活动。至于一般平民,还是'莫理莫觉','不知不识',总而言之,对于国事漠不相关就是了。到了铁匠司务或是茶馆老板也对政治起劲起来,那就好了"。[4]

孙中山之"民权主义"认为"政就是众人的事,治就是管理,

---

[1] 邹韬奋:《韬奋全集》第2卷,上海:上海人民出版社,1995年版,第66页。
[2] 同[1],第128页。
[3] 邹韬奋:《韬奋全集》第7卷,上海:上海人民出版社,1995年版,第203页。
[4] 同[1],第258页。

管理众人的事便是政治。有管理众人之事的力量，便是政权。今以人民管理政事，便叫作民权"。邹韬奋在研究"民生主义"时，对"民权主义"也曾加以切实研究，并撮要介绍于《生活》周刊上。

邹韬奋原本以为"管理众人的事"应由政府去负责，用不着他去劳心。他只知道恪尽职守，干好所任之事，以期对社会、对人群有所贡献。但是，近代以来，帝国主义与中华民族之间的矛盾成为中国社会的最为主要的矛盾，中国人民除了要争取民权以外，更为急迫的是要争取国权（国家的生存权）。因而，如何对待帝国主义侵略，挽救民族的危亡，自然而然地成了近代中国最为根本的政治问题。济南惨案激发了邹韬奋早已有之的以天下为己任思想。他转而谈政治，但所谈的不完全是孙中山定义中的政治，也不是阶级斗争意义上的政治，而是救国意义上的政治。

孙中山在"民族主义"中提出："抵抗外国的方法有两种：一是积极的，这种方法就是振起民族精神，求民权、民生之解决，以与外国奋斗。二是消极的，这种方法就是不合作。不合作是消极的抵制，使外国的帝国主义减少作用，以维持民族的地位，免致灭亡。"[1]并认为"普通国民对于别的事业不容易做到"，"实行经济绝交，是很可以做得到的"。

邹韬奋和同事们接受了上述两种方法，但对后者倾注了更多的热情。因为"积极的"方法必须由政府来主持，需要有个较长的准备时期，不能立即见效，尤其是在国家尚未"统一"的情况下，更难以办到。至于"消极的"方法，则人人均可以做到，而且不需要时间准备和前提条件。

---

[1] 孙中山：《孙中山全集》第9卷，北京：中华书局，1986年版，第241页。邹韬奋曾把这段语录刊登在1929年12月29日第5卷第5期《生活》周刊上。

孙中山在"民族主义"中介绍了"康第"(甘地)的救亡办法,可以说孙中山的"消极的"办法受到了甘地主义的影响。经过孙中山的介绍,邹韬奋对甘地主义很快发生了浓厚兴趣。1929年3月17日,邹韬奋在第4卷第16期《生活》周刊上发表《两位敢说话的硬汉》,首次提到甘地,称赞甘地为"印度的爱国志士"。4月14日,第4卷第20期《生活》周刊介绍了印度的民生、教育、政治、宗教、华侨等情况,甘地的情况亦在介绍之列。从5月19日第4卷第25期开始,邹韬奋以"落霞"为笔名,在《生活》周刊上连续发表《精诚感动全印度的甘地》(附登照片)《艰苦卓绝的甘地》、《甘地的救国方案》、《甘地的土布政策》、《甘地给予我们的印象》、《被捕的甘地》等文章,介绍甘地和甘地主义。邹韬奋还将有关甘地事迹及其思想的材料编译成《甘地自述》一书出版。

甘地的救国方案即所谓的"不合作主义",就是用"非暴力不合作"的方式去抵抗英国的殖民统治。通俗地解释一下就是:打、骂、拘、杀、掠听便,不作任何武力反抗,但决不承认殖民当局,决不用英货,决不给殖民当局尽一丝一毫的义务,这样一直坚持到英国殖民统治的瓦解,印度民族独立。邹韬奋十分赞赏这种救国方案及其所体现出来的牺牲精神,认为"不合作主义不是退却,却是进攻;不是胆怯,却是义勇;不是苟存,却是奋斗"。[1]

因此,当日寇寻衅侵华,民族灾难日重的时候,邹韬奋就自然而然地想起了甘地和甘地主义。

济南惨案使国家蒙羞、民众披难,民气之消沉也暴露了出来。洗雪民族的耻辱,归根到底要靠有觉悟的民众。邹韬奋清楚地意识到,知识界负有不可推卸的唤起民众的责任。于是,他发表许

---

[1] 邹韬奋:《韬奋全集》第4卷,上海:上海人民出版社,1995年版,第528页。

多文章以唤起国民的爱国心，鼓荡民族的血气，重塑中华民族的精神。

邹韬奋根据日方的照片，发表时评，痛述"南军""手向后绑，赤着脚，哭着脸，由三五持枪暴戾的日兵在后押着走"已是"最惨痛"的了。更令人发指的是一些民族败类，"鞠躬如也"，与日酋大握其手，并组织什么"治安维持会"。印度亡国数十年，尚在高唱"不合作"，中国一些人竟是那样的乖巧，刚被征服就求合作而恐不及，"民气消沉至此，真堪痛哭！"[1]这些"珍贵"的场景，均被日人摄入镜头，制成画片，向全世界各国传播，严重玷污了中国人的形象，损伤了中国人的自尊心。

邹韬奋"以为做今日内忧外患的中国人，应该人人养成不怕死的精神，为主持正义公道，为力争国家民族的荣誉生存，就是一死也心甘意愿。其实做今日的中国人已经生不如死，就是这样的死去，反可以救救以后未死将死的许多惨苦同胞。我们要人人铲除明哲保身的遗毒；要把自己个人的生命看得轻，所属民族的荣存看得重；否则生不如死，何贵乎生？"[2]以国家民族利益为重，养成不怕死的精神，这是邹韬奋对广大国民的要求，同时也是他走上政论之途的宣言书。

联系历史，纵观现实，邹韬奋对"明哲保身"大加挞伐。认为："有了这种精神浸润充盈于大多数国民的心理，于是大多数国民便只知有身，不知有正谊公道，不知有血气心肝，不知有国，不知有民族。""对外存着这种明哲保身的态度，简直只要这条狗命可得忍辱含垢活着，国家尽管受侮，民族尽管受辱，都可以淡然置

---

[1] 邹韬奋：《韬奋全集》第 2 卷，上海：上海人民出版社，1995 年版，第 178 页。
[2] 邹韬奋：《韬奋全集》第 3 卷，上海：上海人民出版社，1995 年版，第 52 页。

之，泰然安之，因为这种人所求者只不过明哲保身而已矣！对内存着这种明哲保身的态度，贪官污吏尽管横行，武人祸国尽管内乱，做国民的却尽管袖手旁观，各人只要一时苟延残喘，什么话都不敢说，什么意见都不敢提了。"他还以舆论界为例，说"发了财的舆论机关，号称民众口舌，只要极简单的做几句模棱两可不着边际不痛不痒的社论或社评，所沾沾自喜者，每年老板可有二十万三十万的赢余下腰包，以不冒风险为主旨，拆穿西洋镜，亦不过明哲保身而已矣！"[1]

邹韬奋痛感"我们历史上杀身成仁舍生取义的烈士亦不少。但我国人似乎只有少数单独个人的消极的义气，而把许多个人合成群众，简直可以说是一点儿没有什么力量，所以那么大的一个国家，表面上看起来似乎有这许多人，合起来反而好像阒无其人！这也许是'各人自扫门前雪，莫管他家瓦上霜'的哲学的遗毒太深，所以你侵掠到他的家里，他知道怒不可遏；侵掠到他的国里，他却是优哉游哉，若无其事！"[2]

邹韬奋从正面阐明了个人和民族、家族和国族的关系。他认为："个人为小我，民族为大我，民族若无自卫的能力，则皮之不存，毛将焉附，小我随处受人蹂躏，乃自然的趋势，当然的结果。"他就英国大兵在上海打死市民张学亮，只被英军事法庭判处监禁一年一事发表评论，"痛哭流涕的告我全国同胞：向来只知有自己有家族而不知有国的国民，如今也许稍稍知道如不赶紧发愤图强，万众一心的把国弄好，就是自己，就是家族里的父母妻子兄弟姊

---

[1] 邹韬奋:《韬奋全集》第 3 卷，上海：上海人民出版社，1995 年版，第 51 页。
[2] 邹韬奋:《韬奋全集》第 2 卷，上海：上海人民出版社，1995 年版，第 665 页。

妹儿女以及其他所亲爱的人,都有享受文明待遇的好机会!"[1]

民族自卫能力由何而来?邹韬奋认为:"全靠组成民族的我团结一致,本牺牲小我的精神,作拯救大我的奋斗。我们中华民族之受人荼毒,可谓至矣尽矣,倘再无彻底的觉悟,坚决的努力,前途危难,不堪设想。"他提出全国民众应集中注意的三大工作为:"一曰健全民族的体格,二曰唤起民族的献身精神,三曰发展民族经济。"[2]

此外,邹韬奋还在一些具体的救国问题上予以正确的舆论指导。

邹韬奋呼吁国人自觉抵制日货,并养成爱用国货的心理。认为爱用国货"是做国民应有的心理,并不是仇外而后才有的心理。所以一面提倡振兴国货,同时也要竭力培植宣传爱用国货的心理:因为这两事很有密切的关系"[3]。1929年4月,汕头反日会严检日货,不肯发还被扣日货,日舰鸣炮示威,限时发还。24日该会奉省党部之命改组为国货提倡会。邹韬奋发表时评《日本炮的示威》,云:"我国人要有扬眉吐气的日子吗?非全国一心的生聚教训,非做到彼以'炮'来,我能以'炮'往,休做此想。虽然,我们的'炮'力未能充分造成以前,只要全国国民能拿出良心来,彼能以'炮'限定二十四小时还日货,却不能以'炮'限定我们二十四小时买日货。所以把反日会改作国货提倡会,去其名而存其实,我们非常赞成:消极方面可寒敌胆,积极方面可以间接促进国内实业。"[4]

---

[1] 邹韬奋:《韬奋全集》第3卷,上海:上海人民出版社,1995年版,第501—502页。
[2] 同[1],第394—395页。
[3] 邹韬奋:《韬奋全集》第1卷,上海:上海人民出版社,1995年版,第729—730页。
[4] 邹韬奋:《韬奋全集》第2卷,上海:上海人民出版社,1995年版,第606页。

抵制日货须有武力为后盾，须与发展国货联系起来，这种看法是有深远的战略眼光的。

邹韬奋要求国民了解不平等条约的危害。1928年8月5日，他发表《不平等条约到底说些什么？》，详述领事裁判权、协定关税、赔款、势力范围、最惠国待遇及其他重要内容，并述孙中山为废约而奋斗的感人事迹，认为我们国民"尤其要人人明白所谓不平等条约的内容实在处处制我们的死命，这是中国国民要拼个死活的目标：要抵御外侮，同时还要积极整饬内政，从事建设准备实力"。[1]

邹韬奋心系青年，认为青年学生"只有各尽心力于'读书不忘救国，救国不忘读书'，否则立刻急死亦无用，与其目前死，不如将来为国家向外效命疆场而死。负直接救国责任的当然是执政当局和全国中已具有实力的人，我们但望他们念国难之急于眉睫，从速团结一致以安内御外，否则国家前途，实非我们所忍想象"。[2]

20年代末30年代初，中国政局的变幻总是不由邹韬奋所想。他寄予厚望且理应负起洗雪国耻责任的国民党当局不仅没有负起应有的责任，反而把国内政局搞得乌烟瘴气，战火连绵，民不聊生。与此同时，日本帝国主义者正在磨刀霍霍，并不断寻衅，制造侵华战争的借口。邹韬奋深感国势严重，呼吁"衮衮诸公"停止混战，团结一致，励精图治，准备实力，为国雪耻，卫护民族。

在处理济南惨案的过程中，蒋介石屈辱退让，命令军队撤出济南，绕道北上，并严厉禁止人民的反日活动。这一示弱的举动，

---

[1] 邹韬奋：《韬奋全集》第2卷，上海：上海人民出版社，1995年版，第220—222页。

[2] 邹韬奋：《韬奋全集》第3卷，上海：上海人民出版社，1995年版，第356页。

开导了极为可耻的"不抵抗"的先河,丢尽了中国军人的脸,反映出国民党当局对国家安全、人民利益毫无责任心之可言;这一示弱的举动使日军大捡便宜,助长了日军的嚣张气焰,刺激了日本妄图征服中国的欲望。因此,对国民党的"不抵抗"历史应从1928年的济南惨案写起。之后,"不抵抗"则成了国民党当局的顽劣习惯。

济南惨案之痛楚及消极影响既深且久。无论怎么说,稍有血性的中国人都难以接受国民党的上述示弱行为,邹韬奋和同事们更不例外。

1928年7月29日,邹韬奋以《国民党与中华民族之惨痛》为题,发表评论,痛极而述:"在数十百万国民党同志口中,高呼'打倒帝国主义'之时期,忽然遇外族真正帝国主义者,无端小试军威,入据我国领土,阻断我交通,进而缴除革命军人之武装,捕系革命军人之俘虏;更进而大肆残杀,以枪弹,刺刀,机关枪,飞机炸弹,大炮等等利器,断送无数革命军民之无数头颅生命;甚至割国民政府外交官之耳鼻而射杀之;又甚至炮轰城市,拔青天白日之中华新国旗,而树立彼国之旗章。中华民族之血,碧染济南市街,大和帝国之歌,奏凯山东道上。拥数十万武装同志之中国国民革命军总司令以至总指挥军长,对于横冲直撞之区区福田一师长,竟瞠目束手,无如彼何!呜呼!两年以来国民革命军无敌不摧之光荣历史被污辱矣!此在国民党为身受宣告极刑之惨痛,亦即中华民族全体承受之奇耻大辱也。"这里明显地流露出怨恨情绪,并将国民党"打倒帝国主义"乃叶公好龙的本质曝了光。

但是,他分析了中国津浦道中之30倍于敌军之国军忍受暴行而避之的种种原因后,还是原谅了国民党,并寄予厚望。他认为:

"今已无可如何，忍不能忍之辱，让不能让之步，以避玉碎而求瓦全矣！然不能者终于不能乎？不战者终于不战乎？此则今日之政府，应负完全责任，谋与全国人民共雪此耻者也。"他指出各国在华有各自利益，均势不可靠，"根本只在养成民族自立之真力量耳"。"雪耻之道奈何？一言尽之曰：养成对外作战之能力！""故今后掌握国家统治权之国民党政府，能否悬一准备对外防御作战之大目的，以振起新精神，力图全国一致，进而实施准备作战之具体政策，实为国家与民族之永久生存问题。"[1]

1928年12月29日，东北三省易帜，通电宣布：从即日起，"遵守三民主义，服从国民政府，改易旗帜"。至此，南京国民政府在名义上"统一"了中国。国家的"统一"给邹韬奋和同事们以很大慰藉。他们积极献计献策，天真地以为建设时期已经到来，对日作战的准备时期已经开始。然而，他们的好梦并未成真，国民党新军阀之间又混战起来。

1929年，蒋桂战争、蒋冯战争、蒋唐战争等大小战争打得热火朝天，国民党政府所宣布的，邹韬奋和同事们所企盼的"十年雪耻工作"难见端倪。严重的危机感驱使着邹韬奋奋力呼吁国内团结，积极备战。

6月2日，他发表《急来抱佛脚是要来不及的》，就帝国主义各国的军备竞赛发表评论，劝告国人不要轻信什么和平会议，弭战公约，裁军会议，认为"我国处此群虎眈眈的国际间，至少要全国一致的注意准备实力，以固国防，而抵御他国之对我侵略。要准备实力，不得不力求内部之团结，政治及社会秩序之安定，经济力之蓄养，国民教育及爱国精神之训练与唤起，大家要念到

---

[1] 邹韬奋：《韬奋全集》第2卷，上海：上海人民出版社，1995年版，第201—202页。

民族前途之危殆，泯灭私见，互释猜嫌，各向此大目标而尽量努力。否则届时就是要严守中立，亦无力保持，只有任人宰割，听人鱼肉而已，虽尽量的贴标语，打通电，游行示威，何济于事？"[1]忧出于心，情见乎辞，循循善诱，说理透彻。

正当中原地区蒋冯阎分分合合、战战和和之际，受蒋介石亲帝反苏外交政策的影响，年轻的张学良要做"惊人之举"。1929年7月，宣布收回中苏两国共同经营的中东铁路，逮捕和遣送苏方高级职员59人，酿成中苏之间大规模的武装冲突，并形成局部的战争。中国损兵折将，很快败北，12月被迫签订《伯力协定》，恢复战前状态。

邹韬奋当时把日本和苏联都看成是对中国威胁最大的敌人。中苏冲突与济南惨案一样，在他心海里也是一石激起千层浪。一方面，他指责"暴俄已蓄意破坏和平，侵占我东北"；一方面，他又埋怨"当局者并未经详慎的考虑与积极的准备，糊里糊涂，外强中干地驱逐俄局长，结果弄得不可收拾，究竟不知哪一位大好老替我们老百姓出了这个好主意"。[2]他为国家再次被难愤恨不已，痛心不已。他要追究当局者的责任！"我国人心之未能一致，外患尽管紧迫，而内乱仍是万分起劲。""赤俄在中东路尤其是哈尔滨气焰嚣张，到处横行，华人退避莫敢仰视，而负责在位者更不知何以自处！"[3]

一山容不得二主，一国岂容数王？蒋冯阎李诸军界巨头，小打小战一年多解决不了问题，到了1930年终于大打出手（即中原

---

[1] 邹韬奋：《韬奋全集》第3卷，上海：上海人民出版社，1995年版，第489—490页。
[2] 同[1]，第38—39页。
[3] 《生活》周刊第5卷第10期，1930年2月16日。

大战），一比高低。

当千军万马战犹酣时，"塞外边声"传来：苏联完成了哈萨克斯坦境内的铁路，该路与原有的西伯利亚铁路一起，构成了对中国的包围。有感于此，邹韬奋痛恨国内内战不已，钱皆用于内战，不用于建设，呼吁"全国赶紧把眼光向外转，全国要养成这样的舆论，全国要养成这样的民意，团结一致的向前干"。[1]但是，这种切合时需的呼吁谁能听得进去？

中原大战以蒋介石取得胜利而告终，邹韬奋和同事们又寄予新的期望。他们虽然切实感到"最近二三年来政府对国民究竟有了何等样的成绩，虽绝对诚意拥护政府的国民，却也不敢恭维"，但终究还是原谅了它，认为三年功夫政府的能力都集中在军事上，因为"反动的军阀"一次一次的不绝的捣乱，使得政府没有余力来从事革命的建设。现在军事行将结束了，从此以后和平统一的愿望可以实现，而政府对于建设的责任亦不能再有所推诿。

1931年元旦刚过，邹韬奋即在《生活》周刊上颇怀希望地写道："已往种种譬如昨日死，以后种种譬如今日生，我们踏进了这一个全国渐臻统一国事似有曙光的年头，对个人对国事大概都有这样的感想。"[2]

但是，中原大战一结束，旷日持久的"剿共"战争就升级。对中央革命根据地的第一、二、三次，以至后来的第四、五次反革命"围剿"，一浪高过一浪，杀戮人民，摧残国本。邹韬奋对此痛心疾首。

1931年5月，有朋友自日本归来，谈到日本正在给中国"料

---

[1]《生活》周刊第5卷第29期，1930年6月29日。
[2] 邹韬奋：《韬奋全集》第3卷，上海：上海人民出版社，1995年版，第277页。

理后事"——时刻准备侵略中国,更加引起邹韬奋的警觉。他警告说:"我国全国上下应有彻底的觉悟,应具有世界的眼光,勿彼此闭着眼睛终日钻在牛角尖里,专作鸡虫之争,何殊自寻短见?一旦大祸临头,噬脐无及,愿在未做亡国奴之前,为全国上下涕泣道之。"[1]

事实诚如邹韬奋所料,日本已经做好了侵华战争的准备,并在积极寻找发动战争的借口。

1931年7月,日本侵略者在长春市北的万宝山,恶意挑起中朝农民纠纷,造成流血冲突,日本警察开枪打死打伤中国农民多人。接着,在日本的煽动下,在朝鲜各地发生了大规模的反华事件,一周内杀害华人109人,一百六十多人受伤,这就是"万宝山事件"。

事件发生后,邹韬奋认为此系"日对我国之有计划的侵略",呼吁"国人万勿视为一隅一时之事","国人应奋起一致对外,由一致对外而巩固国内,由巩固国内而充实御外的能力,全国一心,同御外侮;有无觉悟,全在我们自己;能否救此垂危的国家,亦全在我们自己"。[2]

7月18日,邹韬奋发表《热血民众的唯一武器》,大声疾呼:"我们为民族生存计,不得不奋起拯救此垂危国家;时机急迫至此,尤不得不急速奋起拯救此垂危的国家。"具体的方策如何?他认为:"根本的方面,诚非一朝一夕所能急就,他人之谋我,处心积虑亦非一日,全国上下睹此惨状,应痛悔过去数年国内自相争夺,徒伤元气,不顾国防,作极沉痛的忏悔,从此全国团结一致,积极努力于安内御外的工作。在救急的方面,宜全国同仇敌忾,与致

---

[1] 邹韬奋:《韬奋全集》第3卷,上海:上海人民出版社,1995年版,第633页。
[2] 邹韬奋:《韬奋全集》第5卷,上海:上海人民出版社,1995年版,第22页。

我民族于死地者断然抵制其货物。""我国目前既无兵力使横暴者即感切肤之痛，政府外交另是一事，在热血民众方面的唯一武器，舍此莫由。"他还以印度为例说："甘地所领导的抗英运动，抵制英货亦其一端。国人到此拼命时期，除拼命外别无出路。"[1]显然，这里的"拼命"不是针对武装抗日而言，而是表明在"经济绝交"问题上的态度。

紧接着，7月25日，邹韬奋又发表《再论热血民众的唯一武器》，重申："从根本方面着想，我们以为全国上下应有深切而沉痛的忏悔，从此团结一致，尽心力于全民族的体格，唤起服务的精神，发展民族的经济，下十年生聚教训的切实工夫。在救急方面，除严厉督促外交当局外，在民众方面只有一条路走，就是抵制日货。"他在作了细致的分析后认为："日本对世界为入超国，惟对中国为出超国，我们是他的大主顾，苟能作有组织的抵制，必有效果无疑。"另外，"抵制日货不但有消极的反抗作用，并含有提倡国货和鼓励本国生产的积极作用"。[2]

8月，日本又利用大兴安岭地区中国驻军处死日本间谍的所谓"中村事件"，煽动战争狂热，叫嚣"应利用中村事件的机会诉诸武力，一举解决各项悬案"。诚如邹韬奋所评说的："此事背景之所以复杂，却在醉翁之意不在酒，在借题侵略东北。"邹韬奋不幸而言中，在他所作的时评《自认为正当之处置》还在编排过程中，九一八事变就发生了，中华民族面临着更加深重的灾难。

进入30年代，天灾伴着人祸来，中国老百姓处在水深火热之

---

[1] 邹韬奋：《韬奋全集》第5卷，上海：上海人民出版社，1995年版，第26页。
[2] 同[1]，第28—29页。

中。邹韬奋从政治的角度来观察、思考社会生活问题，思想大为进步。

1930年是中国老百姓遭受大灾大难的年头。天灾、兵灾、匪灾交织在一起，老百姓的生活已不是一个"苦"字所能说尽，实在是活都活不下去了。专制时代所强调的是"民为贵，社稷次之，君为轻"（孟子语），邹韬奋认为自己所处的所谓"民治精神发达的文明时代"，则是"武人为贵，官次之，民为贱"，做老百姓的就是该死！

2月，闻西北灾荒，饿殍遍野，邹韬奋发表时评，指出："西北惨难固由于连年荒旱，然益以战乱无已，不但无暇防御，天灾兵祸相逼，祸乃愈烈，残民以逞的大好老，胜了可以尽量的搜刮，败了可以宣言下野，出洋逍遥，谁复念此数百万生灵，号称有国之民而实非真正亡国奴所能及者之惨呼痛号！"愤懑之情，溢于言表。就何应钦在中央党部举行的总理纪念周发表的"节约运动与物质建设"之演讲，评论曰："节约运动应从上而下，物质建设应从下而上。"[1]

中国的政局一塌糊涂，经济毫无建树，反而因兵灾越来越差。邹韬奋"感觉中国实在未尝无可为，徒以攘权夺利者过于近视，过于性急，但知拼老命于鸡虫之争，疲精力于蛮触之斗，既无暇于开辟富藏，亦无暇于利用广土，而大多数民众之知识程度又极幼稚，无从表现其制裁之实力，或竟未养成其制裁之实力，遂致茫茫前途，不知所届！"[2]

5月18日，邹韬奋发表时评，明确指出"中国失业的最大原

---

[1] 邹韬奋:《韬奋全集》第3卷，上海：上海人民出版社，1995年版，第36—38页。
[2] 同[1]，第44页。

因是政治的扰乱与军事的蹂躏,由此妨害安宁,剥夺民业,所以政治若不速上轨道,这个问题简直无从说起"。[1]他正告当政的国民党人:"我们深信苟能力行三民主义,必能救垂危的中国,故深愿国民党党员能处处以牺牲精神来力行主义,必如此而后才能巩固全国的同情与信任。"[2]邹韬奋以往认为解决失业问题的出路在于发展大规模的实业,现在认识到政治障碍不排除,经济则无从发展,比较接近于"根本解决"中国问题的途径了。

11月16日,邹韬奋报道了上海福昌军衣厂火灾,工人死伤百余人的惨痛事故,呼吁政府切实负起责任来,做好善后工作,这"绝对不含政府是出于慈善性质而应有此办法,却是表示这是政府对人民应负的责任"。"经此惨祸之后,除应积极筹谋目前灾民的善后外,我们尤望市政当局对于全市工厂中关于工人安全的设备,须有相当的规定与监察。"[3]

中原大战结束,邹韬奋发表时评,认为:"此次国内的剧战,双方死伤总数达三十万人,双方军费总数达二万万元以上,人民生命财产因战祸而牺牲者尚不可胜计,以如此重大的牺牲,不过谋得苟延残喘民穷财尽的统一局面,此勉强获得的统一局面,其可贵在为将来国家建设求得起码的基础,而非谓在目前即已与人民以若何的福利,故此时实应为大多数民众福利而努力建设的开始,而非少数人弹冠相庆的机会。在平民方面,战前受苦,战中受苦,战后仍在受苦,实无时不在戒慎恐惧的境地中;唯在一般以拯救平民为己任的大佬阔佬,慎勿徒知装上歌功颂德的嘴巴,

---

[1] 邹韬奋:《韬奋全集》第3卷,上海:上海人民出版社,1995年版,第108页。
[2] 同[1],第570页。
[3] 同[1],第241页。

慎勿徒知闷着头厚着脸但为妻族子侄狗亲狼戚抢夺优差美缺，要切实拿点天良出来做几件有裨国计民生的事情，庶几民生不至民死，国运尚可挽回，不致再跑到'走马灯'上面去。"[1]

1931年夏，长江流域发生百年不遇的大水灾，面积达150万平方公里，灾民不下一亿，重灾者3000万。《生活》周刊大量报道各地水灾消息以及读者来信。邹韬奋发表大量评论，一方面毫不含糊地指出人祸乃天灾的"主因"，一方面大力呼吁社会各界"各尽心力"以拯救受灾同胞。他严厉敦促政府要加快节奏，采取果断措施，"切念灾民倒悬待解之刻不容缓"，认为"我们视政府对于此次救灾工作的认真与奋进的程度，可以测知政府为国为民的真意如何；视国民对此次救灾工作的慷慨与踊跃与否，可以测知国民爱护民族卫护国家的精神如何"。[2]

鉴于政府办事拖沓，信誉不高，读者来信请求《生活》周刊代收赈灾捐款。《生活》周刊社因人手不足，没有派人出外募款，但对读者或社会捐款，均及时转交有关赈灾组织。从8月28日到1932年3月18日，共收到自动捐款两万九千一百多元，这说明《生活》周刊已得到读者很大的信任。

邹韬奋走上了忧国忧民、建言献策的道路，其人生观、价值观得到了进一步的磨砺。

人生到底有什么意义？这是任何人都无法回避的问题。《生活周刊》曾就这个问题展开专题讨论。邹韬奋认为："做人是不得已的事情，我们并不是在未生之前自己预订好计划，由自己高兴来

---

[1] 邹韬奋:《韬奋全集》第3卷，上海：上海人民出版社，1995年版，第586页。

[2] 邹韬奋:《韬奋全集》第5卷，上海：上海人民出版社，1995年版，第40页。

生在世上的，现在既不由自主的生了出来，只得做人。既然只得做，消极比积极苦痛，懒惰比奋斗苦痛，害人比救人助人苦痛，所以只想择其比较在精神上面可以减少苦痛的方面做去，如此而已。"[1] 这种态度看似消极，实则积极，是"服务上之彻底精神"在"做人"上的运用。

邹韬奋曾经十分崇拜胡适，在人生观方面受到胡适的较大影响。胡适的《为什么？》和《人生有何意义？》是《生活》周刊所宣传的重点名著。胡适认为："人生的意义全是各人自己寻出来的，高尚，卑劣，清贵，污浊，有用，无用……全靠自己的作为。""生命本没有意义，你要能给他什么意义，他就有什么意义。与其终日冥想人生有何意义，不如试用此生作点有意义的事。"邹韬奋以此作为劝导青年人修身养性、务实进取的"有价值"、"有趣味"的材料。

人生的道路不可能总是平坦笔直的，也不可能总是心想事成。邹韬奋把"乐观主义"看成克服一切艰难险阻、最后获得成功的可靠保证。他说："沿着大成功的一条路上，有许多失败排列着，最后的成功是在能用坚毅的精神，伶俐的眼光，从这许多小失败里面寻出教训，尽量的利用它，向前猛进。而这种'寻出'和'尽量的利用'，惟有抱乐观主义的人才能办到"，"而且工作愈伟大，所受的反抗也愈厉害，简直成为一种律令，对付这种利害的反抗，最重要的工具是乐观主义"。他批评了"乐观主义"不过是"嬉皮笑脸"、"随随便便"、"一切放任"、"得过且过"等种种谬说，认为"真正的乐观主义的人是用积极的精神向前奋斗的人，是战胜愁虑穷苦的人。这类的苦境，常人遇着，要心胆俱碎，一蹶而不

---

[1]《生活》周刊第6卷第13期，1931年3月21日。

能复振的，只有真正乐观主义的人才能努力奋斗，才敢努力奋斗！所以讲到乐观主义还不够，要有'有效的乐观主义'才行"。[1]

邹韬奋把安于现状与积极进取、消极与积极辩证地统一起来。他认为"我们一面要进取，一面对于目前处的地位，要能寻出乐趣来"，"这样的随遇而安是积极的，不是消极的"。[2]在积极进取之前，充分考虑到即将遇到的困难，以消极为背景，这样就"不知有所谓失望，不知有所谓失败，因为失望和失败都早在预期之中，本为常例，不为例外。'消极中的积极'能给我们以大无畏的精神和勇往迈进的勇气；只有不怕失望不怕失败的人才有大无畏和勇往迈进的精神"。"'消极中的积极'能使我们永远不至自满，永远不致发生骄矜的观念。"[3]

总体看来，邹韬奋的人生观是积极、理性、乐观、进取的。他乐观而不享乐，没有丝毫"人生得意须尽欢，莫使金樽空对月"的痕迹；他从消极处着眼，作积极的努力，不哀叹"人生如梦，转眼就是百年"，也不对酒当歌，敢问人生几何？他自知"人生上寿百年，物质不灭"，但所崇尚的是"有一日做一日的事，有啥干啥，干到不能再干……"他明白宇宙无穷大，人生何其小，但更明白充分发挥"小小脑壳"的作用，可以探索出无穷宇宙的奥秘。他从不畏惧"吾生有涯，而知也无涯，以有涯随无涯，殆已"。在他的脑海中，空间的大小，时间的久暂都可达到和谐的统一，消极可以化为积极，现状就是进取的基地。他因而具备了良好的心

---

[1] 邹韬奋：《韬奋全集》第4卷，上海：上海人民出版社，1995年版，第706—707页。
[2] 邹韬奋：《韬奋全集》第1卷，上海：上海人民出版社，1995年版，第855页。
[3] 《生活》周刊第4卷第43期，1929年9月22日。

理调节机制，以致在任何情况下都不至于头脑发热，忘乎所以，也不至于心灰意冷，丧失锐气，从而保持正确的发展方向。

邹韬奋乐观进取，讲求事功，但却没有个人主义的狭隘性。他所希望的是通过自己的努力奋斗，给他人、给社会带来益处（哪怕是一丝一毫的益处）。《生活》周刊曾进行题为《什么是人们生活着所应该要求的》的讨论，一位名叫与言的读者认为最低限度的要求有 5 点，即生命的延长、自由权的存在、身体的健康、精神上的舒泰、幸福。邹韬奋则认为这 5 点"似乎太狭"，"偏于为己"。"一个人有可分为'为人'与'为己'两个部分"，"'为己'是有限的，'为人'是无限的"。"我以为各人有各人的能力材具，当于'为己'之外，各尽其量以趋于所谓'为人'的一途，然后人生的价值才能更进一步。"他盛赞孙中山"为千万人福利而奋斗的精神"。[1]

随着《生活》周刊的日益发达，广告与日俱增，收入也自然地多了起来。树太招风，社会上闲言恶语接踵而来，什么"《生活》周刊可以赚钱了"，"该刊主笔成了阔佬"等等，不一而足。邹韬奋曾亲耳听到并且参与了这样一段精彩的对话：1930 年夏天的一个下午，邹韬奋走在上海南京路上，经过一个十字街角的报摊，看到一个穿着考究的男子，手里拿着报纸，正和报贩谈得起劲，在谈到各报的来历和经营状况时，指着报摊上一厚叠《生活》周刊笑着说："这家报斜气！"邹韬奋是办报人，禁不住从旁问道："为什么斜气？"那人很正经地回答道："经售这家报的报贩头已靠此发了财，讨起小老婆。这家报的老板更大大的发了财，现在已经造起大洋房了。"邹韬奋问他："老板是谁？"那人绝不迟疑而又十分迅速地回答："是个广东人。"邹韬奋忍着笑赶紧走开，一路笑到

---

[1] 邹韬奋：《韬奋全集》第 1 卷，上海：上海人民出版社，1995 年版，第 591—592 页。

家里。[1]

面对社会上的流言蜚语,邹韬奋必须回答《生活》周刊替谁赚钱问题。早在1928年11月,邹韬奋就曾在《生活》周刊上明确指出:"我们办这个周刊,心目中无所私于任何个人,无所私于任何机关,我们心里念念不忘的,是要替社会造成一个人人的好朋友","是要借此机会尽我们的心力为社会服务,求有裨益于社会上的一般人,尤其注意的是要从种种方面引起服务社会的心愿,服务所应具的精神及德性"。至于个人价值,他认为:"一个人光溜溜的到这个世界来,最后光溜溜的离开这个世界而去,彻底想起来,名利都是身外物,只有尽一人的心力,使社会上的人多得他工作的裨益,是人生最愉快的事情。"因而,《生活》周刊"因销数急增而广告涌进所得的收入,都尽量的用来力谋改进本刊的自身,由此增加读者的利益。由协助个人而促进社会的改进"。"这样看来,《生活》周刊究竟是社会的。"[2]

1930年12月13日,邹韬奋在《生活》周刊第6卷第1期发表文章,系统地表明了该刊的立场,说:"依最近的趋势,材料内容尤以时事为中心,希望用新闻学的眼光,为中国造成一种言论公正评述精当的周刊。"该刊没有党派关系,"我们是立于现代中国的一个平民地位,对于能爱护中国民族而肯赤心忠诚为中国民族谋幸福者,我们都抱着热诚赞助的态度"。该刊不唱高调,也不愿随波逐流,只根据理性、正义,根据合于现代的正确思潮常站在社会的前一步,引着社会向着进步的路上走,"所以我们希望我们的思想是与社会进步时代进步而俱进"。该刊希望能为中国国民

---

[1]《道听途说》,《生活》周刊第5卷第33期,1930年7月27日。
[2]《生活》周刊第4卷第1期,1928年11月18日。

养成对于任何问题都能具有分析的眼光、研究的态度、组织的能力、创造的思想，不盲从，不武断，具是非心，有辨别力。该刊从来不存包办一切的态度，只想竭尽绵薄，在振兴中国民族改进中国社会的许许多多的努力中做出应有的贡献。"我们深信一人所能自效于社会国家者只能各尽其所能竭力做去，故无所用其菲薄；但人生有涯，事业无尽，沧海一粟，所成几何，故亦深知无可自大。"[1]

邹韬奋公私分明，并没有因为《生活》周刊的发达而发财。广告收入主要用于刊物自身的发展，这点前面已经讲过。杂志社的账目每半年都要经过会计师的严密查核，予以公布。邹韬奋自己所拿工资比在职教社边教书边编译丛书时还要少十几块大洋。他在经济上负担很重，既有大家族的牵累，又由小家庭的牵累，家里一有病人，正如他自己说的"就好像热锅上的蚂蚁"。他自己在《生活》周刊上发表的任何文字从来不取分文稿酬，只能靠业余翻译一些书，拿些"版税"来贴补生活。凡与社中公事无关的信件，他从来不用社中的信笺信封，不耗费社中的一分钱邮票。

邹韬奋把自己的奋斗目标与社会群体的利益自觉地结合起来，并从中获得真正的乐趣。他的信念是"我们如为社会公共福利而努力于一种事业，把它看作社会的事业，而非个人的事业，便觉得奋勉；若不过为个人私利而孜孜，便感觉人生之毫无价值，所以我们力倡舍己为群的意志与精神"。[2]《生活》周刊后期力倡克服个人主义，服膺群体意志，正是邹韬奋大公无私价值观念的体现。

---

[1] 邹韬奋：《韬奋全集》第 3 卷，上海：上海人民出版社，1995 年版，第 256—257 页。
[2]《生活》周刊第 7 卷第 20 期，1932 年 5 月 21 日。

他虽生长在半殖民地、半封建社会，受到的是封建主义的、资本主义的教育，但出污泥而不染，"人不为己，天诛地灭"、"人为财死，鸟为食亡"的腐朽传统观念，以及个人主义、金钱至上的西方资本主义的价值观在他的脑际没有踪迹。他这种坦荡的襟怀、高洁的品质在未接受马克思主义之前就已形成。

六 矢志救国 书生谈兵

1931年9月18日晚上,日本关东军制造事端,突然向中国东北军驻地北大营和沈阳城发动进攻,制造了震惊中外的九一八事变。当时日本关东军及其他武装总共两万余人,中国东北军则近二十万。日本关东军之所以敢于动手,是因为有了在济南的经验,看透了中国政府的软骨性和可欺性,料定中国的军队是不会抵抗的。事实果真如此,国民党当局下令不抵抗,东北军政大员或落荒而逃,或屈膝迎降,大多数东北军则在日军攻击下或成为轰击扫射的活靶子,或溃散逃逸。19日晨,日军即占领了沈阳城。至9月25日,日本关东军侵占辽宁、吉林两省大部,占领了长春、吉林等三十余座城市和12条铁路。

九一八事变是日本全面实施鲸吞我东北并图谋夺取全中国的开始,中华民族因政府和军队的不抵抗而再次蒙受奇耻大辱。深刻的民族危机刺痛着每个爱国公民的心,救亡图存成了压倒一切的历史重任。就连一向心境平静、认为"一个伟大的国家,才有勇气去领受文化侵略"、"不要尽说是帝国主义害了我们"的胡适也有些坐立不安了。他不无痛心地说:"大火已烧起来了,国难已临头了。我们平时梦想的'学术救国'、'科学救国'、'文艺复兴',等等工作,眼见都要被毁灭了!"[1]热情多感、积极入世的邹韬奋

---

[1] 胡颂平:《胡适之先生年谱长编初稿》第3册,台北:台湾联经出版公司,1984年版。

没有当时的一些"大学问家"们那样高深的城府,面对空前的国难,岂能熟视无睹或是袖手旁观?

《生活》周刊对九一八事变予以强烈的反映。9月26日,6卷40期《本周要闻》报道了这一事变,邹韬奋痛述"本周要闻,是全国一致伤心悲痛的国难,记者执笔忍痛记述,盖不自知是血是泪!"

邹韬奋以满腔的义愤和激情发表大量的鼓吹抗日救亡,痛诋妥协退让的言论,极大地启发了民众的觉悟,并在对日作战的方式方法方面做出了可贵的探索。其主要内容如下:

其一,要求全国人民"应彻底明了国难的真相"。关于日本积极准备侵略中国的阴谋,邹韬奋曾在《料理后事》一文中"垂涕哀告"过。"但危机无论如何急迫,事实无论如何显明,而国内之私争,政治之黑暗,仍然各顾其私,对于国家民族之灭亡惨祸,熟视无睹,痛心疾首,莫此为甚。""日本对我国敢毅然下此毒手,重要原因在于我国数年来政治之没有办法,中山先生虽遗下三民主义,实业计划,但实施上的设施,有什么成绩合于中山先生的遗教?政治上倘无切实的通盘筹划的办法,对外实无从说起。"国难发生后,"主持政务的人除了叫老百姓作盲目的镇静以恭候暴敌来侮辱外,主持军务的人除了高呼无抵抗——无办法的继续不断的无抵抗——以恭候暴敌任意疾驱直入掠杀奇惨外,没有听见有什么有效的办法!"[1]事前事后都没有办法,这就是"国难的真相"。

其二,痛斥"不抵抗主义"为"极端无耻主义"。国民党当局援引甘地主义遮盖不抵抗丑行,号称"不抵抗主义"。邹韬奋认为"天下主义多矣,如此极端无耻而亦得傲然自命曰'主义',实

---

[1] 邹韬奋:《韬奋全集》第5卷,上海:上海人民出版社,1995年版,第50—52页。

为千古奇闻"!若不加以深刻的观察和沉痛的驳击,则后患无穷。甘地"从前所采用的'非武力抵抗主义',以印度为已亡的国家,已无自己的政府,更无自己的军队,赤手空拳,欲谋抵抗,只有肉搏,以不怕死的精神,作不退却的抵抗,固亦有其不得已的苦衷",但他"所提倡的'抵抗'虽说是'非武力',究竟还是'抵抗',并非'不抵抗',是以不怕死为后盾,并非以怕死为前提,现在中国的怕死当局却把'非武力抵抗主义'一变而为'不抵抗主义',不自知其无耻,犹沾沾自喜,以为不愧为甘地而自豪,是真无耻之尤!握有政权军权的当局,在未亡国以前,倘仅以'非武力抵抗'为能事,已属无耻,今乃索性倡言什么'不抵抗主义',是否无耻之尤?"[1]这里邹韬奋已经认识到中国和印度之不同国情,甘地主义实不足为中国军政方面所取法,只可为民众实行"经济绝交"时所效尤。

其三,力主"应战",准备自救。九一八事变发生后,社会上对和战问题议论纷纷。人民群众吃尽了帝国主义侵略之苦,强烈要求武力抵抗侵略者;中国共产党、苏维埃政府和工农红军多次发表宣言,作出决议,号召全中国工农红军和广大被压迫民众"以民族革命战争,驱逐日本帝国主义出中国";国民党当局主张不抵抗,希望通过外交途径解决问题。邹韬奋以无党派之身,出自民族义愤,极力主张"应战"。其理由有三:一是不战而死,不如战而死,"况且真能全国死战抗敌,或许于一部分之牺牲外,尚得死里求生";二是与日交涉是死路一条,如果坚决不承认亡国条件,就只有准备应战一条路走;三是应战了,虽败犹荣,犹能为个人争点人格,为国家争点国格。但是他"并不认为在战事的本身我

---

[1] 邹韬奋:《韬奋全集》第3卷,上海:上海人民出版社,1995年版,第446—447页。

们有打胜仗的把握",[1]"以我国目前军备之远不如人,谓为可由开战而胜,我苦于说不出理由,并且虽听见不少人举出的理由,也都不能认为可靠"。[2]应战没有取胜的把握,从根本上说是因为中国国力不充,军备不强,因此邹韬奋呼吁准备自救。他认为"准备的基本工作,最重要的是通盘筹划的全国军事计划,全国经济计划,全国教育计划,而尤须力求于最短时期实现"。"欲根本图谋民族的生存,非基本的准备不为功。"[3]这些方面当然应由军政当局来负责。

其四,要求民众知晓自己的使命。邹韬奋认为就民众方面而言,有3个义不容辞的使命:实行彻底的坚决的经济绝交;严厉监督全国团结一致对外;严厉督察懦弱无能的外交,不容外交当局再以敷衍苟且的结果来欺骗民众。"我们对于暴日危我国家民族生命的暴行,必须反抗,必须抵死反抗,实为我们人人做人类中一员所应有的权利,所必须死争的权利。我们民众抗日运动的唯一有效武器是彻底的坚决的经济绝交。""这可以说是经济开战,个个中华民国国民无论男女老幼,都有做赴难战斗员之一之可能,因为不买日货是人人能力内必定可以做到的事情,只要人人能做到,必有胜利的可能,全在乎我们全体国民能彻底,能坚决。"[4]对于图私利、闹私见妨碍一致团结对外的举动,全体国民应"采用不合作主义",群起反抗。[5]如当局为日本暴力所软化,将东北的军警经济交通各权一一画诺奉送,换取日本形式上的撤兵,"我们一

---

[1] 邹韬奋:《韬奋全集》第5卷,上海:上海人民出版社,1995年版,第68页。
[2] 同[1],第65页。
[3] 同[1],第56—57页。
[4] 同[1],第63—64页。
[5] 同[1],第52—53页。

时无力制止强盗之掠夺,应卧薪尝胆,力图恢复,不应谦恭谄笑,亲口承认强盗之合法,应毅然与敌国断交,全国以死相拒"。[1]

其五,指出国际联盟调停的不可靠性。九一八事变后,国民党当局乞求国联制裁日本,企图以外交的途径解决东北问题,社会上也流传着这种论调。为了以正视听,邹韬奋剀切陈述:"国际联盟为帝国主义的列强所把持,无弱小民族伸冤之余地,早为彰明较著的事实,而我国上下一若全以国联消息为欣喜悲哀之枢机者,不求自救而但以倚赖他人为唯一希望,此种劣根性即民族之致命伤!""故外交形势虽非不可利用,但自己毫无自救的努力而以倚赖外援为侥幸,决无希望可言。"他还认为所谓的国际均势也是不可靠的,"自世界大战以后,各国经济恐慌,自顾不暇,日本乃乘各国无暇东顾,其经济势力在中国遂作长足之进展,均势力量已渐减,中国之危机亦愈迫,若今后仍泄泄沓沓,毫无自救之准备,则今日各国坐视日本在东北横行无忌,即将来各国坐视日本在中国横行无忌之缩影"。[2]他根据事变发生后,国联欺软怕硬的一贯表现,进一步正告国人:"国联无再研究之必要。"[3]

其六,大胆警告国民党当局。时逢双十,"环顾国家之黑暗凄惨",邹韬奋"悲感丛集",认为"实国民抱头痛哭之日,国哀而矣,何庆之有?"[4]要将国哀转变为国庆,必须"既有彻底的觉悟,复有努力的决心,尤须有通盘筹算的计划和坚毅奋迈的执行。如政府不能应民众的这种希望,那么这种误国的当局应为民众所不

---

[1] 邹韬奋:《韬奋全集》第 5 卷,上海:上海人民出版社,1995 年版,第 57 页。
[2] 同[1],第 55—56 页。
[3] 同[1],第 86 页。
[4] 同[1],第 58 页。

容,民众当群起而谋所以自救,否则国哀永无变为国庆的可能"。[1]国民党当局不只是"不负责"、"无是非",而且"视全国民众公意如无物",压制言论自由。邹韬奋怒不可遏,"大胆警告当局,政府如此积极的广播革命种子,所恃者不过几支枪杆子,'民不畏死,奈何以死惧之',民众为自卫及卫护民族计,随时有爆发的机会,起来拼命!"[2]他将革命政府和军阀政府区分开来,认为"最低限度有两点:(一)革命政府不欺骗民众,军阀政府所钩心斗角者惟欺骗民众之是务;因此革命政府的外交便是力谋对外,军阀政府的外交只是钩心斗角于对内;(二)革命政府办外交是以全民族的祸福为考虑的焦点,军阀政府办外交是以个人的权位及其左右亲戚嬖佞的权利为考虑的焦点"。[3]

其七,积极思考对日战争的办法。邹韬奋认为中国不承认亡国条件,则断交不可免,日本必出兵,首先占据沿海各要隘。但中国海岸线长,日军不敷守防,"人少则易遭中国兵之袭击,人多则军费浩大",泥足深陷。"再退一步,中国至不得已时,尚可暂时放弃沿海,保守内地","此时应订一三年或五年计划,积极猛进。应注意之要点如下:(一)以逸待劳,以久待暂,以柔待刚,见日本大兵至则退守,小队则袭击;(二)一面向俄德定购军械,一面联美在经济上与日以威吓;(三)一面开发西北,一面沟通西南;(四)积极训练国民军。"总之,"中国对日武器第一为经济绝交,但非国家绝交则经济绝交不能彻底。第二为地大人众,日本一时吞并不了;地占不了,人杀不尽;只须我们能坚持,至死不

---

[1] 邹韬奋:《韬奋全集》第5卷,上海:上海人民出版社,1995年版,第61页。
[2] 同[1],第86页。
[3] 同[1],第93—94页。

屈，不逾三月至六月，彼决不得不屈服，乃得根本解决一切悬案，不必待三年或五年而后可达目的"。[1]在战术上应重用游击战的方法，他以东北小股义勇军抄袭敌后，使敌疲于奔命的行动为例说："况我国果欲以实力收回失地，亦重在以小队偏锋作不断的随处袭击办法。"[2]他认为如用野战法对付日寇，则"只须能坚持一年半载，暴敌必束手待毙"。[3]

从上述这些言论可以看出邹韬奋的抗日救国主张有了一些变化。与国难发生前一样，核心部分还是分为"积极的"和"消极的"两个方面，内容也差不多。变化最大的是态度变得更为坚决，更为果敢。在"积极的"方面，以往是"十年准备时期"，现在则要求"最短期间实现"，否则当局就会失去人民的拥护，人民当起而"革命"、起而自救。在"消极的"方面，仍然特别看重"经济绝交"，认为是民众的第一武器，但又因中国非全亡之国，意识到甘地主义并不完全适于中国。他对国民党不抵抗政策的揭露一针见血，对国联的认识洞若观火，有利于促使民众摆脱幻想，急起自救。他对中国地大人多，日本一时灭不了的估计是正确的，游击战法的考虑也富有启发性。但他把未来战争考虑得过于简单，对战争的长期性、复杂性考虑不足，难免书生之见。在和战问题上，对"应战"信心不足，说明他还没有找到抗日救国所可依靠的力量。他把领导抗日救亡的希望还是寄托在国民党身上，虽然常常猛烈地批评、大胆地警告，但又别无选择。

---

[1] 邹韬奋：《韬奋全集》第5卷，上海：上海人民出版社，1995年版，第70—71页。
[2] 《生活》周刊第6卷第51期，1931年12月12日。
[3] 《生活》周刊第7卷第3期，1932年1月23日。

九一八事变激起了全国人民的抗日怒潮，青年学生在其中起着先锋作用。各地大中学生纷纷集会游行，发表通电，进行抗日宣传，建立抗日团体，组织抗日义勇军，要求国民党政府停止内战，一致对外，武装民众，出兵抗日。许多学生致函或面晤邹韬奋，商讨救亡办法。邹韬奋热爱青年，深为赞赏学生的爱国运动，"辄于热泪盈眶中寄其一线希望"。

9月26日，邹韬奋即应学生之要求，在《生活》周刊上发表《对全国学生贡献的一点意见》，以备学生参考："（一）各校学生速组织抗日救国会，推举干事，与各校联络组一总会，议定分工合作的计划与程序。（二）择定一日，全沪学生（外埠亦可各处集合全体学生）以极哀痛严肃的态度，聚在一个相当场所，全体俯首静默虔诚为国难志哀，志哀后全体举手宣誓对外必实行彻底的坚决的经济绝交，绝对不再用日货，并尽心随时随处劝家族劝他人下同一决心。如此大规模的悲壮举动，对振作意志及唤醒民气为效殊大。（三）零星散漫的出外演讲，印象不深，不如择定一日，全沪学生作总动员，出外宣传，由总会规定分区担任的办法，推选善于演讲者开口，不善于演讲者亦当共出维持秩序及襄助一切。（四）无紧张工作而徒增惰性的罢课，我不赞成。（五）勿消极，即有决死之心，亦可等到最后需要加入战线时临危授命。（六）救国的基本工作决非朝夕间所能急致，除上述的目前的紧急工作外，青年诸君应以极沉痛的精神与决心，力求实学，锻炼身体，养成纯洁人格，注意国事及敌国情形之研究，为国家增加有人格有实学有健全体格有远大眼光的人才，即为国家增加基本的实力。"[1]

11月底12月份，国事日危，学生激于民族之义愤，请愿、游行、

---

[1] 邹韬奋：《韬奋全集》第5卷，上海：上海人民出版社，1995年版，第53—54页

示威力度加强，爱国运动进入高潮。国民党当局调集军警，用监狱、枪弹对付手无寸铁的爱国青年。12月17日，汇集南京的各地学生三万多人，联合举行大规模示威，示威学生在珍珠桥遭到大批国民党军警的血腥屠杀，死三十多人，伤一百多人，被捕一百多人。这是国民党当局镇压抗日爱国运动的第一次大血案，是全国民众不可遏制的救国意愿与国民党当局不可救药的勇内怯外国策相抵触、相冲突的必然结果。

邹韬奋大力宣传、积极维护学生救国运动。而一些"大学教授们"则阴阳怪气，对学生运动指手画脚。12月5日，邹韬奋发表《谁都没有责备请愿学生的资格》，述学生"十一月廿六日赴国府请愿后，鹄立于雨雪之中过夜，一任风雨饥寒之肆虐者一昼夜，甚有病苦不支而倒地者，全体一心，至死不去，其悲壮哀痛牺牲义勇的精神，苟属尚有几希人性者，对此万余纯洁忠诚大公无我的男女青年，必不能自禁其肃然起敬，油然兴其无限的悲感和同情"。他这么说，"非谓青年请愿便尽其救国的能事，但深痛于应负当前责任者之未能尽其职责，反使不该遭负当前责任者之不得不投袂奋起，此其过咎不在青年，乃在身居高位而麻木颟顸，致国事如累卵之危；使青年学子虽欲'安心求学'而不可得"。他具体责问："军人不能保卫国土，反而奉送国土，官吏不能整顿国政，反而腐化国政，使青年不能得到可以'安心向学'的环境，这是谁的责任？"他还批驳了"大学教授们"的《告学生书》，质问："数百万里的国土奉送，数千万的同胞沦胥，若全国默然，一任当局之麻木颟顸，将来做了亡国奴，知识何用？""不能努力造成学生可以'安心求学'的环境，都没有责备请愿学生的资格。青年人冒风雪忍饥寒，成年人不自惭自己之不努力，不自愧自己之袖手旁观而并无办法,只知道说几句风凉话,调几句老调儿,记者实在未敢恭维。"[1]

12月19日,邹韬奋发表《国难与学潮》、《动静两个方面》,26日发表《教育家的重大责任》,继续支持、指导学生。他盛赞国难中的学潮"为全国人民在民族意识及救国热诚中之一种激流怒涛",青年学生的爱国运动始终"是民族前途的好现象"。认为"欲解决学潮,决不可仅注目于学潮本身,而当从根源之处作釜底抽薪之计,即在居高位而应负解决国难之责者,乃至各界领袖之应负责督促政府应付国难者,皆能肩起责任,勿令在学青年彷徨不安,忧虑国事"。学生的举动不免有"越轨行动",邹韬奋认为是不幸的事情,但又认为学生的"越轨行动"实由更加"越轨行动"所引起的。从爱护学生角度出发,他建议学生应注意"动"与"静"两方面,"当静则静,当动则动,尤须能动能静,能静能动","如在无须动的时候,一面研学,一面仍须密切注意国事的进展,如认为有必须动的时候,便须团结同志起来轰轰烈烈动他一下"。"在动的时候,如有爱国的实际工作可做,自当努力去做,否则即须同时顾到静的工作。"他还要求"学生爱国运动决不能离却社会群众而孤立",要注意克服"动后的颓废"和"动后的骄慢"这两大毛病。[2]

11月,当日军几乎兵不血刃地占领辽宁(除辽西)、吉林两省后,即向黑龙江推进,希望再痛快淋漓地拿下孤悬塞外的这个中国省份,殊不知却碰到了一位不怕死的中国将军和一支不怕死的

---

[1] 邹韬奋:《韬奋全集》第5卷,上海:上海人民出版社,1995年版,第89—90页。
[2] 同[1],第95—97、100页。

中国军队，遭到了迎头痛击。

马占山抗日仿佛给国事日非、含羞蒙耻的国民注射了一支强心针，也使全世界知道中国军人还有些许血气之存在。邹韬奋紧紧抓住此事，在《生活》周刊上大作宣传文章，鼓吹抗日。

11月14日，邹韬奋发表《为民族争光的马将军》，指出"在此鲜廉寡耻的黑暗境界之中，突然涌现出一位为民族争光屡以死抗暴日兽军的黑龙江代理主席马占山将军，我们不得不以满腔热诚对马将军以及他的忠勇愤发为国效死的将士顶礼膜拜，致其无上的敬意"。认为马占山抗日通电所表现出的"保卫国土，宁死不屈的精神，实为中华民族前途生路之所系，使世界知道我国军人非尽无耻，为民族争回不少光荣"。[1]随后，他又发表《我们何以尊从马将军？》，认为马占山"牺牲自我以保族为国的精神"，以及"正义所在，生死不渝的精神"，"不但足以争回国家民族的人格，而且足以唤起全国民众的忠魂"。"倘能全国一致如此，谁能动我分毫？"[2]

邹韬奋除了在言论上大声疾呼，唤起民众共同奋斗外，11月15、16、17、18连续4日，《生活》周刊社在《申报》、《时事新报》同时刊登《为筹款援助黑省卫国健儿紧急启事》。《生活》因是周刊，在21日刊出此启事，并刊出15日致马占山之电。电报云："奋勇抗敌，义薄云霄，全国感泣，人心振奋；惟念孤军远悬，忧心如捣，调军奔援，责在政府，竭诚助饷，义在国民，敝社特发起筹款，略助军需。"

这一义举得到了广大群众积极响应。一时间，《生活》周刊社

---

[1] 邹韬奋：《韬奋全集》第5卷，上海：上海人民出版社，1995年版，第79—80页。
[2] 同[1]，第82—83页。

从九一八到一·二八,邹韬奋在《生活》周刊上大声疾呼,号召读者捐款抗日,得到热烈响应

门前挤得水泄不通,公务员、教师、学生、工友,还有卖菜的小贩和挑担的村夫,都争先捐款。外地汇款也纷至沓来。有一位不愿公布姓名的广东女子,将所得遗产 2.5 万元全部捐出,交给邹韬奋亲收。开始四天,集款即达六万五千余元。邹韬奋说:"这样爱国的热诚和信任我们的深挚,使我们得到很深的感动。"看到门前踊跃捐款的情景,使人"发生深深的感动,永不能忘的深深的感动!"[1]

当时上海总商会也发起捐款,第一天也在日报上登出捐款者姓名数目的广告,但是第一天就不及《生活》周刊社的一大半,第二天更少,便不再好意思登了。《生活》周刊发起的捐款不仅轰动了全沪,简直轰动了全国,说明《生活》周刊具有强大的舆论

---

[1] 邹韬奋:《韬奋全集》第 7 卷,上海:上海人民出版社,1995 年版,第 208 页。

影响力，得到了人民群众的广泛支持和信赖。邹韬奋称之为生活书店历史上"第一件轰动的事情"。从1931年11月14日至1932年2月18日，《生活》周刊社共收到援马捐款129904.65元。

邹韬奋不参加抗日救亡运动则已，既已参加，必竭尽心力求得实效，这是由他"服务上之彻底精神"所决定的。他对生于斯、长于斯的祖国充满着深厚的感情，"觉得无论国之可爱与否，既不由自主的生在这一国里，无可爱的国也只得设法把他造成可爱，借以达到图存的目的"。[1] 这种态度不仅体现了他"子不嫌母丑"的优秀道德规范，更体现了他以天下为己任的使命感。

九一八事变后，《生活》周刊成为宣传抗日救亡的最为重要舆论工具。从9月26日第6卷第40期开始，"小言论"分量陡增，多达三四篇，所谈都是邹韬奋认为急需让民众知晓的问题。10月17日第6卷第43期刊登"紧急征文启事"，题目是：（一）最有效的抵制日货具体办法；（二）最有效的全国国民军事训练具体办法。信箱栏也多是谈论救国问题。《国难中的东北问题》、《一年来的国际》、《日寇辽吉机会分析》、《国难中国人对东北应有之认识》、《战争与国论》、《军事训练与衣食住行》（上、下）、《抵制日货危机的讨论》、《实力救国》等都是很好的专题文章。

然而，"经济绝交"这个"制敌的唯一武器"阻止不了日本的侵华步伐。东三省已造成被占领的"既成事实"后，日本又转移兵锋于上海，接下来便是对华北的蚕食。在"积极的"方面，邹韬奋把希望寄托在国民党当局身上，然而国民党当局除了高唱"不抵抗主义"、大演"空城计"外，毫无实际上的努力。

---

[1]《生活周刊》第7卷第1期，1932年1月9日。

邹韬奋必须另外寻找抗日救亡的力量和办法。

11月19日，日军占领黑龙江省垣齐齐哈尔后，即掉转兵锋进攻锦州，袭取辽西地区，以巩固其占领地区。1932年1月1日，日军对锦州发起总攻。驻锦州的东北军未战先退，致使日军未发一弹进入锦州。接着日军迅速占领了山海关外的全部辽西地区。随后日军又北上占领哈尔滨，至此，经过4个月零18天，东北三省全部沦于敌手。

邹韬奋从东北军"逃失锦州"的令人切齿的可耻行动之中，"至少应得到一最大的教训，就是只有国民的心志和力量才真在卫国保族上着想，欲求但知自私自利的军阀官僚们卫国保族，等于缘木求鱼，是绝对无望的"。

由此，邹韬奋的抗日救国思想发生了根本性的变化，即摆脱了对国民党当局的幻想，在"积极的"方面转而依靠民众。

邹韬奋特别看重东北民众自动组织的义勇军。他们在冰天雪地中与侵略者作殊死搏斗，令敌胆寒。他称颂"此种前仆后继视死如归感天地泣鬼神的牺牲与奋斗，实足唤起垂死的民族精神，振作麻木的国民意志，并表示民众武力和军阀的私人武力实有天渊之别"。认为"全国军阀官僚们但知争夺私利，谁顾国难？我们实在可以说不必对他们再望这个，望那个，只有国民自己想法造成实力来救国自救，才能寻出一条生路"。"除对敌之外，我们应同时用手枪炸弹对付卖国汉奸，送其狗命。"[1]

邹韬奋还引用本庄繁给日皇电奏中关于我东北义勇军"最重要亦最难解决"，以及中国政府及"京沪较烈"的抗日运动"实不足虑"、"不难制止"等说法，说明"现在国事的前途如何，全看

---

[1] 邹韬奋:《韬奋全集》第5卷，上海：上海人民出版社，1995年版，第107－108页。

民众自己的力量如何为唯一的枢纽了"。[1]

邹韬奋已认识到"武力只有武力能制裁，甘地的非武力抵抗似近迂拙"，适合于印度，但不适合于"拥有两百万兵士"的中国，从而摆脱了甘地主义的局限性。[2]

日本侵略者强占我东北，并策划成立"满洲国"，引起了国际社会的极大关注。为了转移视线，并压迫南京国民政府屈服，日本侵略者于1932年初，调兵遣将，寻衅滋事，又在上海点燃了战火。

1月28日深夜，日本海军陆战队在闸北发动进攻。然而，他们遇到了九一八事变时迥然不同的情况。驻上海的十九路军在全国人民抗日热潮的推动和影响下，在军长蔡廷锴和总指挥蒋光鼐的指挥下，奋起抵抗。

《生活》周刊社连连发行"紧急号外"和"紧急临时增刊"，随时报告抗战消息。邹韬奋写作《上海血战抗日记》，洋洋近两万言，为研究"一·二八"淞沪抗战留下了珍贵的历史资料。他发表《痛告全市同胞》《几个紧急建议》《沪案与整个的国难问题》等文章，"唤起民众注意，共赴国难"。《几个紧急建议》指出："此时应全国一致对外，任何旧账不必提起。我们国民此时只知共赴国难，不知其他。政府只须确能领导民众一致对外，我们国民便愿一致拥护；任何当局只须确能赤心忠胆偕同民众一致对外，我们国民也要一致拥护。倘尚有军阀政客挑拨煽惑，以分我全国一致对外的力量，我们国民必须立刻群起打倒，不许有瞬息生存之余地。"

邹韬奋从十九路军忠勇抗敌中、从临死高呼中华民国万岁的军士和热烈慰劳卫国军士的民众身上看到了"创巨痛深中的曙光"。

---

[1] 邹韬奋：《韬奋全集》第5卷，上海：上海人民出版社，1995年版，第110页。
[2] 同[1]，第106页

他为十九路军浴血奋战，粉碎日军不可战胜的神话而欢欣鼓舞，盛赞："此在对内方面足以一扫国人自暴自弃妄自菲薄之劣根性，在对外方面，使暴日恍然于中国之未易侮，所谓'国家感情'，并非日本人的专利品，且使其他各国亦尚能明了中国民族之并非'习惯于溃败与耻辱'。"[1]

邹韬奋纵观国际国内情势，认真研究抗日救亡问题，初步提出了建立抗日民族统一战线的主张。他认为"政府应确有诚意始终与卫国的军民站在一条战线上，不应再转苟且妥协的不肖念头"，"我们为救国保族计，在目前只有一个共同奔赴的单纯目标，即须严守一致对付暴日的阵线。政府倘图苟且妥协，即为破坏此一致的阵线；政客从中挑拨造谣，亦为破坏此一致的阵线。无论哪一方面，凡是破坏一致抗日的阵线的，都是全民族的罪人，卫国的军人和卫国的民众应联合起来，对此两方都加以严密的注意和必要的制裁"。[2]他还主张发展海外关系，建立国际统一战线，认为中国应重点打倒日本帝国主义，而不应打击面太大。"我们此时对外唯一目标，须认定对日，不可自增纠纷，失却他国同情，结果徒为当前暴敌树援。"[3]

《生活》周刊社是新闻机关，消息灵通，又蒙读者信任，因而打听战事消息的电话铃声不断。十几位《生活》周刊同仁，不得不轮流在电话机旁服务，甚至在深夜还有许多读者来"喂"！他们不但不以此为麻烦，而且"感觉到深深的荣幸"，很诚恳很客气地回答每一个询问。此外，还有许多读者经过《生活》周刊社门

---

[1] 邹韬奋：《韬奋全集》第5卷，上海：上海人民出版社，1995年版，第112页。
[2] 同[1]，第119页。
[3] 邹韬奋：《韬奋全集》第4卷，上海：上海人民出版社，1995年版，第15页。

口时,往往都要弯进来问问最近的战事消息。尤其是下午以后没有报看的时候,他们曾写过几次大张的"号外",在门外专备的大木板上贴着,报告最新的军事消息。那里聚集着数以千计的读者,静悄悄地仰头细看。对此,邹韬奋非常感动。他说:"他们对于我们的'号外'的信任,超过对于任何日报的'号外'。在这样鼓励之下,我们同事尽管缩短睡眠,疲于奔命,但是精神上的愉快却是无法形容的!"[1]

战事发生在身边,邹韬奋和同事们还开展了大量的其他助战工作。《生活》周刊社代收慰劳十九路军捐款,从1月30日至3月17日,共收到30987.69元;代收伤兵医院捐款,从3月3日至18日,共收1587.46元;同时还代收援助东北义勇军捐款,从1月14日至3月17日,共收17032.92元;代收赈灾捐款,从1931年8月28日至1932年3月18日,共收29106.35元。这样,《生活》周刊社门前捐款的拥挤,其热烈情形不下于援马捐款。

《生活》周刊社同时还参加了战时后方的服务,根据战士们的实际需要,帮助后方的机关采购种种需用品,押送到前线去。3月4日,《生活》周刊社利用读者捐款,开办"伤兵医院"。医院借用青年会宿舍,棉被、绒毯等用品全是读者捐助或用捐献款临时购置的。这天上午,邹韬奋去看望了伤病员,向英勇抗日的十九路军官兵致敬,向受伤的官兵致以最亲切的慰问。他还把新近出版的100册《生活》周刊赠送给轻伤员阅览。

《生活》周刊所做的这一切,均建立在广泛的社会信誉的基础上,同时又为《生活》周刊赢得了更为广泛的社会信誉,因而被邹韬奋称为生活书店历史上"第二件轰动的事情"。

---

[1] 邹韬奋:《韬奋全集》第9卷,上海:上海人民出版社,1995年版,第736—737页。

然而，十九路军和张治中所率第五军在英勇抗敌一个多月后，由于弹尽援绝，不得不退出上海。马占山在黑龙江抗日，地处边远，军政当局一时难以予以有效的支援，还情有可原。而十九路军等在上海抗日，地处中国之政治、经济、交通之中心，有广袤的国土、上百万军队、数万万民众为后盾，竟然也成了"孤军"，不得不挥泪退出。为什么会出现这种亲者痛、仇者快的惨况？说到底是国民党当局的心思并没有用到抗日救亡上。

邹韬奋又一次看穿了国民党当局的丑恶本质，发表文章，评论说："如今的中央政府则嘴巴上尽量抵抗，行为上尽量不抵抗，这种欺骗民众的勾当，是我们国民所最痛心疾首的一件事！'嘴巴上尽量抵抗'的表现，最说得好听的是蒋介石氏之'北上收回失地'及'置身最前线'，以及为国效死的无数宣言与谈话。现在为国牺牲惨死的只有十九路军的忠勇军士，及无辜冤死的妇孺平民，满口自命为国效死的死在哪里？不但自己不肯死，对于援军尚且多方捣鬼，阴阳怪气。……本无决心作彻底之援助，何怪在事实上无充分之增援？说经费无着吗？从事国民所头痛的内战，尚能发行十余万万国民所不愿付的公债……除号称握有国内军事实力的蒋氏外，身居军政要职的何应钦氏亦为延误军机而为全国全民族的莫大罪人。"[1]邹韬奋不仅对事，而且对人，可谓锋芒毕露了。他早已将生死置之度外了，还有什么怕说的？！

5月5日，中日双方订立丧权辱国的《淞沪停战协定》，国民党党国要人举杯欢庆，俨然给国家和民族争得了巨大利益似的。恰在此间，广东军阀陈济棠、陈策两派之间兵戎相见，并且是海陆空立体作战。奈何这种场景在淞沪抗战中难以见到，除了十九路

---

[1] 邹韬奋：《韬奋全集》第4卷，上海：上海人民出版社，1995年版，第43—44页。

军等以单一的陆军抵抗日寇的海陆空军的联合进攻外,我国的空军无影无踪,我国的海军忙着与日酋周旋,谋求"互不攻击",并拒绝十九路军借用高射炮的请求。于此,邹韬奋一针见血地指出"我们试一探此中的奥妙,便知道军阀们也有不得已的苦衷,因为他们所最重的是个人的地盘权利,遇着和他们的个人地盘权利有存亡关系的内战,当然要出死力相拼","民众为着自身利益而反抗军阀混战,反抗帝国主义的压榨,除非把政权和武力放在民众手中,或放在确能为民众奋斗的集团手中,绝对没有其他便宜的道路走"。[1]至此,邹韬奋依靠民众武装抗日的思想已清晰可见了。

当然,邹韬奋并没有立即放下"经济绝交"的主张,实际上也没有必要放弃,因为它毕竟也是一种能够激发人们爱国斗争热情的手段。6月25日,他发表《日趋严重的国难形势》,一方面认为军事方面"政府如能干肯干,民众没有话说,否则应有自取而干之决心与办法"。一方面认为"讲到经济方面,民众更是不论地位与能力,人人可以参加一分的力量,即下决心坚持抵制仇货到底",在民众方面"只有这一件事是无论地位能力如何而均可尽力,且为敌人所最畏的一种最有效力的战器"。[2]

"经济绝交"作为一种"非暴力抵抗"之策略,在寇深祸急的关头,其功效并不像邹韬奋所说的那样能立竿见影、威力无穷。在非用流血战争不能解决民族生存问题的情况下,"经济绝交"只可当作一种辅助性手段,而不可作为"救急的唯一武器",若不从军事上彻底打败敌人,"经济绝交"就难以彻底和持久。国难发生以后,一些爱国人士曾发起8次"抵制日货"运动,邹韬奋均予

---

[1] 邹韬奋:《韬奋全集》第5卷,上海:上海人民出版社,1995年版,第160页。
[2] 同[1],第157页。

以全力宣传和支持,但是都没有坚持多久,日货仍然以武力为后盾源源输入中国。邹韬奋曾经多次批评民众的不觉悟和"五分钟的热度",但客观的事实终究要逼迫他改变对"经济绝交"的过分热衷。

借着进攻上海滚滚硝烟的掩护,日本侵略者紧锣密鼓地筹组伪满洲国。1932年3月1日,日本帝国主义用"满洲国"的名义,发表"建国宣言",宣布"满洲国"成立(1934年3月在日本帝国主义策划下又把"满洲国"改称为"满洲帝国",溥仪由"执政"改称"皇帝")。9日,溥仪在长春粉墨登场,出任"执政",定"都"长春。10日,溥仪公布关东军提出的伪政府成员名单,由汉奸郑孝胥任"国务总理"。9月15日,在长春签订《日满议定书》,确认日本以往在"满洲国"领域内"所享有的一切权益",并"予以尊重";确认"两国共同担任防卫国家的责任,为此需要日本国军队驻扎于满洲国内"。16日,日本正式承认"满洲国"。至此,日本导演的所谓"建国"工作告一段落。我东北三省从此开始了长达14年的屈辱沦陷史。

邹韬奋在《生活》周刊上对日本策划成立"满洲国"的阴谋予以坚决的揭露,对东北、上海等地大大小小的汉奸予以无情的谴责。他发表《一群可怜虫》,将闸北汉奸胡立夫在日兵面前魂不附体的丑态,将溥仪失去自由,"以泪洗面",三次自杀未遂的惨态,将郑孝胥被日人掌颊、遇事噤口的窝囊样子,均予以曝光,并认为他们"实际则无异于芝加哥大杀牲场里正向着杀戮用的机器前面一步一步的走入死路的牛羊!牛羊本身受戮,仅及本身,卖国汉奸则并永贻其惨祸于后代的子孙,直牛羊之不若!"他发表《掌颊罚跪的市长》，述哈尔滨伪市长鲍观澄被日人掌颊二十，罚跪一小时，并联系到沿南满铁路的我国平民往往被日军警随意掌颊罚跪饮泣吞声、无可如何的惨景，说："今亡国官员亦得享此同等待遇，所异者平民所受者为冤枉，尚能'激怒'，而伪官员则官愈高而脸愈不要，大有耶稣所谓被人掌了此颊，再以彼颊就之之概，所以尽管掌颊，尽管掌颊而且罚跪，国务总理还是干得，市长还是干得！"[1]

邹韬奋对沦陷区人民深表同情，对傀儡汉奸无比鄙视。他以真人真事警醒国人，一则从积极的方面团结奋斗，誓死卫国，避免沦为亡国奴的命运；二则无论何时何地何种处境，都不能做汉奸，因为做了汉奸，在日人眼里，只不过是可以利用一时的屠宰品，终究不会有什么好日子过，对国家民族则成了千夫所指的败类，是要被捕而杀之的（邹韬奋以胡立夫被捕即受枪决为例），也不会有好日子过；三则亡国官员与亡国民众在享用日人暴行方面待遇等同，谁都不要寄予幻想。这种利用反面教材的方法，对于提高国人的是非观念、辨别能力，引导国人在侵略者面前何以正确自处，都很有说服力。

伪满洲国成立时，国人心目中的抗日英雄马占山也曾"虚与委蛇"（笔者以为马占山是诈降，以洞悉并揭露日本制造"满洲国"之阴谋为主要目的），出任所谓的"黑龙江省主席"和"军政部长"。日人大肆宣传，借以损毁中国人的民族自尊心，挫伤中国人的抗日热情。

《生活》周刊社曾竭诚赞颂并实际支持马占山抗日。当马占山"变节事敌"的消息传出后，邹韬奋不胜愤慨。《生活》周刊社于2月18日致电齐齐哈尔"探投马占山将军"，询问"如所传果确，

---

[1] 邹韬奋：《韬奋全集》第5卷，上海：上海人民出版社，1995年版，第146页。

将军个人虽生犹死,为事尚小;贻羞民族,为憾甚大"。但是,邹韬奋在《生活》周刊上的态度又是理性的、实事求是的,形成了正确的舆论导向。他主张不要以马占山的后事抹煞他的前事,曾经赞助过马占山的人大可不必灰心,"无论何人,能为民族争人格争光荣的时候,我们就尽我心力去赞助他;无论何人,一旦人格破产害国辱族的时候,我们就加以严厉的制裁:这样正见是非之所在,公道之所在"。[1]

4月,马占山又通电反正,就任东北救国抗日联合军总司令。他洞悉日本一手制造"满洲国"的阴谋,从敌人内部打将出来,向国联调查团提供专门材料,向日内瓦国联本部拍发三千字电报予以揭露,用邹韬奋的话说:"简直打着日本一个欲哭无泪的耳光!"邹韬奋还是用上述同样态度对付他,认为"他往日之降敌事仇,传播世界,固贻民族以莫大的耻辱,但此后如能轰轰烈烈再干一番抗敌救国事业,也未尝不可传播世界,一新耳目,所以他的功罪还须看他以后的实际行为如何为断"。[2]

日本侵略者在东三省得手后,又把矛头指向热河。邹韬奋严密注视日本侵略者的行为,严厉监督国民党当局对日动向。

1932年7月30日,邹韬奋发表时评《誓死周旋》,引述南京"中央已认定热河之存亡,即整个国家之存亡,决不令热河寸土失陷敌人之手,纵日方胆敢扩大远东纠纷,向我全国进攻,我亦只有用全国之力量,与之誓死周旋,为争国家民族之生存,决不惜任何牺牲"之电讯,认为这种态度早就该有,"我们民众于万分失

---

[1] 邹韬奋:《韬奋全集》第4卷,上海:上海人民出版社,1995年版,第48页。
[2] 邹韬奋:《韬奋全集》第5卷,上海:上海人民出版社,1995年版,第135页。

望之余,犹不自禁其泪承于睫,引领企望政府不致再发不兑现的支票"。[1]

国民党当局对热河问题发表了许多冠冕堂皇的言论,似乎已有充分的准备了,可以让老百姓放心了。

1933年1月1日,日军在山海关制造事端,随即炮击临榆县城。山海关驻军何柱国部奋起还击,安德馨营孤军无援,全营300人力战殉国,"天下第一关"落入敌手。偌大的中国再次蒙羞。

2月,日本关东军向所属有关兵团下达《攻占热河计划》,扬言要使"热河省真正成为满洲国的领域"。旋即纠合伪军共10万人,分三路向热河进犯。国民党热河省主席汤玉麟和20万驻军弃地逃走。日军先头部队128人,不费一弹于3月4日占领热河省会承德,其人数竟不够分配接受各官署机关,开创了一个新的纪录!

这到底是怎么回事?

代理行政院长宋子文偕同张学良不是刚刚亲抵热河激励将士抗日吗?宋氏说得多好:"我们该把自己的血来洗刷去'满洲国'三字奇耻大辱。""诸君的热血要凝结作光荣我民族的灯塔,向天下永放光辉;诸君的浩气要激动全世界弱小民族,使一齐抵抗强权,获得自由平等。""你们的牺牲是有全国作后盾的。你们打到天边,全国人民也追随你们到天边;你们打到海底,全国人民亦追随你们到海底;总而言之,我们全国人现在是整个的生死同命。"邹韬奋注意到了,并认为"这是当局第一次作最激昂最明显的表示,而且由宋氏亲身到前线作此第一次最激昂最明显的表示,这种态度转变之所由来,实值得我们的严重的注意"。[2]

---

[1] 邹韬奋:《韬奋全集》第5卷,上海:上海人民出版社,1995年版,第169页。
[2] 同[1],第556页。

热河最高军政长官汤玉麟偕同张学良、张作相等 27 将领不是也通电全国,表了决心吗?通电说:"时至今日,我实忍无可忍,惟有武力自卫,舍身奋斗,以为救国图存之计,学良等待罪行间,久具决心……但有一兵一卒,亦必再接再励。"此外,汤玉麟还大放厥词"非至中国人死尽,必不容日人得热河"。

然而,国民党军队在事实上未战即逃,并逃得有声有色。汤玉麟竟把用来供给翁照垣所率炮队粮食弹药的 240 辆汽车,以及后援会十余辆汽车扣留,席卷所住行宫里的宝物财产,带着艳妾,由卫队 2000 人,蜂拥出城,浩浩荡荡地大队逃去!途中老百姓扶老携幼,哭声遍地,有要攀援上车者,都被兵士用皮鞭猛打下来!

邹韬奋已经欲哭无泪了。从国民党当局导演的一幕幕实在让人们笑不出声的滑稽剧中,邹韬奋得到惨痛的教训,"即愈益深刻的感到只有能代表民众的武力才真正能抗敌,把国事交给军阀和他们的附属品干,无论你存何希望,终是给你一个幻灭的结果"。"无论帝国主义者和军阀的势力,都不过在加紧的自掘坟墓,被他们'置之死地'的大众,为客观的条件所逼迫,必要起来和他们算账。大众努力的程度,和他们解放的迟早是成正比例的,中途的挫折和困难,不但不应引起颓废和悲观,反应增加努力的勇气,增加猛进的速率。"[1]

在热河变成又一块"王道乐土"后,日军遂向长城各口发动攻击,进图华北。激于民族义愤和中国军人的耻辱,喜峰口、冷口和古北口的中国守军都做了较为英勇顽强的抵抗。然而,由于没有国民党当局的统一部署和有力后援,致使处处抗战处处孤军,难以持久。到 5 月初,日军在滦东得手,冀东二十余县沦陷,平

---

[1] 邹韬奋:《韬奋全集》第 5 卷,上海:上海人民出版社,1995 年版,第 562 页。

津危急。31 日,《塘沽协定》订立,实际上默认了日本帝国主义侵占东北三省和热河的"合法"性,并承认冀东为"非武装区",中国不能驻军,日军则可自由行动。这样,整个华北门户洞开,日军可以随时进占冀察和平津。

国事糟糕到如此的地步,邹韬奋不幸做了新闻界中人,每天都要接触许多消息,每天都在痛苦中度过。1933 年 4、5 月份,《生活》周刊信箱栏大谈"恋爱"问题,读者来信询问何故少了抗日救国问题。邹韬奋答曰:"自九一八以来,编者对于抗日救国,话是说过不少了","但是话说得越多,国难也越加深重,现在却真是无话可说了","现在不但已不是多说话的时期而是行动的时期,而且不是个人局部行动的时期,而是广大民众行动的时期了","行动就是最有力的说话"。[1]

然而,邹韬奋不是惯于消极的人,少谈救国,并非真不救国,而是要从更为积极的行动方面去救国。他对民族解放的前途充满信心,认为:"中华民族的出路须在坚决反帝的行动中求得——是行动,不是靠标语,也不是靠冠冕堂皇的谈话或通电。现在的政府在事实上能否领导广大民众在这方面作积极的斗争,自有事实证明,但民族的反帝运动是终要起来的,现在的失败并非由抵抗而失败,我们用不着失望。"[2]

---

[1] 邹韬奋:《韬奋全集》第 5 卷,上海:上海人民出版社,1995 年版,第 264—266 页。
[2] 同[1],第 591 页。

七　半路出家　走向革命

在中华民族解放斗争史上，九一八事变既是日本发动第二次侵华战争的起点，也是中华民族全面觉醒奋起抗争的起点。由此，一批爱国的民族资产阶级知识分子在探索救国救民的道路上，思想开始嬗变，逐渐走上了与工农大众相结合的道路，从而走向进步、走向革命。邹韬奋是其中的典型代表。

邹韬奋和同事们把中国的命运放到世界大势中去考察，注重研究世界大势。

早在读书时代，邹韬奋就从大量的外文书报中得以了解世界各地的历史沿革、地理概况和风土人情。"曲线就业"时，大量译述各发达国家职业教育资料，客观上增进了对各国社会政治经济的了解。主编《生活》周刊后，上海一些书店成了他天然的阅览室，大量的外文资料成了他译述、写作的依据。《生活》周刊大量登载外国通讯，涉及世界各地（主要是发达资本主义国家）的政治、经济、文化、军事等各方面状况。

1931年5月30日，毕云程在《生活》周刊上发表《现在全世界经济恐慌的原因》，认为导致当时世界经济危机的原因在于生产太多，其表现为机器生产提高了生产率，手工业破产，财富一天天集中，穷人购买力下降，产品相对过剩。这是《生活》周刊发表的第一篇研究世界大势的论文。

九一八事变后,邹韬奋特请时在上海商务印书馆工作的胡愈之撰文,分析世界大势。10月10日,《生活》周刊登载胡愈之写的《一年来的国际》。文章纵览国际风云,明确指出:"第一次世界大战以后短促的和平时期,现在已渐过去了!人类的第二次大悲剧的序幕,已在逐渐展开了。"文中列举"许多不幸事件",认为"共同的原因就是全世界的经济大恐慌,各国普遍达到最高度,只有苏联例外"。一年来国际形势的特征有三:一是"金融资本主义各国的信用动摇,财政恐慌",苟延残喘。二是恐慌导致"民众革命力的增长"。民众对现状不满,所以不是极端"左"倾,便是极端右倾。自由主义、改良主义,已无立足之地。三是"国际协调的失败"。帝国主义各国之间矛盾尖锐化,另一方面又加紧了对殖民地的侵略。日本之所以侵华,因其自身恐慌,也因国际形势有利,失去制约力,中国又因水灾和战争,有边无防。文末指出:"假如我们的推断不错,一九三一年日本对我国东北的强暴侵略行为,亦将成为第二次世界大战的序幕。"

胡愈之学识渊博,眼界高远,思想进步,该文写得精辟透彻,对于启迪人们的思维,开阔人们的眼界,引导邹韬奋和《生活》周刊的进步具有重大意义。其中,关于九一八事变将成为第二次世界大战开端的预见已被历史证明是正确的,[1]其洞察力之深刻由此可见一斑。

同期还刊载了毕云程的《世界的趋势和中国的前途》,认为"现在世界各国除了苏联试行社会主义之外,其余各国不论大小贫富,均系资本主义。资本主义原不过是人类进化史中一个阶段","现

---

[1] 史学界有此说,笔者赞同。

全家合影（左起：长子嘉骅、夫人沈粹缜、邹韬奋、前排幼女嘉骊、次子嘉骝）

在发生了两个破绽：第一个大破绽，因为资本主义各国互相争夺市场及原料，结果造成空前未有的世界大战；第二个大破绽，因为资本主义各国无限制的大量生产，结果生产过剩，造成空前未有的经济恐慌。……世界的大势已经很是显明的正在一个转换时期，一方面社会主义的思想已深入了一部分人之脑筋而有渐渐发荣滋长的趋势。我们中国也是并立在现在这个世界上各国中间的一国，当然也逃不出这个圈子"，中国的光明前途在于孙中山民生主义的实现。文章关于资本主义"两个破绽"的分析甚为精辟，入木三分，对于人们弄清资本主义的本质很有帮助。

借助于胡愈之、毕云程的妙笔，邹韬奋对当时世界大势的发展变化是较为清楚的。这对于邹韬奋明了人类社会发展规律，接受马克思主义，以致接近中国共产党都有重要的促进意义。邹韬奋撰文时所使用的国际方面的资料多采自他们的文章，且观点基本一致。

在研究世界大势的过程中，邹韬奋对苏联问题产生了浓厚兴趣，并从中初步接受了马克思主义。

20年代末30年代初，社会主义苏联傲立于资本主义的汪洋大海之中。时值世界经济危机，资本主义各国一片萧条，唯苏联一枝独秀，欣欣向荣。不管爱也罢，恨也罢，苏联社会主义建设的巨大成就举世瞩目，并成为人们研究的重点。

邹韬奋曾把苏联看作是对中国威胁最大的敌人之一。1929年"中东路事件"前后，《生活》周刊屡有谴责苏联的文字。

1931年4月，中国驻德国公使蒋作宾经苏联回国。他以外交家的眼光看苏联，发表一些谈话，把苏联情况概括为"节衣缩食，兴国创业"8个字，并说苏联的五年计划值得我国参考，引起社会各界的重视。在这之前，官方的舆论都是谴责苏联，或是歪曲报道苏联。蒋作宾不含褒贬的谈话不胫而走。

邹韬奋和同事们早就主张应有大规模的经济建设计划，蒋作宾的谈话也引起了他们进一步了解和研究苏联五年计划的兴趣。5月16日，邹韬奋在《生活》周刊第6卷第21期上发表《蒋作宾口中的苏俄现状》，认为蒋所介绍的情况足供国人参考，"苏俄对于生产之积极提高，借此增加国家的实力，此点实为善于消费而拙于生产的中国人当头棒喝"。

下一期即刊有毕云程写的《苏俄五年经济计划》，这是《生活》

周刊发表的第一篇客观、公正地研究苏联问题的文章。文章在介绍了苏联五年计划产生的背景后说:"其目的在实现国家之工业化,农业生产的社会主义化及逐渐扩张与加强国家经济中社会主义的成分","计划的内容非常精密而切实,完全是一个科学的计划,不是一种空谈,乃可以使其成为事实的"。虽然文章还认为"三民主义是适合中国情势的一种社会主义",但无论怎么说,对苏联的社会主义已经有了新的较为正确的认识。

九一八事变后,苏联谴责了日本的强盗行径,邹韬奋和同事们对苏联的看法有了进一步改变。9月26日,邹韬奋在《生活》周刊上发表《读〈莫斯科印象记〉》。此书是胡愈之根据年初由欧洲取道莫斯科回国时,考察一周之所得撰写而成,8月份出版,由新生命书局发行。胡用生动的笔调描述了在莫斯科的所见所闻所感:人与人之间和睦友爱,国家建设蒸蒸日上,社会秩序井井有条,这是一个新生的国家,一个全新的天地,充满魅力,使人心旷神怡,流连忘返。邹韬奋犹如身临其境,大受感染。他觉得该书"处处流露努力于为民众谋经济上及教育上的建设精神",反观中国,孙中山的民生主义虽嚷嚷了许多年,但仍未见实行,"我们每闻苏俄建设之新闻,未尝不怃然长叹"。邹韬奋尤为注意该书对"无产者旅行社"、"五日休息制"和"社会主义的生产竞赛"等方面的介绍。这是他第一次较为全面地接触到客观、直接的关于苏联问题的材料,眼界为之大开,并产生了浓厚的研究兴趣。

接着,邹韬奋又发表《读〈苏俄视察记〉》。该书是天津《大公报》记者曹谷冰于3月赴苏联旅行4个月所写的笔记。邹韬奋读后觉得特别可以注意的有三点:一是"干部人物以及一般为国服务的官吏之能刻苦奉公","俄国官吏的享受还比不上普通的人民";二是积极建设,"他们的建设不是少数阔人建设自己的别墅,建设自己的财产,是替'国计民生'积极建设";三是"积极扩充国民教育"。这些都是邹韬奋企盼已久的。

1932年4月9日,邹韬奋在《生活》周刊上介绍《苏联的真相》。该书作者艾迪(Sherwood Iddy)是一位基督徒,当时苏联是反基督教的国家。艾迪根据自己的观察却能持客观的态度。邹韬奋认为该书"可使我们注意的是苏联领袖人物和党人的自我牺牲精神和为民众奋斗的精神。我们深信倘若没有像这样刻苦牺牲的一个集团肩负责任,虽有良好的制度,不能自行"。

随后,《生活》周刊连载陈彬和的《苏联的五年计划》,文章认为第一个五年计划的伟大成就"在社会主义制度下是可能的,但在资本主义制度下是不可能的"。6月11日,邹韬奋著文介绍苏联的第二个五年计划。6月18日,艾寒松发表《中俄复交问题》,主张把苏联看成一个反侵略的"友军"而与之"复交"。邹韬奋和同事们对苏联的态度从此有了根本的改变。

从1932年下半年起,《生活》周刊的一个重要内容就是扩大宣传苏联,几乎每期都有介绍苏联的文章和通讯,有时还出画报。邹韬奋自己就写了《苏联的儿童》、《苏联的妇女》(上、下)、《备战中的苏联》《当代革命文豪高尔基》(连载4期)《高尔基与革命》(上、中、下),以及介绍苏联妇孺保护政策、托儿所、出版事业的"漫笔"。他还利用业余时间怀着深深的敬意,编译出版了二十多万字的《革命文豪高尔基》一书。

邹韬奋最先是从孙中山的"民生主义"里,获得"社会主义"这个概念的,并在相当长的时间里把"民生主义"等同于"社会主义"。他对马克思科学社会主义的最初认识正是来源于大量的介绍苏联的书籍和文章。他在研究、宣传苏联的同时，又促进了自己思想的进步。1932年7月以后，邹韬奋已不把"民生主义"等同于"社会主义"了。

从1933年1月7日第8卷第1期起，《生活》周刊连续不断地发表胡愈之、艾寒松、毕云程等解释马克思主义基本原理的文章，如《革命的人生观》、《物质和精神是什么》、《生产力与生产关系》、《什么是辩证法》、《阶级是什么》、《什么是革命》、《资本主义解剖》、《论英雄》、《论真理》、《论国家》、《论个人主义》等等。全年50期，发表这类文章近四十篇，是《生活》周刊前7年未曾有过的。从内容上看，主要介绍了以下4个方面：一是马克思主义的政治学说，二是马克思主义的经济学说，三是唯物辩证法和历史唯物主义，四是马克思主义的人生观理论。

同时，《生活》周刊还发表了许多运用马克思主义立场、观点、方法来观察、分析、研究社会、政治、经济、教育等问题的文章，如《中国的现状危机和出路》、《反敌的主要队伍》、《大战前夜的国际形势》、《中国的现社会》等。这些文章尽管在介绍、解释和运用马克思主义基本原理的时候，并不一定都很准确，有时甚至还有错误，但可以看出邹韬奋和同事们已经找到了真能救中国的思想武器，并有意识地对人民群众进行宣传。

邹韬奋对于现实的社会政治问题多有评论，思想日趋进步，逐步走上了革命道路。

1932年1月9日，邹韬奋在《生活》周刊上发表《我们最近的思想和态度》，宣称"本刊最近已成为新闻评述性质的周报"，以"正义"为论事之"核心标准"。"我们所信守的正义，是反对少数特殊阶级剥削大多数劳苦民众的不平等行为；换言之，即无论何种政策与行为，必须顾到大多数民众的福利，而不得为少数人假借作特殊享用的工具。"

依此为观察点，邹韬奋和同事们"深刻认识剥削大多数民众以供少数特殊阶级享用的资本主义的社会制度终必崩溃（通常所谓资本主义当然指私人资本主义）；为大多数民众谋福利的社会主义的社会制度终必成立。一方崩溃，一方成立，在时间上的迟早，则视努力的程度以为衡"。

于是，建议"（一）关于经济方面，以生产工具公有为社会制度之最后基本原则；以国营实业为达到生产工具共有之基本方法。（二）关于教育方面，以劳动教育为全体国民教育之基本原则；以智力及社会需要为升学专门之基本标准"。认为"能以艰苦卓绝自我牺牲廉洁公正忠勇奋发的意志与精神依此两种目标而为大多数民众努力者，即为我们理想的政治"。换句话说即"经济是全民众的物质上的命脉，教育是全民众的精神上的命脉，能顾到全民众这两方面需要的政治，便是全民众所愿要的政治"。[1]

文中的"社会主义"虽然还是孙中山的"民生主义"，但明确认识到现有的社会制度是不合理的，必须予以废除，并提出了严肃的判别政治问题的标准，说明他已具备了较高的政治觉悟。

同一期，邹韬奋在一篇文章的"编者附言"中谈到"爱国"问题时说："有人说现在的国家不过是资本家军阀官僚土豪劣绅压迫劳苦民众的武器，这样的国家有何可爱，但我却以为正因为这个缘故，我们应努力把国家从少数压迫阶级手中夺回来还给全国民众，使国家为全国民众的生存而存在，非为少数压迫阶级的生存而存在，这样一来，国家便从无可爱而变为可爱，因为他成为'全

---

[1] 邹韬奋：《韬奋全集》第4卷，上海：上海人民出版社，1995年版，第3—5页。

国人用来团结图存的工具'，而非被少数人作为剥削民众而为自己达到享受特殊权利的工具。"[1]这段材料说明邹韬奋此时初步具有了阶级观念。这里的"阶级"具有对抗性，已不同于"大贫小贫"里面的"阶级"了。国家是阶级矛盾不可调和的产物，本来就不是超阶级的。邹韬奋主张把国家变成维护人民利益的国家，由人民当家做主，这是积极的理性的爱国思想，基本上符合马克思主义的国家学说。

再经过半年的"且做且学，且学且做"，邹韬奋思想有了进一步的提高。

7月2日，邹韬奋在《生活》周刊上发表《我们最近的趋向》，宣称："凡遇有所评述或建议，必以劳苦民众的福利为前提，也就是以劳苦民众的立场为出发点。""我们认为中国乃至全世界的乱源，都可归结于有榨取的阶级和被榨取的阶级，有压迫的阶级和被压迫的阶级，要消灭这种不幸的现象，只有社会主义一条路走，而绝非行将没落的资本主义和西洋的虚伪民主政治的老把戏所能挽救。……中国无出路则已，如有出路，必要走上社会主义的这条路。"

关于实现社会主义的办法，文章认为："倘能在不违背原有目标范围内，得减少无谓牺牲，这当然是我们所希望的，但在事实上是否能够避免激烈的途径而达到原有的目的，这是要看事实的推移，因为榨取的或压迫的阶级总是不到黄河心不死，非挣扎到最后一口气是不肯放手的。所以只须路线正确，如不幸在事实上无法避免重大的牺牲，那也只有暂时忍耐，无所用其踌躇，因为民族的生命和历史是很长的，我们要放大眼光，倘不幸而不得不

---

[1] 邹韬奋:《韬奋全集》第4卷，上海：上海人民出版社，1995年版，第9页。

为长时期而牺牲短时期，为多数人而牺牲少数人，虽欲避免而无法避免，只得放手做去，不应以短视的态度，姑息养奸，贻无穷的祸害于将来。"

文章还认为："在中华民族独立运动的进行中，一方面固不可不注意于本国政治社会问题的根本解决，同时对于反帝国主义的工作尤丝毫不容放松——尤其是对于进攻最猛侵略最急的日帝国主义者——我们认为要为中华民族求生路，这两方面有兼程并进的必要。"[1]

这篇文章是邹韬奋思想进步的一个重要的标志。第一，邹韬奋认定只有社会主义才能解决中国的一切问题。此时的"社会主义"已不完全等同于孙中山的"民生主义"，实际上已接近马克思主义的科学社会主义，这是邹韬奋和同事们通过学习、研究、讨论，尤其是对世界大势比较明了后得出的看法（同日同期发表的艾寒松的《社会主义是什么？》，较为准确地阐释了马克思主义的社会主义观）。第二，邹韬奋已明显有了阶级和阶级斗争的观念，并自觉地用来分析国内外实际问题。他原则上不反对阶级斗争，认为在不可避免的情况下，应当机立断，该流血时就毫不犹豫地去流血，免遗后患。他从此挣脱了改良主义的窠臼。第三，邹韬奋认识到民族民主革命必须"兼程并进"于中华民族的独立运动进行当中，说明他对近代以来中国社会的主要矛盾已经有了清楚的了解，工作上努力的方向已经明确。

自此至1933年上半年，邹韬奋发表许多专题性文章或答复，系统而全面地反映出其思想发生变化的情况。

邹韬奋曾经只谈社会问题而不谈政治问题，7月16日，发表《政

---

[1] 邹韬奋：《韬奋全集》第4卷，上海：上海人民出版社，1995年版，第412页。

治和社会的连锁性》，眼界甚为开阔，认为："抛开政治的改造而专言社会事业的发展，这是痴人说梦，自欺欺人之谈！""我国当前的社会问题之有待于设法解决的实已异常急迫，但如不深切认识政治和社会的连锁性，尤其是政治问题和经济问题须打成一片，共同解决，那么尽管钻在牛角尖里枉费功夫，绝对是找不到出路的。"[1]

邹韬奋长期从事教育问题的研究，曾是"教育救国"论的宣传者和实践者，10月8日，发表《平等机会的教育》，认为"教育不是能凭空生长，独立存在的，却是要受制于政治的和经济的制度，而为某种政治的经济的社会之副产物，某种政治的经济的社会形态之反映。倘非一国的政治经济有办法，教育自身实在没有彻底解决的可能"[2]。邹韬奋较为正确地解答了是通过发展教育来救国，还是先救国再振兴教育这个近代中国社会的一个颇有争议的问题。

邹韬奋曾苦口婆心地劝导人们要各尽个性及能力，不计成败、不顾前途地对社会对人群有所贡献。这种不顾一切的个人奋斗，实际上带有很大的盲目性，在纷繁复杂的社会斗争中，往往劳而无功。总结经验，9月3日邹韬奋在信箱答复中深刻认识到："仅仅各人顾到各人的个性和相当的准备，在现状下未必即有出路，因为一般人的出路和国家全盘政治经济的出路是息息相关的。在国家全盘政治经济未有出路以前，一般人的出路是无法得到根本的解决。"[3]

---

[1] 邹韬奋:《韬奋全集》第4卷，上海：上海人民出版社，1995年版，第418—419页。
[2] 同[1]，第448页。
[3] 邹韬奋:《韬奋全集》第5卷，上海：上海人民出版社，1995年版，第414页。

12月17日，又在信箱答复中说：青年人要免除苦闷，"保持继续向前努力的勇气，最重要的是要把个人和社会看清楚，要明白个人和社会的关系，换句话说，要铲除从个人作出发点的人生观，确立从社会作出发点的人生观"。"社会才有力量，个人自己本来没有什么力量，能看准社会的潮流而向着正确的方向努力，然后个人才能发生力量；但是这种努力绝不是从个人作出发点，却是从社会作出发点；而社会制度的改革又每恃乎比较长期的斗争，此'期'的'长'度究竟如何长，这是和努力者的工作和数量成正比例的。"[1]这表明邹韬奋克服了个人主义人生观，初步树立了集体主义的人生观。

1933年1月1日，邹韬奋在《东方杂志》第30卷第1号发表《梦想的中国》和《梦想的个人生活》，说："我所梦想的未来中国是个共劳共享的平等的社会，所谓'共劳'，是人人都须为全体民众所需要的生产作一部分的劳动；不许有不劳而获的人；不许有一部分榨取另一部分的劳力结果的人。所谓'共享'是人人在物质方面及精神方面都有平等的享受机会，不许有劳而不获的人。""政府不是用来统治人民的，却是为全体大众计划，执行及卫护全国共同生产及公平支配的总机关。在这个梦里，除只看见共劳共享的快乐的平等景象外，没有帝国主义者，没有军阀，没有官僚，没有资本家，没有男盗，没有女娼，当然更没有乞丐，连现在众所认为好东西的慈善机构及储蓄银行等等都不需要，因为用不着受人哀怜与施与，也用不着储蓄以备后患。""讲到区区所梦见的个人生活，当然是梦见我自己无忧无虑欢欣鼓舞的作共劳共享的社会中的一分子，在全国生产大计划中担任我所能做的

---

[1] 邹韬奋：《韬奋全集》第5卷，上海：上海人民出版社，1995年版，第392—393页。

一部分的工作。在那个梦境里，我不怕有业时尚有内顾不了和后顾不了之忧；在那个梦境里，四周没有愁眉苦脸的无告同胞使我如坐针毡，精神上感觉无限的苦痛，在那个梦境里，我得在无忧无虑欢欣鼓舞中尽我能力对全体大众尽量的贡献。"这个"梦"寄托了邹韬奋的社会理想，反映了他对黑暗的社会现实的强烈不满。

邹韬奋基本上具备了历史唯物主义观点，对未来中国充满了信心。3月4日，他在信箱答复中说："我们纵观历史上演进的各时代的事实，不外乎压迫者和被压迫者的斗争，而最后的胜利，总是压迫者的没落和被压迫者的抬头。……现在日暮途穷的帝国主义者对于本国的劳苦大众和殖民地的民众的压迫摧残，未尝不洋洋得意，而中心歆羡，奋起步他们后尘的统治者，也随处可见。但我们却须看清客观环境的必然趋势，在光明方面积极努力，对黑暗作毫无妥协余地的斗争。""只有共同努力向前进，于黑暗中打出光明来！"[1]

邹韬奋曾受实业救国思想影响，并把"实业的振兴"当成改善民众生活的"根本要策"之一。但是，多年的期望终究成了泡影，4月8日，邹韬奋在信箱答复中写道："'生产落后'，固为中国的大病，但要疗治这个病，技术和组织（指社会制度）两方面占同样的重要位置，而且就先后言，组织方面如无根本办法，虽有技术，无法使生产能普及利益于一般民众；况且在军阀、买办阶级和帝国主义勾结在一起剥削大众的情况下，欲发展民族工业也是一件不可能的事情。"[2]由此可见，邹韬奋对于是先清除国内外障碍后发

---

[1] 邹韬奋：《韬奋全集》第5卷，上海：上海人民出版社，1995年版，第560页。
[2] 同[1]，第239页。

展生产力或是相反——这个长期萦绕在近代中国知识分子脑中的困惑已经得到正确地解决了。

5月27日，邹韬奋在信箱答复中大胆而又明确地提出："横在我们面前的，已不是先安内后攘外，或先攘外后安内的问题，而是唤起广大的民众运动以推翻帝国主义及其依附者的问题。"为了适应宣传上的需要，他把为民众运动进行"思想和意识的准备"定为《生活周刊》"努力的方针"。[1]这里，他彻底抛弃了国民党"攘外必先安内"国策，明确了革命的对象和途径，找到了"创造历史的动力"，并自觉地与之相结合，集中反映出九一八事变以后思想发展变化的情况。

毛泽东说："革命的或不革命的或反革命的知识分子的最后分界，看其是否愿意并且实行和工农民众相结合。"[2]邹韬奋在探索救国救民的道路上走上了革命的征途，成长为革命的民主主义者。

邹韬奋思想进步很快，引起国民党当局的忌恨。

南京国民党当局在国内争斗中不断取得"胜利"，统治地位日益"稳固"，随之而来的是对新闻出版越来越严厉的控制。

1929年2月，颁布《宣传品审查条例》，实行"党治文化"，规定凡"宣传共产主义和阶级斗争者"为"反动"宣传品。

1930年12月，颁布《出版法》44条，对报纸、书籍、杂志及其他出版物严加限制，不久又颁布《施行细则》25条。

九一八事变后，《生活》周刊以宣传抗日救亡为主旨，对国民党的内政外交政策大加批评，对国民党党国要人蒋介石、张学良、

---

[1] 邹韬奋：《韬奋全集》第5卷，上海：上海人民出版社，1995年版，第266—267页。
[2] 毛泽东：《毛泽东选集》第2卷，北京：人民出版社，1991年版，第559页。

何应钦等大加谴责，理所当然地为国民党当局所不能容忍。

1931年12月，邹韬奋接到南京热心读者数十封来信，据说中央党部已训令上海市党部勒令《生活》周刊停刊，所谓的理由是"该刊带有国家主义派别色彩"。邹韬奋感谢读者的关心，并对该刊的立场态度作了阐述。"山雨欲来风满楼"，邹韬奋已预感到迫害将至，他分辩道："九一八以来，本刊发表的关于救国的文字更多，但救国符合孙中山民族主义，何罪之有？"他本人绝无党派背景，独立主持言论，在投稿里面，只认文字，认专家对专门问题的研究之文字，有无党派背景，无从知道。

1932年1月，国民党当局颁布《危害民国紧急治罪法》，规定不准以文字图画或演说作反对国民党当局的宣传，并依此把批评国民党不抵抗政策、宣传抗日救亡的言论也视为"危害民国"的言论而横加钳制。

1932年1月中旬，胡宗南与邹韬奋约谈，向邹韬奋施加压力。关于抗日问题，胡宗南要求邹韬奋接受"攘外必先安内"的观点，邹韬奋拒不接受，并坚持说："对于暴日的武力侵略，除了抵抗以外，不能再有第二个主张。"胡宗南要邹韬奋拥护政府抗日，邹韬奋说："只拥护抗日政府，不论从哪一天起，只要政府公开抗日，我们便一定拥护；在政府没有公开抗日之前，我们便没有办法拥护。"关于《生活》周刊的主张，邹韬奋对胡宗南说："站在中国人民大众的立场上，站在一个认识清楚中国局势而有良心的新闻记者立场上，对于中国前途，我认为只有改变生产关系，而后可以促进生产力。舍此以外，并无第二条路走。"[1]

1932年7月，国民党上海市政府以"言论反动，毁谤党国"

---

[1] 毕云程：《邹韬奋五周年祭》，见邹嘉骊编《忆韬奋》，上海：学林出版社，1985年版，第196页。

的罪名，禁止《生活》周刊在一些省份邮递，后来又禁止在全国邮递。有些学生甚至因为购阅《生活》周刊而遭逮捕。一时间，风声鹤唳，谣言四起。平津各界纷传《生活》周刊已被查封和邹韬奋遭到通缉的消息，有的还说邹韬奋已遭杀害，或是逃亡国外。邹韬奋在平津的亲戚也打电报来问安危。

邹韬奋1932年10月的笔记本中曾有一页记载着国民党当局停邮和封禁《生活》周刊的几次密令：

> 第一次接中央密令，饬新闻检查员会同公安局停邮。
> 第二次接中央密令（电报）云《生活》周刊改变寄递方法，立派干员会同公安局守候各码头及各报贩停止送买。
> 惟无"封闭"字样。
> 10月14日公安局复市党部：封禁《生活》周刊奉命依照出版法办理。[1]

邹韬奋总结主办《生活》周刊6年来的经验："于此得一异常深刻的教训，即在目前形势之下，空论无补时艰，只有实际方面的努力才有效果。当此外患内忧交迫、国事乌烟瘴气的时代，我们的感触只有愤慨；虽有积极的思想和建议，无由实现，等于白说，所剩余的仍只有愤慨，即得这样愤慨下去，于实际上已无裨益；况在如今言论绝无自由可言的时代，即欲公开表示愤慨而不可得。我们徒有空论无用，徒作愤慨无用，乃至即空论与愤慨亦无继续之可能，所以我们此后果欲对民族前途有所努力，必须从实际方

---

[1]《韬奋文集》第3卷，手迹照片，北京：生活·读书·新知三联书店，1995年版。标点为引者所加。

面干去!"[1]

对于痴情于言论工作的邹韬奋来说,不得不承认"空论无补时艰",同时还要遭受"言论绝无自由可言"的压抑,内心深处该有何等的痛楚?!

但是,邹韬奋并没有放弃言论上的责任。从另一个角度说,也正是这种痛楚刺激着邹韬奋,促其醒悟,下决心"从实际方面干去"!

首先是冲破封锁,力图保全《生活》周刊。

全国禁止邮递,意味着要断绝《生活》周刊的生路。邹韬奋和同事们在广大读者的支持下克服了这一困难。对上海本市的刊物代销处和订户,《生活》周刊社派出十几人分送;外埠发行经邮局寄递虽受了禁止,但当时散布在铁路、轮船、航空等交通部门

生活周刊社全体工作人员1932年的合影。后排右第三人为邹韬奋。

---

[1] 邹韬奋:《与读者诸君告别》,《生活》周刊第8卷第50期,1933年12月16日。该文写于1932年10月间,准备于封闭前的最后一期刊用。

的《生活》周刊读者，随时热心地协助他们把大捆大包的刊物运送出去。对于路途遥远的偏僻地区，他们就改头换面地用各种旧的封套邮寄，骗过邮检人员的眼睛。这样，《生活》周刊的销数不但未减，反而有所增加，每期发行数达15.5万份。这种成绩的取得是难能可贵的，反映了邹韬奋和同事们不畏艰难、锐意进取的敬业精神，也反映出《生活》周刊赢得了广泛的社会声誉。

为了以正视听，邹韬奋运用大量可靠的材料批驳了强加于他的"国家主义派"、"'左'倾作家"、"劳动社会党"等"带色"的帽子，坚定表示不怕"吃卫生丸"，"我的态度是一息尚存，还是要干，干到不能再干算数，决不屈服"。[1]

邹韬奋力图保全《生活》周刊，"既非为保全本刊的资产，又非为保全个人的得失"，"所要保全的是本刊的在言论上的独立精神——本刊的生命所靠托的唯一的要素。倘本刊在言论上的独立精神无法维持，那么生不如死，不如听其关门大吉，无丝毫保全的价值，在记者亦不再作丝毫的留恋。"[2]

其次是筹办《生活日报》。

1932年3月5日，邹韬奋在《生活》周刊上发表《创办之建议》，将《生活》周刊同人及富有办报经验的友人所讨论的组织、特色、张数、广告、销数、资本、会计、开办费、经常费等方面的设想公布出来，征求读者意见，收集社会反响，表示："倘此计划果能实现，同人愿以纯洁的意志，沉着的毅力，热烈的精神，刻苦的奋斗，为中国产生一个为民族振兴及民众福利而努力的舆论机关。"[3]

---

[1] 邹韬奋：《韬奋全集》第5卷，上海：上海人民出版社，1995年版，第482—484页。
[2] 同[1]，第485页。
[3] 邹韬奋：《韬奋全集》第4卷，上海：上海人民出版社，1995年版，第34—35页。

《生活日报》拟由招股的形式创办,并且是应许多读者的长期要求进行的,因而《建议》公布后就出现了十分热烈的景象。数千份招股章程放在门内柜台上,几乎瞬息精光!许多读者因为信任《生活》周刊,希望能有一个具有同样精神的日报,都抱着满腔热诚来投股,所以在一个月左右便达到十五万元以上(认股之数,非实收数)。邹韬奋大为感动,认为:"十五万元的数目似乎也并不足以惊人,但是你如果想到这是数元数十元凑集而成的,便可以想见这里面所包含的热血肝胆,实在不是任何数目字所能测计的!我们没有大股东,而股东的数量却是几千人,布满着海内外的各角落!"邹韬奋称这件事为生活书店历史上的"第三件轰动的事情"。[1]

许多读者十分殷切地期望《生活日报》的早日出现,邹韬奋和同事们也勤勤恳恳、欢天喜地地筹办着。但是,由于《生活》周刊受到国民党当局越来越严重的压迫,再出版《生活日报》,言论自由难有保障,《生活》周刊社不得不于10月22日刊出停办启事,并委托新华银行发还已筹集的全部股款及利息。对此,邹韬奋不无愤懑地说:"我们创办日报既非志在赚钱,不过欲为社会增一民众喉舌,在舆论毫无法律保障的环境之下,报的效用等于零,还有什么办头?在记者尤不愿以民众辛勤凑集之资,作无代价之孤注一掷,所以再三再四思量之后,只得辜负赞助诸君嘱望的厚意而决定停办。"[2]

其三是创办生活书店。

因为宣传抗日救国,批评国民党的内外政策,蒋介石向黄炎

---

[1] 邹韬奋:《韬奋全集》第9卷,上海:上海人民出版社,1995年版,第738页。
[2] 邹韬奋:《韬奋全集》第4卷,上海:上海人民出版社,1995年版,第458页。

培施压，要黄炎培来扭转《生活》周刊的方向。邹韬奋和同事们商讨，为了不使黄炎培为难，决定与中华职业教育社脱离从属关系，成为一个独立的刊物。同时胡愈之建议邹韬奋创办生活书店，有了生活书店就可以出版书籍和其他刊物，借以扩大宣传阵地。这样，刊物即使被查封，阵地仍然存在，可以换个名字继续出版刊物。邹韬奋还在胡愈之的协助下，起草了生活书店章程，进行了精心的筹备工作。

1932年7月，邹韬奋和同事们在"书报代办部"的基础上正式办起了生活书店。

1933年7月，生活书店改组为出版合作社，邹韬奋被推举为总经理。全社的资产归全体同事（连茶炉工在内）公有，除短期的雇员外，在该社任职六个月以上的都有成为这个合作社成员的资格。该社资本每股十元，任何社员，至多不得超过一千股。新进职工，于任职时起，每月从工资中扣除百分之十，于任职满六个月时，并计作为入社的股份，以后继续每月从工资中扣除百分之十，到入社满一年时，再行并计，作为增加股份。社员股息每年年终结算。该社的最大权力在全体社员大会，由社员大会选出理事组织理事会，由理事会选举经理，总揽社务，并由社员大会选出监察人二人，查核会计账目，并保障社员利益。总之，服务社会、赢利归全体、以共同努力增进全体社员福利、社务管理民主化为该社的四条"信条"。社员共同投资，一面为社会服务，同时也为自己工作；各人都是自己管理自己，都是主人翁。

生活书店不是私人牟利企业，而是革命的文化出版机构。邹韬奋常常勉励同仁："我们是在一个血腥的黑暗时代，如不为整个社会的前途努力，一个机关的内部尽管如何充实，如何合理化，终不免要受黑暗势力的压迫摧残的。我们这班傻子把自己看作一个准备为文化事业冲锋陷阵的一个小小军队，我们愿以至诚热血，追随社会大众向着光明的前途迈进！"

其四是参加中国民权保障同盟。

1932年12月17日，中国民权保障同盟在上海宣告成立，宋庆龄任主席，蔡元培任副主席，杨杏佛为总干事。29日，该同盟在华安大厦（今华侨饭店）举行记者招待会，邹韬奋应邀出席，并"略贡管见"。

1933年1月7日，邹韬奋发表《民权保障同盟》，报道其事。文章说："我们从历史上看来，便知民权之获得保障，绝不是出于统治者的恩赐，乃全由民众努力奋斗取得来的。不过依统治者的程度之高下，这种努力奋斗争取亦可有两种途径之分别。一种是用比较和平的方法，一种则为流血革命。……且就历史上的事实看，总是到前法用到山穷水尽，无路可走时，第二法不待敦请而自己要应着环境的需要而强作不速之客。"他对"民权是否仅靠文电之吁请力争所能保障"甚表怀疑，但"为中国计，我们当然希望该同盟成功"，而这又要看对象如何，如果对象冥顽不灵，则不能成功，第二种方法不可避免。[1] 应该说，邹韬奋起初对中国民权保障同盟所持的态度是审慎的。

中国民权保障同盟总会设在上海，在北平、上海设有分会。1933年1月17日，上海分会成立，邹韬奋与会，并被推为中央执行委员。该同盟的宗旨为：反对国民党当局对革命者的监禁、酷刑和处决的制度；营救被捕的革命同志，给政治犯以法律的辩护及其他援助；争取公民权利，争取出版、言论、集会和结社自由，

---

[1] 邹韬奋：《韬奋全集》第5卷，上海：上海人民出版社，1995年版，第537页。

并联合其他进步团体开展抗日救亡运动。

1月21日，江苏省当局未经相当的法律程序，仅以"宣传共产"为名，即将镇江《江声日报》经理兼主笔刘煜生枪决。此事引起全国人民的义愤。2月1日，邹韬奋参加中国民权保障同盟在华安大厦召开的执委会，会议决定发表宣言抗议国民党擅自枪杀进步报人的罪恶行径。

2月4日，邹韬奋在《生活》周刊上集中发表《经理刘煜生被枪决案》和《新闻记者》两篇"小言论"，认为"此案之有关系于一般国民所托命的民权问题，是很显然的"。指出"新闻纸上的议论，不过是社会心理的一种反映，它的力量就在乎能代表当前大众的意志和要求"。警告国民党当局"尽管把全国的言论都变成千篇一律的应声虫，'水波不兴'的下面必将有狂澜怒涛奔临，'清风徐来'的后面必将有暴风疾雨到来！"[1]

4月4日，邹韬奋发表《廖案的印象》，就廖承志因有"共党行为"被捕，但因有特殊的父母（廖仲恺、何香凝）而被保释一事加以评论，为没有特殊父母和无人"营救"的无辜被捕平民捏一把汗！[2]

中国民权保障同盟是邹韬奋参加的第一个政治"组织"，是他"从实际方面干去"最为主要的行动之一，由此拉开了他为在中国实现民主政治而进行长期斗争的序幕。

中国民权保障同盟在法律范围内开展各种活动，争取法律规定的民权的切实实施，对政府的残暴统治虽有所批评和揭露，但不反对政府。然而，在那个"批评政府就是反对政府"的黑暗年代，

---

[1] 邹韬奋：《韬奋全集》第5卷，上海：上海人民出版社，1995年版，第548—549页。
[2] 同[1]，第573页。

国民党当局根本容不得这个组织的存在。6月18日，实际主持其事的杨杏佛被国民党特务暗杀，邹韬奋也被列入"黑名单"。为了保留于国于民有用之身，邹韬奋被迫流亡国外。

九一八事变后，邹韬奋全身心投入抗日救亡运动。他对党派的观察、思索和选择全以在事实上能否救此垂危的国家为转移。

他说："中国为中国人全体的中国，非少数私人的中国，'能负救国之责'的党及政治上的人物始值得国民的信任与拥护，否则即为国民所唾弃，自掘坟墓，决难幸存。"[1]"凡能在事实上救我们的民族和国家的都是我们国民所要拥护的人物或集团，否则虽是架子十足，宣言堂皇，在我们国民看来，都是不共戴天的仇敌！"[2]

对于执政的国民党，邹韬奋曾就汪精卫"如果没有国民党，就断断没有中华民国"、"打倒国民党就是连中华民国都要打倒"等谬论发表评论，说："国民党之应否'打倒'或受国民的拥护，其枢纽应以国民党在实际上的工作是否有益于中华民国为转移，是否有益于大多数民众为转移，而不应以'中华民国是国民党所做出来的'为标准。倘若国民党实际工作诚在救我民族，自为全国民众所信仰，我们民众不但不愿打倒，且愿竭诚拥护；倘若国民党的实际工作不过是挂羊头卖狗肉，我们民众不能承认打倒国民党就是连中华民国都打倒。总而言之，我们民众所要问的是实际工作——有益于大多数民众的实际工作。"[3]

国民党实行"攘外必先安内"国策，对外妥协退让，对内残

---

[1] 邹韬奋：《韬奋全集》第5卷，上海：上海人民出版社，1995年版，第68页。

[2] 邹韬奋：《韬奋全集》第4卷，上海：上海人民出版社，1995年版，第43页。

[3] 同[1]，第137—138页。

民以逞，在事实上救不了中国。邹韬奋予国民党当局以无情的谴责、大胆的警告和最终的抛弃，蒋介石、张学良、何应钦、汤玉麟等"领袖"人物均被邹韬奋斥为民族罪人。国民党当局因此加紧摧残《生活》周刊，邹韬奋与国民党当局的关系已经到了不可调和的地步。

在力谋社会改造的过程中，在探索救国救民的道路上，邹韬奋认识到人民群众蕴涵着无限的创造力。但是，这种力量只能在有组织有领导的情况下才能得到充分的发挥，否则，一盘散沙的民众，或是自发的民众运动都是无多大力量可言的。邹韬奋对此已有深刻的认识，"深信中国要得救，要走上轨道，绝不是任何个人所能负起这个使命的，必须有一个组织严密，计划周详，真心为民族前途大众福利而努力奋斗的集团，领导全国民众共同奋斗，才能负得起这个重大的使命"。[1]这里的"集团"指的就是"政党"。

随着大量的关于苏联问题资料的接触和对苏联态度的转变，邹韬奋对共产党和工农革命的态度已趋缓和。九一八事变后，《生活》周刊虽还有少量的"剿匪"报道，但更多的是从"官逼民反，民不得不反"的角度来考虑问题的。1932年1月9日，邹韬奋在《生活》周刊信箱答复中明确指出：共产党问题"其根本解决在从政治上迅速积极解决大多数劳苦农工民众，非空言所能解决，亦非枪炮所能解决，只有从速解决一般平民的民生问题，则不解决而解决"。[2]虽是官逼民反，但毕竟是要"解决"的问题。

国民党显然是指望不上了，但对共产党又了解甚少，与共产党组织几乎没有任何直接接触。他不知道所向往的"集团"在哪

---

[1] 邹韬奋：《韬奋全集》第5卷，上海：上海人民出版社，1995年版，第15页。
[2] 邹韬奋：《韬奋全集》第4卷，上海：上海人民出版社，1995年版，第7页。

里。"现在我们所焦急的,也可以说犹成问题的,是要团结民众力量以从事整个民族的抵抗,什么集团在事实上能把这个重大的领导使命肩负起来?"[1]他不止一次从内心深处发出这样的询问。直到1933年7月被迫流亡之前,邹韬奋都没有找到心目中的"集团"。因此,不能说九一八事变后邹韬奋就立即跟共产党走了。

不过,值得注意的是,邹韬奋在走向革命的征途中,最初得到了鲁迅和胡愈之这两位思想进步并与共产党关系密切的人士的大力帮助。

邹韬奋与鲁迅同在上海,早就彼此相知。邹韬奋应鲁迅之邀参加中国民权保障同盟。胡愈之在《我的回忆》中写道:"我是在鲁迅邀约下参加'民权保障同盟'的。那是1933年初,鲁迅托周建人叫我并邀邹韬奋一起去中央研究院分院开会。"[2]后来,邹韬奋描述道:"开会时最有趣的是鲁迅先生和胡愈之先生的吸烟。他们两位吸烟都用不着火柴,一根刚完,即有一根接上,继续不断地接下去。"[3]

鲁迅关心邹韬奋主持的新闻出版事业。从1933年开始,生活书店陆续出版发行的《文学》、《太白》、《世界文库》等文学杂志,都得到鲁迅的大力支持和帮助。在两年半的时间里,上述杂志合计发表鲁迅的著译78篇之多。鲁迅翻译的《桃色的云》《小约翰》、《表》等书都是交由生活书店出版的。1933年5月,鲁迅得知邹韬奋编译的《革命文豪高尔基》即将出版,主动提供二十多幅高尔基的画像和漫画,使该书更为精美。

---

[1] 邹韬奋:《韬奋全集》第5卷,上海:上海人民出版社,1995年版,第417页。
[2] 胡愈之:《我的回忆》,南京:江苏人民出版社,1990年版,第24页。
[3] 邹韬奋:《韬奋全集》第3卷,上海:上海人民出版社,1995年版,第335页。

鲁迅由一个激进的民主主义启蒙大师转变为坚定的共产主义战士的光辉道路，无疑给邹韬奋以很深的启发和影响。

胡愈之在促使邹韬奋日益接近共产党的过程中起着更为主要、更为直接的作用。

1931年9月，邹韬奋撰文介绍胡愈之写的《莫斯科印象记》后，读书思人，很快拜访胡愈之，并向他约稿。胡愈之当时思想很进步，与共产党有密切的联系

《革命文豪高尔基》初版本及鲁迅提供的三幅插图

（1933年9月正式加入共产党），答应为《生活》周刊写稿，但建议该刊应以宣传抗日为重。邹韬奋赞同胡愈之的建议，此后每期组稿时，都邀请胡愈之参加，并把宣传抗日救国定位为刊物的主旨。

有一次，邹韬奋、胡愈之、艾寒松、毕云程等召开座谈会，研究国内外形势，探讨重大理论问题。会上，胡愈之提出三个问题请大家讨论：（一）阶级重于民族，还是民族重于阶级？（二）生产力改变生产关系，还是生产关系改变生产力？（三）为理论而理论，还是为行动而理论？

类似这样的座谈会经常举行，对于提高邹韬奋和同事们的思

想觉悟很有帮助。

淞沪抗战中,商务印书馆毁于战火,胡愈之暂时失业。战后,胡愈之从浙江上虞老家返沪,应邀帮助邹韬奋编辑《生活》周刊,担任撰述,发表大量国际评论,还参与《生活日报》的筹备工作。《生活》周刊脱离中华职业教育社、创办生活书店、将生活书店改组为出版合作社都是在胡愈之的建议和帮助下进行的。胡愈之晚年在回忆录中写道:"就是这样我对邹韬奋起了影响作用,使他走上抗日救国的道路,靠近了党。"[1]

胡愈之使邹韬奋"靠近了党",这是确凿的事实,因为胡愈之是当时邹韬奋所能接触到的离共产党最近的人,并受到胡的多方面帮助和影响。至于"走上抗日救国的道路",则是邹韬奋自觉走上的,胡愈之的帮助和影响只是起到了推动和促进的作用。

邹韬奋曾经十分尊崇胡适,受到胡适很大的影响,但是九一八事变后,因为"拯救中国"的"办法"不同,邹韬奋最终在思想上与胡适分道扬镳了。

九一八事变之前,舆论界曾有"我们走哪条路"的讨论。胡适认为中国积贫积弱的根源在于贫穷、疾病、愚昧、贪污和扰乱这"五鬼闹中华",要解决中国问题就必须打倒"五鬼";梁漱溟不同意胡适的观点,认为中国第一大乱是国际资本主义,第二大乱是中国封建军阀,它们阻碍着中国的发展,导致着中国的贫穷,要解决中国的问题就必须排除这两大制约因素。

邹韬奋曾发表《梁胡讨论的讨论》,认为两人所指皆是"我国现有的事实","所争的内容实在是一个大问题——拯救中国——的几个方面。谁也取消不了谁的"。"去五魔、拒外扰,都是相成

---

[1] 胡愈之:《我的回忆》,南京:江苏人民出版社,1990年版,第21页。

而不相悖的好事情。"[1]邹韬奋此时还尽量维护胡适作为"学界领袖"的尊严，站在"公正的立场"来评判，尽力把大相径庭的两种"拯救中国"的主张捏合到一起。

九一八事变后，胡适粉饰国民党的内外政策，主张中日直接交涉，欢迎国联调查团的报告书，接受《淞沪停战协定》、《塘沽协定》等丧权辱国的条款。他的一些不合时需、混淆视听的言论遭到了邹韬奋严厉的驳斥。

1932年10月15日，邹韬奋发表文章批驳胡适的超阶级的"大团结"的观点。为纪念九一八事变一周年，胡适作《惨痛的回忆与反省》，发表于《独立评论》第18号（9月18日出版）。文章回顾了1894年中日战争以来的"惨史"和"苦账"，反省了致使40年的民族自救运动一次一次失败的种种社会病症，认为"我们的社会没有重心"是"使一切疗治工作都无从下手"的"重大的困难"。这个"重心"必须具备这些条件：必不是任何个人，而是一个大的团结，必不是一个阶级，而是拥有各种社会阶级的同情的团体，必须能吸收容纳中国的优秀人才；必须有个能号召全国多数人民的感情与意志的大目标，即全国的福利；必须有事功上的成绩使人民信任；必须有制度化的组织使之可以有持续性。

邹韬奋认为胡适的看法表面上是统一的，但实质上难以统一。因为"中国的劳苦大众受封建军阀、地主、豪绅、资产阶级的榨取剥削，这是事实。这一切剥削与寄生者，正是'全国的福利'的障碍物，为欲达到'全国的福利'所不得不扫除的对象。如今胡先生所称的'团结'须'拥有各种社会阶级的同情'，倘若封建军阀，地主，豪绅，资产阶级都包括在内，而且还要'拥有'他们

---

[1] 邹韬奋：《韬奋全集》第3卷，上海：上海人民出版社，1995年版，第224页。

的'同情',那便是和反革命的势力妥协,甚至自身转到反革命的地位,和工农大众立于敌对的地位"。"中国所需要的'团结'绝不是和反革命势力妥协的团体,是需要站在生产者的主要部队(工农大众)的立场而奋斗的团体。""所谓'国中的优秀人才',亦必须抛弃特权阶级的意识与享受,不畏艰苦的同往这条路上迈进——为工农大众的利益而奋斗。"[1]由此可见,邹韬奋已经站到了工农大众的立场上,胡适还停留在资产阶级的所谓"超阶级"的立场上,两人思想上实质性的分歧已经十分明显。

1933年3月5日,《生活》周刊再次披露梁、胡通讯讨论"我们走哪条路"的情况。邹韬奋在答复读者"该听谁的?"时说:"我们觉得胡先生的话是倒果为因,模糊大众革命所应认清的明确对象。梁先生的话比较近于事实。"这种态度决然不同于《梁胡讨论的讨论》中模棱两可、合二为一的观点了。此时,邹韬奋还质问胡适:"试问帝国主义的压迫和操纵不'革'去,帝国主义的走狗——军阀——能否采用或许用胡先生所谓'集合全国的人才智力,充分采用世界的科学知识与方法,一步一步的作自觉的改革'?"总之,"我们要明白,中国的自救要'走哪条路',不是'应如'或'抑应'的问题,是客观的现实使我们不得不走上一条走得通的路"。[2]很明显,邹韬奋对中国出路问题的轻重缓急已有了正确的了解,他的回答、评述在情在理、十分中肯。

胡适在思想界、言论界毕竟是有过很大影响的人物,当《生活》周刊猛烈抨击胡适的一些不利于抗日救亡的言论时,自然会有一些人自觉地出来维护胡适的形象。1933年6月10日出版的《生活》

---

[1] 邹韬奋:《韬奋全集》第5卷,上海:上海人民出版社,1995年版,第420—421页。
[2] 同[1],第231—232页。

周刊刊载了唐一鸣为胡适辩护的来信。唐认为对外退让能保全国土，胡适是思想界巨子，不能有损他的威信。邹韬奋在答复中云："胡适之先生的抗日主张，现在已引起多方面的反感了。虽然有唐先生作义务辩护，这却似乎不能代表多数人的见解。"胡适的负责"是对帝国主义及依附者的负责"，而非"对民众负责"。[1]胡适并非完全是国民党的御用文人，也不是卖国贼和亲日派，客观上说，也有一定的爱国热情。但他的一些言论不切合时代需要，甚至对抗日救亡不利。邹韬奋对胡适的批判，言词上尖刻了些，但为了高扬抗日救亡的大旗，为了唤醒民众的觉悟，又不得不彻底批倒像胡适这样有影响的"名流学者"。

6月中旬，胡适因赴美讲演和出席太平洋国际学会，途经上海时，对新闻界发表谈话，其中有云："余对上海停战与华北停战，均属赞成，须知华北停战后，最低限度可减少吾人之损失。"之前，他还劝告国人对国联调解要"深刻的感谢"，报告书发表时，胡称之为"代表世界公论的报告"，称颂李顿等"公平的判断和他们为国际谋和平的热心"。对此，邹韬奋以《听到胡博士的高谈》为题，在6月24日出版的《生活》周刊上再次抨击胡适"胡先生向来也是我所佩服的一位学者"，"但是听到他近来对国事发表的伟论，实无法'佩服'，只觉得汗毛站班！"[2]至此，胡适已令邹韬奋发指，两人在思想上全然相悖了。

邹韬奋憨厚、质朴、刚烈、爱憎分明、疾恶如仇、敢想敢说敢干，其性格特征决定着他成长为英勇无畏的文化战士；胡适则眼光精细、心境平静、胆小怕事、态度温和、伸缩自如、清高好名，其

---

[1] 邹韬奋：《韬奋全集》第5卷，上海：上海人民出版社，1995年版，第270页。
[2] 同[1]，第599页。

性格特征决定着他只能是个主观臆想型的思想家。邹韬奋和胡适在同一代知识分子中走出了两条决然不同的人生路径。

1933年7月14日,邹韬奋乘意轮"佛尔第"号离开上海,开始了为期两年的流亡生活。临行前,他向读者坦陈:"漫漫长夜,不甘同流合污的谁都感到苦闷。但黑暗势力的劲敌是大众的意志,绝不是铲除几个个人就能高枕而卧的。最伟大的莫过于大众一致的力量,只须朝这方向努力,不会感到孤独,因为深信大众必有光明的前途,个人的得失存亡是不足道的。倚装待发,枨触万端,敬祝读者诸友康健愉快。"[1]无限的眷恋与深深的伤感,切实的苦闷与朦胧的希望交织在一起,多么辛酸的字句,多么深情的祝福,但愿狼烟过后是和平,黑暗过后是清明,饥寒过后是小康!

邹韬奋出国后,《生活》周刊由胡愈之、艾寒松负责。11月,十九路军将领联合其他反蒋人士,武装反蒋,要求抗日,在福建成立了"中华共和国人民革命政府"。12月2日,《生活》周刊发表胡愈之写的《民众自己起来吧!》一文,支持福建人民革命政府的抗日主张,号召民众自己起来,发动直接的斗争,争取民族革命的最后胜利。国民党政府以此为由,给《生活》周刊扣上了"言论反动,思想过激,毁谤党国"的罪名,8日下令将它查封。16日,《生活》周刊出完第8卷的50期后被迫停刊。编辑部"同人"在《最后的几句话》中表示:"统治者的利剑,可以断绝民众文字上的联系,而不能断绝精神意识上的联系。人类的全部历史记载着,民众利益,永远战胜了一切。一切对于民众呻吟呼喊的压抑,都是徒劳的。"

---

[1] 邹韬奋:《韬奋全集》第5卷,上海:上海人民出版社,1995年版,第618页。

1933年7月14日，邹韬奋被迫出国，胡愈之（右三）、徐伯昕（左一）、沈粹缜（右一）等至码头送行

《生活》周刊虽然被查封了，但因之而来的"服务精神"以及在抗日救亡运动中唤起人民群众广泛觉醒的巨大作用已载诸史册，感奋后人。

八 考察欧美 思想升华

邹韬奋主持《生活》周刊七八年，在"小言论"栏就做了七八年的"独角戏"，身心皆疲。寻机赴国内外考察，是他多年来萦回梦寐的事情。

从1933年7月1日第8卷第26期起，《生活》周刊的社评（小言论）改由编辑部里的言论部同人共同负责，总务、编辑、营业等方面也有得力的同事分工主持，邹韬奋从而可以比较放心地离开一段时间。

鉴于当时的险恶情势，赴内地考察已无可能。于是，邹韬奋在凑借到一笔经费后，便决定作出国之行。这样，用邹韬奋自己的话说，"此次赴欧很自然而简单的第一个目的，便是要借此机会增广一些识见"，其次是"想象我自己代表了读者诸友的耳朵眼睛去，因为我要尽我的心力，把在国外所见到的或所感想的，陆续写出来，在本刊上向诸友报告"。[1]

邹韬奋试图使自己轻松下来，但事实上做不到。九一八事变后，日本帝国主义的铁蹄已经踏上了中国的领土，亡国惨祸迫在眉睫。如何打败侵略者，挽救民族的危亡？正是无数爱国志士苦思焦虑的问题，也是邹韬奋长期寻求解决的问题。他虽然知道广大民众是可以依靠的救国力量，但却不知道"中心的领导力量"在哪里，

---

[1] 邹韬奋：《韬奋全集》第5卷，上海：上海人民出版社，1995年版，第617页。

因此"实带着苦闷和憧憬而去"。

临行前,一位读者写信给邹韬奋,希望他的出国"不是一种消极的退避",而是去擦亮铠甲,磨锐武器,"做一个更勇猛的战士"!邹韬奋读后心情甚为激动,认为"这位好友的殷切的盼望,可谓溢于言表了"。他表示:虽"不敢自命是'勇猛的战士'",但"倘有'死得其所'的机会,对于斗争——有益于大众福利的斗争——只须是我的力量所能贡献的,我却也不愿退却"。[1]

出国考察前,邹韬奋对世界大势虽有较为清楚的了解,但是"纸上得来终觉浅",对实际情况"多少不免隔膜"。在国外考察、研究和写作的时候,邹韬奋"心目中却常常涌现着两个问题:第一是世界的大势怎样?第二是中华民族的出路怎样?中国是世界的一部分,我们要研究中华民族的出路怎样,不得不注意中国所在的这个世界的大势怎样。这两方面显然是有很密切的关系"。[2]

因此,邹韬奋的第一次流亡不是消极地躲避国民党当局的迫害,而实际上含有更为积极的意味。他用出世的精神从事入世的新闻出版事业,早置生死于度外,国民党特务的恫吓是阻止不了他前进的。为自己增长见识,为国家民族寻找出路,乃是他的真正意图。

邹韬奋在国外考察、学习两年多,萍踪所至,遍及亚、欧、北美,留下了大量的文字记录。这些文字记录分别汇集成《萍踪寄语》初集、二集、三集和《萍踪忆语》出版发行。百闻不如一见,通过周游列国,经过观察、比较、研究,邹韬奋真切地感受到世界资本主义即将"油干灯草尽"和世界社会主义如日东升、前程似锦。

---

[1] 邹韬奋:《韬奋全集》第5卷,上海:上海人民出版社,1995年版,第618页。
[2] 同[1],第614页。

在这样的大背景下,邹韬奋认清了个人的出路和中华民族的出路,实现了思想上的升华。

1933年7月14日,邹韬奋离开上海。他坐的是"经济二等舱","上几等舱的搭客可随意到下几等舱里去瞎跑,下几等舱的搭客不许到上几等舱里去走动,活跃着资本主义制度下的不平等的现象"。[1]这是邹韬奋上船后的第一个感受。

16日,船到香港。邹韬奋第一次发出寄往《生活》周刊的专稿《萍踪寄语》,此后船每到一地,就发稿一次。从香港上船后,邹韬奋遇到十几位《生活》周刊读者,与他们"互道来历后,便很痛快的畅谈,立刻成了亲密的好友"。邹韬奋随身带来的最近出版的一份《生活》周刊被"欣然索去传观",等到还给邹韬奋时,"纸角都卷了起来"。[2]有的读者与邹韬奋谈及南洋侨胞种种受人凌辱的苦状后,声泪俱下。

20日,船到新加坡。邹韬奋上岸先后到华侨银行、博物院和植物园、《星洲日报》报馆等地参观了半天。因受殖民统治者刁难、欺压,南洋侨胞生计艰难,且受世界经济危机影响,更是雪上加霜。华侨的命运与国家民族的命运息息相关。邹韬奋向当地一位姓李的侨胞了解生活近况及对国内报刊的印象。这位侨胞"希望祖国争气的心也异常的殷切","对国事愤慨极了,切齿握拳,声色俱厉"。他还说侨胞们喜看《生活》周刊,"觉得《生活》上所说的话是侨胞心里所要说的"。邹韬奋极力安慰他说:"今后中国的一线希望,就系在天真朴实敢作敢为的大众!""不要过于悲观,大众

---

[1] 邹韬奋:《韬奋全集》第5卷,上海:上海人民出版社,1995年版,第627页。
[2] 同[1],第636页。

的伟大力量是终要起来的,我们只须认清途径向前努力就是了。"[1]

船过马六甲海峡,进入印度洋。印度洋风急浪高,邹韬奋大受晕船之苦。

与邹韬奋同行的一位姓李的中国人,自己带着一个帆布靠椅并在椅子上写了中西文姓名。一天,他在甲板上舒舒服服地躺在椅子上,忽然来了个外国老太太,一定要把他赶走,硬说椅子是她的。李某把椅子上的姓名指给他看。她强词夺理,说他偷了椅子,有意写上姓名。于是引起了几个中国人的公愤,其中一位"握拳擦掌切齿怒目的神气,好像就要打人似的"。另一位持相反的意见,说:"中国人出门就准备吃亏的","自己不行(指中国),有何话说!"

船上设有公共浴室,"如遇着是中国人正在里面洗浴,来了一个也要洗浴的西人,往往打门很急,逼着速让,那种无理取闹的举动,虽限于少数的'死硬'派,无非含有轻视中国人的意味"。

晕船之苦可忍,国人出门受辱不可忍,邹韬奋心中鼓荡着"民族意识"。他深有感触地对同行的雷宾南说:"各殖民地的民族革命,也是促成帝国主义加速崩溃的一件事,不过一个民族中的帝国主义的附属物不铲除,为虎作伥者肆无忌惮,民族解放又何从说起呢?这却成为一个先决问题了。"[2]

24日,船到科伦坡。一位《生活》周刊读者陪同邹韬奋"环游全市三小时"。邹韬奋了解当地的华侨情况,感觉到:"他国人在外经商,多有本国政府的保护及有计划的指导,我国在外的侨胞

---

[1] 邹韬奋:《韬奋全集》第5卷,上海:上海人民出版社,1995年版,第643—644页。
[2] 同[1],第648—649页。

就只有盲人骑瞎马似的乱闯罢了。"[1]

27日,路过孟买。邹韬奋上岸一游,把"宏丽华厦"的区域与"龌龊不堪"的"穷窟"相对照,不禁疑问:"印度人口三万万五千万,在印的英人现约十万人,俯伏于此十万英人势力之下的印人中,每日不能得一餐之饱的有三千万人,这种畸形的状况能维持得久远吗?"[2]

8月3日,船到苏伊士城。邹韬奋买了两打关于开罗名胜及苏伊士运河的景物相片,准备寄给《生活》周刊。夜过苏伊士运河,"明月清风,随我左右",邹韬奋获得了"悠然意远"的难得心境。

7日,船抵威尼斯,近三万里的海程便告结束,邹韬奋开始了在欧洲的考察。

在欧洲资本主义国家中,邹韬奋先后重点考察了意、法、英、德四国。其中,英法是所谓民主国家,德意是法西斯国家。

邹韬奋最先在意大利考察了10天。意大利人办事马虎,许多地方脏、乱、差严重,缺乏安全感。邹韬奋到意大利时,恰逢法西斯10周年纪念展览会还没有闭幕,意当局鼓励人们去"览"。邹韬奋"特别注意的是他们究竟替意大利人民干出了什么成绩",所以也去"览"了一下,结果"一无所得","原来他们只不过按年把该国法西斯一党发展中的杀人照片、'烈士'照片,所用的刺刀旗帜等等,陈列出来,尤多的当然是他们的老祖宗墨索里尼的大大小小各种各式的照片"。[3]

---

[1] 邹韬奋:《韬奋全集》第5卷,上海:上海人民出版社,1995年版,第651页。
[2] 同[1],第653—654页。
[3] 同[1],第673页。

8月17日,邹韬奋离开意大利进入"世界公园的瑞士"。瑞士的山水之美令人陶醉,但邹韬奋此次赴欧,主要是为了学习和观察,"并不含有娱乐的雅兴",所以瑞士并不是他所注意的国家,只是顺道一游罢了。

23日夜,到达巴黎。邹韬奋在这里考察了一个多月,了解法国社会生活的方方面面。

在巴黎"繁华作乐世界"的咖啡馆前,可以看见衣服褴褛、蓬头垢面的老年瞎子向行人乞讨,一面叫卖一面叹气的卖报老太婆,无数花枝招展、挤眉弄眼向人勾搭的"野鸡"。"法国的'野鸡'却是'自由'身体,没有什么老鸨跟随着。"公娼馆里的公娼是一种"商品",有的按时计价,也是"自由"之身。但邹韬奋认为无论是"野鸡"还是公娼,"在表面上虽似乎没有什么人迫使她们卖淫,尽可以说她们是'自由'卖淫,实际还不是受着压迫——经济压迫——才干的?这也便是伪民主政治下的借来作欺骗幌子的一种实例!"

为了探悉法国的下层生活,邹韬奋和友人曾于深夜到街上去"巡阅","屡见有瘪三式的人物,臂膊下面夹着一具庞大的枕头,静悄悄地东张西望着跑来跑去,原来这些都是失业的工人,无家可归,往往就在路旁高枕而卧,遇着警察,还要受干涉,所以那样慌慌张张似的","这失业问题实是给帝国主义的国家'走投无路'的一件最麻烦的事情"。[1]

巴黎的重要报纸全在资产阶级集团的掌握之中,并成为资产阶级的喉舌。除左派如社会党及共产党的机关报对中国不说坏话外,其余的报纸不报道中国的事情则已,如有报道,则总是诬蔑、

---

[1] 邹韬奋:《韬奋全集》第5卷,上海:上海人民出版社,1995年版,第687—689页。

谩骂、戏弄的文字。

在法国,"生活龌龊"、"衣服褴褛"、"鸠形鹄面"的"青田小贩"[1]则成了中国人的代表。他们素质极低,不知注意自己的形象,从而也丢了中国人的脸。邹韬奋深切同情这帮"苦人儿","不禁发生无限的悲感"。究其原因,邹韬奋认为:"若国内不是有层出不穷的军阀官僚继续勇猛的干着'侮辱国体'的勾当,使民不聊生,情愿千辛万苦逃到海外,受尽他人的蹂躏侮辱,这班小百姓也何乐而为此呢?"他们不懂外语,不识字,不知道各种规章制度,往往因为极小的事情而彼此打得头破血流,动辄被外国警察驱逐毒打,受尽痛苦还莫名其妙!"当然更说不到有谁出来说话,有谁出来保护!呜呼中国人!这是犬马不如的我们的中国人啊!"[2]像邹韬奋这样衣着整洁、温文尔雅的人,总要被看成日本人。

法国的教育是不平等的。"高等学校和大学,没钱的工人不能问津。"然而,就是"在受此种教育者的本身,也一天一天的增加恐慌,也可以说是日趋没落,日向穷途末路上跑,因为现在社会里这种'商品'的生产过剩,到了后来连贱卖都卖不出去!""得着'硕士'衔头而无事可做,只得做汽车夫的已不乏其人","在素以欧美各国中犹得'繁荣'自傲的法兰西,也渐有捉襟见肘的窘态了"。[3]

邹韬奋访问了凡尔赛附近的农村,参观了凡尔赛农业研究院国立格立农实验场、格立农国立农业专门学校和农村小学。他还

---

[1] 历史上,浙江青田曾为中国最穷苦的地区之一。清光绪年间,一些青田人被迫远走欧洲诸国,出售自制的各种青田石雕为生,"青田小贩"由此得名,后泛指一切在欧洲做生意的青田人。
[2] 邹韬奋:《韬奋全集》第5卷,上海:上海人民出版社,1995年版,第712—713页。
[3] 同[2],第704—705页。

访问了一个农民家庭,谈笑甚欢。邹韬奋觉得法国重视农业,农村组织得井井有条,各种设施较为齐全。但他也看到受世界经济不景气影响,许多农产品卖不出去,一些农家的生活陷入很困难的境地。这是邹韬奋第一次专门调查农村,体会农人的生活,只可惜不是在中国,他对中国的农村了解不多。

资本主义的破绽随处可见,但也并非一无是处。邹韬奋客观地看问题,认为资本主义"也有它的优点,不是生产落后、文化落后的殖民地化的国家所能望其项背的"。从法国看,表现在利用科学于交通上,使交通发达,效率提高,市政设施齐全,市民享用便利;另外,社会组织也很严密,等等。就拿市政设施来说,邹韬奋认为:"资本主义社会常会拿这样的小惠来和缓一般人民对于骨子里还是剥削制度的感觉和痛恨,但比之连小惠都说不上的社会,当然又不同了。"[1] 言外之意是,中国人民的苦难比法国人民的苦难深重多了。

9月30日,邹韬奋由巴黎到伦敦。英国是老牌帝国主义国家,"民主政治"里面的老大哥,因受世界经济危机的影响,已经很难保住昔日的尊严。当邹韬奋由法入英,通过英国的海关时,遇到一件令人啼笑皆非的事情。检验护照时,有个海关人员问邹韬奋来英国干什么。邹韬奋回答说是新闻记者,来旅行考察。那人又很郑重地问:"你不是来找事做的吗?"邹韬奋开玩笑地答道:"我

邹韬奋在伦敦时留影

---

[1] 邹韬奋:《韬奋全集》第5卷,上海:上海人民出版社,1995年版,第693—695页。

是来用钱，不是来赚钱的！"那人问钱在哪里，邹韬奋随手取了一张汇票给他看了看，那人即在护照上盖了个戳子放行。邹韬奋仔细一看，才知道上面郑重注明："准许上岸的条件，拿此护照的人在英国境内不许就任何职业，无论有薪的，或是无薪的。"总之，他们总怕外国人来和他们抢饭吃。[1]

伦敦有着表面上的繁荣。除贫民窟外，一般居民的住宅，设备都很讲究，在马路上就望得见"华美的窗帷"。邹韬奋以新闻记者特有的敏锐目光，执意要看看"这华美的窗帷后面究竟怎样"。

房东是一个天天在孤独、穷苦中挣扎着过日子的66岁的老太婆，丈夫30年前因发神经病，一直关在疯人院，两个儿子都死于第一次世界大战，只剩下一个女儿，嫁给一个钟表店的伙计。这房子她租了20年，靠做二房东勉强维持生活。她每天忙得什么似的，还要提心吊胆，生怕房客退房。邹韬奋问她为什么不与女儿同住，她说如果有钱当然可以，如今穷得要靠女婿生活，则会破坏女儿夫妇间的快乐，所以不愿意去。邹韬奋终于看清楚，在"华美的窗帷"后面，竟然也有贫寒、无助和人情冷漠！

因受经济的压迫，以"皮肉"做"生产工具"的女子在伦敦随处可见。一天晚上，邹韬奋和友人在一家中国菜馆吃饭，进来了一位"金发碧眼，笑靥迎人，沉静而端庄，装束也朴素而淡雅"的妙龄女子。她是来找"男朋友"的。问及身世，方知她失业多时，无路可走，除求死外，只得干不愿干的事情。有时邹韬奋外出参观，很晚才回来，总是见到两旁人行道上，每隔几家店门，便有女子直立着等候什么，因怕警察干涉，只能对行人做媚眼，或轻声低唤。

---

[1] 邹韬奋：《韬奋全集》第5卷，上海：上海人民出版社，1995年版，第716页。

她们有的站到天亮还一无所获，垂头丧气，涕泪交流。[1]

英国的妇女虽不乏出人头地者，但是"她们还大多数在挣扎的生活中"。资本家把妇女当成"贱工"，给予的工资特别低。有的工厂只用15岁的女子，到了16岁，便把她们开除。"据说实行此法比换新机器容易，因为新机器还要花钱去买，新女子便堆在门口听你使用！"许多女子"为着生计所迫，虽欲做工而无工可做，万不得已，把身体当商品出卖，是多么苦痛的事情！这又是谁的罪恶？"[2]

贫民窟在英国各大城市都有，但以伦敦东区的规模最大。那里房屋陈旧、低矮、昏暗、潮湿，老鼠和虱子很多。许多人家几代人同住在一个小小的房间里，疾病肆虐，很少有人和疾病不发生关系，死亡率比普通的地方增加一倍至两倍，婴儿的死亡率更高。这里的一切与西伦敦"最奢华的店铺、皇族贵人的官邸、布尔乔亚享乐的俱乐部"相比，何止天壤之别！邹韬奋听说英国准备发起消灭贫民窟运动，但他并未看出什么希望，因为"贫民窟问题也是资本主义制度下的一部分产物"，"而新屋的建造则仍希望以利润为前提的私人企业家来办，并不想到工人租用贫民窟的房屋已嫌其贵，更有何余力来租用新屋！"[3]

英国是欧洲工业化程度最高的国家，但是自从世界经济危机发生以来，失业救济更感棘手。经过考察，邹韬奋认识到，英国政府"对于救济费，是极力地想出种种限制的花样，使许多失业工人被驱于救急范围的外面去"。邹韬奋举出一个失业工人因得不

---

[1] 邹韬奋：《韬奋全集》第5卷，上海：上海人民出版社，1995年版，第720—721页。
[2] 同[1]，第772—773页。
[3] 同[1]，第766页。

到足够的救济,妻子节食养子,挨饿致病而死的例子,悲愤地说:"谁也想象不到在这样繁华的伦敦,竟有这样的人间地狱!"[1]

考察了大规模的曼彻斯特的纺织业和利物浦的造船业后,邹韬奋得到一个结论:资本主义经济危机时通常的情况是各行各业都走上了"倒霉"的道路,而且"繁荣时代,规模越大越煊赫;倒霉时代,规模越大越糟糕,越难收拾"。[2]

英国在政治上向有"巴立门的母亲"(Mother of Parliament)的尊称。但在邹韬奋看来,"现在这位'母亲'倘若不是'风烛残年',她老人家的光辉已大不如前了"。保守党和自由党,"根本上都是拥护资产阶级的政党",至于工党,上台后"反而要设法减少自由党所曾经给与工人的改良政策的经费,以维持日趋没落的现制度!"[3]这种看法是深刻的、正确的,说明邹韬奋已经看透了资本主义议会制度的本质。

邹韬奋认为英国、法国的"民主政治""最大的特点可以说人民确已得到'纸上自由'了。这所谓'纸上自由',也可以说是'嘴巴上的自由'"。法国的报纸,无论极"左"的或极右的,对于政府的批评指责,都尽量地发挥,法国社会党的机关报和共产党的机关报,对政府更往往抨击痛骂得体无完肤,从来没有因言论开罪当局而有封报馆捕主笔的玩意儿。议员在议院里当面斥责政府要人,那更是司空见惯的事情。英国报纸批评政府及其领导人,议员指责英皇,都不为过,"纸上自由"或"嘴巴上的自由"发挥到"淋漓尽致"。

---

[1] 邹韬奋:《韬奋全集》第5卷,上海:上海人民出版社,1995年版,第757—760页。
[2] 同[1],第740页。
[3] 同[1],第755—756页。

但是,"尽管听任你在文字上大发挥,尽管听任你在嘴巴上大发挥,但在行动上,这资本主义的社会制度好像铜墙铁壁似的,却不许你越雷池一步!"统治阶级的爪牙警察侦探等"防范得厉害",尤其是对共产党人活动的防范,"简直好像布满着天罗地网似的"!只有言论自由,而无行动上的自由,这种"自由"是片面的、虚伪的。邹韬奋把英、法自我标榜同时也为许多人所称慕的"民主政治"揭了个底朝天,让人们一眼就能看出其中的货色。尽管如此,与中国的情形相比,邹韬奋又认为:"这当然是处身军阀官僚横行的国家里面的人民所垂涎三尺的权利,因为在这样的人们,只有受压迫剥削的份儿,连呻吟呼冤都是犯罪的行为!"[1]

英国是个人主义高度发达的国家,所谓的"独立意识"很强。大街上随处可见的叫花子也要尽量装作为你服务了才安心得到"报酬"。家庭关系中的"独立观念"使得亲情淡泊。邹韬奋旁观者清,认为"这种独立观念,就某种意义说,不能不算是一种'美德'——至少在力求自食其力而不肯累人一点上很可贵。但是在另一方面看,各人只在个人主义里兜圈子,不曾顾到社会的集团的利益,听任剥削制度的社会存在着,势必致于虽有独立观念而无法维持的时候,虽欲做工而无工可做的时候;平日辛勤做工,到老做不动时还须拖着命做,那些有剥削工具握在掌握的人,却可以不劳而获地一生享受无穷"。[2]

英国的新闻业在国际上占有重要的中心地位。作为同行,邹韬奋对此加以切实的观察和研究。他首先注意到英国各报各有其特点,极少雷同。不但在言论上因各报的立场不同而内容互异,

---

[1] 邹韬奋:《韬奋全集》第5卷,上海:上海人民出版社,1995年版,第760—763页。
[2] 同[1],第771页。

即在消息上也因为各报的注意点不同而取材迥异。在资本主义社会里，各报的阶级立场也十分明显，表现出一些矛盾现象。另外，几家大报馆设备上的科学化也引起了邹韬奋的注意。英国报纸一类是所谓"风行"报纸，像《每日传知》、《每日快报》和《每日邮报》等，发行量很大，均操纵在资本家手里，成为他们的宣传机关。但英国报纸言论的力量并不在这些报纸，而是在于"一部分人看的报纸"。不仅在英国而且在国际上也受到注意的要推《泰晤士报》和《孟却斯特报》(《曼彻斯特报》)。邹韬奋对这两报的历史和现状都进行了考察。前者不但在新闻方面努力做到正确和迅速，同时注意于社论的精警，有较高的社会信任感。但邹韬奋还是看出该报在骨子里"对外仍是站在帝国主义的立场，对内仍是维持资产阶级势力的立场，却是很显然的事实"。[1]关于后者，邹韬奋尤为注意的是它的"创造者"史各特"一生对于新闻事业的继续不断的勇敢的忠实的努力精神"。[2]考察英国的新闻事业，开阔了邹韬奋的新闻视野，对于丰富他的办报经验大有裨益。

英国的教育在事实上是不平等的，一部分是有钱人受的教育，即"为领袖而设的学校"，一部分是穷人受的教育，即"为大众而设的学校"。"这两大类学校的分道扬镳，不是以智能为标准，全以家世及财力为标准。"这两大类教育有优劣之分。英国教育的目的，其一是机器日益进步，运用机器的人，必须有"相当的教育程度"，才能得到好的效率，做资本家的良好工具；其二是国防，只有受到"相当教育"的人才知道"爱国"，才能替资本家去抢夺和保卫国外市场。所谓"相当"，是恰到可以受资产阶级利用为限

---

[1] 邹韬奋：《韬奋全集》第5卷，上海：上海人民出版社，1995年版，第733页。
[2] 同[1]，第737页。

度，过此则非所许，所以在教育程度上也自然地表现着不平等的现象。[1]

邹韬奋同情爱尔兰人民的民族斗争，曾跨海到都柏林参观访问。爱尔兰自由邦总统凡勒拉放弃了武力斗争，热衷于和平的议会斗争，把希望寄托在英国政府的态度上。邹韬奋相信"自由平等是要用热血牺牲去换来的"，访问凡勒拉后，"所得的感想是他在实际上已渐成为过去的领袖人物，他的思想和政策都难于应付现在的爱尔兰问题；他的脑袋中所装的东西还只是民族革命，似乎关于社会革命的影子一点都没有。他相信组织是解决中国许多困难问题的枢纽，这话固很重要，但他却没有注意这种'组织'应该以什么为中心，然后才能对帝国主义的压迫作英勇坚决的抗争"。[2]邹韬奋不同于一般的新闻记者，他以政论家的眼光看问题，把民族革命与社会革命结合起来，强调"组织"的阶级属性。

1934年2月7日，邹韬奋离开伦敦访问其他欧洲国家。他再到法国，经比利时、荷兰，一路游览了二十多天，于3月2日到达德国首都柏林。因为当时国民党当局在国内大张旗鼓地宣传德国的法西斯主义，并与德国有着"友好的邦交"，因而他特别留心考察德国。

邹韬奋注意到德国政治有三大特点。

其一是"领袖政治"，大搞对希特勒的个人崇拜。德国人见面打招呼不是彼此问好，而是举手高呼"Heil Hitler"（希特勒万岁）。有的德国朋友告诉邹韬奋，许多人是在权势的压力之下，为了保全自己的饭碗，不得不这样做，与其说是喊希特勒万岁，还不如

---

[1] 邹韬奋：《韬奋全集》第5卷，上海：上海人民出版社，1995年版，第755—756页。
[2] 同[1]，第750—751页。

说是喊饭碗万岁。"领袖政治"所提倡的是对于领袖的盲目的奴性的服从。邹韬奋认为"无论什么性质的集团或机关，只须是有'群'的形式，在职务上的需要，当然有领袖的必要"。但领袖"最重要的任务是要能把这一团人所要解决的事情解决掉，倘无法解决而又装腔作势，尽管吹牛，谁来睬他！"联系到当时"唯希特勒马首是瞻"的蒋介石，邹韬奋愤然说："中国人所要重视的领袖是在行动上事实上有办法为大众努力的领袖，不是挂着空招牌摆着空架子的领袖。如有人自以为是中国的领袖而怪中国人民不知或不肯拥护他，我要请他问一问自己有了什么，做了什么，足以引起中国人民的信仰和敬重！"[1]

其二是残酷无比的"褐色恐怖"。邹韬奋接触到大量的法西斯党徒残酷迫害政治嫌疑犯的材料，并介绍给中国读者。他痛恨法西斯主义，认为它"实际干脆是反革命，这种残酷的恐怖就简直是向文明人类挑战了"。[2]

其三是"很浓厚的种族的成见和由这种族成见所引出的很滑稽的梦想"。当时，德国"种族优越论"盛行。希特勒认为"只有"亚利安人是能替世界创造文化，能替世界保存"美"的种族。他积极提倡两件事，一件是保全日耳曼种族的血统，不允许与别的种族通婚，另一件是提倡唯一优种的亚利安人征服全世界，只有这样世界的文化才有进步。邹韬奋认为："德国一般人民，我觉得都很可爱，所以我对于日耳曼种族只有敬重的态度，但国社党那样排斥其他种族的态度，我认为是成见；征服一切其他种族的念

---

[1] 邹韬奋：《韬奋全集》第5卷，上海：上海人民出版社，1995年版，第831页。
[2] 同[1]，第835页。

头，更是梦想。"[1]

在经济上德国同样为世界经济危机所困扰，工人大量失业，有业者也多半处于半饥饿状态。剥夺妇女的就业机会竟成了减少失业的"千万分合理的大事业"，希特勒曾明目张胆地说："一个妇女的地位是在厨房里、教堂里和床铺上。"[2]因而德国的"野鸡"之多，与英、法相比则有过之而无不及。

邹韬奋访问了德国最重要的印刷出版公司乌斯太音，对该公司先进的设备、极高的工作效率赞叹不已，"心里暗想，如中国有一天真实行了社会主义，或至少真向着了社会主义的大道上走，由大众化的国家办理这类大规模的文化事业，区区小子，得在这样的一个机关里竭其微力，尽我全部的生命在这里面，那真是此生的大快事，大幸事，这样大众化的事业，比之操在资本家的手里，以牟利为前提的事业，又大大地不同了"。[3]邹韬奋心中充满着对社会主义社会的向往和献身社会主义文化事业的豪情。

4月17日，邹韬奋离开法兰克福，于18日下午回到伦敦。看完了德国，邹韬奋对欧洲资本主义国家的考察也就告一段落。邹韬奋出国考察时，资本主义世界刚刚经历一场空前剧烈的经济危机，元气大伤，一时还没有恢复，所到之处萧条冷落，两极分化严重，社会矛盾尖锐。出国前对世界资本主义的一些认识得到了充分印证，从而使他更加坚信资本主义已到了穷途末路。

邹韬奋在国外考察过程中，充分利用一切机会学习马克思主

---

[1] 邹韬奋：《韬奋全集》第5卷，上海：上海人民出版社，1995年版，第840页。
[2] 同[1]，第844页。
[3] 同[1]，第855页。

义理论。出国前,他就准备到伦敦大学政治经济学院听讲。到伦敦后,除了考察和在这个学院听讲外,还花了许多时间到伦敦博物院图书馆里博览群书。邹韬奋暂以伦敦为"家",从德国考察归来的3个月,除挤些时间续写游记,将游法(第二次到法)、比、荷、德之所得编为《萍踪寄语》第二集外,几乎把所有的时间都花在伦敦博物院图书馆里攻读马列主义书籍,并做了大量而详尽的笔记。后来,从苏联考察归来也是这样。归国后,邹韬奋把这些笔记加以整理翻译,得《读书偶译》一本,于1937年由生活书店出版。该书的"目次"主要有:(1)政治组织的理论和形式;(2)卡尔研究发凡;(3)黑格尔对于卡尔的影响;(4)卡尔的理论体系;(5)卡尔的历史解释;(6)唯物史观的解释;(7)唯物辩证法;(8)卡尔的经济学;(9)恩格斯的生平和工作;(10)恩格斯的自白;(11)伊里奇的时代;(12)伊里奇的生平;(13)伊里奇的理论。

从这本书可以看出,邹韬奋全面、系统地学习了马列主义理论,并且对革命导师们产生了强烈的爱戴之情。孟子说:"读其书尚友其人。"邹韬奋深有同感,以为"革命的思想家的奋斗生活,常常能给我们以深刻的'灵感'。我每想到卡尔和伊里奇的艰苦卓绝的精神,无时不'心向往之'"。[1]

7月14日,刚好是邹韬奋离开祖国一周年的日子,他离开伦敦,乘苏联"苏比尔"号轮船前往苏联参观。在船上,邹韬奋结识了美国全国学生联盟会组织的旅游团,并与该团一起活动。

苏联对于邹韬奋来说,是一个完全陌生而又向往已久的国家。一上"苏比尔"号,他就被船上平等、友好的人与人之间的关系

---

[1] 邹韬奋:《韬奋全集》第14卷,上海:上海人民出版社,1995年版,第17页。

所感动。他说:"这种印象,是我自从坐过轮船以来所未曾见过的。这五天海上生活在我心坎中所引起的留恋的情绪,我永远不能忘却。"[1]

19日,船到列宁格勒。邹韬奋和旅行团的成员当晚就乘火车赶赴莫斯科,参加暑期大学的学习。在莫斯科,他们上午听讲,下午参观访问。暑期大学课程很多,自由选读,邹韬奋选择了社会学。暑期大学结束后,邹韬奋还到苏联南方各地参观访问。

邹韬奋在苏联学习、考察两个月,对苏联的政治、经济、文化、社会生活、人的精神面貌等各个方面有了全面的了解和精深的思考。他走进了自己理想中的乐园,所见所闻,爽心悦目。

刚到莫斯科,邹韬奋就被热火朝天的市政建设场景所吸引。莫斯科充满着迷人的魅力,显示出蒸蒸日上的气氛,是"劳动者的莫斯科,在政治、经济、文化各方面努力于社会主义建设的中心'实验室'的莫斯科","随处都可看见仍在继续建造中的道路,仍在继续建筑中的房屋,仍在继续布置中的公园和草地"。这里消灭了贫民窟——资本主义世界各著名的"文明"首都免不掉的点缀品,帝俄时代贫民窟的破屋已被"一座一座的钢骨水泥新建四五层高的新式住宅"所取代。这些"劳动者的住宅,有许多玻璃窗上挂着窗帷"。已经修好的广阔平坦的马路和正在修建、计划修建的马路通向各个街区,不像"西欧各国的好马路只见于布尔乔亚居住来往的区域,非整千整万的劳动者所居住来往的贫民窟所能梦见"。[2]

苏联是劳动者的国家,"苏维埃"是其所采用的政权形式,从

---

[1] 邹韬奋:《韬奋全集》第6卷,上海:上海人民出版社,1995年版,第28页。

[2] 同[1],第45—46页。

邹韬奋和美国学生旅行团在参观克里姆林宫时的留影

上到下分为全国、共和国、省、区等苏维埃。各苏维埃的组织由选出的代表组成。代表们除少数常驻办公外,大多数都要深入工厂、农村、学校、兵营等各个方面,把政府的指导和协助贯彻下去,把人民的愿望和要求反映上来。而在"他国的选举制度,往往只作一次形式的投票,选举人和被选举人等于没有关系,这里则选举人仍处于活动的地位,仍时时在联系中、监督中;发现你不能尽职,便不客气地把你撤销!"[1]这才是真正的民主政治。

---

[1] 邹韬奋:《韬奋全集》第 6 卷,上海:上海人民出版社,1995 年版,第 99—101 页。

苏联的生产工具为全体国民共有，生产目的是以满足人民群众日益增长的物质和文化生活的需要。因为无私人利润的存在，所以苏联的工资与资本主义国家的工资有着根本的不同。在别的国家里，工人所得的工资没有包括他劳动的全部，在苏联工人得到的工资也只是他劳动的一部分，表面看来，两者无多大差别，"但在性质上却有很大的不同，因为在苏联，工人劳动的'未付的'部分并不归入别一阶级的手中，成为私人的'利润'，却是由工人的国家用来发展有益勤劳大众的种种建设，终究的利益还是属于全体工人"。[1]

"未付"给工人而又实际用于工人的一部分工资被称为"社会化的工资"，其最主要的表现是"社会保险"。别的国家也搞社会保险，但在邹韬奋看来，苏联搞得最好、最彻底。"第一是凡受社会保险利益的人，其本人完全无须交纳保险费；这种保险费全由工厂或机关拿出来的，并不像别国要从工人的工资中扣除。第二是关于这种保险的管理，是由受保险的工人自己选出的代表主持，和别国之由雇主，或由雇主与雇佣双方的代表，或于双方之外再加上政府官吏来管理，也不相同。"医治及疗养费、孕妇和产儿的保养费、养老金等都可从中支付。

苏联自1930年以后全部消灭了失业，失业救济一项完全搁置。苏联房屋租金根据租户的收入和依赖他生活的人口多寡而定，对于工人特别优待。收入愈少，人口愈多，租金也随之减少。在许多工厂，工人的房屋、电灯、燃料都予以免费。物品的分配与消费，也对工人特别照顾。此外如"工人城"的建筑，大规模的工厂厨房的设立，社会化餐馆的增加，以及免费教育的推行（大型教育

---

[1] 邹韬奋：《韬奋全集》第6卷，上海：上海人民出版社，1995年版，第107页。

不但免费，每月还有津贴），幼稚园、托儿所等的组织，关于文化享受（如电影、戏院、公园等）的优待，都是"社会工资"的一部分。

因而，"苏联的金钱的工资不过是工作上所得报酬的一个形式"，"而且工资随生产力的增加而增加，工作时间却随生产力的增加而减少"。[1]

苏联工业的管理，"自上而下，都由工人的组织参加着"。其管理机构虽也用着"托拉斯"这个名词，但不过是国家的信托者，依国家所定的计划，主持管理罢了；在营业上所得盈余，提出若干做该业基金，若干做职工红利，若干做改善工作环境的费用外，其余都归到国库里面去。因此，"这些托拉斯不是替任何私人发大财，是为全国的经济增加效率，是为全体人民谋便利的"。其管理原则是集权与分权相结合。[2]

苏联的工会是工人大众最大的组织，"成为国家和代表工人的工厂委员会之间的连锁"。其重要的使命有两个："第一是动员劳动大众，增强他们对于生产的主动的参加，对于经济问题的解决作主动的参加；同时也就是教导劳动大众成为全国经济的领导者。第二是保障工人的利益，以防管理者方面或许有官僚化流弊的发生。"第一点是根本区别于别国工会的，因为"他们所努力增加的是社会的大众利益，是增加勤劳大众的享用，不是替任何私人牟利的勾当，不是替资本家装腰包"，"在社会主义的社会制度下，工人生活标准的提高，终究还是要靠生产的进步"。[3]

在苏联，人的精神面貌特别好，斗志昂扬，邹韬奋对此感触

---

[1] 邹韬奋：《韬奋全集》第6卷，上海：上海人民出版社，1995年版，第109—112页。
[2] 同[1]，第114—115页。
[3] 同[1]，第118—119页。

尤深。苏联人民刚从旧制度下解放出来，并通过艰苦卓绝的奋斗在资本主义汪洋大海的包围中站稳了脚跟，其喜悦的心情和昂扬的斗志是可想而知的。苏联政府经常动员大多数人"作集团的游行或检阅，借以鼓舞大众的振作精神和前进的勇气"。"他们和她们经过街上时都边走边唱歌，步伐整齐，歌声宏壮，谁看了都要精神一振。"[1]这是一个崭新的世界，这是一个朝气蓬勃的民族。"你们准备好了吗？""准备好了！"喊出了民族的自尊心、自信心、自豪感，喊得每个人周身热血沸腾，在他们的面前还能有什么办不到的事，还能有什么克服不了的困难？他们是国家的主人，有主人翁的意识，在工作上你追我赶，开展劳动竞赛，忘我地工作，满怀豪情地迈进在社会主义的康庄大道上。

苏联的妇女得到了真正的解放，并得到社会各方面的关怀。苏联没有失业问题，有劳动能力的妇女都要参加劳动，男女同厂劳动，同工同酬。邹韬奋运妙笔描写了他和一群美国青年在佛勒格机械厂参观时所见情景："我们几个人围着一位正在车床旁忙着工作的女工看了许久；看她两手忙着工作，看她的身体在车床旁前后移动，看她俯身整理机件，看她的眼睛，看她的嘴唇，看她的面孔，十几个眼睛不转瞬地盯住她看！也许看得太久了，这位年龄不过十八九岁的小姑娘大概被我们看得不好意思起来，不禁常常转着秋波作嫣然的媚笑。"[2]看者，看得真真切切，欣赏、羡慕与向往之情交织在一起；被看者，羞羞答答，天真灿然，笑容可掬，几多喜悦、自豪、幸福，尽在不言中。邹韬奋在巴黎、伦敦也曾多次领略"嫣然一笑"，但那种"嫣然"地"笑"不是被人家

---

[1] 邹韬奋：《韬奋全集》第6卷，上海：上海人民出版社，1995年版，第61—62页。
[2] 同[1]，第104页。

看得不好意思了而自然地发生的,而是为了推销"皮肉",主动地献媚眼时勉强地发生的,"笑"出的则是辛酸、无奈和苦楚。莫斯科已消灭了妓女这一各国大都市皆有的点缀品,并且设立了妓女疗养院,把帝俄时代遗留下来的妓女改造成自食其力的有用的公民。堕胎在西方一些国家是为法律所禁止的,非堕胎不可的妇女因为秘密实行,设备不良,卫生不合格,往往要冒生命危险。为了保护妇女的生命安全,苏联医务部门公开设立了堕胎医院,为非堕胎不可的妇女提供安全可靠的服务,而且堕胎期间,工资照发。妇女怀孕、生孩子都能得到社会各方面的照顾,并有一定的假期,工资照发。

苏联的儿童是幸福的。各机关、各单位都设置了完善的幼稚园和托儿所。这些幼儿机构的设立,一方面是为了解放妇女,使妇女没有后顾之忧,从而走出家庭(希特勒则要把妇女赶进厨房、教堂和床铺),更好地为社会工作;另一方面,也是最重要的方面,就是为了培养具有"环境新、观念新、体格新、习惯新"的社会主义新一代。集体主义观念、共产主义理想、良好的道德风尚是从小施诸教育的重点。邹韬奋在参观莫斯科郊外的一个幼稚园时,"一大群小弟弟小妹妹的那样起劲的样子,热烈的神情,活泼的举动,都深深地永远镌印在我们的脑袋里"。他真心看懂了"那天真烂漫笑容可掬的玫瑰红的小脸上的表情"。[1] 在克里米亚半岛风景区还专门设立了一所儿童疗养院,环境优美,设备齐全,医术高明。90%的入院者是工人的子女,他们在这里治疗、康复,愉快地走向未来的生活。

邹韬奋认为苏联的教育有如下特点:第一是教育的大众化。

---

[1] 邹韬奋:《韬奋全集》第6卷,上海:上海人民出版社,1995年版,第88—89页。

第二是教育和金钱势力脱离关系。不但小学和中学一律免费，而且在职业教育和专门学校里，除免费外，按月还有津贴！第三是凭智力都有升学的希望。第四是教育的"技术化"。第五是明确的目标和应用的环境鼓励学生勇猛上进。第六是理论与实践联系。第七是各专校均加授新社会科学要义和唯物辩证法，虽是工程师，对于新社会科学亦须有相当的了解。第八是采用"社会主义的竞赛"，提高学业的质的程度。第九是自托儿所至大学，一律男女同学。[1]这些特点保证了苏联教育能够满足社会主义建设对人才的需要。另外，"苏联的青年绝对没有毕业后要失业的忧虑，这一层是主持政治的人已替他们弄得必有机会各展其所长的环境了；他们所要替自己考虑的是怎样省察自己的特长，作充分的准备，俾有专门的材力参加新社会的建设和改进"。[2]

在苏联，医药免费，不但注意治病，尤其注意预防。邹韬奋对莫斯科的夜间疗养院和克里米亚开放给大众的休养胜地叹为观止。夜间疗养院专为那些初期患者开设，或为仅有疾病嫌疑者服务。这些人白天照常上班，下班后来这里，能够得到专门的护理、很好的休息和精心的治疗。这种情况是西方"非钱莫入"的医疗制度下，挣扎在饥饿线上的工人们所无法想象的。克里米亚半岛风景如画的海滨已开放成勤劳大众的休养胜地，往来其间的"多是些粗手粗脚的工人，或土头土脑的农民"，"这是多么痛快的一件事啊"。[3]

苏联的商业不赚钱，这在世界上是绝无仅有的。这种社会主

---

[1] 邹韬奋:《韬奋全集》第6卷，上海：上海人民出版社，1995年版，第223—227页。
[2] 同[1]，第266—267页。
[3] 同[1]，第190—192页。

义的商业，其"重要的特点是在没有私人资本从中取利；它的目的全在使得消费者用最可能的廉价，享受到最可能的更多更好的货物"。[1]"人民的生活程度已随着经济建设的成功而俱长增高"，"在苏联，金钱已不是万能的了，比较重要的还是工作"。[2]

苏联通过"集体农庄"的形式解决了农业和农民问题，土地全被收归国有，由农民集体耕种，并推广机械化作业，从而大大调动了农民的积极性，提高了劳动生产率。邹韬奋参观了一些集体农庄，认为"集体农庄的普遍化，是苏联社会主义建设事业中的一种异常重要的成绩"，"是把社会革命真正推广到农村去的重要的媒介"。[3]

社会主义苏联注重化消极因素为积极因素。邹韬奋参观了罪犯创造的新村——布尔穴浮公社。这里聚集着几千名罪犯，劳动生活被安排得井井有条，马路宽阔清洁，新居掩映在丛林之中，让人"绝想不到是容纳罪犯的地方"。这里对待罪犯的四条原则是劳动、教育、文化和自治。苏联"处置罪犯的制度，目的不在惩罚或报复；最重要的目的是要把犯人救出来，使能重新做好人，不是替社会除去这个人，是替社会救回这个人"，"这种制度，并不养成怀恨社会的以犯罪为业的人（所谓"Professional Criminal"）；却在努力创造新人"。[4]

关于言论自由问题，邹韬奋在考察各国现实情况后把它分为三种现象：一种是在法西斯国家，其作用是替日暮途穷的资本主

---

[1] 邹韬奋：《韬奋全集》第 6 卷，上海：上海人民出版社，1995 年版，第 254 页。
[2] 同 [1]，第 259－263 页。
[3] 同 [1]，第 156、161 页。
[4] 同 [1]，第 152－153 页。

义制度挣扎，实际只替少数特权的阶层说话，在大多数人看来固然是绝对没有言论自由。一种是在号称民治主义的国家，尤其的是英法两国，这些是多党政治，大规模的言论机关当然也在少数特权阶层的掌握中，但在某些范围内还许一小部分替大多数人发表的言论有出版的可能，在表面上，似乎稍为宽容，但只是程度上的差别，并不是性质上的不同。还有一种便是政权已在勤劳大众自己的手中，言论自由为大多数人所享有，只有少数人不能享得言论自由的权利。苏联属于最后一种。"在苏联的当局以及从事新闻事业者，坦然承认无产阶级专政的过渡时代，还不能有完全的言论自由。完全的言论自由，须等到没有阶级的社会实现之后才能办到。在资本主义的国家和资本帝国主义所侵略的殖民地，只有少数人享到自由言论的权利，因为强有力的言论机关都在这少数人的掌握中，或至少是在这少数人威迫之下；在无产阶级专政的国家里，却有多数人享到自由言论的权利，因为强有力的言论机关都在这多数人为中坚的政权统辖之下。这两方面不同之点便是一方面是少数，一方面是多数。虽这两方面都不能说是'完全'，但'多数'已比'少数'进一步，却是无疑的事实。"[1]

关于苏联的社会性质，邹韬奋认为"目前的苏联社会的结构并不是共产主义的社会，只是社会主义的社会的开端……社会主义的社会的最重要的特点，是生产工具公有——工厂、机械、交通、矿山、森林等等，都归社会所公有，所有利益归大家共同享受，不是由私人占为榨取剩余价值的工具"。在苏联，"人剥削人的制度已根本不能存在了"，其分配原则是多劳多得，不劳不得。[2]

---

[1] 邹韬奋：《韬奋全集》第6卷，上海：上海人民出版社，1995年版，第176—178页。
[2] 同[1]，第176—277页。

在邹韬奋看来,"苏联自己老实承认是无产阶级独裁的国家,这和西欧的实际为资产阶级独裁而偏要自谓是为全民谋利益的把戏,性质完全不同。因此,在苏联的领袖,党,和勤劳大众,是联络成一片的,也可说是'三位一体'。党之所以成功,是因为能代表勤劳大众的利益;领袖之所以成功,是因为能领导全党为着勤劳大众的利益而奋斗。领袖领导党,党领导大众"。"党是领导大众的中心力量",他们的人数虽仅占全体人口的1~2%,但"这少数分子是具有阶级使命的意识和自我牺牲决心的人们"。"党员在统治集团中占着很重要的地位,但同时却是大众的公仆。""这和别国的政党党员,借党员的身份来抢夺饭碗,或作威作福,其功能当然要不同了。"党和政府的组织原则是民主集中制。[1]

邹韬奋曾谒列宁墓,萦于脑际的是列宁"在失败时期对于艰苦困难的战斗和克服"和"百折不回屡败不屈的精神"。认为"列宁一生的政治活动,始终不是立于'个人的领袖'地位,却总是代表着比任何个人都更伟大的一个以勤劳大众为中坚的大'运动';这运动在他未产生以前就存在,在他死后还继续着下去的"。[2]看到列宁死后,"后继者的领袖,能努力使社会主义建设一日千里,不负列宁的付托","不禁联想到有的国家里在革命领袖死后,便无恶不作,弄得丧权辱国、民不聊生,老实跑到反革命的路上去,却腼然不以为耻的后继者们!"[3]这里,邹韬奋所指何人是不言自明的。

关于"阶级"问题,邹韬奋认为有些人怕听到这个名词,"他们的意思似乎最好是说没有什么阶级的区分。其实怕也罢,不怕

---

[1] 邹韬奋:《韬奋全集》第6卷,上海:上海人民出版社,1995年版,第277—278页。
[2] 同[1],第155—156页。
[3] 同[1],第172页。

也罢,在生产工具未归社会公有的社会里,是否有阶级的存在,却是一个事实的问题。但是就社会主义的目的说,确是要造成一个没有阶级的社会。"苏联是"工人的国家",邹韬奋十分留意"工人"的概念,认为"工人定义的范围是随着无产阶级政权的愈益巩固和社会主义建设的愈益进步而逐渐推广的",即由产业工人向"外围的同盟者"(农民)推广。[1]

总之,在邹韬奋看来,"苏联是积极努力于新社会建设的国家,情形日新月异"。[2]柏拉图的"理想国"、托马斯·莫尔的"乌托邦"和康帕内拉的"太阳城"只是思想家们的幻想,而社会主义的苏联竟把共劳共享的人类社会理想变成了现实。这"是一万六千五百万的大众靠着自己的奋斗迈进,解除了压迫和剥削的锁链,铲除了人剥削人的制度,根据他们所信仰的根本原则,继续向着自由平等的人的生活大道走。他们已成功部分的事绩是铁一般的事实,任何人不能一手抹煞"。[3]邹韬奋从中看到了世界的出路,找到了解决中国问题的锁钥,激动万分。他饱蘸激情,将考察苏联所得,写成《萍踪寄语三集》。

历史的长河滔滔不绝,奔腾不息。社会主义的苏联虽然已经不复存在了,但它曾在人类社会发展史上放射过耀眼夺目的光芒,它所昭示的人类社会的理想并没有过时,并且还将成为人类社会努力奋斗的目标。后继的社会主义建设者们会因为有着苏联的先驱性的探索而变得更加睿智,社会主义的生命力也会因为经过反复锤炼而变得更加强劲。邹韬奋的《萍踪寄语三集》与瞿秋白的《俄

---

[1] 邹韬奋:《韬奋全集》第6卷,上海:上海人民出版社,1995年版,第279页。
[2] 同[1],第7页。
[3] 同[1],第279—280页。

乡纪程》、胡愈之的《莫斯科印象记》两书一样，都是来自"红都"的报道，感染着那个时代千千万万的中国人，又令今天的中国人和世界人深切缅怀30年代苏联那热火朝天的社会主义建设场景。

邹韬奋9月18日离开列宁格勒，27日回到伦敦。

一年多来，通过对欧洲几个"比较可以左右世界政治"的国家（含苏联）的考察，通过对马列主义理论的系统学习，理论联系实际，邹韬奋所见所闻所感实在太多了。他需要抽出时间来，好好地整理一下缤纷的思绪。1935年4月25日夜，邹韬奋坐在伦敦"华美的窗帷"后面，浮想联翩，夜不能寐，于是铺纸运笔，写作《萍踪寄语三集·弁言》，"世界的大势怎样？中华民族的出路怎样？"

邹韬奋收藏的部分外文版马列著作与哲学著作

如脱缰的野马，跃然奔腾而出。

关于第一个问题，邹韬奋认为"除苏联外，很显然的现象是生产力的进步和生产工具私有的社会制度不相容"，其结果是在欧洲所谓"列强"的国家里所看到的，"一方面是少数人的穷奢极欲，生活异常阔绰；一方面是多数人的日趋贫乏，在饥饿线上滚！"在这种情况下，世界大势只有两条路走：第一条路是用严酷的手段压制生产力进步所引起的社会革命，保持少数人所享用的利润，建立起独裁统治，"这便是在欧洲风行一时的所谓法西斯运动之所由来"。这种运动，"在国际便是加速第二次世界大战的到来"。因为"各帝国主义的冲突是资本主义本身的矛盾所产生"，其表现在对国外市场的争夺，对殖民地原料的抢夺，对殖民地劳动力的剥削之上。疯狂的军备竞赛，使战争的危机"一触即发"。与第一次世界大战相比，这次危机更为急迫，因为这次"还有帝国主义和社会主义国家间的对立"。第二条路是"根本改造束缚这生产力的社会组织，代以为大众福利尽量利用进步生产力的社会组织"，这就要求"生产的动机必须为供给大众的需要，而不是为少数人谋利润。要办到这一层，生产工具必须社会化，即必须为社会所公有"。只有这样，才能"彻底解决这种'不相容'的问题"。有没有第三条路呢？当时，在欧洲有人主张走第三条路，就是在不改变旧社会组织的现状下，而实行"计划的资本主义"（Planned Capitalism），从而避免社会的革命和法西斯的招牌。但是，这只是"梦想"，因为"只有能根本上解放生产力的路才能走得通"，第三条路"不但不能解放生产力，而且要出于束缚生产力，无意中已加入了第一条路"。因此，"欧洲乃至世界的大势，只在两条路的斗争中。第一条路也许因大多数人在意识上或力量上还未有充分的准备，使得没落的旧社会多苟延残喘几时，但最后的胜利必在根本解放生产力的方面，这是决然无疑的"。

关于第二个问题，邹韬奋首先指出"我们的民族是受帝国主义压迫和剥削的民族"，"所以我们的出路，最重要的当然在努力于民族解放的斗争"。为达到这个目的，在明了世界大势的前提下，要"特殊注意"两点：第一点是这种斗争的"中心力量"在哪里？"中国是世界中的一环，中国自己说不上帝国主义，但有帝国主义在中国；因此中华民族解放的斗争，决不能依靠帝国主义的代理人和附生虫；中心力量须在和帝国主义的利益根本不两立的中国的勤劳大众的组织。这样的中心力量才有努力斗争的决心和勇气，因为他们所失的就只不过一条锁链！"第二点是"帝国主义自身的矛盾日益尖锐化，一方面对于殖民地和半殖民地的压迫剥削固然要愈益加厉，一方面也是有斗争决心和勇气的被压迫被剥削的民族所可利用的机会"。但是，"这民族如一味的投降、退让，反而可使帝国主义将从殖民地和半殖民地所抢夺的赃物，用来维持它的残局"。我们要积极斗争，使帝国主义不得高枕而卧，"由此促进世界人剥削人的制度的崩溃，不但获得民族自身的解放，同时也是对于世界的责任。我们看清了世界的大势，分清了敌和友，应该要把这两种责任担当起来"。[1]

《萍踪寄语三集·弁言》是邹韬奋运用马列主义基本原理分析世界问题和中国出路的代表之作，思路清晰，分析透彻，洋洋洒洒，出神入化。革命导师列宁对于什么样的人才算得上马克思主义者曾有过精辟的论述。他说"只有承认阶级斗争，同时也承认无产阶级专政的人，才是马克思主义者"，"谁要是仅仅承认阶级斗争，

---

[1] 邹韬奋：《韬奋全集》第6卷，上海：上海人民出版社，1995年版，第9—10页。

那他还不是马克思主义者,他还可以不超出资产阶级思想和资产阶级政治的范围"。[1]从《萍踪寄语三集·弁言》中可以看出,邹韬奋已经符合了列宁提出的两条标准。邹韬奋马克思主义世界观最终形成于出国考察期间,其标志可以断定为《萍踪寄语三集·弁言》。

游苏期间,邹韬奋曾用英文给高尔基写过一封信。信的译文如下:

莫斯科大学附设暑期大学,
苏维埃第三屋,
一九三四年七月二十六日
亲爱的高尔基同志:

我是来自中国的你的一位敬慕者,在这个国家里,为了群众的利益正进行着一次真正的革命。在我讲明写这封信的目的之前,我想还是先简单地介绍一下自己。在过去的八年当中,我担任《生活》周刊的主编,这个刊物的目的,是在中国鼓吹社会主义,同情中国的苏维埃运动,但是它必须在各种伪装的方法之下进行自己的工作,因为它是在"白色恐怖"最厉害的上海出版的。一年前我离开了中国,一直在欧洲各地旅行。本月二十日我抵达莫斯科,使我特别感到兴趣和异常快乐的,就是能访问第一个社会主义的国家。

我高兴地告诉你,我曾经用中文写了一本你的传记,这本书在去年七月间出版,并在中国受到普遍欢迎。革命的青年一代人都非常关心你的生平和作品。

昨天,我感到特别高兴,就是知道你目前正在莫斯科。假如你能惠予接见,让我把从中国随身带来的你的中文的传记送

---

[1]《列宁全集》第31卷,北京:人民出版社,1985年版,第32页。

给你，那我就更为感激和莫大的荣幸了。我想你不可能阅读这本书，但我相信你会高兴看一看这本书，把它作为一个从遥远的国家来的你的真诚的敬慕者送给你的一份礼品保存着。我知道你正忙于文学写作的工作，但我只希望能和你有一次短短的会见。假如我的请求能蒙你的允诺，那么请你告诉我在什么地方、在什么时候我能来拜访你。

最后，我请求你原谅我用英文写这封信。我非常抱歉，我不懂俄文。而中文信又是外国人很难理解的。但我希望你的秘书会把这封信为你翻译出来。

祝你好！

邹恩润谨启

该信写于 1934 年 7 月 26 日，保存在原苏联高尔基博物馆，一直到 1957 年 6 月才被翻译家戈宝权发现，译文首次刊载在 1958 年第 5 期《文艺报》上。邹韬奋写此信的目的是求见高尔基。但当时高尔基并不在莫斯科，两人未曾见过面。邹韬奋后来谈到此事时说："前年在欧洲游历到莫斯科的时候，很想和这位久所钦仰的文坛老将谈谈，不料他正在别处旅行未回，竟错过了这个机会。"[1]

该信译文发表后，一些论者未加分析，以此为依据，把邹韬奋主编《生活》周刊时的思想拔得过高。其实信中所述与邹韬奋思想发展的实际状况不尽一致。《生活》周刊确是在"白色恐怖"最严重的上海出版的，但 1930 年以前该刊主要是消遣性的刊物，虽大胆揭露社会黑暗现象，却未曾明显反抗"白色恐怖"，也未曾受到"白色恐怖"的压迫。《生活》周刊随着邹韬奋的思想"与时演

---

[1] 邹韬奋：《韬奋全集》第 6 卷，上海：上海人民出版社，1995 年版，第 656—657 页。

八 考察欧美 思想升华 217

1934年7月，邹韬奋在莫斯科考察时，给高尔基写的英文信手迹及译文

进"，什么时候有什么觉悟就发表什么样的言论，没有用过什么"伪装"。前期主张改良社会，得到国民党上海教育当局的赞许，后期为抗日救亡鼓呐呼，并没有因为国民党的高压而改变立场。邹韬奋认定立于大众立场，以"正义"为准则，"不为不义屈，不为强权屈"，置生死于度外，毫不"伪装"。他鼓吹过"社会主义"，但在相当长的时期里把"民生主义"等同于"社会主义"，实际上宣传的是"民生主义"。《生活》周刊前期敌视中国共产党和工农红军，看不出"同情"，1932年后从团结抗战的立场出发才真正"同情"了。由此，这封信所反映的是1932年以后，尤其是出国考察后邹

韬奋的思想状况。邹韬奋或许是为了比较顺利地见到高尔基而选用的一种比较策略的说法，因为高尔基是革命文豪，前期《生活》周刊革命性不强是客观事实，如果照实说了，恐怕难有被接见的机会。这份珍贵的资料或许只能做上述推断性的理解，以之来说明邹韬奋思想发展变化情况，则略欠准确。

当邹韬奋写信求见高尔基时，第一次全苏作家代表大会即将在莫斯科召开。高尔基原定要出席大会。当时旅苏进步作家萧三也准备参加大会，并邀请邹韬奋参加。当他俩见面时，受到国民党旅苏特务的盘问和监视。邹韬奋因为很快就要回国主持言论工作，为减少不必要的麻烦，只得忍痛放弃。分手时，邹韬奋取出一本《革命文豪高尔基》，请萧三代为转交高尔基。书的扉页上用英文和中文题有"敬赠高尔基先生——邹韬奋"几个字。[1]萧三究竟有没有或是怎样把书交到高尔基的手里，后来他在纪念邹韬奋的文章里没有写到。

1935年5月11日，邹韬奋由伦敦乘德船"欧罗巴号"赴美。船行大西洋中，邹韬奋伫立船头，放眼望去，水天空阔，悠然意远。"时代的巨轮一天一天更猛烈地向前推进着，只有革命和反革命的两条路线，没有什么中立的余地了。"[2]目标已定，方向已明，邹韬奋不再彷徨和苦闷，期待着早日归国，投身于中国人民的革命事业。

16日，船到纽约。邹韬奋从北到南，从东到西对美国进行了为期三个多月的考察。因为有了正确的理论指导，付出了辛勤的

---

[1] 萧三:《韬奋同志——文化界的劳动英雄》，见邹嘉骊编《忆韬奋》，上海：学林出版社，1985年版，第70页。

[2] 邹韬奋:《韬奋全集》第7卷，上海：上海人民出版社，1995年版，第303页。

努力,并得到美国进步青年的热情帮助,邹韬奋很快弄清了垄断资本统治下的"金圆帝国"的真相。

在纽约,摩天大楼林立,一派繁华景象。邹韬奋透过现象看本质,认为:"科学技术的进步,实可惊羡。莫大的缺憾是这些摩天高屋都在华尔街的少数金融资本家的掌握,用剥削所得的大量资本,建造这类高屋,目的仍在获得更多的利润,所以到了资本主义制度没落的时期,摩天高屋也随着萧条下去了。我们若仅从外表看去,摩天高屋仍然巍峨宏丽,好像金圆帝国仍在那里顾盼自豪,但稍稍研究其实际,便知道是外强中干,时在飘摇中过日子。"[1]

华尔街不仅在金融上执全美国之牛耳,而且控制着美国的政治生活。这里的金融资本家和重要企业家们,"凭借经济的无上威权,控制着'共和'和'民主'两个政党的机构,指挥着全国的政治策略,所以号称'公仆'的德莫克拉西的大总统,以及无数的大小官吏,都不过是这些'大亨'们在后面牵着线的舞台上的傀儡罢了!"[2]这种看法是非常正确的,一语道破了美国虚伪民主的天机。在资本主义世界经济大危机中,华尔街已经露出败相,它的"黄金时代是已经过去了,它的前途只是一团漆黑"。[3]

在欧洲资本主义国家各大城市所见到的"点缀品",美国不仅有,而且有过之而无不及。以繁华富庶豪阔而名甲天下的纽约而有东区大规模的贫民窟,"可作为资本主义社会的代表性的写真"。黑人的贫民窟比白人的更惨,这是美国贫民窟的特点。[4]卖淫女子

---

[1] 邹韬奋:《韬奋全集》第7卷,上海:上海人民出版社,1995年版,第306页。
[2] 同[1],第317—318页。
[3] 同[1],第323页。
[4] 同[1],第333页。

充斥街头，但由于受经济不景气影响，出卖"皮肉"也一天天艰难起来，随着买者的减少，那些可怜的女子不得不减价"贱卖"。

如果说苏联是工人阶级的乐园，那么美国则是地道的工人阶级的地狱。邹韬奋所见所闻都是触目惊心的事实：将近一千七百万工人失业，加上他们的三千万家属，约占全美人口 1/3 的人在饥饿线上滚；工作效率的增加，不仅不能增加工人的福利，反而增加了工人的失业危机，降低工人的生活程度，损害工人的健康，缩短工人的生命；美国女工怀孕、生孩子不仅得不到照顾，反而扣发工资，甚至被开除出门；工伤、疾病工人工资被扣，医药费自付；劳工阶级的婴儿死亡率 4 倍于资产阶级的婴儿；普遍使用廉价童工，工伤事故严重，年岁大了即被开除；成年工人到 40 岁即被认为老了，常被解雇，因此有所谓"四十死亡线"之说；资本家用卑鄙的"劳工侦探制度"来防范工人的不满和反抗……邹韬奋认为如此众多的劳工问题，"只要在工人的国家，即政权完全拿到工人阶层自己手里的国家，才有根本解决的可能"。[1]

黑人问题是美国最尖锐的社会问题之一。就是在纽约和华盛顿等"民主政治"最为发达的地区，种族歧视、种族隔离的现象也严重地存在着。美国南方是农业区，黑奴的使用很广泛。白人可以随心所欲地处置黑人，其方法有"凌侵"、"链队"、"伸展"和"暗箭"等。所谓"凌侵"是白人用最残酷的私刑弄死黑人的行为，有的被吊死，有的被烧死。有一次一个怀孕的黑妇受到"凌侵"，两腿被倒悬在树上，胎儿从腹中被挖出，惨不忍睹。所谓"链队"是把一大队黑人穿上囚衣，颈上脚上都用铁链锁起来，前后再用铁链彼此连成一串，由监工鞭打着，不停歇地做工，这种"待遇"竟是由法

---

[1] 邹韬奋：《韬奋全集》第 7 卷，上海：上海人民出版社，1995 年版，第 405 页。

庭判决的！邹韬奋曾到南部"黑带"重点了解黑人的悲惨生活。

邹韬奋着意了解并参加了美国的劳工运动。他的一切活动基本上都是在美国共产党和工会朋友的帮助下进行的。邹韬奋以为他们的革命斗争是"未来的光明灿烂的世界所放出的一线曙光"！无论到哪里，他们都把他"当做自己人看待，无话不说"，并邀他参加秘密会议。邹韬奋被这种真挚的无产阶级情感所感动，"真愿意做他们里的一员"。[1]

邹韬奋曾与中共旅美人士徐永煐谈及自己的思想发展情况。他说在国内的时候，只是一个爱国主义者，只要求中华民族的解放与强盛。在游历苏联之后，觉得社会主义很好，到了英国，觉得资本主义或者有些不妥。到美国北部纽约等城市参观一些工厂学校，又觉得资本主义还是不错，只要中国人发奋，好好地干，社会主义与资本主义都是出路，不好好干，社会主义与资本主义都没有办法。可是到美国南部看到露骨的贫困、凶残、压迫以及黑人与白人共产主义者的艰苦工作，坚决奋斗，才深刻地体会到资本主义的本质。社会主义与资本主义不是可以任意选择的两条路。中华民族的彻底解放，只有在中国共产党领导之下，才能获致，而且也必定朝着社会主义的方向走去。邹韬奋还与徐讨论了加入中国共产党的问题。[2]

该材料是回忆录，有几点需加说明。首先，对于邹韬奋出国前思想状况的描述是符合实际的。他是在"爱国主义"的旗帜下，务实肯干，走上革命道路的。其次，刚到纽约，参观繁华地

---

[1] 邹韬奋:《韬奋全集》第7卷，上海：上海人民出版社，1995年版，第458页。
[2] 徐永煐:《韬奋的共产主义思想》，见邹嘉骊编《忆韬奋》，上海：学林出版社，1985年版，第192页。

带，被高度发达的（就当时水平而言）科学技术和物质文明所吸引，对关于世界大势和中国前途的结论有所动摇，这是正常现象，因为人的认识路径是曲折的，思想的发展也会出现一些反复，需要有个反复锤炼的过程。第三，对资本主义本质的"深刻的体会"不只是到美国南方参观时才有，实际在欧洲考察时已经有了，否则就得不出关于世界大势和中国前途的正确结论。到美国南方参观，只能是更加"深刻的体会"了。第四，把中华民族的解放与无产阶级政党联系在一起，并强调了领导关系，这与邹韬奋出国考察期间思想升华的实际情况相一致，并在与美共及工会朋友的亲身接触中产生了强烈的向往之情有关。第五，他们讨论了入党问题，意即邹韬奋想加入共产党。邹韬奋曾经认为："有害尽苍生的党，有确能为大众谋幸福的党；前者的帽子是怪可耻的，后者的帽子却是很光荣的。""我心目中没有任何党派，这并不是轻视任何党派，只是何党何派不是我所注意的；只须所行的政策在事实上果能不违背中国大众的需求和公意，我都肯拥护；否则我都反对。""我的立场既是大众的立场，不管任何党派，只要它真能站在大众的立场努力，真能实行有益大众的改革，那就无异于我已加入了这个党了，因为我在实际上所努力的也就是这个党所要努力的。"[1]他在国外考察期间找到了向往已久的"集团"（"中心力量"），自然而然地要产生加入其间的冲动。

总之，通过对美国的考察，邹韬奋游欧结束时确立的马克思主义世界观得到了运用和检验，变得更加明确和坚定。归国后，在伟大的抗击日本帝国主义侵略的斗争中，邹韬奋用实际行动证明自己无愧于共产主义战士这一光荣称号。

---

[1] 邹韬奋：《韬奋全集》第7卷，上海：上海人民出版社，1995年版，第209—210页。

九　奔走呼号　联合救亡

《生活》周刊被查封后，1934年2月，生活书店请邹韬奋的好友杜重远创办《新生》周刊。《新生》周刊继承《生活》周刊的立场，坚持抗日，反对妥协退让，热情为读者服务，受到社会各界热烈欢迎，发行量居全国杂志前列。

1935年5月4日，该刊发表艾寒松以"易水"为笔名写的《闲话皇帝》，认为日本的"一切的事虽也奉天皇的名义而行，其实早做不得主"，"日本的军部、资产阶级，是日本的真正统治者"，"然而目下的日本却是舍不得丢弃天皇这一个古董，自然，对于现阶段的日本的统治上，是有很大的帮助的，这就是企图用天皇来缓和一切内部各阶层的冲突，和掩饰了一部分人的罪恶"。

日本侵略者借题发挥，硬说《新生》周刊"侮辱天皇"，并煽动日本侨民寻衅闹事。6月7日，驻上海的日本领事，向中国政府提出抗议，要求向日本谢罪，并将该文作者和《新生》周刊编者处以徒刑。

国民党司法当局屈服于日本的压力，于7月7日发布通令，宣称："此次新生事件，确有不敬之处，殊属妨碍邦交，以后国民务须尊敬皇家之尊严，严禁同类之记事，违者严惩不贷。"9日，《新生》周刊被迫停刊，主编杜重远竟被判处14个月徒刑。

"新生"事件发生后，邹韬奋还在访美途中。他是从7月11日

《芝加哥论坛报》的长篇电讯中得知这一事件的。他是这样描述当时的心境的:

> 我出国后《生活》周刊即被查封,挚友杜重远先生即接着创办《新生》周刊,在精神上是和《生活》周刊一致的。这好像我手上撑着的火炬被迫放下,同时即有一位好友不畏环境的艰苦而抢前一步,重新把这火炬撑着,继续在黑暗中燃着向前迈进。我在海外听到这个消息,真是喜而不寐,我从心坎里深深感谢杜先生。但是我于一九三五年五六月间在美国旅行到芝加哥时,突然在芝加哥最著名的《论坛报》上看到长电,详载"新生"事件的发生及杜先生含冤入狱的情形,初则为之惊愕,继之以神伤,珠泪夺眶而出,恨不能立生双翼飞至狱中,抱着杜先生向他极力安慰一番。[1]

邹韬奋本想在美国多考察些时日,并从事一些实际工作(徐永煐极力劝他留下,请他主办一份中文日报,邹韬奋答应予以慎重考虑)。得知"新生"事件后,他怎么也按捺不住了,决定立即回国,一方面致电身在囹圄中的杜重远,表示诚挚的慰问,一方面致信在纽约的徐永煐,书面告别。

8月9日,邹韬奋由旧金山乘美国"胡佛总统号"船回国。途经夏威夷,27日抵达中国上海。邹韬奋下船后,家也不回,即径往狱中看望杜重远。邹韬奋后来在《患难余生记》中写道:"刚踏进他的门槛,已不胜其悲,两行热泪直往下滚,话在喉里都不大说得出来!我受他这样感动,倒不是仅由于我们友谊的笃厚,却

---

[1] 邹韬奋:《韬奋全集》第10卷,上海:上海人民出版社,1995年版,第833页。

1935年8月27日,邹韬奋回国抵达上海。到码头迎接的有张仲实(左一)、李公朴(左二)、艾寒松(左三)、陈其襄(左四)、沈粹缜(左五)等

是由于他的为公众牺牲的精神。"[1]随后又跑到四马路生活书店,和阔别两年多的同事欢聚。其时书店工作人员已增至六七十人。

归国后的邹韬奋意气风发,斗志昂扬,决心重办被国民党扼杀的抗日救亡刊物。

此时,华北危机严重,日本加紧侵略华北,图谋把华北分割出去,制造第二个"满洲国"。对于这一严重势态,国内存在两种决然不同的主张,一种是停止内战,团结抗日;另一种是对内坚持内战,对日妥协投降。如何动员、联合尽可能多的力量进行抗日斗争,挽救民族危亡,已经成为摆在中国人民面前最为急迫的任务。

---

[1] 邹韬奋:《韬奋全集》第10卷,上海:上海人民出版社,1995年版,第834页。

生活书店出版的马列著作

8月1日,中国共产党驻共产国际代表团草拟了《为抗日救国告全体同胞书》(即八一宣言),10月1日正式以中华苏维埃共和国中央政府和中国共产党中央委员会的名义发表。该宣言根据共产国际第七次代表大会关于建立反法西斯人民统一战线的精神,呼吁全国各党派、各军队、各界同胞,不论过去和现在有任何政见和利害的不同,有任何敌对行动,都应当停止内战,集中一切国力去为抗日救国的神圣事业而奋斗。宣言得到了全国人民的拥护,也得到了中间派力量的支持。

1935年11月16日,邹韬奋在上海创办《大众生活》周刊,重新擎起了一面宣传抗日救亡的大旗。

邹韬奋在发刊词《我们的灯塔》中把《大众生活》周刊的宗旨规定为"力求民族解放的实现，封建残余的铲除，个人主义的克服"，认为这三大目标"是当前全中国大众所要努力的重大使命；我们愿竭诚努力，排除万难，从文化方面推动这个大运动的前进！"

此时，邹韬奋的思想境界很高，发刊词对帝国主义对中国的侵略和压迫，对中国社会各阶级的状况和中国革命的动力、对象、方式等问题做出了符合马克思主义基本原理的阐述。邹韬奋强调了克服个人主义的必要性，指出："民族未解放，个人何以获得自由？个人不是做集团的斗士的一员，何从有力量争自由？所以我们要应现代中国的大众的需要，就必须克服个人主义，服膺集团主义。"[1]

开卷第一期，《大众生活》周刊就揭露并谴责国民党的"敦睦邦交"政策和"新生活运动"。邹韬奋在《星期评坛》中写道："把敌人当做老子看待似的，秉承意旨，奴颜婢膝，打着嘴巴还要满口声明舒服，表示不但一点不敢存有反抗或叫冤的意思，而且还要格外的俯首下心装作亲热！这是天地间无耻之尤！和随处听到怪热闹的什么'礼义廉耻'相去太远了！"[2]

《大众生活》周刊受到读者的热烈欢迎，一开始销数就是15万份，随后达到20万份，再次打破当时中国杂志的发行纪录。但因其鲜明、刚烈的立场，读者又对它的前途甚表担忧。

刚到第二期，就有一位名叫徐凤石的读者致信邹韬奋，写道：

---

[1] 邹韬奋:《韬奋全集》第6卷，上海：上海人民出版社，1995年版，第495—496页。
[2] 同[1]，第290页。

"在现代的中国,言论自由仍是一个梦……任你是光明磊落,往往遭到意外的武力的摧残与压迫。"他特意提出了一些"自我保护"的建议,希望邹韬奋好好地培养这个刊物,"勿使他中途夭折"。邹韬奋在答复中感谢这位读者的良好用心,并坚定地声明自己的立场:"我们也和先生一样地希望着,不过当然还要以不投降黑暗势力为条件,因为无条件的生存,同流合污助桀为恶的生存,虽生犹死,乃至生不如死。"[1]

替《大众生活》周刊担忧的读者越来越多,在稍后的第四期上,邹韬奋又作了一次总答复,认为:"我们当然要尽力之所及,使本刊不要'夭折',因为我们要借本刊对民族解放前途,对大众解放前途,尽一部分的贡献。""但是万一虽'格外注意'而仍出乎拯救力以外的'夭折',我们却不因此灰心,却不因此停止工作,换句话说,'解放运动'的进行并不因此而停止或消灭,时代的巨轮还是朝前迈进的。而且这里被压下去,那里要奋发起来;今天被压下去,明天要奋发起来。""最后的胜利必然地是属于英勇斗争的被压迫者方面,必然地是属于英勇斗争的大众方面,我们本着这样的认识,共同向前奋斗努力,不知道什么叫失败,不知道什么叫困难",永远没有"悲哀"![2]为了民族解放的伟大事业,邹韬奋随时准备牺牲一切,生命不息,战斗不止。

邹韬奋对所处时代有着透辟的认识,认为"是帝国主义到了没落阶段的铤而走险的时代!是被压迫民族的劳苦大众风起云涌着起来,为民族解放而英勇斗争的时代!"[3]他深切同情埃及、阿

---

[1] 邹韬奋:《韬奋全集》第6卷,上海:上海人民出版社,1995年版,第566页。

[2] 同[1],第567—568页。

[3] 同[1],第498页。

比西尼亚（埃塞俄比亚）、叙利亚等被压迫民族的反侵略斗争，坚决反对日益急迫的所谓的"华北自治"，发表了大量力透纸背的文字，形成了正确的舆论导向，并予政府以严厉的监督。

针对臭名昭著的广田"三大原则"。[1]邹韬奋针锋相对地发表《我们的三大原则》。

第一个原则是"坚决收回东北失地"。邹韬奋把东北问题和华北问题均看成是整个中国生死存亡的问题，认为"东北四省是华北的屏障，是中国的大门；屏障不保，大门洞开，不但华北的危机永远不能消灭，即整个中国的前途，亦将永无安全的日子！""所以收回东北失地是解决迫在眉睫的国难的基本方法；否则华北问题绝无根本解决的可能，而且在华北问题之后将随着华中问题和华南问题，这是必然的趋势！所以我们倘若不想拯救中国的危亡，什么都不必说，否则必须很明确地主张必须坚决收回东北失地。"很清楚，邹韬奋所主张的是要求从根本上解决问题，即彻底驱逐日本帝国主义出中国。

第二个原则是"恢复革命外交"。邹韬奋认为摇尾乞怜、仰人鼻息、看人脸色的外交是"最误国的"。"帝国主义对于所侵略的国家决不肯因摇尾乞怜而中止，这是很显然的。革命外交是以民族的解放——争取民族的自由平等——做坚决的立场。有了这样的坚决的立场，对于一切外交，必须不违背这个基本原则的才有商量的余地。要达到革命外交的目的，有两点非常重要：一是联合以平等待我的民族，二是公开外交。中国的真正朋友绝不是帝国主义，外交策略虽可利用帝国主义彼此间的矛盾，但是同时也

---

[1]（一）取缔中国的抗日运动,（二）树立中国、日本和"满洲国"的合作制度,（三）实施由中国、日本和"满洲国"共同防共的政策。

须看清世界大势，联合以平等待我的民族，结合真正的朋友，共同奋斗。至于公开外交的必要，那也是很显然的。以解放民族为中坚的革命外交，必须获得民众的后盾；要获得民众的后盾，必须让民众知道是怎么一回事，到底采用了什么办法。"

第三个原则"是恢复民众运动和言论自由"。邹韬奋认为"中国要从死里求生，是整个民族争生存的问题，必须由整个民族的大众共同起来奋斗的，必须用整个民族的大众的力量来作殊死战的。民众运动受着压迫，大众的力量从何运用？言论自由受着压迫，大众成了一大群瞎子聋子，国事虽危迫万分，他们在报纸上所知道的是平静无事，或谣传纷纭，不知所从，大众的力量又从何起来？"

邹韬奋认为"合于这三大原则的策略和行动，便是真有为中国民族争取生存的诚意的表现，便值得我们大众的拥护，共同奋斗；不合于这三大原则的策略和行动，无论怎样花言巧语，都是欺骗！""中国政府如果是要民众的，那就应该拒绝日本的'三大原则'，接受中国民众的三大原则！"[1]

华北之大已经放不下一张平静的书桌。

1935年12月9日，在中国共产党地下组织的领导下，北平爆发了著名的一二·九学生抗日救亡运动。《大众生活》周刊以大量的篇幅报道这场运动，以极大的热情支持爱国学生的正义斗争，以无比的愤怒谴责国民党当局镇压学生的罪恶行径。

12月21日，邹韬奋发表《学生救亡运动》，盛赞学生救亡运动是中国民族解放斗争的序幕，是中国大众为民族争生存不怕任

---

[1] 邹韬奋:《韬奋全集》第6卷，上海：上海人民出版社，1995年版，第503—505页。

何牺牲的先声,是大众运动的急先锋,是民族解放前途的曙光!他高呼"学生救亡运动万岁!"对参加救亡运动的学生"顶礼膜拜",致"最恳挚的革命敬礼"和"最诚挚的无上敬礼"!他认为学生救亡运动"至少使全世界知道中国大众并不是甘心做奴隶;至少使全世界知道投降屈辱,毫不知耻,并不是出于中国大众的意思",其意义就在于"久在高度压迫下的郁积苦闷悲痛

邹韬奋主编《大众生活》周刊全力声援一二·九运动

愤怒的全国大众对于民族解放的斗争情绪,好像久被抑制的火山,在这里迸裂喷放怒号一下","这个运动实在是足以代表全国大众对于救亡的坚决的意志,实在是全国大众对于救亡的坚决意志之一种强有力的表现"。"民众运动在民族解放斗争中占着非常重要的位置,学生救亡运动却在民众运动中占着一个很重要的部分。尤其是在民众运动消沉的时候,学生救亡运动是大范围的民众运动的酵母,是大范围的民众运动的先驱,它的重要是在全国大众的全盘努力里面有着一种非常有意义的推动功用。"这也正是学生救亡运动的价值之所在。因此,"凡是确以民族解放斗争为前提的人们,对于学生救亡运动不应该作无理性的轻视的消极批评,只有共同擎起民族解放斗争的大旗以血诚拥护学生的救亡运动,推动全国大众的全盘的努力奋斗!"

邹韬奋还从支持与爱护学生救亡运动的立场出发,提出了三

点建议：第一是对象要看得清楚，即"我们的对象是全民族解放的积极斗争，并不是仅限于枝枝节节的一个局部或一件事情的问题。在北平发动的学生救亡运动提出的最注意的一点是'反对所谓自治运动'，这只是就当地的实际情形提出的一个具体要求，同时却要注意变相的奉送华北，尤不可忘却整个民族解放的大目标"。第二点是"只有有目标有策略的集团组织才有伟大的持久的力量。学生救亡运动的力量也在集团的一致的努力奋斗，所以须有全国有系统的巩固的学生组织。个人固然没有力量，一个学校的力量也很薄弱，所以不但一个地方的各校须有联合，全国各地各校也须有联络，而且同时对于社会其他力量也要发生联系"。第三点是"要有排除万难不怕艰苦的精神。现在环境的艰难，远非五四时代所能比，种种障碍之易于令人却步灰心的不可胜数，我们当准备遇着这种种的障碍，无所用其惊奇，无所用其畏缩，步步为营，设法应付，而不可被这种种障碍所克服"。[1]

邹韬奋同流传于社会的反对抗日、反对学生运动的种种谬论进行了针锋相对的批驳。胡适在北平主编的《独立评论》和张季鸾主持的天津《大公报》都劝告学生"复课"、"安心读书"、"免谈国事"。邹韬奋在《大众生活》周刊第4期到第9期上连续发表5篇专文予以驳斥。

邹韬奋在《再接再厉的学生救亡运动》中旗帜鲜明地指出："有些人一再发挥知识的重要，力劝学生'埋头'到课堂去。我们以为求知识不在读死书，不在'洋八股'，更不在养成'顺民'式的教育；在民族这样危险万状的时候，知识须和民族的解放斗争联系起来，在实际行动和实践中才有真知识可以求得。华北当局

---

[1] 邹韬奋：《韬奋全集》第6卷，上海：上海人民出版社，1995年版，第508－511页

已一再公然宣言要修改教科书,这便是实施奴隶教育,养成奴才。这种现象将随着侵略者的魔手而普及各地方。我们不知道不顾现实而满口唱着'埋头读书'高调的先生们对于这种事实何以自解?所以为避免奴隶教育的惨祸而求得真可'安心读书'的环境起见,正需要发动救亡运动,不能'埋头'不顾一切。"要"安心读书"就得先起而救亡,争得一个可以"安心读书"的环境,不能埋头读死书,要到实践中去求"真知识",这种驳斥有理有据、合情合理,易于被人们所接受,很好地说明了学生救亡运动的必要性和正义性。

文章还揭露并批驳了有些人提出的提前放假以消灭学生救亡运动的险恶用心,认为这样就可以"让有些人更可安然'埋头卖国'","我们以为在国家这样危险的时候,青年更要聚拢来加倍努力工作,不但不应该提前放假,而且要取消放假。无论研究国事,讨论策略,临机应变,进行其他救亡运动的工作,都有保存集团的必要;而且也只有集团才有力量,分散开的个人就只有眼巴巴地望着'埋头卖国'的肆无忌惮!"

文章强调了组织"联合战线"的重要性,认为"民族解放战争根本就是多方面的工作",各方面"须彻底明白共同起来救亡的急迫和重要,结成民族解放战争的联合战线,由此扩大救亡运动,督促民族解放战争的实现"。在此基础上各方面都要各用所长,各尽其力。他提醒"便是在学生本身的组织里面,也须注意'联合战线'原则的运用,由此整饬自己的阵营。一方面须以群众的(即大多数同学的)制裁力,制裁害群之马,消灭他们的破坏阴谋;一方面当以诚恳的态度说服大多数的已有觉悟而仍不免中立或踌躇的分子,也来积极参加,在民族解放运动的大目标下,扩大并巩固'联合战线'。比较前进的有力量的分子，不可因褊急而于无意识中有压迫的行为，使大多数原可加入'联合战线'的反而却步，徒然为反动方面张目。在思想上尽管不无参差，而在努力于民族解放的大目标下，只须能在这一点上面有共同点，其他无须苛求，尽可根据这一个在目前阶段最为重要的共同点，结成'联合战线'，共同努力"。[1]

邹韬奋对于"联合战线"问题在九一八事变后就有考虑，这里虽是就学生运动问题而提出，但所探讨的方式方法，特别是强调注意克服"左"倾倾向，具有重要的普遍意义。邹韬奋在写作该文期间，中国共产党中央召开瓦窑堡会议，初步确定了抗日民族统一战线方针，批判了"'左'的关门主义"。文章的观点与党的抗日民族统一战线方针相符合，发表后起到了很好的宣传作用。

春节已近，寒假在即，邹韬奋忧心学生的救亡运动将因此而停止。出于强烈的爱国情怀，他发表《非常时的寒假》，以诫热血学子，说："今年的寒假期间，和以前任何寒假都不同，因为无论在国际在国内，都是非常的时期，和寻常的情形都不同。在国际方面，帝国主义国家和社会主义国家的对垒，资本主义国家和殖民地以及半殖民地的对垒，形势都在一天一天地加速度地尖锐化；在本国方面，形势的危急，那更是有目共睹的了。"在此"'救死惟恐不赡'的时候，还有什么闲适休息可说？所以我们以为在这个非常时的寒假期间，不但不能放松，而且比平时还要格外努力于组织工作，宣传工作，联系工作。能保持全校学生的集体行动，当然最好；否则也当就各地方谋相当的组织，努力于救亡的种种工作"。为此，邹韬奋还特别约请几位作家拟定了一个"寒假期内

---

[1] 邹韬奋：《韬奋全集》第6卷，上海：上海人民出版社，1995年版，第512—514页。

研究工作"的设计,以备青年学生参考。[1]

  轰轰烈烈的一二·九运动唤醒了广大民众的抗日救国觉悟,掀起了抗日救亡运动新高潮。文化界的有识之士再也无法沉默了,他们意识到自己"指导社会"的使命,并努力付诸实践。1935年12月12日,《大众生活》周刊发表《上海文化界救国运动宣言》。宣言提出八项政治主张,认为"尽量的组织民众,一心一德的拿铁和血与敌人作殊死战",这才是"中国民族的唯一出路"。他们认识到个人的行动无补时艰,必须组织起来。12月27日,上海文化界救国会成立,再次发表宣言,更加具体地提出了开放民众运动、停止一切内战、开放言论出版自由、释放政治犯等主张。邹韬奋出席了成立大会,并当选为执行委员,负责宣传工作。

  进入1936年,《大众生活》周刊就"联合战线"问题展开了广泛的研究和讨论。第1卷第9期的《论联合战线》和第1卷第13期的《怎样组织群众参加救国阵线》都是很出色的文章。邹韬奋自己发表《学生救亡运动与民族解放联合战线》,在检讨了学生救亡运动的三个"优点"和两个"缺憾"后,重申"全国学生在民族解放斗争的大目标下,结成学生的联合战线;全国人民也在民族解放斗争的大目标下,响应学生救亡运动而结成全国救亡的联合战线。必须有这样整个的斗争力量,向着这个明确的大目标携手迈进,才能拯救这个危亡的国家,才能自拔于奴隶的惨祸。我们尤其要认识清楚的,我们要的是'联合战线'不是'联合降线'!"[2]

---

[1] 邹韬奋:《韬奋全集》第6卷,上海:上海人民出版社,1995年版,第322页
[2] 同[1],第516页。

1月25日,《大众生活》杂志社发出《致北平全体学生的一封信》,高度颂扬北平学生英勇顽强的爱国斗争,声称"我们跟你们一样,坚决地认定在目前要保证民族解放的最后胜利,只有全国人民结成一条极广大极坚强的民族联合战线,各界的和各地的同胞此后必须站在民族独立自由的大旗之下,臂膊挽紧臂膊地形成击溃内外民族敌人的革命攻势"。信中对北平学生提出了五点希望:"第一希望你们组织得比以前更严密,更坚强;第二希望你们用加倍的努力去宣传,鼓动,组织大众;第三希望你们从救亡斗争中学习民族解放的理论与战术,采取突击的姿势;第四希望你们誓死坚持到底,一直到内外民族敌人的营垒完全坍毁;第五希望你们经常地跟其他各地的救亡战士互通声气,以便建筑一列全国规模的抗敌救亡堡垒。"此外,信中还希望北平学生多多供给他们自身的光辉的救亡材料,帮助发行救国刊物。[1]

邹韬奋早已认识到民族解放斗争需要有坚强的领导核心。1月25日,他发表专文,论述"领导权"问题,认为"大众才是领导权所从来的真正的根源",并以列宁为首的"苏联革命领导中心"为例,说明"领导中心是受着大众的领导,也只有受着大众领导的中心才能成其为领导中心",而那些"摧残蹂躏大众"的人是永远也得不到领导权的"。[2]很明显,在他的心目中,能够得到领导权的是共产党而不是国民党。

邹韬奋坚持抗日救国的立场和言论,与国民党当局推行的所谓的"睦邻政策"相矛盾,再次遭到国民党当局的压制。1936年初,国民党中宣部长张道藩和复兴社总书记刘健群找邹韬奋谈话,妄

---

[1] 邹韬奋:《韬奋全集》第6卷,上海:上海人民出版社,1995年版,第574页。
[2] 同[1],第551—552页。

图逼迫邹韬奋停止抗日救国活动。刘健群向邹韬奋鼓吹了一通"领袖脑壳论",并恫吓说:"今日杀一个×××,绝对不会发生什么问题,将来等到领袖的脑壳妙用一发生效果,什么国家大事都一概解决。那时看来,今日被杀的×××不过白死而已!"邹韬奋针锋相对,表示不能苟同"领袖脑壳论",并说:"不参加救亡运动则已,既参加救亡运动,必尽力站在最前线,个人生死早置度。"[1]

2月19日,国民党政府下令停邮《大众生活》周刊。26日,《大众生活》周刊仅出了16期,即被查禁。(同时停刊的还有《世界知识》、《妇女生活》、《读书生活》、《生活知识》等由生活书店出版的刊物。)邹韬奋在"紧要启事"中向读者表明两点:"第一是我们深信本刊所以得到数十万同胞的赞助爱护,不是任何个人乃至少数人的力量,却在本刊的主张是许多爱国爱民族的同胞的心意的反映,所以本刊虽以迫于环境,暂时停顿,而抗敌救亡的运动却是必然地会持续开展发扬光大的。第二是我个人既是中华民族的一分子,共同努力救此垂危的民族是每个分子所应负起的责任,我决不消极,决不抛弃责任,虽千磨万折,历尽艰辛,还是要尽我的心力,和全国大众向着抗敌救亡的大目标继续迈。"[2]

《大众生活》周刊影响甚广,对上海乃至全国抗日救亡运动的迅速发展起着重要的指导作用。邹韬奋后来在病榻上撰写《患难余生记》时,曾以无限兴奋与欣慰的心情回忆道:"《大众生活》每期销数达20万份,打破中国杂志界的纪录,风行全国,为每一个爱国青年所爱护,为每一个妥协阴谋者所震慑,不是偶然的。因为它是与当前时代最进步的运动——救亡运动——联结在一起

---

[1] 邹韬奋:《韬奋全集》第10卷,上海:上海人民出版社,1995年版,第836—837页。
[2] 邹韬奋:《韬奋全集》第6卷,上海:上海人民出版社,1995年版,第349页。

的。参加救亡运动的重要作家和热心青年,他们的重要著作都在这个刊物上发表;这个代表时代性的刊物,它的内容和当前时代的进步主潮息息相关,有着非常密切的关系。"[1]《大众生活》周刊虽然夭折了,但在中国抗日救亡运动史上树立了不朽的丰碑。

邹韬奋笔走惊雷,早已成为闻名遐迩的言论巨擘。2月间,蒋介石表示要约邹韬奋当面一谈。沪上闻人、青帮头子杜月笙自愿陪同来往,保证安全,并请戴笠到车站迎接。邹韬奋当时是上海各界救国联合会执行委员之一,不敢擅作主张,遂征求其他救国会人士的意见。讨论时,有的人认为不会有何意外,可以赴宁一谈。有的人认为不妥,关于救亡运动的态度既然不能随便迁就,即有意外的可能。经过两次会议的讨论,最后决定不去。事后,邹韬奋得知,蒋介石的真实意图是要在南京扣留邹韬奋,并迫使他就范,作"陈布雷第二"。

拒绝了蒋介石的约谈,邹韬奋在国内又难以立足了。有人建议他"再度流亡国外"。邹韬奋刚从国外归来,所借款项还没有还清,既无再度出国的必要,在经济上也无法再作海外之行。但是爱护他的朋友们都认为他非速走不可。

这时,正好毕云程从香港调查归来,证实香港纸张的价格的确比上海便宜得多。生活书店即临时召开了一次理事会,决定派邹韬奋赴香港筹办《生活日报》,派毕云程赴香港筹办生活书店分店。于是,两人匆匆乘船离沪。为安全起见,邹韬奋化名"沈白甫"。这是邹韬奋的第二次流亡。

多少年来,邹韬奋一直盼望"办一种合于大众需要的日报"。他自称:"我生平并无任何野心,我不想做资本家,不想做大官,

---

[1] 邹韬奋:《韬奋全集》第10卷,上海:上海人民出版社,1995年版,第834页。

更不想做报界大王。我只有一个理想,就是要创办一种为大众所爱读,为大众作喉舌的刊物。单是办好一种周刊是不够的,我们一定要创办一种真正代表大众利益的日报。"[1]

到达香港后,邹韬奋即着手筹办《生活日报》。办报首先要有开办费。他认为大众的日报不应该由一两个大老板出钱来办,也不应当由任何一党一派出钱来办,而应该由大众集股来办。他于5月间登报招股,但不能像1932年春季那样公开招股,要在香港短期内完成招股任务是不可能的。尤其是因为要顾到入股大众的利益,和创办者的信用起见,邹韬奋和同事们决定在报社股份两合公司创立前,对已收到的股款不作丝毫的动用。这又更加增添了难度。生活书店经过多方联系,筹措到部分资金,邹韬奋和朋友们又辗转借到了一笔钱,勉强解决了开办费问题。印刷也是个大问题,碰巧蔡廷锴在香港办《大众日报》,买了新式印刷机,印刷能力有余,答应代印。登记也是个难关,若由邹韬奋出面向香港当局登记,将不易通过。幸亏有一位热心赞助且"够资格"的朋友出面登记,才获通过。因为出不起大价钱,办公的房子只得租在贫民窟里,为整修房子又费了一些时日。从筹措经费开始,邹韬奋辛苦奔波了四十多天,才算安排就绪。

5月中旬,《生活日报》社成立,社长邹韬奋,经理毕云程,国际版编辑金仲华,副刊编辑柳湜。小小一间办公室里摆着几张办公桌,挤得难有回旋余地,工作条件十分艰苦。

6月初,邹韬奋又电邀在巴黎的胡愈之,请他回香港参加《生活日报》的编辑工作。

6月7日,《生活日报》创刊。同时,编辑发行的还有《生活

---

[1] 邹韬奋:《韬奋全集》第6卷,上海:上海人民出版社,1995年版,第679页。

日报星期增刊》(随后易名为《生活日报周刊》)。6日夜,为了迎接梦寐以求的《生活日报》的降生,邹韬奋忙了个通宵。后来,他回忆拿到第一张报纸的快慰心情时,说:"那天夜里我一夜没有睡,自己跑到印刷所里的工场上去。我亲眼看着铸版完毕,看着铸版装上卷筒机,看着发动机拨动,听着机声隆隆——怎样震动我的心弦的机声啊!第一份的《生活日报》刚在印机房的接报机上溜下来的时候,我赶紧跑过去接受下来,独自拿着微笑。那时的心境,说不出的快慰的心境,不是这支秃笔所能追述的!"[1]

《生活日报》创办于中华民族危亡最为急迫的关头,负有重大的抗日救亡责任。

邹韬奋在《创刊词》中将"努力促进民族解放,积极推广大众文化"定为《生活日报》的两大奋斗目标,表明要努力做"民众的喉舌","以全国民众的利益为一切记述评判和建议的中心标准"。他认定民族解放斗争是大众的事情,不是少数人的事情,民族解放运动所争取的是民族大众的利益,所以必须唤起民众,共同奋斗;要使民族解放运动获得广大巩固的基础,必须积极推广大众文化,使大众集中力量对民族的内外敌人作无情的坚决的猛攻与扫除。[2]

在创刊号上,邹韬奋发表《怎样前进》,声称:"中国民族前进的道路是名叫独立解放的大道,但在现阶段是发动民族自卫战争,挽救危亡。《生活日报》诞生在今日,是以喇叭手的资格,高喊当前民族应走的道路,怎样走法。"具体来讲,"在总体原则上,它

---

[1] 邹韬奋:《韬奋全集》第7卷,上海:上海人民出版社,1995年版,第264页。
[2] 邹韬奋:《韬奋全集》第6卷,上海:上海人民出版社,1995年版,第672—673页。

是以讨论救亡运动中一切理论与战术为中心。不过，它绝不限于狭隘的某一个方面，而是取各种各样的形式，多方面的表现出来，它绝不限于抽象的讨论，而是与实践行动相结合，与社会群团和个人相结合"。"这里要讨论国家的一切大事，对敌人的策略和战术，救亡的基本理论，民族统一战线的组织，国难教育，以及批判一切的亡国论及有害民族解放的谬说。""这里要讨论在救亡运动中的一切实践问题"。[1] 由此可见，《生活日报》是一份实实在在地研究、宣传抗日救亡的报纸。该报在香港出版55天，每天发表一篇社论，其中绝大多数是论述抗日救亡问题的。

邹韬奋在《生活日报星期增刊》上创造性地宣传了中国共产党的抗日民族统一战线的理论和政策。他发表《救国联合战线的误解》、《前进思想与救国阵线》、《褊狭态度和动的现实》、《救国联合阵线的出发点》、《联合阵线与汉奸问题》、《团结御侮》、《联合战线和党派立场》等文章，对党的统一战线理论作了透彻的深入浅出的阐发，既抨击了狭隘的宗派主义、关门主义，又斥责了妥协屈服的投降主义，显示出很高的思想觉悟和理论修养。

邹韬奋认为"所谓抗敌救国联合阵线，就是不论何党何派，不论什么阶层，不论什么职业，凡是不愿做亡国奴的，都联合起来。集中整个民族的力量来对付我们民族的最大敌人"。[2] "倘不坚决认定联合战线的唯一目的只是抗敌救国，在行动上便往往要犯着很大的毛病"，"有人误解，以为甲乙丙等等既加入了统一战线，彼此间的一切都当然是统一起来了。他不知道甲乙丙等等的加入统一战线，只是在抗敌一点上统一起来，在其他方面仍然可以保留

[1] 邹韬奋：《韬奋全集》第6卷，上海：上海人民出版社，1995年版，第352—353页。
[2] 同[1]，第594页。

着各人的一切，不一定要强同"。[1]

因此，邹韬奋提出在实际建立联合阵线的时候必须注意：第一注意认清出发点。"我们要努力造成救国联合阵线，第一步的实际工作是要努力把一向未联合的联合起来"，"要能努力把一向未联合的联合起来，我们首先必须认清联合阵线的出发点是未联合"。"有些人嘴里虽喊着联合战线的重要，而在行动上却仍在他原来所属的一党一派里面兜圈子，就是没有党派关系的，也只在他的原来已完全情投意合的一班人里面兜圈子，并不注意到要对原来未联合的人们方面去做工夫，而且感觉到在他的党派以外的人讨厌，感觉在他原已完全情投意合的一班人以外的人都讨厌。不但讨厌，而且还要拘泥宗派的方式，拘泥不适合于现阶段的理论，抹煞一切，轻蔑一切，讥笑人家不进步，拒人于千里之外；甚至中伤攻击，以为痛快，结果只是把原来可以加入联合阵线共同努力于救亡工作的人驱之门外，使他们袖手旁观，对国事不闻不问，再弄得不好，甚至使他们跑到反动方面，妨害救国工作的进行。"这样，尽管嘴上喊着联合阵线重要，实际上则在破坏联合阵线。[2]

第二注意受推动者的容受性。在受推动的人里面，"有的思想也许更前进一些，有的思想也许较后进一些，但是在负有推动、鼓励和引导任务的工作者，倘若不顾到受者的容受性，徒把自己的前进思想做标准，唱着高调——至少在受者看来是高调——那也许要使原可加入统一阵线的一个救国斗士吓得掩耳远避，不敢或不愿再领教了"。这样所得的结果只能是阻碍统一战线的扩大。因为有些人赞同抗日救国宗旨，但不一定赞成"前进思想"，如果

---

[1] 邹韬奋：《韬奋全集》第6卷，上海：上海人民出版社，1995年版，第590页。

[2] 同[1]，第595页。

强行灌输，则会引起他们的反感，"这是负有促进救国统一阵线任务的工作者所要特别注意的"。[1]

第三注意克服褊狭态度。"在这个抢救中国危亡的现阶段，全中国应该只有两个阵营：一个是抗敌救国的阵营；一个是我们民族敌人和汉奸卖国贼的阵营。除这两个阵营外，换句话说，除我们用全力促成并巩固第一个阵线来对付第二个阵线外，如有人再存着褊狭的态度，存着党派或阶层的成见，在言论或行动上来引起纠纷，无论有意或无意来破坏这个救国联合阵线，或减削这个救国联合阵线的力量，那就都是民族的罪人，同时也就是他所属的党派或阶层的罪人！"[2]

第四注意分清敌友。"我们做中国老百姓的人们，不管张三李四，不问何党何派，在行动上抗敌救国的便是全国民众的好友，在行动上降敌卖国的便是全国民众的仇敌；今日在事实上表现抗敌救国的是友，明日在事实上降敌卖国，就即时是敌。'敌乎友乎'，全以是否在行动上，或事实上抗敌救国为转移。我们认为须用这样的态度，从各方面扩大民族解放的阵线。"[3]

第五注意不算旧账。"要造成抗敌救国的联合阵线，不可采取算旧账的态度"。"其实联合阵线是要把以前未联合的力量，在团结御侮的大目标下联合起来，如果还要算未联合时的旧账，那么这联合阵线就根本没有造成的可能。就联合阵线的立场说，我们只希望某某现在和将来肯怎样怎样，以前的怎样怎样我们不再算

---

[1] 邹韬奋：《韬奋全集》第6卷，上海：上海人民出版社，1995年版，第591—592页。
[2] 同[1]，第594页。
[3] 同[1]，第673页。

旧账。"[1]"平常的汉奸,就可以分为两种,一种是主观和客观上都做了汉奸。另一种并没有汉奸的意识,只是在客观上有了汉奸的言论或行动。"前者是真正的汉奸,不能让他们参加,他们根本上也不会来参加救国联合战线。后者则是准汉奸,"不但不应拒绝他们参加,而且应该用极忠实诚恳的态度,加以劝导说服,使他们放下屠刀,立地成佛。这样才是救国联合阵线的正确态度"。[2]

在港期间,邹韬奋与中国共产党人有了较多的接触。

《生活日报》创刊前夕,"西南事变"发生。香港报界有的主张讨伐西南,有的主张反抗"中央"。邹韬奋通过柳湜等共产党人了解了中国共产党的态度和主张,经过讨论统一了意见,决定把党的建立抗日民族统一战线的政策体现在报纸的宣传中。[3]陈济棠、李宗仁、白崇禧三人先后在广州约见邹韬奋。邹韬奋"对于国内

刘少奇化名莫文华给邹韬奋的两封信

---

[1] 邹韬奋:《韬奋全集》第6卷,上海:上海人民出版社,1995年版,第587—588页。
[2] 同[1],第598页。
[3] 柳湜:《韬奋逝世十周年》,《光明日报》1955年7月24日。

形势及全国必须团结始能御侮的意见，也知无不言，言无不尽"。[1]胡愈之应邹韬奋电邀从法国回到香港，在许多方面予邹韬奋以实际支持和影响。

在天津主持中共中央北方局工作的刘少奇，得知《生活日报》及其附刊《生活日报星期增刊》即将创办，曾化名"莫文华"给邹韬奋写了一封长信。信中说："我觉得贵刊应担负促成解放中华民族的伟业，而目前的中心问题是民族解放的人民阵线之实际的组织。"该阵线"应是极广泛的民族统一战线，应是全民族抗敌反卖国贼的各阶层联盟，从最进步的阶层及其政党的武装力量起，直至最落后的同乡会宗教团体与部分反敌的地主、军人、官吏、资本家、名流学者等，都应包括在人民阵线之中"，"贵刊应成为救国人民阵线的指导者与组织者；成为千千万万各种各色群众的权威的刊物"。邹韬奋在《生活日报星期增刊》上发表了这封信，并加编者按说："莫先生的这封信对于'民族解放人民阵线'有着剀切详明的指示，和我们的意思可谓不谋而合。"

7月12日，该刊又刊登了"莫文华"的第二封长篇来信，进一步批判了关门主义思想，阐明了抗日民族统一战线政策。邹韬奋在答复中认为"莫先生的意思很对，我们可以完全接受，不过我们还有一点愿提出研究，那就是'人民阵线'这个名称用在中国的民族解放运动很容易令人误解，不如用'民族联合阵线'来得清楚"。

"人民阵线"一词来自西班牙。1936年1月，为了推翻德、意支持的法西斯勒鲁政府的反动统治，在共产国际"七大"的号召下，西班牙共产党、社会党和资产阶级共和党签订了人民阵线公约，

---

[1] 邹韬奋：《韬奋全集》第10卷，上海：上海人民出版社，1995年版，第844页。

结成了工人、农民、城市中小资产阶级和进步知识分子的反法西斯统一战线。该阵线是个广泛的人民的组织,以反对法西斯暴政为共同目标,不包括反动的勒鲁政府及其军队。

中国的情况则不同,国民党当局虽然怯外,但还没有充当傀儡。中国要组成的民族统一战线,不是为了推翻国民党统治,而是为了抗击并驱逐日本帝国主义出中国,最终获取民族的解放。国民党当局及其军队只要没有投降、做傀儡,统一战线的大门对他们也是敞开的。因而在中国引用"人民阵线"一词的确会引起误解,会吓倒一批人。

中国共产党的抗日民族统一战线政策有一个不断完善的过程。刘少奇的第一封信写于1936年5月24日,第二封信写于6月19日,正处在由"反蒋抗日"到"逼蒋抗日"的过渡时期,意在"把门完全打开",团结一切可以团结的人。信中不只用了"人民阵线",同时也用了"统一战线"、"联合阵线"等名称。名称的混用,从一个侧面反映了党的抗日民族统一战线政策在过渡时期的某些不成熟性。

邹韬奋在《生活》周刊时期,就提出实行全民族的抗战,主张抗日的政府、军队和人民要立于一条战线上。《生活》周刊抨击政府,但不主张立即打倒政府。《大众生活》周刊、《生活日报》、《生活日报星期增刊》都是这样,基本上都主张逼蒋抗日。可以说,邹韬奋的全民抗战思想是一贯的,他在宣传党的抗日民族统一战线理论、政策的同时,又加进了自己的智慧,为该政策的走向成熟做出了一定的贡献。

1936年的夏天是不平静的,全国抗日救亡运动蓬勃发展。

5月31日，全国各地救亡团体的代表聚会上海，成立全国各界救国联合会，提出"停止内战，一致抗日"的口号，坚决反对国民党"攘外必先安内"政策。邹韬奋虽然不在上海，仍被推为执行委员。据胡愈之回忆，参加该会的代表有的是中共地下党员，有的是国民党反蒋实力派的代表，因此会议的宣言、口号都比较"左"。为了有利于统一战线工作的展开，中共地下党负责人潘汉年找到在港的邹韬奋和陶行知作了说明，并让胡愈之负责救国会方面的事，替救国会起草公开信《为抗日救亡告全国同胞书》。该文件基本上和《八一宣言》的调子相近，但形式上是站在中间派的立场上。邹韬奋和陶行知认可签名后，再由邹韬奋亲往上海请沈钧儒、章乃器签名。邹韬奋到上海后，沈钧儒看后同意签名。章乃器却嫌其太右了，坚决主张修改，甚至连题目也改为《团结

1936年7月，邹韬奋等联名在《生活日报》上发表《团结御侮的几个基本条件与最低要求》，要求国民党停止内战，承认中国共产党的合法地位，各党派联合起来共同抗日

御侮的基本条件与最低要求》。修改后的文件，由沈、章、陶、邹四人联名，发表在 7 月 31 日的《生活日报》上。从这件事中可以看出，邹韬奋已在暗中听从中国共产党的将令了。

陶行知曾有一首诗说到公开信出笼时的情况。诗云："大祸已临头，萁豆忍相煎。摩登万言书，我名最先签。"诗后自注："团结御侮一文件，由胡愈之先生起草，经我修改，与邹韬奋先生在港先行签字，再持至上海作最后修正，并由沈钧儒、章乃器先生加入签名发表。"[1]

公开信详尽阐述了关于"联合救亡"的立场。指出：抗日救国是关系整个民族生死存亡的大问题，决非任何党派任何个人所能包办，只有集合一切人力、财力、智力、物力，实行全面总动员，才能得到最后胜利；各党派各方面共同联合抗日救国，并不是要把某党某派消灭，在联合战线中的各党派只要在抗日救国方面求得一致，其他方面尽可以有不同的意见；在联合战线中，不仅大家要互相宽容，而且要公开，要坦白；联合战线的主要目的，是在扩大抗日救亡队伍，这队伍越广大越好，除了汉奸，不应摈弃一个人；以热诚参加联合战线，坚定抗日救国必胜的信念。

公开信对南京政府、对各党派提出了希望。对于蒋介石，批评其"攘外必先安内"的政策，要求他停止内战，联合各党各派，开放民众运动以解救国难，"动员全国一切人力财力智力物力，发动神圣民族解放战争"。对于国民党，公开信希望它"赶快起来促成救亡联合战线的建立"，在联合各党各派过程中尤其要与共产党携手。对于共产党，它赞同其《八一宣言》及团结抗战政策，表示"我们赞成中国共产党和中国红军这一个政策，而且相信这一个政策

---

[1] 陶行知：《陶行知全集》第 4 卷，成都：四川教育出版社，1991 年版，第 367 页。

会引起今后中国政治上重大的影响"。对于西南方面,它同情陈济棠、李宗仁、白崇禧出兵北上抗日的宣言,希望他们"推动中央政府出兵抗日,避免和中央取对立的态度"。

公开信在《生活日报》上发表后,很快被上海一些进步报刊所转载,并印成单行本,在国内广为传播。它所阐述的包括联合国民党蒋介石在内的抗日主张,对团结全国人民开展抗日救亡运动起过很大作用,曾被称为救国会纲领性的文件。

8月10日,毛泽东致函章乃器、陶行知、邹韬奋、沈钧儒及全体救国会成员,热情称赞救国会的宣言纲领及公开信。他说:"这些文件引起了我们极大的同情和满意,我们认为这是代表全国大多数不愿意做亡国奴的人们的意见与要求","我们同意你们的宣言纲领和要求,诚恳的愿意与你们合作,与一切愿意参加这一斗争的正派的组织或个人合作,以便如你们纲领与要求上所提出的一样,来共同进行抗日救国的斗争"。信中还明确表示接受公开信对中国共产党和红军的要求,指出中共党员"应当参加各地方的救国组织和各种形式的救国运动。……无条件地服从这些组织大多数所通过的规则、纲领和决议。""我们诚恳的愿意在全国联合救国会的纲领上加入签名。"[1]

9月18日,毛泽东委托潘汉年再次致函章乃器、陶行知、邹韬奋、沈钧儒,对他们的抗日救国言行,表示"无限的敬意"。同时,为了统战工作的需要,信中又有意突出了他们对中国共产党的方针政策的某些误会。信中说:"国民党军队继续对于红军的进攻与一切野蛮法令的尚未撤废,到今天仍然把我们与先生们还远远地隔离着,彼此不能经常共同讨论与交换抗日救国的具体意见。

---

[1] 巴黎《救国时报》1936年10月30日,引自《救国会》第128—136页。

这也不得不使诸位先生对于我们今天所执行的抗日统一战线的方针与实际行动，尚有若干的隔阂与误会。"为此，毛泽东特地委派潘汉年与他们保持经常的接触。[1] 至此，邹韬奋与共产党中央取得了直接的联系。

《生活日报》因与时代潮流息息相关，并且与读者保持着密切的联系，订户遍及全国与东南亚一带，日销2万份，开创了香港报纸发行量的最高纪录。但是，香港偏处一隅，且交通不便，报纸要一个多星期才能寄到上海，内地就更不用说了。邮费又贵，报社经常赔本。新闻采访也大受限制。内地读者纷纷来信，要求"迁地为良"。香港的新闻机构也肆意刁难，致使报纸上常常出现××，或开天窗的情况。邹韬奋每晚写好社论，总要等到送审稿退回之后才能离开办公室，有时整篇被扣不让发，还得重写一篇。印刷条件也极差，印刷所每天都不能按规定时间出报，而且随意更改版面，错字缺字又特别多，有时整篇文章都让人看不懂。邹韬奋不得不通宵达旦地干着，常常弄得筋疲力尽。

鉴于上述种种困难，《生活日报》在香港出版55天后，于7月31日宣告自动停刊，8月1日迁到上海筹备出版。邹韬奋在《五十五天的工作经验》中，感慨良多，一方面回想所经历的种种波折和困难，说"虽然说不上艰苦奋斗，但是我们工作的紧张和艰难，却是许多读者们所意想不到的"。另一方面又感到"虽然并不轻松，可是我们却非常愉快。因为我们从这短时期的工作中，却得到了无数宝贵的经验教训，而这些经验和教训又证明了我们的劳力并不是白费的"。就报纸本身来说，我们的经验是只要继续不断地刻

---

[1] 毛泽东:《毛泽东书信选》，北京：人民出版社，1983年版，第63—64页。

苦干着，力量虽小，资本虽少，没有一事不会得到成功。"而且经过这次的实际教训，我们将来在上海继续办报，也更有了把握。所以我们不怕困难，不怕失败，我们只怕我们的耐心和毅力不够。"再就国家民族的前途来说，"我们的经验是中国人心不死，中国一定不会灭亡"。"本报所提出的抗战主张，得到大多数读者的同情，本报所讨论的联合战线问题，引起各方面人士的注意，这就是明证。"文章最后在惜别读者时说"不久本报就可以继续和读者相见"。[1]邹韬奋当时怎么也没有想到，现实中的《生活日报》竟然就此与读者永别了。

《生活日报星期增刊》则改名为《生活日报周刊》继续在香港出版了9、10、11号，8月16日预告从下一期起改名为《生活星期刊》，移往上海继续出版。

8月23日，《生活星期刊》第1卷第12号在沪出版。邹韬奋任主编兼发行人，发表《不是创刊词》，重申"促进民族解放，推广大众文化"两大目标。是时，提倡全国团结，一致对外基本上已成为舆论界的共识，并引起社会各方面的重视，国共两党已在秘密接触，谋求第二次合作，形势朝着有利于抗日救国的方向发展。邹韬奋以昂扬的斗志和必胜的信心继续为团结抗日鼓吹呼。

时值九一八事变5周年，邹韬奋发表《沉痛的回顾与光明的展望》，一方面"很沉痛地回想到这五年来的国难一天天严重起来，被侵略的范围一天天扩大起来；但是在另一方面，我们也无所用其消极与悲观，因为光明的前途已向着我们招手，我们所要努力奋斗的是要全国团结起来，朝着这光明的前途迈进！"[2]他是那样

---

[1] 邹韬奋:《韬奋全集》第6卷，上海：上海人民出版社，1995年版，第456—457页。

[2] 邹韬奋:《韬奋全集》第7卷，上海：上海人民出版社，1995年版，第23页。

的自信，在为抗日救亡奔走呼号中体会到人生的快乐。

10月19日，鲁迅不幸病逝，邹韬奋痛感万分。在公祭大会上，他发表最简短也是最有力的演说："我愿用一句话来纪念鲁迅先生：许多人是不战而屈，鲁迅先生是战而不屈。"随后，邹韬奋连续发表《伟大的斗士》和《从心坎里》两篇文章纪念鲁迅，称颂鲁迅为："中国民族革命的伟大斗士"，认为"应该承袭鲁迅先生的积极的斗争精神，为民族解放的伟大而艰苦的工作，努力前进"，"永远不忘他的刚毅不屈的伟大人格"。

从《生活星期刊》在沪出版，到年底被捕，邹韬奋的抗日救国言论有两点值得特别注意。

第一是为建立国际反侵略战线而大造舆论。如果说在港期间，邹韬奋着重于研究国内统一战线问题的话，那么回沪后，他除了继续宣传抗日民族联合战线外，又加强了对国际形势的分析和对国际统一战线的研究。他宣称：中国是世界的一环，要打败日本侵略者，就"不得不严密地注意世界大势，不得不尽量运用世界大势中有利于我们的各种条件"，"对于那些高唱打倒一切帝国主义，或类于这样有意转移国人视线的主张，都要坚决地反对"。中国"加入英、法、苏等国家的和平阵营，并不是要抛弃自己的奋斗而去依赖别人"，这只是"在中华民族解放斗争的过程中，争取友军的一种策略"。[1]

邹韬奋把"急迫救亡的两个条件"确定为："一个是停止一切内战，一致对外；还有一个是要极力运用当前的国际形势，对于英、美、法、苏等国，只须不妨碍我们民族解放的神圣工作，我们都要极力造成有利于我们的友谊关系，尤其是和我们土壤相接，利

---

[1] 邹韬奋:《韬奋全集》第7卷, 上海: 上海人民出版社, 1995年版, 第25—27页。

害更为密切,而对外'不抱侵略野心'的苏联。"[1]邹韬奋爱国情痴,立于"中国的立场",主张只要对中国反侵略有利,一切积极的国际因素都要加以利用,超脱了社会制度、意识形态上的此疆彼域的限制。

第二是为民众运动提供有力的舆论支持。当时,抗敌激情高涨,各种民间救亡组织纷纷涌现,民众运动汹涌澎湃。然而社会上总有些人害怕民众运动,不了解民众运动,产生了许多误解。对此,邹韬奋予以透彻的分析和理论上的澄清。他认为"第一个误解是认为民众救国运动是和政府对立的。其实民众救国运动的唯一宗旨是在抗敌救国,和民众的救国运动立在一条战线上的政府应该和民众合作,在合作形势之下,民众救国运动不但不致和政府站在对立的地位,而且可以增强政府对外的力量。……在抗敌救国的过程中,拥有二百余万军队的政府,当然是一个抗敌救国的很大的力量。在我们做民众的,唯一的念头是怎样和这个力量合作,由此达到我们救国的目的,并无意于推翻这个力量。不明白这个情形的人,往往把民众救国运动看作反政府的行为,实在是大错而特错"。"还有一个很大的误解是认为民众救国运动只是消极的行为,甚至认为只是捣乱的行为。……如果民众救国运动是捣乱,那么我们为着救国起见,不但不该提倡,而且还应该千方百计去消灭它才是。"然而"一盘散沙的民众是没有力量的,必须有组织的民众才有力量",而"民众救国运动含有组织民众,训练民众,教育民众,养成有组织有训练的集体的力量,是含有积极的意义的",绝不是捣乱行为。另外,"这种运动要设法使大多数人参加,参加的人愈多,集体的力量愈伟大"。总之,在邹韬奋看来,"民

---

[1] 邹韬奋:《韬奋全集》第7卷,上海:上海人民出版社,1995年版,第47页。

众运动是现代的国家里一件很普遍的事情",中国当前最重要的民众运动是"民众救国运动",应当加以大力提倡。[1]

邹韬奋在"促进民族解放"的同时,在"推广大众文化"方面也进行了精心思考和艰苦实践。

关于"大众文化"的一般认识。

何为"文化"?众说纷纭,至今尚无定论。从高深处着眼,玄而又玄,从浅近处着眼,则简单明了。在邹韬奋看来,"所谓文化,尽管在各专家有或详或略的定义,但就具体的表现而论,主要的是在言论出版及教育各部门。言论有的是口头的,如演讲、谈话、座谈及讨论会之类;有的是写出来的,如报纸杂志上的言论等等。出版则属于日报、期刊、杂志以及书籍。教育则大概就狭义说,指学校教育,在学校中教师所教授,青年学生所研究的都是"。[2]他没有故弄玄虚,主要从所从事职业的角度来理解,可谓"三句话不离本行"。

在抗日救亡运动不断高涨中,邹韬奋明确提出了"文化"为什么人服务的问题。6月28日,邹韬奋在《生活日报星期增刊》上发表《大众文化的基本条件》,提出:"文化工作是为着少数人干的呢,还是要为着大多数人才干的?我们先要认清这个基本问题!"他认识到"大众的伟大的力量是新时代的最最重要的象征!""以为这个重要的意义应该运用到大众文化上面去。我们在这样艰危的时代,应该培养大众的伟大的力量,因此我们的文化必须有一个新的动向,必须有一个新时代的新文化运动。这个新文化的方

---

[1] 邹韬奋:《韬奋全集》第7卷,上海:上海人民出版社,1995年版,第29—32页。
[2] 邹韬奋:《韬奋全集》第10卷,上海:上海人民出版社,1995年版,第875页。

式和内容值得我们作更周详地研究和讨论，但是我深信这个新文化必然地是大众文化；大众文化的基本条件是要大众化，是要不忘却大众，是要切合于大众的真正需要，是要能培养大众的伟大的力量，是要能适合大众的容受性。我认为这是中国文化转变到一个新阶段的非常重要的问题，希望全国的文化人以及热心中国文化的朋友们都对这个问题加以严重的注意和切实的研究。""我们要极力使我们文化工作能影响到大多数人，影响范围越广大，文化的功效也越广大。"[1] 总之，"文化"必须为"大众"服务，也就是后来毛泽东所倡导的必须为工农兵服务。

如何办"大众文化"？

邹韬奋深切痛恨只说不做的陋习，认为"不要徒然高唱大众文化的空洞名词，必须设计种种具体的方法促进大众文化"。[2] 他正是以"促进大众文化"为立足点来具体设计《生活日报》的。

如前文所述，邹韬奋克服重重困难，在香港初步梦圆了创办《生活日报》的理想。理想虽然实现，但他觉得现实中的《生活日报》并不"理想"，因而一刻也没有停止过追求卓越。他所设计的"理想的《生活日报》：必须是反应全国大众的实际生活的报纸；必须是大众文化的最灵敏的触角；必须是五万万中国人（连国内国外的中国人合计）一天不可缺少的精神食粮"。

因为是反应全国大众的实际生活的报纸，所以必须成为一切生产大众的集体作品，必须由全国各地的工人，农民，职员，学生直接供给言论和新闻资料，而不是仅由少数的职业投稿家和新闻记者包办一切。因为是大众文化的最灵敏触角，所以报纸的内容，

---

[1] 邹韬奋：《韬奋全集》第6卷，上海：上海人民出版社，1995年版，第652—653页。
[2] 同[1]，第655—656页。

应该是记载一日中全中国乃至全世界各地大众的生活活动和希望要求。因为是人民一天不可缺少的精神食粮，所以这报纸所登载的消息，绝不是要人往来、标金涨落等等，而是和人民大众有切身利害关系的一切东西。

邹韬奋想象的翅膀继续飞翔。"从这里，我们可以想象出未来的《生活日报》的一个轮廓，一百二十层楼上面的《生活日报》编辑部，每天由许多飞机送来各地工厂通信员、学校通信员、农场通信员的专访通信。屋顶的短波无线电台每天收得几千万封的国际特约电讯。这些通信和电讯，报告了一日中全世界各地的生活活动。比方阿尔泰山的国营金矿，昨天生产多少纯金，扬子江上游的大水力电厂，生产二万华特的电力，都可以从每天的报纸上看到。国际新闻绝对不是由外国通讯社包办，而是由报馆直接组织了全世界的通信网。在南美或非洲无论哪一个角落发生的事件，十五分钟以后，就可以在《生活日报》上找到详细正确的报道。"

那时的社评，当然不会是主张抗日救亡之类（因为这问题早已不存在了），而是讨论由空气中吸收氮气应该如何增加生产，或者香港冬令工人修养地应该如何改良设备等等。

我们不希望销路十分大，每天大约是印五百万份，换句话说，平均每一百个中国人，有份《生活日报》。

报纸上面所用的文字，当然不会是目前那种方块字，把排字工友们忙得头昏眼花，而是另一种大众化的文字，并且是用机器排字的。

那时的《生活日报》，也不会只在一个地方出版，至少同时在十个地方出版，就是南京、北平、沈阳、库伦、迪化、拉萨、广州、新加坡、汉城和盘谷（即曼谷）。有几个地方出版的报纸，也许是用蒙古文、西藏文、朝鲜文或其他少数民族的文字。

这是多么美好的情景！多么理想的《生活日报》！

邹韬奋知道"只有在新中国才能有理想的《生活日报》。""新中国的轮廓也不难想象出来：大家都有饭吃，大家都有工做。十岁以上的中国人个个都有目前大学生的知识程度。中国只有国庆，却没有什么国耻。中国地图上更不会缺着一只角。总而言之，这是一个独立自由繁荣的中国！"

邹韬奋深信新中国一定会出现，那么理想的《生活日报》也一定会出现。然而现实的中国处在风雨飘摇之中，现实的人民大众日在饥饿线上滚。新中国不能坐等，要靠全国大众共同努力创造才能出现。而要创造新中国，首先必须起而救亡。"救亡是火烧眉毛的急事，自然更不能等待，因此在国难严重中，我们赶忙办了《生活日报》，想要尽我们的一点力量，推动民族解放运动的迅速发展，唤起民众来共同奋斗，把危殆万分的国家抢救过来。"这就是现实中的、"有着很多的缺憾"的、"已在襁褓中"的《生活日报》的价值之所在。[1]

如何办好现实中的《生活日报》，是邹韬奋最为焦思熟虑的。因为这实际上是为挽救民族危亡，为创造新中国贡献一份力量的问题，也是为创办理想的《生活日报》打下基础、营造环境的问题。

邹韬奋在香港主办《生活日报》55 天，积累了宝贵的经验教训。7 月 31 日，他在《生活日报》55 号上发表文章，回顾了该报在香港创办的艰难历程，并对拟在上海出版的《生活日报》的"发展计划"作了提纲挈领的描述：

第一，希望《生活日报》成为真正"人民的报纸"——不是

---

[1] 邹韬奋：《韬奋全集》第 6 卷，上海：上海人民出版社，1995 年版，第 674－678 页。

大老板出钱的报纸，也不是有党派背景的报纸。要做到真正的民治、民有、民享。关于民治：言论要完全作人民的喉舌，新闻要完全作人民的耳目。乃至日报的资金来源、会计收支、内部组织、推广方式，也必须做到绝对的民治。报纸每天的印数销数都在报上公布。股东姓名及认股数目亦在报上公布（不愿公布者除外）。关于民有：设法使大多数的中国人都做《生活日报》的股东，甚至只出得起一个铜子，或一角钱的，也可以投资。希望全国同胞都把本报看作大家的公物。关于民享：要使大多数的人民都能够享用，因此报价要定得特别低廉，尽可能使一切识字的同胞都可以订阅一份。内容要完全适应大众的需要，而不是专供少数人的鉴赏。

第二，言论上必须反映全国各界人士的要求和意见，而不是站在一党一派的立场来说话。可以容纳各种不同甚至相反的主张，但是不能一步离开抗敌救亡的大目标。在法律的范围内力求新闻的迅速和准确。在"附刊"上，尽量设法介绍各种新思想新知识，以提高大众的文化水准。

第三，文字力求大众化，要尽可能用口语文来写论文和新闻。要注意最落后的大众，使一切初识字半通文的妇女们、孩子们、工友们、农夫们，都能看懂《生活日报》。

第四，不模仿大报纸，用中型纸或小型纸，这样便于携带、装订、保存、检阅，可以节省纸张耗费，减低售价，节省读报时间。

第五，对于所刊广告要严格限制，骗人害人的广告一概拒登。换句话说就是，对于所登广告，也和言论新闻一样，向读者负责。

第六，要使《生活日报》成为全国销行的报纸，使中国人所到的地方，不论穷乡僻壤，天涯海角，都看得到。因为现实中的人民大众，教育不普及，购买力极低的缘故，许多人不能看报纸，许多人能看而买不起报纸。《生活日报》要竭力冲破这些难关,深入到最广大的群众之中。

第七,特别声明《生活日报》的目的和任务,在于促进民族解放,推广大众文化。而在现阶段,尤当以全力促成全国团结抗敌救亡的实现。无论遇何种困难,受何种压迫,此种目的和任务,决不有所变更。

邹韬奋还对一切该报的爱读者,对一切同情该报的人士,对一切希望中国有一个理想报纸的人士,以及对一切爱国的同胞们提出了以下请求:

(一)把《生活日报》当作大家的公物看待,用一切可能的力量来扶持它。

(二)有钱的踊跃投资,没有钱的出一块钱,一角钱,一个铜子,或者不出钱都可以。

(三)联络各地的读者和同情者,传播本报的目的任务和言论主张。

(四)识字的同胞们,尽经济可能购阅本报,并且把本报的内容,讲解给不识字的同胞们听。

(五)随时赐给本报以批评指导。[1]

邹韬奋从香港转战上海后,一面努力办好《生活星期刊》,一面积极筹备《生活日报》在沪重版。他将在港时对现实中的《生活日报》的设计,以《我们要怎样办?》为总题目,分"绝对公开"、"什么背景"、"广博的言论"、"统一性"、"广泛性"、"研究化"、"文字大众化"、"销数"8个方面,加以详尽阐述,分期刊载在《生活星期刊》上。

---

[1] 邹韬奋:《韬奋全集》第6卷,上海:上海人民出版社,1995年版,第680—685页。

为了办好《生活日报》，邹韬奋还向社会上广泛征求意见。"9月征文"截至20日，共收到436篇，在《生活星期刊》上发表11篇。征文在整个报纸、新闻、编辑、社论、广告、附刊等方面，均提出了许多好的意见。邹韬奋对之加以总结，认为："这次征文全部的意见，可说是已把我们理想的报纸的轮廓画出了。这里特别值得注意的是，这许多意见，大致都不是出于专家之笔，而是从民众心坎中发出的。这一点，也许更为我们从事新闻事业的人所重视罢；因为中国的新闻事业一向是偏于保守的，自己不免为过去业务的成见所限制，现在听了这许多来自民间的声音，不独将来对于《生活日报》的出刊有许多影响，就是对于当前新闻事业的改革上也许不无裨益罢！"[1]

可以说，对于计划中要在上海复刊的《生活日报》如何办报，邹韬奋已是成竹在胸了。然而，因国民党当局不予登记，《生活日报》始终未能在沪出版，致使邹韬奋留下了终身憾事。

---

[1] 邹韬奋：《韬奋全集》第6卷，上海：上海人民出版社，1995年版，第485—487页。

十　千古奇冤　救国有罪

正当邹韬奋竭尽全力从实际的方面推动救亡运动向前发展的时候，新的迫害又降临到他的头上。

1936年11月9日，沪东杨树浦日商纱厂两万多工人开始罢工，要求增加工资。自九一八事变、一二·八事件以后，日商纱厂借口销路停滞，裁减工人，降低工资，甚至还不时殴打、开除工人。到1936年秋季，日商变本加厉地榨取工人，致使工人"连气都透不过来"。纱厂工人为生活所迫，要求每人每天增加工资十分之一。11月8日，工人与厂方交涉无结果，遂由怠工转为罢工。他们10日写信给邹韬奋，详述罢工之原委，请求舆论界声援。

邹韬奋接信后，立即撤换一些已在拼版待印的稿件，将来信加上标题《纱厂工友们的呼声》和"编者的话"，发表在11月15日出版的《生活星期刊》上。对于周刊，这是最为迅速的反应了。"编者的话"说："我们认为工友们在这封信里所说的要求是万分合理的。我们特把这封信里所叙的事实表露出来，希望能引起社会的严重注意，并希望舆论界努力主持公道。"[1]

当时，青岛的日本纱厂工人也举行反日大罢工，市民与学生示威游行，与上海日商纱厂工人的罢工斗争南北呼应。邹韬奋和其他救国会负责人一道，奔走援助，并组织上海日商纱厂罢工后

---

[1] 邹韬奋：《韬奋全集》第7卷，上海：上海人民出版社，1995年版，第112页。

援会,支持罢工斗争。于是,邹韬奋等爱国志士就成了日本侵略者急于拔除的眼中钉。

11月15日,华北地区战火又起。日本特务机关长田中隆吉指挥汉、蒙伪军一万七千余人,在日军飞机掩护下,大举进犯绥远。驻绥傅作义部奋起还击,取得了红格尔图战斗的胜利,并乘胜收复百灵庙、大庙等重要据点。

绥远抗战一开始,就得到全国各地广大爱国民众的热烈支持。22日,邹韬奋在《生活星期刊》上发表《援助绥远前线将士》。文中述及全国各地及上海同胞同仇敌忾,踊跃支前的盛况,心情甚为激动,认为:"这是全国联合阵线的端倪,是每一个救国的同胞看了都要欢欣鼓舞喜出眼泪来的良好的现象!我们要积极扩大这个救国抗敌的联合阵线!我们要积极提倡并努力实行'一日贡献'来援助正在前线英勇抗战的将士!"文中还向国民党当局郑重提出了三点要求:第一,动员全国抗敌救亡;第二,毅然停止一切内战;第三,对日本提出强硬的抗议,限定在日本威胁下的"匪伪"于廿四小时内退出绥察,否则立即公布停止交涉,乃至绝交。认为:"政府对这三件事能毅然实行,便是政府下决心和全国民众共同抗敌的事实上的表现,必能获得全国民众的一致拥护。"[1]

国民党政府虽然对绥远抗战也表现出较为积极的态度,但大多流于口头上、声明中、文件里,它所最为关心的是及早全部剿灭共产党。其时,红军与东北军、西北军(十七路军)三方面在抗日的基础上实现了联合。蒋介石对此深感不安。"西南事变"刚刚结束,他就频频飞到西安、洛阳,紧张部署"剿共"军事。他一方面逼迫东北军、西北军进剿红军,一方面集结大量嫡系部队,

---

[1] 邹韬奋:《韬奋全集》第7卷,上海:上海人民出版社,1995年版,第52—54页。

准备开赴陕甘，一并解决西北问题。这也就是随后发生的西安事变的根源。对于日本明火执仗的侵略行为，国民党当局仍然固持"攘外必先安内"和"敦睦邦交"政策。因而，邹韬奋所发表的旗帜鲜明影响巨大的抗日救亡言论，既为日本侵略者所怀恨，又为国民党当局所不容。于是，在日本人的直接指使下，国民党当局又上演了一幕无耻迫害爱国人士的丑剧。

日本驻沪领事馆早就注意并监视沈钧儒、邹韬奋等救国会领袖的活动。10月25日，日本人在上海办的报纸《日日新闻》就刊载了国民党政府即将逮捕救国会负责人的消息，以制造紧张空气。11月日本驻沪领事馆总领事、武官等不断向国内发回秘密情报，报告上海纱厂工人罢工、救国会和中共地下党的抗日活动。18日，正当上海日商纱厂工人罢工进入高潮时，丰田纺织公司船津总务拜会上海市长吴铁城和秘书长俞鸿钧，提出要"取缔隐蔽在罢工背后的赤色分子"。同日下午，日本驻沪总领事若杉命令领事寺崎再次找到俞鸿钧，明确表示："（一）逮捕抗日救国会的幕后人物章乃器（原浙江实业银行副经理）、沈钧儒（律师）、李公朴以及其他五人；（二）抓共产党；（三）镇压大学的危险分子。"俞鸿钧表示：沈钧儒等人，早已在监督之中，但要有确凿的证据才能加以逮捕，不可操之过急。寺崎凶相毕露，恶狠狠地说：要等确凿证据，那将是遥遥无期的，必须立即动手。他还以正在待命的日本海军陆战队相威胁，说："倘使今后再惹起同样事态，说不定将发生不测的情况。"

11月22日深夜，国民党当局勾结法租界巡捕房拘捕了邹韬奋。和他同时被捕的还有沈钧儒、章乃器、李公朴、王造时、沙千里、史良等救国会领导人，时称七君子事件。《生活星期刊》被迫停刊。

史良

23日上午,俞鸿钧做贼心虚,秘密通知日本驻沪总领事馆,谓:"七君子已于22日深夜逮捕",是"不拘泥于法律常规加以逮捕"的,"希望切勿将原委公诸报端"。日方心领神会,表示默许。同日下午,吴铁城在会见日本总领事时,又当面"备述逮捕之苦心,坦陈将尽量作出努力"。日本总领事说"本官对此努力表示谢意"。[1]

24日,国民党上海特别市政府宣布七君子的"罪状"。说他们"非法组织所谓上海各界救国会","妄倡人民阵线,煽动阶级斗争,更主张推翻国民政府","密谋上海总罢工,以遂其扰乱治安颠覆政府之企图"。[2]国民党中央通讯社说,政府是"依据《危害民国紧急治罪法》"逮捕他们的。

爱国有罪,救国遭捕,于情不合,于理难容,于法无据。七君子事件发生后,全国哗然,爆发了大规模的、强烈的抗议运动和营救运动。

11月24日,全国救国会发表《为沈钧儒等领袖无辜被捕紧急宣言》,27日发布《为七领袖无辜被捕告当局及国人书》,抗议与揭露国民党对七领袖的无理迫害,驳斥对救国会的攻击与诬蔑,表示"救国会的人士既以身许国,绝不是逮捕等等足以阻遏其志愿的"。他们将坚决秉承领袖们过去的言论主张,"永远继续地奋斗下去"!要求国民党当局立即释放被捕诸领袖,公开保护救国

---

[1]《日本插手"七君子事件"的有关材料》,《上海滩》1987年第4期。

[2]《申报》1936年11月26日。

运动,停止内战,一致抗日。[1]

24日,北平文化教育界人士李达、许德珩、许寿裳等107人联名致电国民党南京政府,赞扬七君子"热心救国,全国景仰",要求政府立即释放他们,共赴国难。北平学生也奋起营救,并派代表团赴南京请愿,要求释放被捕领袖,开放民众救国运动。

26日,宋庆龄发表《为"七君子"被捕而发表的声明》,揭露了七君子事件的本质,强烈谴责国民党当局的非法逮捕行为,抒发了一腔爱国热诚。声明一针见血地指出:"任何理智清晰的人士都明白,这种逮捕以及这些罪名都是由于日本帝国主义的影响所致。"因为全国各界救国会的目的在于促进政府与人民间的团结一致,成立统一战线以抵抗日本侵略者;日本帝国主义当然害怕统一战线的建立,便以救国会搞"共产党活动"煽动中国政府反对救国会,从而分裂政府与人民,以实现其阴谋。但是,日本帝国主义的这种手段,"只能更引起中国人民的抗日的怒火和爱国的义愤"。声明庄严宣布:"虽然七位领袖横遭逮捕、被加以恶毒的罪名,救国会仍然要重申自己的立场:救国会不反对政府,也不亲共;它主张全国人民,不分政治信仰或党派,成立统一战线,从事民族解放战争。""救国会的七领袖已被逮捕,可是我们还有四万万七千万人民,他们的爱国义愤是压制不了的。让日本军阀们当心吧!他们虽然可以在幕后指使逮捕七位领袖,但是全国的人民是不会饶他们的。"[2]

30日,中国共产党领导下的延安《红色中华》发表文章,反对国民党政府对爱国者实行高压政策,相信"全国人民决不会为

---

[1]《救亡情报》第28期,1936年11月29日。

[2] 宋庆龄:《为新中国奋斗》,北京:人民出版社,1952年版,第74—75页。

南京政府的爱国有罪政策所威胁而坐视中国的灭亡,必须再接再厉,前仆后继来发展正在开展着的全国救亡运动"。随后,在巴黎出版的《救国时报》也发表评论,反对国民党政府"爱国有罪的暴政",表示支持七君子的爱国行动。

国民党中的有识人士冯玉祥、于右任等人在南京发起10万人签名活动,援救七君子,"以表示民意所依归,而促南京最高当局之觉醒"。冯玉祥还密电蒋介石:"请电令释放,以示宽大。"国民党地方实力派如广西的李宗仁、白崇禧等要求无条件释放七君子。爱国将领张学良、杨虎城坚决反对逮捕七君子。张学良曾专程从西安飞抵洛阳,当面请求蒋介石释放无辜的七位救国领袖。西安事变发生后,张、杨提出的解决时局的八项主张中,就有"立即释放上海被捕之爱国领袖"一条,并说:"自上海爱国冤狱爆发,世界震惊,举国痛心,爱国获罪,令人发指。"

七君子事件在海外华侨和国际友人间也引起了很大反响。旅居欧洲、美国和东南亚各国的华侨,以及国际知名人士罗曼·罗兰、爱因斯坦、杜威、罗素、孟禄等都致电国民党政府,要求恢复七君子自由。

然而,国民党当局对这一切呼吁和抗议都置若罔闻,拒不释放七君子。其所根所据以及所持的立场,从蒋介石12月3日复冯玉祥之电报中,可以清楚地反映出来。电报云:"沈钧儒、章乃器等诸人,有为中(注:蒋介石名中正)所素识者,亦有接谈数次者。前曾以国家大势,救国要义,向之详切劝导,奈彼等不唯不听,而言论行动,反日益乖张,若非存心祸国,亦为左倾幼稚病,中毒已深,故尔执迷不悟。近更乘前方剿匪紧张之时,鼓吹人民阵线,摇惑人心,煽动罢工,扰乱秩序。中处迭据确报,沪上罢工,其经费均由章乃器以救国会经费散发,每日七千元,其背景可知。若非迅予制裁,不特破坏秩序,危害民国,即彼等自身,亦必重陷于不可赎之重大罪恶。值此国难严重,固当集中心力,爱惜人才,但纲纪不能不明,根本不能不顾,故此时处置,正所以保全彼等,使不得更趋绝以祸国。中意除依法惩处,不令放任外,仍当酌予宽待,以观其后。务望兄等同此主张,以遏乱萌,而正视听。"[1]

按照蒋介石的说法,他是"爱惜人才"的,拘捕七君子是不得已的事情,因为他们非但听不进去关于"国家大势,救国要义"方面的"详切劝导","中毒已深",而且有复杂的"背景",言行上"摇惑人心","扰乱秩序","危害民国"。虽拘捕他们,但不为难他们,且有"宽待"可享,是"保全彼等",进而"使不得更趋绝以祸国"的正当"处置"。这样看来,七君子作为"戴罪"之人不仅用不着叫冤,反而应该感激涕零;全国各界人士,不仅不用抗议、营救,反而应该欢迎、庆祝。

"爱国"与"祸国"是截然对立的。国民党当局颠倒是非,混淆黑白,竟将七君子光明磊落的"爱国"言行,视为大逆不道的"祸国"依据而"依法惩处",从政治上与道义上都大失人心了。当时,全国许多报刊都把这个案件称作"爱国无罪"案。国民党当局理不直气不壮,时刻处在被动的甚至是非常尴尬的地位。

作为当事人的七君子,襟怀坦荡,从容不迫,正义凛然。

在被捕的前两三天,就有朋友传来消息,国民党当局将要逮捕邹韬奋,请邹韬奋特别戒备。但邹韬奋胸怀坦白,不以为意,照常上班工作。11月22日下午6点钟,他还赶到功德林参加援绥

---

[1]《冯玉祥为营救"七君子"与蒋介石往来密电》,《历史档案》1981年第1期。

的会议，夜里 11 点钟才离会，12 点钟到家。23 日 1 点钟左右就寝。两点半左右被捕。

拘捕邹韬奋是由法租界巡捕房执行的。来者四人，一名法国人为首，一名巡捕房翻译，两名上海市公安局侦探。他们来时凶神恶煞，但见到文质彬彬的邹韬奋后，语气和态度在惊异中和缓下来。当时天气很冷，邹韬奋请求穿好衣服再走。他一边穿衣，一边与那位法国人和翻译交谈。谈话之后，他们的态度更加和善了，表示这只是照公安局的嘱咐办理，在他们却是很抱歉。两位公安局的侦探搜查去一些东西，其中一位也觉歉意，说是公事，没有办法。从这些细节可以看出，案件一开始，国民党当局就理不直气不壮，执行者是怀着歉意来执行的，或者说是昧着良心来执行的。

3 点钟，邹韬奋被押到卢家湾法巡捕房。刚到时，他望见史良也被押着走进了巡捕房。他破题儿第一遭做"犯人"，手臂被那位翻译夹着拥到二楼政治部的一间办公室。到后由那位法国人问话，同来的翻译译述。邹韬奋承认自己是全国各界救国会的执行委员之一，但从来没有加入任何党派，救国会的宗旨是主张抵抗日本对中国的侵略。在问话中，邹韬奋还反问那位法国人："假使你们法国也被别国侵略，你立于国民的地位，要不要起来主张抵抗这侵略？"他点头微笑，并很客气地重申：这次行动，不过是应中国公安局的要求。邹韬奋问所犯何罪，答曰：中国公安局告为共产党。问话共进行了半个小时。

接着，邹韬奋被带到楼下的一间办公室。一个安南巡捕来搜身，取去了钱夹、领带、西装领上的扣子、吊袜带、鞋带、裤带、手表和眼镜。这是预防犯人暗寻短见的手续。其实，此举对邹韬奋来说大可不必，因为他要留着有用之身为抗日救国尽力，谁愿意自寻短见？

随后，邹韬奋、史良被押到监狱，并看见章乃器也被捕来了。他们分别被锁进了"铁格子后面"。

到下午3点钟左右，邹韬奋和史良、章乃器一起被押往高三分院。到了待审室，法院派来了几个法警监视他们。但是法警们都已知道他们是为着团结救国而"犯罪"的，因而表示恳切的同情，说："你们的意思，做中国人的谁不赞成！"在这里，邹韬奋等得知沈钧儒刚被保释，就不顾劳瘁地来看望他们，甚为激动。

等到4点多钟才开庭。审判长所问总结起来不外两点：一是与共产党有无关系，二是有没有参加煽动上海日本纱厂罢工。关于第一点，他们所依据的是章、陶、沈、邹四人联名发表的《团结御侮的基本条件与最低要求》以及毛泽东致他们的公开信。邹韬奋答曰这个小册子所主张的是全国团结，一致对外，有原文可按，用不着多说；这些主张既是公开发表，则谁都可以看，谁都可以批评。检察官当庭认为这不能作为犯罪的证据。关于第二点，邹韬奋说自己所做的只是捐了一天的薪水，以救济在日本纱厂里过着牛马生活、罢工后饥寒交迫的中国同胞。法捕房律师也当庭宣称，捕房政治部所搜去的印刷品只是爱国文字，一点没有犯罪证据。法庭审理的最后结果，认为邹、章、史没有犯罪证据，不允许公安局"移提"（即引渡）。于是，三人都"责付"律师保出，再交铺保。到晚上8点钟左右，他们均被保释。

在过去的一天多时间里，邹韬奋生平第一次打手印、第一次戴手铐，最初的感觉都是不胜愤怒，但很快转念一想："亡国奴的惨状更甚于现在的遭遇，为着参加救国而打手印，算什么！""我所以受到这样的侮辱是因为我努力参加救国运动，我应该把这愤怒转变为继续奋斗的力量。"所以，当有人问到他犯什么罪时，他就会自豪地脱口而出："救国罪。"[1]

国民党当局不会善罢甘休，很快想出了"移提"办法，再次拘捕并长期羁押七君子。

24日下午4点钟，邹韬奋接具保律师的通知，准时到高三分院报到。邹韬奋从保释出狱到再次入狱，相隔只有20小时。

在待审室，邹韬奋对几十个法警大开话匣，说明国难的严重和救国会的团结御侮主张。法警们听得津津有味，点头称是，对他格外好起来，倒茶的倒茶，让座的让座！后来邹韬奋发现其中有几位是他的读者，相互之间更成莫逆之交了。

当夜12点钟开庭，章乃器到了，史良未到。问的答的还是那一套。律师再请求交保，不许。于是，邹韬奋和章乃器被法警们押送到特区第二监狱里去羁押。审判长在押单上批明"予以优待"。

到达监狱，按例登记。职员问所犯何罪，邹韬奋答曰"救国"。那个职员听了这两个字，一点不迟疑地立即在簿子上写下"危害民国"四个字。这使邹韬奋"于哭笑不得中感到幽默的是他那样熟练的神情"。接下来是搜身和打手印。邹韬奋"到了这个时候，手印也打得很熟练了，好像在银行支票上盖个图章一样，伸出手来就是！"

邹韬奋和章乃器同被安排在幼年监狱的同一个囚室里。在这里，他们感受到来自同监犯人的深情厚谊。

同室的一个姓周的"政治犯"，曾是邹韬奋的读者，"是一个

---

[1] 邹韬奋在狱中作《经历》，为后人了解"七君子事件"提供了宝贵的第一手资料，以上材料均引自邹韬奋：《经历》，北京：生活·读书·新知三联书店，1979年第3版。

很可敬爱的青年"，从章、邹的谈话中得知心目中的"韬奋"就在眼前，"十分的愉快"。

第二天清早，隔壁囚室里递过来一封长信，是一个二十岁左右的青年写给章乃器的。他只听说章来了，不知邹也来了，所以信里急切地问到邹被捕的情形。他为此一夜未眠，"局促着写了这封信，充满着热烈和挚爱的情绪"。邹韬奋深受感染，认为"他的纯洁，诚恳，坦白，激昂，深深地震动了我们的心弦"。后来他与邹韬奋见面了，彼此都感到非常的快慰。但他觉得还没有谈够，又给邹韬奋写来一封长信。信中再三叮嘱邹韬奋要为国珍重身体。

一位19岁的青年，从乡下到上海谋生，为饥饿所迫，做了一次小偷，被捕了进来，虽然写东西能力极差，但也自动地写了几十个字交给邹韬奋，虽然似通非通，但对于抗日救国的热烈和对邹韬奋等被捕的义愤，也跃然纸上。

最令邹韬奋感动的是一个被判了无期徒刑的盗犯也在一封信里表示对于国难的关心和对于邹韬奋等的同情。"他虽然用着很粗率的语句叙述他的意见，但是他那一颗火热般的心是谁看了都要感动的！"

邹韬奋还听说全监九百余人为着援助绥远前线抗敌战士，决定全体绝食一天。

同监的青年朋友待邹、章殷勤可感，争着替他们做一切琐碎事情。犯人都有一个号码，职员招呼时皆称号码。同监的青年们不但自己一定要称邹、章为先生，而且要看守也一定要称他们为先生，不许叫号码。邹韬奋认为"他们的那种天真的热诚，看着十分可感而又十分有趣！"[1]

---

[1] 以上材料引自邹韬奋:《经历》，北京：生活·读书·新知三联书店，1979年第3版。

邹韬奋所遇到的这些事情，从细微处反映出抗日救亡是人心所向的伟大事业，也反映出邹韬奋言论的力量是多么巨大。邹韬奋之所以能获得如此多的同情和厚意，根本原因就在于他是站在中国的立场上、站在大众的立场上说话，是在为中华民族的解放而鼓呢呼，是青年囚友们心目中的民族英雄！

邹韬奋在特区第二监狱里只关了两天。

23、24两日在高三分院开庭时，上海市公安局都要求"移提"邹韬奋等，但法巡捕房律师两次均以没有犯罪证据为由，拒绝"移提"。上海法租界和国民党当局曾有协定，除中国的司法机关可以无需证据即可向捕房或特区法院"移提"犯人外，像公安局这类机关要做这件事，必须拿出证据才行。因为这个缘故，国民党当局就设法转个弯儿，由上海地方法院（在租界以外的法院）出面来"移提"，结果达到了目的。

26日下午，上海地方法院来"移提"。邹韬奋和章乃器一出法庭，就被好几个法警拥上了汽车，往城里驶去。他们各乘一辆汽车，左右各有两个法警押着。邹韬奋觉得不无抱憾的是没有机会和同狱的几位青年朋友告别。

到了地方法院，邹韬奋和章乃器被押进待审室。有一个法院职员是邹韬奋的读者，听说邹韬奋来了，连饭都不吃，特跑来安慰邹韬奋，邹韬奋曾要他回家休息，但他不肯，一直等到审完，好好招呼邹韬奋进了看守所才回去。

传审很简单，照例由检察官问姓名、籍贯、年龄、住址等等之后，问起救国会的宗旨和有没有参加煽动日本纱厂工潮。审完之后便押往看守所羁押。

在上海地方法院的看守所只关了一天一夜，27日下午6点钟左右转往公安局。临走时，又被传审了一番。法警们很客气。检察官则充满同情和歉意，拿出公安局的公文给邹、章看，里面说要"移提"他们去和沈钧儒等四位"对质"。检察官宣布后，邹、章走出法庭，公安局派来的人员迎上来押着出去。法院里有几个职员赶出来和他们握手送别，他们为爱国同胞随处给予的同情和厚意所感动。邹韬奋无意中和章乃器说了一句话，身旁的一位公安局的科员插话说："这是各位先生人格的感动。"邹韬奋说："这倒不是我们几个个人的人格问题，却是有许多同胞不愿意做亡国奴的心理的流露！"

沈钧儒等四位已押在公安局三四天了，邹、章一到，即被引进他们的房间。患难中得以相见畅谈，大家都格外快慰。房间里有侦探（"文装同志"）监视，房前的露台上有警察（"武装同志"）监视。邹韬奋等认为"纵然是做侦探，也还是中国人。我们所干的是救国运动，我们所谈的也只是关于抗日救国的事情；我们不但用不着避他们，而且当着他们大谈我们对于救国的主张，大讨论我们对于救国的意见；侦探们听了不但不觉得有什么大逆不道，而且深切地表着同情！他们和我们相聚了几天，竟变成了我们的同情者，甚至觉得每日来监视我们是一种不得已的痛苦和职务。不但侦探们如此，就是那些'武装同志'也成了我们的朋友！"这是何等的人格力量！

公安局长几乎每天都要来很客气地招呼一下。问话的第三科科长也很客气。头几天允许接见，来访者很多，像举行什么盛会似的。后来当局有些害怕了，除了家属，禁止接见其他亲友。他们经常开"讨论会"或"谈话会"，此外也开展一些娱乐活动。他们最关心的是绥远抗战的消息,其次是他们何时被释放的消息。[1]

12月4日下午,邹韬奋与沈钧儒、章乃器、王造时、李公朴、沙千里一起被押往苏州。他们乘坐一辆大汽车,有十几个"武装同志"和几个侦探押着。上车时,公安局长亲自送上车,叫"武装同志"坐到后面去,把前面的位置让给邹韬奋等,最后与他们一一握手,并连说"对不起得很"。作为国民党上海市的公安局局长,能够有这样的姿态,实在难得,是非曲直已不言自明。

告别上海,车子向前飞奔。邹韬奋凭窗眺望,痛感:"如此大好河山,竟一天天受着侵略国的积极掠夺,而受着惨酷压迫的国家还未能一致对外!"车行半路,李公朴按捺不住内心的激动,立起身来对同车的"武装同志"演讲国难的严重和全国团结御侮的主张。他讲到激昂时,声泪俱下。"武装同志"听了都很感动,有些人眼眶里还涌上了热泪。随后他们也跟着唱《义勇军进行曲》。

车到苏州,邹韬奋等改乘黄包车进城。街上和店里的人们莫名其妙,因为坐在车上的人并不像强盗。有几个"武装同志"在车旁对邹韬奋说:"先生!我不是来押你的,是来保护你的。"到高等法院的时候,已是万家灯火了。由上海来的一群人都纷纷和邹韬奋等握手告别,尤其是那些"武装同志"表现出非常肯挚的同情。[2]

经过简单的审问后,邹韬奋等即被押到吴县横街高等法院看守分所。在这里,他们将要度过8个月的囚徒生活。史良自12月30日到案后,则被单独羁押在司前街的女看守所。

---

[1] 以上材料引自邹韬奋:《经历》,北京:生活·读书·新知三联书店,1979年第3版。
[2] 同[1]。

通常的牢狱生活是单调寂寞的，是凄凄惨惨的，但邹韬奋等的狱中生活组织得井井有条，迸发出生命的最强音。

他们早晨七八点钟起床，洗完脸后都到天井里去运动。早餐后，各自开展工作，有的译书，有的写文，有的写字，有的学日文。午饭后略为休息，继续工作。晚饭后有的看书，有的写信，有的下棋。有时候因为要讨论问题，大家便谈成一团，把进行中的工作暂搁起来。在准许会客时，每天有许多人来慰问。

邹韬奋在苏州看守所

幸而邹韬奋等6人被关押在一起，倒也能苦中作些乐来。他们公推德高望重的沈钧儒做"家长"。沈钧儒虽然年迈，但"天真，活泼，勇敢，前进，却和青年们没有两样"，对邹韬奋等几个"难兄难弟""爱护备至，仁慈亲切，比之慈父有过之无不及"，因而大家以"家长"的名称来推崇他。章乃器被推为"会计部主任"，伙食、茶叶、草纸等开支由他掌管。王造时被推为"文书部主任"，写给检察官请求接见家属的几封有声有色的信便出自他的手笔；至于托人代买几张草纸、几两茶叶，都要靠他开条子。李公朴被推为"事务部主任"，最忙，所管的是贮藏好亲友们送来的水果、菜肴、罐头食品、糖饼等，午饭前还要注意热菜。沙千里被推为"卫生部主任"，比较清闲，谁要随便把香蕉皮或橘子皮抛弃在桌子上，他就要提出抗议。邹韬奋被推为"检察"，没有什么具体的事务，于是便自告奋勇，"兼任文书部和事务部的助理，打打杂"。每天，"难兄难弟"们也互相"弹劾"几次取乐。

在主张和行动方面，到了上海公安局之后，"家长"就公开宣言："六个人是一个人！"他们知道，参加救国运动需要有一致的主张和行动，就是在被捕的特殊时期里，也应该有一致的主张和行动。他们一致议决了三个原则：（一）关于团体（指救国会）的事情，应由团体去解决；（二）关于六个人的共同事情，应由六个人的共同议决去解决；（三）关于各个人的事情，应由各个人自己负责。关于第一个原则，例如倘若有人提出解散救国会或其他有关整个团体的要求，六个人便不应该接受。关于第二个原则，例如倘若需要表示什么态度，或公布什么文件，便须经过六个人的公议决定。关于第三个原则，例如审问的时候，各人只对自己的部分负责，关于别人的部分就不应擅答。

他们决心团结一致，患难与共，相约有罪大家有罪，无罪大家无罪；羁押大家羁押，释放大家释放。他们坚决要求同关一处，预先约定：倘若当局要把6个人分开，必然要用绝食来抵抗。说到绝食，"难兄难弟"们最为顾虑的是"家长"，因为怕他年岁已高，难以忍受绝食之苦，所以大家都主张"家长"可以例外。但"家长"无论怎样都不肯，说"六个人是一个人"，如果有绝食的必要，必一同加入。

在西安事变后的一段时间里，时局紧张，空气沉闷。从12月14日起，完全禁止会客，连家属都不准接见。于是，他们与世隔绝了。他们做好了随时为国牺牲的准备。面对不测之祸，他们一致认为应该从容就义，一致主张出去的时候应该高唱《义勇军进

被拘押于国民党政府苏州高等法院看守所，左起：王造时、李公朴、邹韬奋、章乃器、沙千里、沈钧儒。

行曲》，临刑时应该大呼：打倒日本帝国主义！民族解放万岁！

他们认为："救国是一件极艰苦而需要长期奋斗的事情。参加救国运动的人当然要下最大牺牲的决心，但同时却须在不失立场的范围内，极力避免不必要的牺牲，因为我们要为救国运动作长期的奋斗。""我们的目的是要救国，并不是要进牢狱！进牢狱绝对不是我们所'求'的，只是一种不幸的遭遇。我们为着要替救国运动做更多的工作，是要在不失却立场的范围内极力避免的。"[1]

他们珍惜生命，避免不必要的牺牲；他们纯情爱国，志在推动政府走上抗日救国的道路，但不主张推翻政府。因而，他们在讨论问题时以及与当局开展斗争时，"主张坚决，态度和平"，以法律为武器，进行有理、有利的斗争，但又不过分激化矛盾。刚

---

[1] 以上材料引自邹韬奋：《经历》，北京：生活·读书·新知三联书店，1979年第3版。

出狱时，沈钧儒为《救国无罪》一书题写"主张坚决态度和平"八个大字，颇能反映他们在狱中所共同持有的态度和立场。

七君子在狱中留下了大量的题字，[1]反映出炽烈的爱国主义精神。例如：

> 我欲入山兮虎豹多，我欲入海兮波涛深，呜呼喷兮，我所爱之国兮你到哪里去了，我要去追寻。——1937年6月沈钧儒题，并附注云："新生案件宣判之第四日，我自杭州返沪车中，以铅笔写此诗于报纸角上，随吟随写，泪随笔下湿报纸，今两年矣，书此不自禁其感之深也。"

> 力争救国无罪不是为个人是为着救亡运动的前途，不许侮辱人格也不是为个人是为中华民族人格的光辉。——1937年2月23日邹韬奋题。

> 我们要使每个中国人认识自己有着抗日的任务并要了解怎样能各就范围的去执行这任务，更要加紧一般的政治训练以增强抗日的力量，这样把广大群众和民族解放的斗争联合起来，把救国的工作和民主运动联合起来。——1937年6月李公朴题。

> 民族解放的斗争必得最后的胜利，爱国无罪将为大众和历史一致的裁判。——沙千里题。

> 除非把我幽禁到无人的荒岛，我才没办法宣传和抵抗侵略者的残暴，但是我还要设法训练着不害人的野兽，准备有一天对侵略者作最后的决斗，因为侵略者的残暴实在超过野兽百倍。——1937年6月28日史良题。

> ……

---

[1] 引自《救国无罪》，1937年时代文献社刊。

鲁迅说:"我们从古以来就有埋头苦干的人,有拼命硬干的人,有为民请命的人,有舍身求法的人……这就是中国的脊梁。"[1]沈钧儒、邹韬奋等奔走呼号,"为民请命",身陷囹圄而不屈,当之无愧地是"中国的脊梁"。

邹韬奋在狱中以读书和写作为主。在近八个月的时间里,他著译了三十余万字的书稿。《萍踪忆语》最后8篇是在狱中完成交付出版的。《展望》是在狱中整理编成的,收录从香港到上海所发表的重要文章。《读书偶译》则是根据在伦敦时的读书笔记,在狱中翻译整理而成的。

《经历》是他在狱中所写的一部重要著作。这本书记载着他由独善其身的莘莘学子到济时匡世的文化战士的奋斗历程,描述了可歌可泣的狱中生活。他在"开头的话"中写道:"我们国民此后应该努力的是:一方面要从种种工作上更充实团结御侮的内容;一方面要用种种方法督促并协助政府实现民主政治。"他在《二十年来的经历》最后一篇《前途》中写道:"我所仅有的一点微薄的能力,只是提着这支秃笔和黑暗势力作艰苦的抗斗,为民族和大众的光明前途尽一部分的推动工作。我要肩着这支秃笔,挥洒我的热血,倾献我的精诚,追随为民族解放和大众自由而冲锋陷阵的战士们,'冒着敌人的炮火前进'!"[2]这里没有一丝一毫的缠绵和哀怨,所有的是对国事问题的透彻认识和勇往迈进的战斗豪情。

国民党当局把七君子押解苏州后,如何处置他们,着实煞费了苦心。七君子没有屈服于反动统治者的淫威,在狱中进行了机

---

[1] 鲁迅:《鲁迅全集》第6卷,北京:人民文学出版社,1981年版,第118页。
[2] 邹韬奋:《韬奋全集》第7卷,上海:上海人民出版社,1995年版,第129、260—261页。

1937年邹韬奋在狱中读书、写作

智顽强的抗争,维护了爱国者的人格尊严。

依据当时的法律,侦查是诉讼中的准备程序,以两个月为限,必要时可再延长两个月,但并非一定要两个月或再延长两个月。

从1936年12月4日开始的两个月里,国民党司法当局对七君子共侦讯了5次。每次问过来讯过去,都是老一套,特别是关于人民阵线和民族联合阵线的问题,没有一次不问,没有一人不问。邹韬奋等舌敝唇焦,一再说明。后来邹韬奋干脆把在香港办《生活日报》时,在《生活日报星期增刊》上发表的一篇编者答复(答"莫文华"的《人民阵线与关门主义》)送给检察官。答复中讲得十分清楚,说明人民阵线与民族联合阵线是不同的,他所主张的是民族联合阵线,不是人民阵线。但是,检察官还是继续地问。在一次讯问中,邹韬奋说,关于这个问题,文章中已说得很明白。检察官却说这个文章不算数,"文人著述全是'言不由衷'"。这句话气得邹韬奋跳了起来,声明对他的文字,负百分之百的责任,"言不由衷"是侮辱他的人格,连连提出抗议。检察官则悻悻嚷道:"我有权这样说,我有权这样说!"这件事暴露了检察官既强词夺理,又理屈词穷的难堪处境。频频雷同的侦查,实际反映出国民党司法当局有意拖延羁押时间的险恶用心。

西安事变发生,蒋介石被扣后,在南京国民党的高层会议上,陈果夫、陈立夫主张枪毙七君子，以此警告张、杨。冯玉祥急中生智，用几句话挽回了危局。他说："我们的人被扣在西安的不止七个，而且中间有蒋委员长。这时千万不能动杀机！动了杀机我们的危险太大。"二陈缄口。因陈果夫时为江苏省主席，苏州恰在他的辖下，作为报复，他向看守所增派了宪兵，并完全禁止七君子会客。[1]

国民党当局又逮捕了一些与七君子有来往的人士及各地救国会成员，进一步扩大了案情。顾留馨、任颂高两位在上海被传讯，到苏州作"证人"，旋被扣押。孙晓村、曹孟君在南京被捕，罗青在镇江被捕，张仲勉、陈道弘、陈卓在无锡被捕，在美国讲学的陶行知被通缉。这样，与七君子同案的已不是7人，而是14人。各地救国会成员被逮捕、遭残害的很多，无法统计。

到1937年2月3日，江苏高等法院根据检察官申请裁定：自1937年2月4日起，延长侦查期两个月。这就是说，要拖到4月4日，才能决定对邹韬奋等是否起诉。

在延长侦讯后，1937年3月间，国民党当局施展阴谋诡计，在社会上散布流言蜚语，似乎要释放七君子，家属也三番五次地赶到苏州准备接他们出狱。在第

邹韬奋在看守所与夫人沈粹缜留影

---

[1] 章乃器：《七十自述》，中共苏州市委统一战线工作部等：《七君子在苏州狱中》（内部发行）。

二个侦查期将满时，国民党的一些官员如司法部长王用宾等，都表示侦查期满后，本案不会提起公诉，恢复自由后的七君子可以自动地或被动的前往南京，长期的或暂时的居住，和当局开诚谈话，使政府和人民、当局和救国会之间的隔阂逐渐消除。与此相配合，蒋介石派国民党浙江省党部头面人物罗霞天到狱中探望沈钧儒。沈与他单独见面。罗对沈说，只要他们发表一个声明，再到反省院办个手续，就可以得到自由。沈把这个情况告诉大家，大家一致认为这是要他们写悔过书，向当局表示投降，决不能干。罗碰了一鼻子灰回去了。

国民党当局随即变换手法，妄图施加高压迫使七君子屈服。4月3日，延期侦查的最后一天，法院送来了由检察官翁赞年具名的《起诉书》，对七君子以及陶行知、罗青、顾留馨、任颂高、张仲勉、陈道弘、陈卓共14人，一并提起"公诉"。《起诉书》罗列了十大罪状，什么"有意阻挠中央根绝赤祸之国策"；什么"欲于现政府外更行组织一政府"；什么"有意为共产党张目，并削弱民众对政府及国民党之信仰"；什么妄倡"人民阵线"，有"国际背景、政治野心"；什么"抨击宪法"；什么煽动工潮，"以遂其不法之企图"；什么宣传"与三民主义不能相容"的主义；什么"不相信国民党可以包办救国"；什么"勾结军人，谋为轨外行动"，"名为救国，实则害国"；什么组织"以危害民国为目的之团体"等等均赫然成罪。综上所述，《起诉书》指出上述在押与不在押的14人"系共犯《危害民国紧急治罪法》第六条之罪"，在押的将受审判，未在押的已予通缉。《起诉书》蓄意歪曲、诬蔑救国会的主张，不但咬文嚼字，断章取义，曲尽罗织之能事，而且张冠李戴，指鹿为马，妄图置沈钧儒、邹韬奋等于死地。

七君子全部在押，面对翁赞年的"杰作"，震怒而不失理性。他们是知识精英，且有4人（沈、王、沙、史）从事律师职务，懂得如何利用法律武器来反抗统治者的压迫。[1]

他们经过商讨，根据当时法律中每个被告可以请三名律师辩护的规定，决定每人都请三名律师，组成一个强大的辩护团。沈钧儒曾是上海律师公会的会长，对上海的律师比较熟悉，由他推荐。他们选择律师的标准是，不限于自己认识与否，也不问他的政治倾向如何，只要有影响，不反对抗日救国即可。他们的律师分别是：

邹韬奋狱中手迹之一

沈钧儒的律师：张耀曾、秦联奎、李肇甫。

王造时的律师：江　庸、李国珍、刘世芳。

李公朴的律师：汪有龄、鄂　森、陈志皋。

章乃器的律师：陆鸿仪、吴曾善、张志让。

邹韬奋的律师：刘崇佑、陈霆锐、孙祖基。

沙千里的律师：江一平、徐佐良、汪葆楫。

---

[1] 当时的法律是统治阶级意志和利益的体现，用之来反抗统治者的压迫，能收到以其人之道还治其人之身的效果。

史良的律师：俞钟骆、俞承修、刘祖望。

这些律师中，有的当过司法部长、国会议员、大理院（即最高法院）审判长，有的现任大学法学院院长、大学教授、上海和苏州律师公会会长，在社会上都有很高的威望。一个案件有这么多知名律师辩护，在民国历史上绝无仅有。这样做的目的就在于要扩大救国会的影响，揭露国民党"救国有罪"的反动国策，实质上是一场合法的政治斗争，其声势当然是越大越好。律师们为七君子的爱国激情所感染，挺身而出，愿为他们义务辩护。

在请律师的同时，七君子开始酝酿起草《答辩状》。这个工作以张志让律师为主，由共产党人胡愈之予以帮助，最后成文两万余字。

5月间，国民党当局又施诱降诡计。国民党中央委员会秘书长叶楚伧通过上海青帮头子杜月笙和所谓"社会名流"钱新之（时为交通银行董事长）出面"调停"，实为劝降和迫降。叶楚伧致信杜、钱，说："沈事审判之日，自当同时谕交反省院，以便一气呵成。"在苏州"就近交反省院"，"不如在京，因在京出院以后，出国以前，更可多得谈话机会"。"中央同人颇愿与倾心互谈，一扫过去隔阂，而于其出国之时，归国之时，均

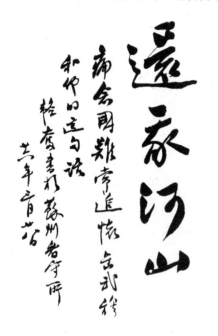

邹韬奋狱中手迹之二

可于此时日中重开坦白光明之前途,于公于私,均为有益。"此信表面上是写给杜、钱的,实际上是绕着弯子写给七君子看的。

25日,沈钧儒之子沈谦将此信带至苏州。此时,《答辩状》还没有送出,国民党布置了陷阱,要诱着、逼着邹韬奋等往里钻。他们看信后,决定由沈钧儒复信杜、钱,揭穿叶楚伧的阴谋。信中说:"政府既有意扫除隔阂","目前尚可撤回公诉,或宣判无罪";"判罪后尚可特赦,似亦不必坚持进反省院。衡以扫除隔阂之原则,似不宜再令案情表现过于严重;而进南京反省院一层,尤难索解。倘仅为谈话方便起见,则钧等本意,不论撤回公诉,或判决无罪,或在苏保释,均拟即日进京面谈,以期完全谅解。"信中对叶楚伧的信提出质疑:"此外当日保释一层,楚伧先生信内未提只字,亦属可疑,诚恐夜长梦多尔。时外间如略有反响,又引以为打消保释之根据,则更解决无期矣!"

他们为了进一步表达立场和意见,6月1日,6人联合签名给杜、钱写信。该信措辞委婉,但态度明朗:一、坚决不进所谓的反省院;二、即使七人释放,也不能置任颂高、顾留馨等在押同人于不顾;三、不能一任陶行知等人仍在通缉中而不顾。信中表示:"钧儒等以和平奋斗的手段,为抗日救亡的呼吁,冤被羁押,迄今已六月,徒以旨在团结全国,故始终不愿以个人的屈辱稍示愤怒,致重违团结之初衷。但自问无罪,天下亦尽知其无罪,为国家民族前途计,亦终认救国无罪四字应令其永留于史册。""复思通常人反省出院以后,行动须受监视,仍为不自由之人,钧儒等如遭同样待遇,则反不如在监静待执行期满之能取得完全自由。"[1]

6月7日,七君子向法院递交了《答辩状》。《起诉书》4月4

---

[1] 以上材料引自沙千里:《漫话救国会》,北京:文史资料出版社,1983年版。

日及时在各大报公开发表,《答辩状》理所当然地也要公开发表。但是上海一些报纸受到国民党当局新闻检查的压力,只刊载《起诉书》,不愿发表《答辩状》。法院开庭在即,为了使国人了解事情的真相,就必须把《答辩状》尽快发表出来。为此,救国会决定派胡愈之和胡子婴分别去《申报》和《大公报》交涉。《大公报》于7日当天率先刊出,《申报》

邹韬奋狱中手迹之三

8日至15日连载《答辩状》。其他各报也全文刊载了。

《答辩状》首先简述了救国会成立的背景及其主张,阐明了七人参加救国会的动机。指出:"被告等目击河山破碎,痛念国亡无日,奋起赴难,未敢后人。当时救国会及被告等均认为救亡唯一要道,端在全民族团结一致,御侮抗敌。故言论行动莫不以此为依归。至和平统一,集中力量各点,则均不过为求达此项目的之办法。""起诉书认为被告等有共同以危害民国为目的而组织团体,并宣传与三民主义不相容之主义之嫌疑。然以被告等爱国之行为,而诬为害国;以救亡之呼吁,而指为宣传违反三民主义之主义,实属颠倒是非,混淆黑白,摧残法律之尊严,妄断历史之功罪。"

其次对《起诉书》所列十大"罪状"逐一进行驳斥,论证了十大"罪状"无一可以成立。最后要求法院判决无罪停止羁押,"以雪冤狱,而伸正义"。《答辩状》的发表,冲破了国民党当局的新闻封锁,七君子救国无罪的事实更加广为人知,为即将到来的法庭斗争赢得了主动权。

胡子婴在与《大公报》交涉时,颇费了一番口舌,最终达到了目的,并无意中从该报总编辑张季鸾处得知了诱降阴谋的内幕。

那时,《大公报》为了避免日本人的干扰,刚从天津迁到上海。6月6日晚,胡子婴到《大公报》找到总编张季鸾。胡开门见山地问张:江苏高等法院对七君子的《起诉书》,《大公报》是否刊登了?张回答刊登了。胡追问那么七君子的《答辩状》是不是也应该发表?张直截了当地说不发表。胡问何故,张冷笑不语。胡由对方这种傲慢的态度而气愤难忍,大声说:"你们的报纸号称大公,但是你们只刊登官方一面之词,算得上什么大公?今后你们报社的照牌应该摘掉,不配再叫大公了。""一个读书人最重要的是要有骨气。屈服于压力,不敢主持正义,还算什么读书人?"张听了这些话,冷笑而不慌不忙地说:"我不发表你们的《答辩状》,因为我不愿意陪同你们做戏,《大公报》也不准备作你们演戏的舞台。"胡丈二和尚摸不着头脑,急问:"你这话是什么意思?"张这时才把真情透露出来。

原来,张刚刚从庐山回来,在那里他见到了蒋介石和叶楚伧等人。当时全国人民强烈要求团结抗日,第二次国共合作即将形成,蒋介石为了笼络人心,准备邀请一些"社会贤达",集会庐山,共商国是。七君子爱国入狱,名震天下,当然也要网罗在内,以壮门面。因此,蒋介石希望七君子一案早点收场。

但是，叶楚伧、陈布雷等人却借题发挥，别有用心地策划了一条诱降之计。张季鸾在庐山亲耳听到了这一内幕。有一天，蒋介石嘱咐叶楚伧，七君子一案不要再拖下去了。叶说："我们早已安排妥当了，先在苏州高等法院对他们审讯一下，然后押解到南京反省院，具结'悔过'，再由杜月笙出面把他们保释出来，送到庐山参加会议。"蒋听了，皱着眉头说："不要这样麻烦了吧？"叶蛮有把握地请蒋放心，并说七君子已同意这样安排，不会有什么问题。蒋这才点点头说："那也好，不过到时候一定要把他们送来啊。"

张季鸾讲完这一段经历，态度缓和下来，说："你们双方已在幕后达成了协议，所谓《答辩状》，岂不是在做戏给大家看吗？《大公报》如果发表你们的《答辩状》，岂不成了你们演戏的舞台了吗？"于此，胡子婴恍然大悟。她获取了一个非常重要的信息，即了解到CC分子对七君子案件的处置方法，蒋介石并不赞同，近两三个月来的诱降阴谋并非出自蒋介石。七君子早已拒绝了叶、杜、钱等精心设计的诱降阴谋，但张季鸾还不知道。于是，胡郑重地对张说："叶楚伧等人的诱降计划，完全是痴心妄想。七君子不但不会'悔过'，而且还要采取'三不'办法，不吃、不说、不写，来抵抗国民党的阴谋诡计。我们绝不是在做戏，而是要与反动派斗争到底。"张见胡说得很认真，方知CC分子欺骗了蒋介石，从而消除了对救国会的误解。他最后爽快地说："好吧，我相信你们。七君子的《答辩书》明天就可以见报。"说完，他立即电话通知编辑部发排《答辩状》，不必送审。

张季鸾与蒋介石交情甚厚，有些审查通不过的稿件，只要对蒋无大害，又能标榜《大公报》所谓不偏不倚的立场，他就不送审，登出后，新闻检察机关也无可奈何。这样，《答辩状》反而最早地在《大公报》上发表了。

如果CC分子的诱降计划得以实施，则既玷污了七君子的清白，又降低了他们在广大爱国群众中的威信。胡子婴感到事关重大，7日即赶赴苏州，将从张季鸾处了解到的内幕情况如实地向七君子做了汇报。七君子经过反复研究，决定利用国民党的内部矛盾，粉碎诱降阴谋，促使案件早日解决。沈钧儒同张季鸾比较熟识，于是写了一封信，请张再上庐山，向蒋面陈七君子抵制进反省院的决心。

胡子婴持信赶回上海，再次去见张季鸾。张因刚从庐山回来，同时也不愿在蒋介石眼里使自己成为七君子的说客，因而不愿再度上山，对沈钧儒所请表示爱莫能助。胡当即想到他十分拥戴蒋介石，蒋介石也十分器重他，便因势利导，把他为七君子做说客的身份，变为维护蒋介石的地位，或许能被他接受。于是，胡对张说，七君子一案已经引起全国和全世界人民的关注，在这方面，蒋委员长的信誉，不免损失。七君子如果因强送反省院而绝食致死，必然会在各个方面引起狂波巨澜，那对蒋委员长威信的损害将远远超过逮捕他们。这几句话似乎打动了张。他在房间里低着头来回踱步，最后坐下来对胡说："庐山我是不再去了。既然沈老托我，我就给蒋公写封信吧，试试看有没有回旋的余地。"于是他当着胡的面把信写好。信不长，大致内容是：钧座毅然决然地要施行抗战，这就要动员全国民众，共同对敌。但是现在主张抗战的最大群众组织救国会的七位领导人，却还关在监狱里，这是与人民对立，对抗战不利。据我所知，他们七人坚决反对进反省院，甚至准备采取绝食的手段。如果万一发生不幸，则各方的反应将对国家、对钧座个人的威信均有不良影响，请钧座三思。[1]

6月9日上午，沈钧儒、邹韬奋等6人再次写信给杜月笙、钱新之申明他们严正的立场："钧等对本案态度，始终坚守不妨碍救国运动及不侮辱个人人格的原则，为救国无罪而努力，诚以个人受屈事小，国家前途民族气节事大也。"[2]

狱中的斗争是错综复杂的，反诱降斗争与法庭斗争交叉进行。

6月11日，国民党司法当局冒天下之大不韪，厚颜无耻地把七君子送上了法庭。

这一天，阴雨连绵，仿佛上苍也在为人间鸣不平。

人民群众、社会各界爱国人士关注着七君子的命运。从早晨起，江苏高等法院门外就聚集了几百人，其中许多人是从上海冒雨赶来的。等到中午，还不开庭，人们正在议论纷纷，法院忽然贴出一纸公告，说什么为了防止有人破坏法庭秩序，不准旁听，所发旁听券一律无效。这样一来，群情激愤，一片抗议斥责之声。

七君子在狱中吃过午饭，即被押解到高等法院。社会上传说救国会将劫法场，把七君子从法庭抢出。国民党当局如临大敌，沿途五步一岗，十步一哨，荷枪实弹。甚至连七君子所乘汽车两旁的踏板上，也各站一名宪兵，手执窗框，招摇过市。

到达法院，听候审判的七君子也提出了强烈抗议，宣称如不让群众旁听，就拒绝发言，决定罢堂。辩护律师也表示要保持沉默。几经交涉，法院被迫让步，准许被告家属和新闻记者入内旁听。

下午1点50分正式开庭，两点审判开始。审判长方闻，推事

---

[1] 胡子婴：《"七君子"狱中反诱降的斗争》，《文史资料选辑》第82期。
[2] 引自沙千里：《漫话救国会》，北京：文史资料出版社，1983年版。

郑传缨、汪珏，检察官翁赞年，书记官李圣，在审判席就座。25名辩护律师分坐两旁。10名被告面对法官，分立两旁。（除七君子外，还有该案在押的顾留馨、任颂高、罗青3人，七君子的21名律师到庭19名，另外6名为顾、任、罗3人的律师。）

第一个受审的是年迈德高、精诚感人的沈钧儒。法庭允他坐答，但被他拒绝了。对他的审问时间最长，约一个半小时。接下来是章乃器、王造时、李公朴，邹韬奋为第五被告，随后是沙千里、史良，以及顾留馨、任颂高、罗青。

审问王造时时最为有趣。他是一位有名的演说家，回答问题时，不自觉地转身一百八十度，面向旁听者，侃侃而谈，口若悬河，宣传救国会的宗旨。审判长打断他的话，要他面对法庭回答问题。他只得转过身去，但讲着讲着又面向旁听者了。审判长再次提醒他，他再次转过身去，却引得旁听席上响起一片笑声。审判长急得高喊："肃静，肃静！"在这样的气氛中，法律、法庭、法官的尊严都荡然无存。

法庭上所问问题与每次侦讯时所问差不多，没有什么新意可言。七君子要求法院调查《起诉书》中提到的二十多个问题，找马相伯、吴铁城、张学良、傅作义、宋哲元、韩复榘，以及国民党政府等有关机关和人员，进行查证。但审判官对他们的调查证据的要求，未提出理由，一律驳回。辩护律师起立要求法庭重加考虑，也被借口时间关系制止了发言。晚7时许庭审完毕，并决定第二天再审。

当晚，关押在一起的邹韬奋等6人分析了白天的审判情况。他们根据国民党当局企图第二天结审后，将他们按照《危害民国紧急治罪法》一审判罪、送反省院的情况，决定打乱其部署。几位律师提议可以依法提出声请回避。于是，他们拟定了《沈钧儒等声请回避状》，但又注意不过早提出，给对方以调换审判人员的时间。

12日上午，律师照常到法院阅卷，若无其事的样子。下午，在开庭前一小时，七君子递上了《声请回避状》，认为"合议庭推事全体已具成见，不能虚衷听讼，而将专采起诉书所举不利于被告之主张以为诉讼资料，断难求得合法公允之审判"，依法请承审审判长和两位推事回避。这个突然袭击，使法院猝不及防，狼狈不堪，只好宣布停止诉讼程序，改期再审。整个下午，只是让被告审阅了一下庭审记录而已。

这样，七君子推迟了审判结果，粉碎了国民党CC分子一审判罪即送南京反省院的险恶企图，是七君子在狱中进行合法斗争的一个重大的阶段性胜利。

就在声请回避发生后的第二天下午，钱新之从南京到了苏州。同时，杜月笙、黄炎培、张季鸾和杜月笙的亲信陆连奎也联袂由沪至苏。钱与他们会齐后，同到看守所去探望七君子。原来昨天钱在南京去看陈布雷，正好蒋介石从庐山打来电话，询问七君子案件怎样，并嘱咐该案顺利了结后，即如期送他们上庐山。陈信心十足，说没有问题，经过"协商"，七君子同意进反省院，办完手续，即可送庐山。可是到了下午，前往苏州的押解人员来电话，说审讯发生了回避波折，一时不能审结送反省院。陈布雷着急了，亲到钱的寓所，求他打电话给上海的杜月笙，请他邀请张季鸾第二天同往苏州，与钱一起去探望七君子。陈如此做法，目的在于想通过钱、杜、张等稳住七君子，不要再节外生枝。因为就在这天下午，蒋介石又去电话告诉陈布雷，张季鸾曾有信给他，说七君子坚决抵制进反省院,打算以绝食来抗拒,他很不放心。蒋介石的电话,后于苏州押解特务的电话,陈布雷无法隐瞒,就把声请回避的事对蒋汇报了。蒋听后大怒,申斥了陈一顿。陈知道是张季鸾捅的娄子,因而务必要张也一定到苏州。这些人见到七君子后,一面劝告他们"安心毋躁",委员长正在想妥善办法,了结此案;一面说委员长也是抗日的,彼此并没有根本的分歧,将来可以合作。七君子早已心中有数,只是虚与委蛇了一番而已。

　　5人同回上海后,因为张季鸾在抵制诱降方面帮了忙,胡子婴代表七君子特去致谢。在谈到七君子被捕和CC分子诱降的原因时,胡又从张处了解到七君子之所以被捕,除了主要的政治原因以外,还有一个经济原因,那就是杜月笙在后面捣鬼。张说七君子被捕前夕,救国会和其他爱国团体成立日商纱厂罢工后援会,将所募之款,买了米票,发给罢工工人换米,一张米票可以在粮店换一斗米,这样可使工人直接受惠,避免了中间克扣。上海社会局局长吴开先和青帮头子杜月笙,千方百计地破坏工人罢工。他们在一些工人身上搜出了救国会发给的米票,于是知道工人所以能够坚持罢工,原来是救国会在经济上给予了支持。当时正是新棉上市的季节,棉商压价,棉纱行情看低,上海市长吴铁城和吴开先、杜月笙等人在纱布交易所大量抛出,准备等行市落到一定程度时再补进,这样就可以发一笔大财。不料日商纱厂工人罢工后,市面纱布价格上扬,如不赶快制止罢工,他们就要大蚀其本。因此,当他们发现救国会为罢工工人提供经济后盾的所谓"证据"后,就策划了加害救国会领导人的罪恶行动。再者,杜月笙在上海滩上一向唯我独尊,如今说话不灵了,工人跟着救国会跑,因而对救国会更是恨之入骨,一定要把救国会领导人搞臭。所以他串通CC分子，公报私仇，坚持要把七君子送进反省院，再由他出面保释出来，这样可以箭中两的，既让救国会领导人在群众面前威信扫地，又保住了自己的面子，稳固了在上海滩上的土皇帝的宝座。[1]

6月17日，经请示国民党司法部部长王用宾后，江苏高等法院裁定照准沈钧儒等声请回避事，改派刑事庭第二庭审判长朱宗周承办此案。19日，法院签发传票，定于6月25日上午9时公开审理。这是第二次审判。

七君子积极准备新的法庭斗争。22日，他们向法院提交《第二次答辩状》，补陈"政治意见"，进一步驳斥了《起诉书》所列政治"罪状"，论证了爱国无罪。

开庭前夕，国民党CC分子仍不死心，继续进行诱降活动。23日，杜月笙、钱新之重来看守所，拿出两封电报给七君子看。第一封是蒋介石从庐山打给叶楚伧的，内容为："如沈钧儒等来山时，请代邀杜月笙、钱新之两君同来牿岭晤谈为盼。"第二封电报是叶楚伧从南京给杜月笙、钱新之的，内容为："沈事势非先将悔过书内容决定，未便赴庐，务乞立即转知具悔过书。如能接受，并草送文稿。弟二十四日晨到沪，可再作内容文字之研究。"

七君子对叶楚伧要他们写悔过书一事十分气愤，表示坚决反对。沈钧儒和邹韬奋都斩钉截铁地回答："我们没有'过'，用不着'悔'。"李公朴愤然指出："关于悔过书一点，在最早的时候，就有人暗示过，我们曾坚决地明白说，这是不可能的。……到庐山是蒋先生要我们去的，非我们乞求。今以具悔过书作为我们赴庐山的条件，这等于不要我们赴庐山罗！"为此，他们七人当晚写

---

[1] 胡子婴：《"七君子"狱中反诱降的斗争》，《文史资料选辑》第82期。

信给蒋介石，并附上两个答辩状，表明了他们的态度。这样，国民党CC分子的诱降阴谋最后破产。[1]

24日，七君子又向法院提出了一个《声请调查证据状》，除要求法院调查上次提出的二十多个问题外，另提出了10个问题，要求法院调查证据。这也是合法的斗争，依照法律给江苏高等法院出了一大堆难题。他们回顾第一次受审时的情况，认为在法庭上太守法了，一问一答，较为被动。邹韬奋答问的声音太低，旁听的人难以听到。他们决定改变答法，把法庭当讲台，理直气壮地宣传抗日救国主张，驳斥《起诉书》的诬蔑，扩大抗日救国的影响。

江南初夏，进入雨季。25日清晨，雨脚如麻，越下越大，至9点开庭时，已是大雨滂沱。开庭前，法院又临时通告除家属和记者外，禁止他人旁听。法庭与第一次同，但审判长改为朱宗周，推事改为张泽甫和李岳，书记官改为管翎飞，检察官翁赞年依然到庭。因有第一次审判的经历，他们都显得很紧张。尤其是翁赞年，一顶法帽脱脱戴戴，竟不知如何是好。

第一个被传审的仍然是沈钧儒。他像对学生讲授法律课一样，回答审判长的问题，阐述救国无罪的道理。他还几次反问审判长，审判长不能回答，每每转移话题。他总要追问不停，弄得对方逃遁不得，狼狈不堪。

第二个被传审的还是章乃器。审判长问："你们主张抗日救国，是被共产党利用，你知道吗？"章乃器反问他："我想审判长也是和我一样主张抗日的吧，难道也被共产党利用么？"审判长无言以对，低头看着卷宗不作声。章乃器借机畅谈抗日救国的道理，宣传救国会的宗旨和政治纲领。

---

[1] 上述材料引自沙千里：《漫话救国会》，北京：文史资料出版社，1983年版。

邹韬奋第一次受审时，说话声音低沉，这次则特别响亮，神态激昂。他严厉驳斥了《起诉书》关于"人民阵线"问题的指控，指出："《起诉书》把我反对用'人民阵线'字眼的文章用来证明我曾经提倡'人民阵线'，这是断章取义，罗织入罪！"检察官踌躇良久，忽然站起来斥责说："被告刚才说本检察官断章取义，罗织入罪，这是不对的。你们给张学良的电报，叫他出兵抗日，他没有得到中央命令，怎能抗日？并且他离绥远很远，事实上也不能抗日。本检察官代表国家行施职权，被告不能随意指责！"

邹韬奋气愤地驳斥："我刚才说断章取义，罗织入罪，是指人民阵线这一物证而言，检察官却牵涉到张学良的问题上去了，真是牛头不对马嘴！"审判长摇手制止，企图帮检察官摆脱困境。邹韬奋抗议道："如果审判长认为检察官的话是对的，那么则不必审下去了！"李文杰律师起立慢条斯理地说："绥远与陕西是毗连的省份，刚才检察官竟说距离甚远，不必援助，实在太无地理知识！"

关于救国会与西安事变关系问题，邹韬奋指着救国会给张学良的电报说："这个电报内容明明说希望张学良请命中央出兵援绥抗日，并非叫他举行兵谏。而且同时打同样性质的电报给国民政府，为什么不说勾结国民政府？请检察官说明电报与西安事变究竟有什么因果关系！"检察官哑口，过了好久，才强词夺理地说："因为你们给张学良的电报引起西安事变，给国民政府及宋哲元、韩复榘、傅作义的电报并未引起事变。"

这种蛮横的态度激怒了史良、沙千里等几名被告和二十几名律师。他们一致要求传讯张学良，调查救国会"勾结叛徒"，引出西安事变的证据。检察官说："不用传讯张学良，有询问笔录就行了！"在激烈的辩论中，检察官常常被问得无以为对，几次恼羞成怒，大叫："这是侮辱检察官！""你叫什么名字，你叫什么，记入笔录！记入笔录！我要依法起诉！我要依法检举！"引起旁听者一阵阵哄堂大笑。

法庭外面风雨交加，法庭里面群情激愤。从上午到下午，这种无理、无力甚至是可怜、可笑的审判持续了七个多小时。6时5分，审判长宣布："请求调查西安事变事，评议结果，决（定）向军委会调查军法会审案卷及事实真相。其他请求应毋庸议。"何时再审，没有宣布。6时12分，七君子在夜色苍茫中被押回看守所。[1]

江苏高等法院果于6月28日致函军事委员会调查张学良案卷。7月6日军事委员会函复如下：

  贵院二十六年（1937）六月二十八日第25635号公函以受理沈钧儒等危害民国一案，嘱检送张学良劫持长官一案卷宗，以资参证等由。查张学良劫持长官一案内，与沈钧儒有关之供词，仅"我们一切的人都是爱国的，我们痛切的难过国土年年的失却，汉奸日日的增加，而爱国志士所受的压迫反过于汉奸，事实如殷汝耕同沈钧儒相比，如何乎？"等等数语，相应函请查照为荷。[2]

这封函复给那些企图利用西安事变来加害七君子的人以一记响亮的耳光。江苏高等法院当然不敢公布该函复，但也没有脸面

---

[1] 上述材料引自沙千里：《漫话救国会》，北京：文史资料出版社，1983年版。
[2] 引自《七君子传》，北京：中国社会科学出版社，1989年版，第99—100页。

再开庭审判了，只是决定对邹韬奋等"延期拘押二月"而已。

救国会并没有因为七领袖被捕而偃旗息鼓，而是在中国共产党和救国会其他领导人宋庆龄、何香凝、马相伯等领导下继续坚持抗日救亡立场，不断推进抗日救亡运动。由七君子一案所引起的"爱国无罪"的抗争不只限于牢狱中、法庭上，而且广泛波及社会。七君子因而成为爱国者的象征，他们的英名因此而家喻户晓。

1936年12月16日，马相伯、何香凝、宋庆龄（以签名顺序排列）三位救国会领导人以亲笔签名的形式，向全国同胞发表《为七领袖被捕事件宣言》，表明救国会没有因为七领袖被捕而吓倒，而是以更加坚强的姿态，自觉肩负起倡导抗日救亡的重任；同时也决不允许当局再做亲者痛仇者快的蠢事，努力为全社会树立起救国无罪的信念。

西安事变的和平解决成为扭转时局的关键。从此，国内战争基本停止，以第二次国共合作为基础的抗日民族统一战线逐渐形成。"释放上海爱国领袖，释放一切政治犯，保证人民的自由权利"，是为蒋介石所首肯，并以领袖人格担保履行的和平解决西安事变的六项协议之一。1937年2月间，国民党五届三中全会召开，形势更加朝着有利于抗日救国的方向发展，全国各界要求释放七君子的呼声越来越高。然而，在蒋介石获得体面的释放后，国民党当局却继续长期关押七君子，并企图以"危害民国罪"加害于他们。这种甚至连蒋介石的人格都不顾的倒行逆施行为，理所当然地遭到更加强烈的抗议。

在西安事变后的一段最为艰苦的日子里，国民党当局加强了对七君子的控制，不准探监，也不准看报。狱外的救国会同志想尽一切办法把消息送进狱内，使七君子正确了解外面的形势，确定斗争策略。当时由于看守所所长的同情和通融，允许小孩进去探望。狱外的同志就把国际国内的形势及斗争的设想写成信，贴身放在邹韬奋、李公朴、章乃器3人的几个小孩子身上，带进监狱；他们还设法帮助单独关在女监的史良与男监互通信息，这样就"七个人是一个人"了。

1937年1月20日，上海各界救国会请愿慰问代表团21人来到苏州，正式具名备状，向江苏高等法院请愿，要求无条件释放七君子。他们给七君子带来慰问信和慰问品，了解七君子的狱中生活。慰问品中还藏有字条告诉七君子："救国会组织愈加健全，工作依然不懈。"读着慰问信，品尝着慰问品，七君子强烈感受到来自狱外的救国志士们的关怀和支持，非常感动和快慰。

4月4日，江苏高等法院的《起诉书》发表以后，社会各界群情激愤，纷起谴责。全国各界救国联合会发表了《为江苏高等法院对沈章诸先生提起公诉的答辩并告全国人民和全体会员书》。文件再次表明救国会在七领袖被捕后的态度，指出：本会7位重要负责人被捕之后，4个月来，虽然本会会员在各地被捕的事件不断发生，有不少会员甚至遭受非刑拷打，但是，我们仍抱着对内团结、对外抵抗的一贯精神，尽可能地向当局解释误会，并约束会员切勿中敌人汉奸们的挑拨离间之计，因为我们相信救国是无罪的。不料经过4个月的长期侦查，当局竟以"危害民国"的罪名，对7位提出公诉，并又加进了陶行知等7位。对此，自有各被告和他们的律师依法辩护。但公诉状牵涉到本会整个政治主张，而且有不少的曲解和误会，因此本会须向当局和全国同胞公开声辩。文件针对《起诉书》所列十大"罪状"，分八条进行辩驳，并严正指出："本会对于公诉书中，涉及本会各点，作为本案各被告犯罪的证据，完全不能同意。本会郑重认为：救国乃国民之天职，抗日乃图存之要着，决非危害民国之行为，更为法律所允许。"现在侦查手续完全终了，对于在押被告，应依法准予交保出狱。

4月12日，中国共产党中央委员会发表《对沈、章诸氏被起诉宣言》，坚决反对国民党当局对救国志士的无理起诉。《宣言》指出逮捕沈、章等人，"非特为全国民众所反对，亦为世界有识人士所不满，甚且国民党内部爱国人士亦多愤愤不平。西安事变之八要求，以释放沈、章、邹等先生列其一，良有以也"。"三中全会表示国民党自愿放弃其错误政策之端倪，全国人士亦正以诸先生之能否无条件开释为判断国民党有否与民更始之决心。"起诉沈、章等人，"此种极端错误之举措，实为全国团结一致抗日之重大障碍，实足以窥见国民党——至少其中一部分人士畏惧爱国运动之心理，及蔑视民权之态度"。"吾人对此爱国有罪之冤狱，不能不与全国人民一起反对，并期望国民党中有识领袖之切实反省。""吾人为中华民族之解放与进步计，自当要求国民党之彻底放弃其过去之错误政策，而此种彻底转变之表示，应由立即释放沈、章、邹、李、王、沙、史诸爱国领袖及全体政治犯，并彻底修改《危害民国紧急治罪法》开始。"[1]

15日，周恩来致信蒋介石，要求释放七君子，以一新天下耳目。[2]

上海文化界叶圣陶、胡愈之、夏丏尊、艾思奇、金仲华、欧阳予倩等一百多人，联名要求国民党政府恢复七君子自由，撤销对陶行知等的通缉令。全国进步报刊都发表评论，指责国民党当

---

[1]《解放》周刊创刊号，1937年4月24日。
[2]《周恩来书信选集》，北京：中央文献出版社，1988年版，第131页。

局起诉七君子。

5月,平津各界一千六百九十余人委托律师为七君子代拟答辩书。广州七千余大中学生签名要求爱国自由和宣判七君子无罪。6月初,上海市民四千八百余人联名签署请愿书,递交江苏高等法院,要求恢复七君子自由。

在第一次开庭之前,关于国民党当局一庭判罪,送入反省院的阴谋诡计,已被人们识破。上海同情救国运动的《立报》发表了一篇《应具辟谣的常识》的社论,很巧妙地把该阴谋公开揭露出来。社论说:"这几天社会上竟发生许多谣言,有的说该案尚未开庭,而早已定谳;有的说将不待充分辩论,一庭之后即判决,甚至称决定判处徒刑五年"等等。这样,使得群众更加气愤国民党当局设置的爱国有罪的毒计。

中国共产党地下党员、救国会负责人之一胡愈之,与新闻界有着广泛的联系。在他的主持下,救国会把一切可以利用的舆论工具利用起来,大量报道七君子在狱中的斗争和国内外各方面人士的援救情况。在第一次审判的当天,胡愈之就和上海各报联系,要他们留出第二天报纸的版面,准备报道审判的情况。晚上,去苏州听审的记者一回来,胡愈之就在生活书店听取他们的汇报,同时执笔撰写《爱国无罪听审记》。写完一部分即交人刻印,随即送各报馆拣字排版。就这样写一部分送一部分,一共分了四次,最后部分写出来时已是凌晨3时左右,这篇重要文章终于得以在第二天上海几家报纸上以差不多整版的篇幅登载出来,引起了很大的轰动,及时揭露了国民党当局所导演的审判丑剧,给国民党当局以强大的舆论压力。

13日,在救国会的发起下,上海召开了各界群众五千余人参加的抗议大会。大会一致通过释放 7 位救国领袖，取消《危害民国紧急治罪法》，肃清亲日派，打倒日本帝国主义等决议。

6 月下旬，国民党当局准备再次开庭，强行对七君子判罪。宋庆龄感到要营救七君子，就必须采取非常措施，才能突破阻力，取得进展。冯玉祥得悉后，想出了一个"绝招"，密遣女儿冯弗伐持其亲笔信到何香凝处，请何转宋，建议宋"以国母的身份，也要求与七君子一同坐牢"。宋、何读罢，深表赞同。此外，胡愈之也请求宋、何出面领导一场"救国入狱运动"，以阻止国民党法庭的判决。于是经过几天的酝酿，由宋、何领衔，邀集其他爱国人士共 16 人，作为发起人，起草了《为沈案呈苏州高等法院文》、《救国入狱运动宣言》及附件《救国入狱运动规约》。

25 日，即第二次开庭日，宋等就把 16 人签名盖章的《呈文》递交法院。《呈文》正义凛然地说："沈钧儒等从事救国工作，并无不法可言，羁押囹圄，已逾半载，倘竟一旦判罪，全国人民均将为之惶惑失措。具状人等，或为救国会会员，或为救国会理事，或虽未加入救国会而在过去与沈钧儒等共同从事救国工作。……爱国无罪，则与沈钧儒等同享自由；爱国有罪，则与沈钧儒等同受处罚。具状人等愿以身试法律上救国之责任。"

但是，由于国民党当局实行舆论封锁，《呈文》在社会上流传不广，有些人对宋、何等人的爱国行动缺乏了解，甚至有误解。为此，宋、何等人 26 日对新闻界发表谈话，报告了这一运动的动机、经过以及今后的愿望，使人们有了真正的了解。谈话指出："沈先生等的案件，绝对不能成立……这不仅是一件冤狱而已，而且在政治上要铸成大错。""如果爱国就有罪，那么中华民国的国民，还再有人去爱国吗？假定人人不爱国，试问我们的国家还有希望没有？"谈话庄严宣告："救国有罪这一罪例是万万开不得的"，"七位先生为爱国而入狱了，我们也愿和他们一起为爱国而入狱"，"我们不仅自己这样做，我们还希望一切不愿做亡国奴的人们都同样做"。

同时，宋、何发表《救国入狱运动宣言》，说："我们准备好去监狱了！我们自愿为救国而入狱，我们相信这是我们的光荣，也是我们的责任"，"我们都是中国人，我们都要抢救这危亡的中国。我们不能因为畏罪，就不爱国、不救国。……沈先生等一天不释放，我们受良心驱使，愿意永远陪沈先生等坐牢"，"我们准备去入狱，不是专为了营救沈先生等。我们要使全世界知道中国人绝不是贪生怕死的懦夫，爱国的中国人决不仅是沈先生等七个，而有千千万万个。中国人心不死，中国永不会亡！"

《宣言》之附件《救国入狱运动规约》规定：救国入狱运动"以争取救国无罪为其唯一目的"，"应完全在合法范围以内为之"，"对政府应热诚拥护，对法律应严格遵守。且不得有任何扰乱治安、妨害秩序以及其他一切轨外行动"。七君子在狱中斗争"主张坚决，态度和平"，宋庆龄等在狱外斗争也是这样。她（他）们采取和平合法的斗争形式，不反对政府，而是力求推动政府走向抗日。这样就使得国民党当局无从下手镇压，从而保证了救国运动不至中途夭折。

宋、何等人的谈话和《宣言》发表后，在上海和全国各地引起了强烈的反响。"爱国有理"、"救国无罪"的怒吼震撼神州大地。上海电影界著名导演和演员应云卫、袁牧之、赵丹、郑君里、白杨等二十多人于7月3日也具状江苏高等法院，请求收押，愿与七君子"同享自由或受处罚"。救国会还在上海发起"万人救国入狱运动"，复旦、光华、暨南等大学的教授、学生和工商界的职工都积极响应，纷纷呈状江苏高等法院，请求与七君子并案处理。

7月4日，何香凝致函宋子文和孙科，请他们转达蒋介石，表示完全支持宋庆龄等发起的"救国入狱运动"，说"孙夫人如果入狱，香凝决偕行也"。她还坚定地陈述："革命目的既为人民解除痛苦，今反以救国获罪，此香凝之所以甘愿入狱，冀轻全国政治犯之罪，俾其作民族生存抗敌先锋。香凝年近六十，行将就木，何惜残废之躯，如能贡献国家，万死不辞。"

7月5日，盛夏酷暑，烈日当空。宋庆龄等12人遵诺言赴苏州自请入狱。宋因劳累过度胃病复发，已有几天没能正常吃饭，但毅然忍痛前行。到达苏州，他们带着生活用具直奔法院。该院院长和首席检察官慌了手脚，不知如何是好。宋直截了当地责问："救国有罪无罪？如果无罪，应把七位救国会领袖立即释放；如果有罪，则把我们一起关押起来。"院长理屈词穷，支支吾吾，答非所问，支吾着说："苏州天气炎热，还是请你们早点回上海休息吧！"宋严肃地说："我们不是来苏州乘凉的，而是来自求入狱的。"

双方僵持良久，气氛紧张，法院最后答复：一、如能提供证据，法院预备开始侦查，各人可以听候传讯；二、沈等是否有罪还不晓得，如有犯罪证据，自然要依法办理；三、救国会从字面上看，当然不是有罪的，只是一个团体中，总免不了有不良好的分子；四、以后如有同样的要求，自当与宋等一样办理。宋庆龄等对这种答复较为满意，决定当晚回上海，补办证据。宋挤出时间看望了史良，并让潘大逵、鼓文应两位留住苏州，继续看望男监的沈钧儒、邹韬奋等6人。

7月6日，宋庆龄等在上海以16位发起人的名义致电林森、蒋介石、汪精卫、冯玉祥、孙科、戴季陶、居正、于右任、王用宾，对江苏高等法院的傲慢无理的态度表示愤慨，明确表示："庆龄等及全国救亡运动中人,断不敢坐视沈等受困而可以独享自由",强烈要求"迅予主持公道,勿失全国志士之心"。

晚上,沈钧儒、邹韬奋等联名致信宋庆龄,表示谢忱:"闻昨天扶病率同诸友莅苏投案,正义热情,使钧儒等衷心感动,无可言状,但一念及先生之健康,关系民族解放之前途至深且大,则又为之忧惶不已。钧儒等深信先生之号召,必能使全国人心为之振奋,司法积弊逐渐澄清,民主权利奠定基础,其在历史上意义之重大,实不可思议也。"[1]

由于七君子忠贞不屈,并进行了英勇顽强的抗争,加上狱外声势浩大的营救运动,以及国内外进步舆论的强大压力,同时也由于七七事变爆发,全民抗战开始,7月31日,在国民党当局的授意下,江苏高等法院拟具裁决书,以"沈钧儒等各被告危害民国一案,羁押时逾半载,精神痛苦,家属失其赡养"为词,裁定停止羁押,交保释放。[2]

七君子赤诚爱国、威武不屈的感人事迹,赢得了全社会的普遍尊敬。下午5时20分,当七君子走出看守所大门时,欢声雷动,军乐齐鸣,爆竹声声,伫候在烈日下的两百余群众夹道欢迎。欢呼的人群高唱着《义勇军进行曲》,高喊着抗日救亡口号,一直把他们簇拥到苏州花园饭店,在那里召开欢迎大会。七君子被如此热烈的场景感动得热泪盈眶。

当夜11时半,七君子回到阔别8个月的上海。

8月1日中午12时半,各团体代表和救国会负责人在邓脱摩

---

[1] 以上材料引自沈谦芳《可歌可泣的"救国入狱运动"》,《党史纵横》1995年第9期。
[2] 周天度编:《救国会》,北京:中国社会科学出版社,1981年版,第339页。

饭店举行盛大欢迎宴会，一百多名青年学生闻讯拥入欢迎，并要求七君子讲话。邹韬奋说：在狱中，"觉得很'心安理得'，因为始终不是争个人的自由胜利。现在出来是大家的胜利，以后也只求'心安理得'，不背卖大家。"沈钧儒最后代表7人报告三点：一、7个人在狱未写过悔过书；二、出狱是蒋介石的意思，对他很感激；三、本来预备去京，因未接到蒋复信，预备在沪暂候。[1]

七君子是交保出狱，究竟是否危害民国，裁定书并没有说明，也就是说该案并没有了结。国民党当局这样做，一方面给自己下台遮遮面子，更重要的是有意留下一条辫子，以便随时再捕他们入狱。直到1939年1月26日，才由四川高等法院第一分院检察处撤回起诉。撤回起诉理由书说："本案被告沈钧儒等，前在上海以联合各党抗敌御侮为名，组织全国各界救国联合会，并发表刊物，以资号召，经江苏高等法院检察官翁赞年依据所出各种刊物，认被告等宣传与三民主义不相容之主义，实有《危害民国紧急治罪法》第六条之罪嫌，提起公诉。惟查该项《危害民国紧急治罪法》已于民国二十六年九月四日修正公布施行在案。惟核其条文，于宣传与三民主义不相容之主义者并无犯罪之规定，是该被告等犯罪后之法律已废止其刑罚。复查该被告等虽属组织团体，号召民众，但其所谓抗敌御侮及联合各界救国各节，均与现在国策不相违背，不能认为以危害民国为目的。该被告等之行为自属不罚之列。依照前开法条各款，均系应不起诉。本案虽经起诉在先，惟既发现有应不起诉情形，合依同法第一条撤回起诉。"[2]至此，国民党当局才对七君子案件作了司法上的了结。

---

[1]《沈钧儒等保释出狱详记》，收入《救国无罪》，1937年时代文献社刊。
[2]《"七君子"案件档案选》，《历史档案》1985年第3期。

十一　披肝沥胆　投身抗战

1937年7月7日深夜，日本华北驻屯军凄厉的枪声击碎了卢沟桥畔的宁静，点燃了中国人民全面全民族抗战的烽火。

7月8日，中共中央通电全国，疾呼"只有全民族实行抗战，才是我们的出路！"，号召"全中国同胞、政府与军队，团结起来，建筑民族统一战线的坚固长城，抵抗日寇的侵掠！"国民党当局在全国人民的推动下也转向抗日。这样，国共合作再次实现，抗日民族统一战线正式形成。

8月2日，应国民党当局的邀请，邹韬奋等七君子夜间离沪赴宁，商讨抗日救国大计。他们3日晨到达南京，随后在南京"作十日的勾留"。蒋介石单独召见了沈钧儒。他们访问了爱国老人马相伯，会见了冯玉祥等一些国民党党国要人。看到阎锡山、白崇禧、刘湘、龙云等"各省军事领袖"聚集南京，呈现出一派团结图存的新气象，邹韬奋甚为兴奋，在各种谈话中，也就自己的见解，尽量贡献一些"关于救亡运动的意见"。[1]

在宁期间，由于国民党当局心存畏惧，曾由叶楚伧出面表示希望把救国会解散。邹韬奋等回答绝不可能，同时表示政府既已一心对日作战，救国会成员愿在抗战国策领导下积极参加抗战工作。

---

[1] 邹韬奋：《韬奋全集》第8卷，上海：上海人民出版社，1995年版，第152页。

邹韬奋等七人出狱后与杜重远在南京会见爱国老人马相伯

13日,日军开始进攻上海。同日,邹韬奋由宁返沪。他是"主笔"而不是"军长",是以"秃笔"为武器投身民族解放战争的。在上海抗战的隆隆枪炮声中,他夜以继日地构筑抗日救国的文化阵地——《抗战》三日刊。

19日,《抗战》三日刊创刊。邹韬奋为主编,胡愈之、金仲华、张仲实、柳湜、钱俊瑞、沈志远、胡绳、艾思奇等为撰稿人。同时,该刊还出版六天一期的《抗战画报》。

邹韬奋宣布该刊的任务为:"在一方面是要对直接间接和抗战有关的国内和国际形势,作有系统的分析和报道,显现重要意义和相互间的关系;在又一方面,是要反映大众在抗战期间的迫切要求,并贡献我们观察讨论所得的结果。"

邹韬奋在创刊号上发表时评《上海抗战的重要意义》,认为日

1937年8月13日，日本进攻上海，邹韬奋8月19日出版《抗战》三日刊

本帝国主义不战而取东北，小战而取华北，"增加了他们对于灭亡中国的幻想"。"同时在中国内部也有一部分人不相信中国有抵抗侵略的能力，认为中国不战也不是，战也不是！"上海抗战最重要的意义就在于"在事实上表现中国的确能够抵抗侵略"，"在事实上给与这些幻想和谬想以重大的打击"，"在积极方面，更巩固了中华民族的自信力。这和民族解放的光明前途有着很密切的关系"。[1]

---

[1] 邹韬奋:《韬奋全集》第8卷，上海：上海人民出版社，1995年版，第76页。

国民党当局虽然走上了抗日之路，但所执行的是一条片面抗战路线。抗战刚开始，邹韬奋就敏锐地意识到"政治准备必须和军事行动打成一片，才能保障军事的胜利"。在创刊号上，邹韬奋发表另外一篇时评《政治准备的补救》，提出了这一十分重要的观点。他"深刻地感觉到政治准备太落后于军事的行动，实有迅速补救的必要"。[1] 邹韬奋的这种论断是符合实际的，具有长远的战略眼光。谋求"政治准备的补救"是他抗战期间工作的中心，也是他尽责于伟大的民族解放战争的切入点。为此，他自身付出了沉重的代价。

《抗战》三日刊在上海出版期间，以正面宣传为主，大力宣传全面抗战、持久抗战，形成正确的舆论导向；报道各地战况，浓墨重笔讴歌为国效死、英勇作战的民族战士；研究许多问题，为政府当参谋，为民众指点迷津。

8月29日，邹韬奋发表《持久抗战的重要条件》，明确指出：日本侵略中国是少数军阀和财阀的暴行，全国人心涣散，财政危机四伏，因而渴求速胜，而"被侵略的中国正是要利用敌人的缺憾，须用持久战来促成敌人的崩溃"。持久战的重要条件，除"军事方面的不失时机，坚持抗战；外交方面的积极推动，运用灵敏"之外，还要有"心理的基础和物质的基础"。"在心理上，我们首须认清的，是这次为抢救危亡而抗战的历程是艰苦的历程。在这个历程中，军事上的偶然失利是可能的，最后的胜利是决定于我们能否坚持下去，能否反攻，能否源源不断的有后援。民众方面认清这一点，便应该存着百折不回义无反顾的沉痛的心理，而永远不致因偶然的失利而便心灰意冷，嗒然若丧，失却继续奋斗的勇气。在物质上，

---

[1] 邹韬奋：《韬奋全集》第8卷，上海：上海人民出版社，1995年版，第77页。

我们一面抗战，一面仍须注意于生产的继续；不但继续而已，必须利用全国的沸腾的心理，悲愤的情绪，努力的愿望，在整个的国防经济建设的计划之下，作加速度的更紧张的生产工作。有了生产上的后援，经济上的后援，民众不致由生产破产经济破产而饿死于沟壑，然后军事上才有源源不断的后援之可能，然后最后的胜利才有把握。"[1]

9月6日，邹韬奋发表《后方的防御工事》，借用"防御工事"一词来形容"在后方整理内部的工作"的重要性，认为后方的"防御工事"做得好，前方的防御工事才不致白做。"我们的内部在目前亟待整理的工作，在军事和政治方面，当然都有'肃清'和'加紧'的必要，而在民众方面更有直接参加机会的是生产工作，组织工作，和文化工作。关于生产工作，我们屡次讨论到紧急性的国防经济建设；关于组织工作，尤其注意的是广大的民众组织；关于文化工作，尤其注意的是广大的民众训练。军事、政治、生产、组织、训练，这五项可以说是后方的'防御工事'的最重要的子目。"[2]

9月9日，邹韬奋发表《中国人的责任》，把爱国主义与国际主义结合起来，表现出宽广的胸怀。他认为中国人的浴血奋战，抵御日本帝国主义的疯狂侵略，是"为祖国的生存而战，同时也是为世界的和平和安全而战。我们为祖国驱除我们的民族的敌人，是我们对祖国应负的责任；我们为世界驱除人类的刽子手，也是我们对世界应负的责任"。明乎此，则中国更感责任重大，"第一，更需要沉着的奋斗和艰苦的挣扎；第二，更了解我们的牺牲，我

---

[1] 邹韬奋：《韬奋全集》第8卷，上海：上海人民出版社，1995年版，第82页。
[2] 同[1]，第87—88页。

们的苦难，不是没有代价的；是有着很大的代价，我们虽受尽牺牲，历尽苦难而无悔！我们的牺牲和苦难不但是为祖国，而且也是为世界人类，甚至也是为敌国的大众，那么任何牺牲任何苦难的忍受，都是值得的。我们只有'踏着敌人的炮火前进'！我们只有前仆后继地踏着我们烈士的血迹前进！我们的行动是有最光荣的目标做前导！"[1]

邹韬奋总结九一八事变以来的惨痛教训，提醒国人"深刻地明了中国的生存是整个的，不能分裂的；敌人对于任何局部的侵略，只是继续再侵略的张本，日本帝国主义的对象是要沦亡整个的中国，局部的先后，不过是时间问题罢了。所以国人绝对不应再存局部苟安的心理，而视先沦亡的惨痛，好像和自己不相干，却要知道存则共存，亡则共亡，没有什么例外"。因而，面对日本帝国主义的各个击破的阴谋，"我们要发挥整个民族的力量来作持久战，不应以仅仅避免内部摩擦为已足，不应以仅仅动员军事为已足，还要进而努力彻底组织广大的民众，真正运用全国的人力物力然后才能保障抗战最后胜利"。[2]

9月22日，国民党中央通讯社播发《中共中央为公布国共合作宣言》，第二天又播发了蒋介石事实上承认共产党合法地位的重要谈话。共产党的宣言和蒋介石的谈话的发表，宣布了国共两党第二次合作的成立。26日，邹韬奋发表时评《全国团结的重要表现》，认为这两件事"是全国团结御侮的一个非常重要的表现；是国难愈益严重以来的数年间，全国忧心外患的人们不避艰险以企求的重要主张之一；所以这次中共的'光明磊落大公无私'的宣

---

[1] 邹韬奋：《韬奋全集》第8卷，上海：上海人民出版社，1995年版，第89—90页。
[2] 同[1]，第95—96页。

言和蒋委员长的'集中力量救亡御侮'的谈话，无疑地是全国爱国的同胞们所热烈欢迎的"。文章概括了宣言和谈话的精髓，认为"这样一来，我国已恢复了民十八年前全民族一致团结以谋民族复兴的精神。这样的全国团结，是保障抗战胜利最重要的一个条件，是对日本帝国主义的一个重大的打击！"[1]

抗日战争是中国走向光荣的开始。10月9日，邹韬奋按捺不住内心的激动，发表《最光荣的国庆纪念》。邹韬奋长期主持言论工作，九一八事变后，每遇一个什么纪念日，都要发表一篇"应时"的文章，他认为这实在是一件最乏味的事情。尤其是到了所谓的国庆日，他每每忧从中来，哀叹"国哀而已，何庆之有？"但今年绝对不同，中国已经出现了团结御侮，为国家争国格的生动景象，"不但一向貌合神离的若干省份都已在事实上拥护中央，共赴国难；就是十年对立的国共两党也都为着保护国族而共同奋斗了。全国的精诚团结是抢救危亡的基本条件，这基本条件我们现在已经有了。所以我说这一天是最光荣的国庆纪念日"。他号召"我们全国同胞所要担负起来的责任，是要努力保持这个光荣！发扬光大这个光荣！"[2]

鉴于政治准备落后于军事行动的状况，邹韬奋呼吁设立"民意机关"。10月13日，他发表《民意机关的设立》，认为在抗战的非常时期，诚难召开国民大会，但是"民意机关仍不可少，因为民族解放的抗战必须以民众的意志为基础，必须以民众的力量为后盾。所以为保障抗战的胜利计，必须有反映民意的机关；同时政府的重要措施，也可以通过民意机关，而使民众得到更明白

---

[1] 邹韬奋：《韬奋全集》第8卷，上海：上海人民出版社，1995年版，第99—100页。
[2] 同[1]，第109页。

的了解"。"倘若没有相当的民意机关之设立,民主就等于空喊!"这种民意机关如何组织,他"希望专家对这方面根据事实多多贡献意见"。他批评了实施民主就是和政府相对立的错误观点,指出:"政府的力量以民意为基础,民意有具体反映的机会,供政府的参考与采择,同时使政府的重要措施通过民意机关而使民众得到更明白的了解,由此得到民众更热烈的拥护,这正是加强政府的力量,以应付此非常时期而为抗战取得最后的胜利,怎么会和政府对立起来呢?"[1]

邹韬奋痛斥汉奸卖国贼,反对中途妥协议和。随着战局的恶化,汉奸、亲日派以及日本特务乘机捣乱,妥协议和的谣言盛行。10月29日,《抗战》三日刊第23号封面上以特大字体刊登标语"主张妥协和平者就是汉奸",引起了很大的轰动。

淞沪会战坚持了3个月,11月12日上海沦陷。在此之前,华北重镇太原亦落入敌手。时局更加紧张,人心惶惶。11月17日,邹韬奋在《救亡日报》上发表《坚持抗战与积极办法》,指出"目前抗战形势的不能好转最大的症结还是在仅有军事上动员,而实在没有做到全民族的整个的抗战,也就是说对于民众运动仍然是未有彻底的解放"。"现在有许多人在高呼持久战,消耗战,但是这种战略非迅速使军民打成一片,是绝对没有多大把握的。"[2]

11月19日,邹韬奋发表《紧急时期的断然处置》,一方面表示愿以艰苦奋斗始终不屈,与全国同胞相勉;一方面竭诚希望政府实行断然措施,做几件振奋人心,挽回士气,有利战局的事情。第一件事是彻底开放民众运动。"我们民众的伟力至今并未曾发挥

---

[1] 邹韬奋:《韬奋全集》第8卷,上海:上海人民出版社,1995年版,第112页。
[2] 同[1],第150—151页。

出来"。第二件事是政治上的刷新。"在这紧急的时期，用贤黜奸，须有一番大刀阔斧的表现。"第三件事是与国的进一步的互助联系。国际和平阵线和侵略阵线的矛盾将更加尖锐化。与国"必须在主张正义的英美法苏求之，尤其是在远东更与中国有共同利害的苏联，我们必须和它进一步的合作"。总之，"有组织的民众的力量，健全的政治力量，与利害相共的与国力量，配合起来，兼程并进，我们的胜利必能很快地到来"。[1]

11月23日，《抗战》三日刊在上海出至第29号，被迫从30号起迁往汉口出版。该刊在上海出版时间虽短，但很快受到社会各界和广大读者的欢迎。冯玉祥曾来信称赞该刊"内容丰富切实，而眼光尤为正确远大，诚为今日抗战中指针"。一位抗日前线战士来信说："顷在前线看到《抗战》三日刊创刊号，在前线的弟兄们能够看到是非常高兴的，而且是十分困难的。"该刊每期刊载多篇读者来信，邹韬奋耐心地解答每一个问题，与广大读者心连心，使许多救国无路、苦闷不堪的青年人投身到伟大的抗日战争之中。[2]

11月27日，邹韬奋离沪，乘轮赴港。这是他所称作的第三次流亡。

不过，邹韬奋认为与前两次相比，这次流亡时的心理状况迥然不同：

第一，"此时政府的抗战国策已定，且已付诸实行，全国已经

---

[1] 邹韬奋：《韬奋全集》第8卷，上海：上海人民出版社，1995年版，第145—146页。
[2] 在沪期间，《抗战》三日刊发表八路军驻南京办事处关于延安抗日军政大学的来信与《陕北公学招生简章》、《延安抗日大学的教育方法》以及设在三原安吴堡的战时青年短期训练班的《招生简章》。这些信息指引着青年学生奔赴革命圣地、抗战青年的熔炉延安。邹韬奋还专门为此写了时评，对青年学生不怕艰苦前往陕北求学的精神予以赞赏。

和平统一","在中央政府领导之下,同心协力,团结御侮","政府和人民已打成一片,光明的前途实已显露其曙光"。

第二,"在八一三淞沪战争开始以后,军民联席会议,各抗日党派代表与党政军当局的经常的联席会议与合作,民众运动的相当开展,前后方工作相当联络,都使人感觉到精诚团结一致御侮的开端,虽则期间还有许多做得不够的地方。我一面联络同志创办《抗战》三日刊,一面参加上述各项工作。……精神上都是十分紧张而愉快的。这和其他时候在流亡以前是在遭受着内部压迫的,使人透不过气来,在心境上是完全不同的"。

第三,"凡了解中国这次的抗战是持久战的性质,决不幻想在八一三开始的淞沪一战即能像奇迹似的达到整个民族解放最后胜利的目的……由于中国抗战的整个过程是持久战,在某种情形下依战略转移阵地不但不是可悲而且是必要的,所以我们在八一三淞沪战争坚持三个多月以后转移阵地而随着流亡,也只是为工作的转移地点,而和因为内部政治的逼迫而流亡,其看法是完全不同的。如果其他的流亡的意志也不是消极,也是向前积极努力奋斗,那么这次的流亡更富有向前积极努力奋斗的意义了"。[1]

当时虽然日军横行淞沪,但由于英美法等国的租界还存在,所以藏身租界的抗日分子尚不致无法脱身。邹韬奋与一些文化界友人在潘汉年等共产党人的安排下,由法租界码头上渡船。从渡船至轮船间还有一大段水路,已有好些日本军官乘小轮来往梭行检查,邹韬奋改装杂在渡船上的人群当中,未被注意。上船后,见到金仲华和他的妹妹金瑞苓,三人同住一室,倒也不寂寞。到香港后,张仲实、钱俊瑞、杨东莼、沈兹九等人先后到达。他们同

---

[1] 邹韬奋:《韬奋全集》第10卷,上海:上海人民出版社,1995年版,第853—854页。

住一个旅馆，商量路程。

当时中国的政治、文化中心已移至武汉，所以武汉自然而然地是他们此行的目的地。他们决定由广西经衡阳前往武汉。刚巧白崇禧的一位姓闵的秘书因事在港，正要回广西，得知邹韬奋等人的行程后，即报告广西当局。坐镇广西的夏威参谋长随即请示在前线督师的李宗仁、白崇禧，李、白电嘱予以招待。于是，由闵秘书陪同，邹韬奋等14人"浩浩荡荡"地向广西开进。

12月2日，他们由香港起程，乘轮船于4日到梧州。邹韬奋后来作《桂游回忆》，对在广西的所见所闻所感有着详细的记载。最最让邹韬奋感动不已、难以忘怀的是广西青年的炽热的爱国热情。

邹韬奋是这样描述的："我们几位朋友到梧州，刚刚住入旅馆之后，就有无数的男女青年朋友络绎不绝地来看我们，他们对于国事的关切，对于战时教育的渴望，对于思想领导的期待，对于各自的青年问题的倾诉与商榷，语语至诚，字字辛酸，特富于情感的几个女同学甚至声泪俱下。我在梧州的那短短的两天内，就无时无刻不被包围在这许多可敬可爱的青年朋友的气氛中。我一早刚从床铺上爬起来，衣服还未穿齐，脸还未洗成，就有青年朋友来访问了，除应邀出去讲演外，直到夜里打算上床睡觉的时候，还有青年朋友不断地来谈。我看到他们的那样热烈恳挚，虚心求进步，问办法，我不得不深深地感到广西的青年是在进步的大道上向前迈进。""广西有这样的好青年，不仅是广西的光荣，也是中国的幸运。我被这些热烈恳挚的青年朋友所感动，不自知其疲劳，有一天勉应四处的演讲，往返奔走，毫无宁晷，起身后来不及用早餐，一直饿到夜里，但是我每想到这许多热烈恳挚的青年朋友，精神上的安慰和愉快是无法形容的。"[1]

12月6日，邹韬奋等乘坐广西当局特备的汽车离开梧州，夜宿郁林（今玉林）。他们颠簸了一天，本想早些休息，准备第二天起早。当他们吃过晚饭，踽踽着往旅店走的时候，被郁林中学的一群男女学生包围起来，互通了姓名之后，"立刻和老朋友一样的亲密欢欣"。接下来，"他们个个都是热烈恳挚得令我深深感动，再三要我们多留一天，说全体七百余同学要我们讲演，我们以行期已定，为时已晚，再三婉谢，终于情不可却地匆匆忙忙地跑到他们的学校里和诸同学见见面。这时已八点多钟……在校门口听见集队的号声，到大操场时已有大部分同学在暗淡电灯下严阵以待。我看到这样一大群可爱可敬的青年，他们的活泼的精神，他们的奋发的气概，他们的温和的姿容，使我回想到在苏联南方一个晚间所见的先锋营的情形，颇仿佛相似。回来时正在防空演习，没有路灯，同学代表们还用手电筒引导我们回店。第二天晨三点多钟，他们还起早来送我们，高唱着《义勇军进行曲》和抗战歌，他们的雄壮激昂的抗敌歌声，是永远留在我们的耳鼓里的"。[2]

12月9日，邹韬奋等经过柳州到达桂林。由于桂林学校多，邹韬奋等就更加忙碌。他们戏称自己为"马戏班"，而且都各有分工。金仲华讲国际问题，张仲实讲思想问题，钱俊瑞讲农村经济问题，杨东纯讲战时教育问题，沈兹九讲妇女问题，邹韬奋讲团结抗战问题。每到一处，就有许多青年和他们商讨问题，十分的热闹。一天下午，邹韬奋和金仲华应广西大学学生之约，本来每人预备演讲一小时至一小时半，但是因为全场千余男女同学非

---

［1］邹韬奋：《韬奋全集》第8卷，上海：上海人民出版社，1995年版，第625页。
［2］同［1］，第626页。

常热烈，继续不断地提出许多问题，竟从 1 点钟讲到 6 点钟，仍然场面热烈，兴趣浓厚。邹韬奋和金仲华也非常兴奋，轮流回答，始终不知疲倦。[1] 然而，他们却受到少数国民党顽固分子的监视，并被视为有"煽动阶级斗争的嫌疑"。

广西青年显示出如此强烈的爱国热情，是邹韬奋在别的地方所不曾见到的。这一方面反映出广西当局在动员民众、教育青年方面实行了较为开明的政策；另一方面，也反映出邹韬奋等长期宣传抗日救国主张，在人民群众尤其是广大青年中赢得了崇高的威望。

关于前者，邹韬奋曾以一例说明，即从广西当局到青年群众，养成了一种对外省来宾"抽税"的习惯。这种"抽税"，"抽"的不是"苛捐杂税"，却是"演讲税"，实际上是要来宾尽一种"演讲"的义务。他们"抽税"的时候，让公务员听，就把全体公务员召集起来；让青年学生听，就把全体青年学生召集起来。整齐迅速，秩序井然。坐镇广西的夏威参谋长曾亲自召集党政军全体公务员数千人"鹄立大礼堂"，听取邹韬奋等分别报告东部战场局势、国际形势和民众运动等问题。除大规模的集体"抽税"外，还有不少公务员和青年个别地商讨种种问题，所注意的都是中国抗战的前途和广西在抗战中的任务，以及广西所已用的方法是否正确，有没有更进一步的改善办法。邹韬奋认为"这种放大眼光，看到国家民族广大的利益，在别处也是很不容易见到的"。[2] 正是因为广西从上到下有着"抽税"的习惯，邹韬奋等为着抗日救国，也乐得被"抽"，因而才忙得不可开交。

---

[1] 邹韬奋：《韬奋全集》第 10 卷，上海：上海人民出版社，1995 年版，第 855 页。

[2] 邹韬奋：《韬奋全集》第 8 卷，上海：上海人民出版社，1995 年版，第 624、627 页。

关于后者，邹韬奋为广大青年学生（不限于广西）所尊崇，而这种尊崇则是建立在他对广大青年的深情热爱和殷切希望之上的。他指出："青年总是立于时代的前线！这不是我恭维青年的话，是我从无数青年的来信中，以及这次在广西和许多青年的谈话中，所得到的实际的印象。"与五四运动前后追求个性解放相比，"现在时代大不同了，现在是中华民族争取生存的大时代，立在这大时代前线的青年们，最明显的特征，是他们简直没有想到他们自己，没有想到他们的家庭，更没有想到什么恋爱的问题，所念念不忘的，是怎样在这个大时代中，尽他们的力量来参加民族解放的伟大斗争"。立于前线的广西青年与立于前线的全国青年一样，"急于解决怎样为国家而努力的问题"。[1]

当然，邹韬奋也看到了广西青年的苦闷。在众多的谈话中，邹韬奋认识到这种苦闷亦是全国青年所共有的。其根源在于，"他们一方面觉得在学校里所受的教育并未能与当前抗战的需要密切联系起来，感到课程的内容与这个大时代简直脱离了关系；而另一方面，又因为学校里功课时间太多，一天到晚为着功课忙，忙得喘不过气来……如要想看看课外有益的书报，更是忙上加忙"。这种"苦闷"，实际上"是教育制度在抗战期间不能适应的问题；这绝不是为着他们个人做出发点的，而是为着国家抗战的前途做出发点的"。因而，他呼吁广西教育当局根据青年的迫切要求，加以慎重的考虑与研究，推动"中央教育当局"共同解决这个问题。[2]

邹韬奋对广西的建设情况也做了一些考察。他佩服广西当局的"振作精神"和公务员的"勤奋奉公"。他重点了解了广西基层

---

[1] 邹韬奋：《韬奋全集》第 8 卷，上海：上海人民出版社，1995 年版，第 631－632 页。

[2] 同[1]，第 630－631 页。

政权建设情况，对"民团制度"和"村民大会"颇感兴趣，认为前者有利于组织民众，后者有利于发扬民主，从而增强抗战实力。他还实事求是地指出广西在组织、训练民众方面，"还有可以改善的地方：例如关于民众的组织和训练，在由下而上的主动性方面，还有待于进一步的开展；关于青年在思想上及行动上的领导，还有待于更积极的努力"。[1]他把这些重要看法公开发表出来，以供广西乃至全国参考。

在桂林，邹韬奋拜访了迁居此地的99岁高龄的爱国老人马相伯。

由桂林到衡阳，李济深约谈游桂感想。邹韬奋对他说：广西青年真可敬爱，潜伏着伟大的力量，不过广西的青年好比是好材料，要使之成为国家的栋梁，还需要下一番正确的领导和教育的工夫。[2]

12月16日前后，邹韬奋一行到达汉口。除杨东莼以外，他们仍集体住在汉口"文化街"（交通路）金城文具公司楼上。23日，邹韬奋在汉口从第30号开始续办《抗战》三日刊。此后，到第二年10月底撤退，邹韬奋在汉口生活、战斗了十一个多月。

邹韬奋转移文化阵地到汉口，工作上及时得到了周恩来等中国共产党人的直接指导和帮助。

12月下旬，在张仲实的陪同下，邹韬奋到八路军驻汉口办事处访问了周恩来。这是他们第一次见面，从此建立了深厚的友谊。

周恩来有时也到生活书店去找邹韬奋等人，用谈天的方式，

---

[1] 邹韬奋：《韬奋全集》第8卷，上海：上海人民出版社，1995年版，第643页。
[2] 同[1]，第632页。

讲解共产党的政策。1938年2月，他到汉口为生活书店同人作了一场题为《关于当前抗战形势和今年的任务》的报告。

邹韬奋向周恩来提出了加入中国共产党的要求。为着革命事业的需要，周恩来对邹韬奋说："你现在以党外民主人士身份在国民党地区和国民党作政治斗争，和你以一个共产党员身份所起到的作用不一样。这是党需要你这样做。"邹韬奋深切体会周恩来的用意，表示愿意接受。

自从与周恩来相识后，邹韬奋实际上已在他的直接领导下开展工作了。邹韬奋后来回忆说："从武汉到重庆，直到我离开重庆到香港，其后，回到上海，转到解放区，我的一切工作和行动都是在党和周恩来同志指示下进行的。"[1]

周恩来对邹韬奋知之甚深，爱惜有加。1938年4月下旬，夏衍从广州到武汉，就《救亡日报》的一些事情请示周恩来。周恩来明确对他说："你要好好学习邹韬奋办《生活》的作风，通俗易懂，精辟动人，讲人民大众想讲的话，讲国民党反动派不肯讲的话，讲《新华日报》不便讲的话，这就是方针。"[2]

钱俊瑞曾是全国各界救国联合会的中共党组书记，与邹韬奋交情甚厚。他们在从上海绕道广西前往汉口的路途中，所谈甚多，进行了广泛的思想交流。1938年5月的一天，邹韬奋也向钱俊瑞提出了迫切要求加入中国共产党的愿望，并要钱做他的入党介绍人。钱及时向党组织做了汇报。

邹韬奋经常借助一些活动，与周恩来等共产党人以及其他一些知名的爱国民主人士加强交往。例如，5月19日，生活书店邀

---

[1] 沈一展：《难忘的一夜》，1979年12月上海《书林》第2期。
[2] 夏衍：《巨星永放光芒》，《人民日报》1978年3月2日。

请周恩来、黄炎培出席店员座谈会，并作演讲。5月25日，邹韬奋出席黄炎培、沈钧儒主持的聚餐会，赴会者有周恩来、陈绍禹、秦邦宪、吴玉章、张君劢等13人。6月15日夜，邹韬奋出席周恩来主持的聚餐会，与会者有陈绍禹、秦邦宪、沈钧儒、黄炎培、梁漱溟、江问渔等13人。这些交往扩大了邹韬奋的交际圈子，开阔了邹韬奋的眼界，使邹韬奋在错综复杂的政治斗争中保持正确的方向。

在汉口期间，邹韬奋的言论工作可以分为两个时期。前一个时期从1937年12月23日到1938年7月3日，他主办《抗战》三日刊；后一个时期从1938年7月7日到10月25日，他主办《全民抗战》三日刊。

在前一个时期，日军的进攻向中国内地纵深发展。日本当局狂妄至极，宣布不以国民政府为谈判对手，今后的"对华方针是谋求使国民政府崩溃"。国民党当局鉴于日本的蛮横态度，不得不暂时放弃外交上的求和努力，表现出较为积极的抗战热情。

1938年3月29日至4月1日，国民党召开临时全国代表大会，通过《抗战建国纲领》，确定了内外政策。对外政策，主张联合一切反对日本帝国主义侵略之势力，制止日本侵略；否定及取消一切伪组织。对内政策，军事上：加紧军队之训练，使之一致为国效命；指导及援助各地武装人民，在各战区司令长官指挥之下，与正规军配合作战；在敌后发动普遍的游击战。政治上：组织国民参政会；改善各级政治机构。经济上：进行以军事为中心的经济建设。民众运动方面：提出在不违反三民主义最高原则及法令范围内，对于言论、出版、集会、结社予以合法之保障。这一切和人民的抗敌制胜的愿望基本上是一致的，因而受到全国的欢迎。

1937年底,邹韬奋离上海转赴汉口,途经长沙时留影

在战场上,共产党领导的八路军继平型关大捷后已在华北敌后战场广泛展开,发动群众进行游击战争;国民党军队也有台儿庄大捷这一出色的表现。国内党派团结合作也有新气象。

因而,邹韬奋把这个时期称作"再接再厉的紧张时期"。[1]这个时期也是他在国统区言论最为活跃的时期。其言论精要如下:

首先,拥护国民党抗日。

1937年12月13日南京失陷。16日,蒋介石发表坚持抗战到底的广播讲话,其中列举三点要义:一是彻底认识抗战到底的意义;二是坚决抱定抗战必胜的信心;三是不问国际形势前途如何,必当尽其在我。

23日,《抗战》三日刊在汉口复刊,邹韬奋即发表社论《怎样拥护蒋委员长抗战到底》。文中引用蒋介石的讲话,表示愿意"对艰苦领导抗战的蒋委员长致无上的敬意,以赤诚拥护蒋委员长继续抗敌的主张"。不过他具有分析的眼光,不盲从,"同时愿意提醒国人的是仅仅说拥护还不够,必须注意怎样拥护,换句话说,必须注意怎样才能收到拥护的实际效果"。为此,他提出两点以贡

---

[1] 邹韬奋将这个时期在《抗战》上发表的重要文章编辑成集,题目便是《再厉集》。

献国人:"第一点是更要努力巩固全国的团结","第二点是努力充实政府的力量"。

关于第一点,邹韬奋认为"还有提出的必要,因为还有人把打倒国民党和推翻政府的疑虑加诸努力救亡运动的同志,甚至由此引起内部不必要的摩擦,减少整个的抗战力量,这是很可惜的。我们必须根本消除这种隔阂,在坚决抗战的政府与领袖领导之下,同心协力,共救危亡"。[1]

关于第二点,邹韬奋另外发表《充实政府力量的真义》,作了透辟的、具有很强的现实针对性的论述。他认为"所谓充实政府力量,不仅是政府自身机构的健全与人选的适当,而全国动员所发生的伟大的力量,也就是政府力量的充实"。他特别强调使全国民众"自己原有的岗位与救亡的需要联系起来,不必加入官府,更说不到握政权,在实际上,也等于增强政府的力量,而且这种力量的总体正是政府力量的广大的基础"。政府作为领导全国抗战的领导核心,必须积极充实,必须有"整个的适合抗战需要的动员全国的切实的计划,把各方面的努力联系起来"。当时,在充实政府力量这个问题上,社会上存在着一些误会,很容易引起无谓的纠纷。"因为疑心有人提到充实政府力量就是要握政权,便联想到推翻政府的种种牛角尖里去;因为疑心有人以此为进身之阶,虽不是抢政权,至少也近乎要做官。"疑心生暗鬼,危害团结、危害抗战前途甚大。对此,邹韬奋予以坚决的驳斥,认为这种怀疑毫无根据,表明"我们立于国民的地位,因为希望政府所领导的抗战胜利,所以希望政府充实力量,正是由于拥护政府,爱护政府,

---

[1] 邹韬奋:《韬奋全集》第8卷,上海:上海人民出版社,1995年版,第366—367页。

绝对不是要握政权,也不是要想做官"。[1]

邹韬奋"拥护"国民党抗日,是强烈的爱国主义思想所使然。他自身并没有产生过要加入其间的念头。在全民抗战的新时期,国民党当局又变换花样,企图软化邹韬奋。1938年年初,蒋介石找邹韬奋、杜重远谈话,指示他们要"特别注重组织的重要",即希望他们加入国民党。邹韬奋很委婉、很巧妙地拒绝了对方的"好意"。[2]

其次,促进国民党进步。

国民党临时全国代表大会召开前夕,邹韬奋约请几位朋友在《抗战》三日刊上发表文章,对国民党提出了多方面的希望。邹韬奋认为:"国民所以殷切属望于国民党的,非有所私于国民党本身,而是因为国民党是立于领导救国的地位,为着爱护祖国而拥护国民党;国民党本身之所以有存在的价值,也是为着要负起领导全国救亡的任务,所以国民党所聚精会神,苦心筹谋的是民族的整个利益而不是一党的利益。"在这样的前提下,邹韬奋提出了两点希望:一是"希望国民党在实际上联系全国各方面的力量共赴国难,而不拘泥于形式上的合并"。二是"希望国民党在积极方面领导民众的活动而不在消极方面提防民众的活动"。言出于心,这些是邹韬奋长期以来实实在在的真实想法。[3]

邹韬奋对于国民党本身如何加强力量的问题,也"贡献一些意见"。一是党员问题。"怎样清除腐化的党员,怎样奖励努力的党员,怎样吸收新的好分子,这都是很重要的。"邹韬奋所特别强调的是:"党的力量是在动员党员广泛地夹在民众中间,和民众共同努力于

---

[1] 邹韬奋:《韬奋全集》第8卷,上海:上海人民出版社,1995年版,第368页。
[2] 邹韬奋:《韬奋全集》第10卷,上海:上海人民出版社,1995年版,第192—194页。
[3] 同[1],第418—419页。

实际的工作,由实际的工作成绩中引起民众的信仰,间接也就是增强民众对于党的信仰。"二是党的监察制度要严密。"要整饬党纪,必须慎选公正刚直的同志在全国监察网中负起铁面无私的监察任务,一方面明察暗访,一方面接受民众的呈诉。而且严密的监察并非仅有消极的作用,对于成绩优越民众翕服的党员,也应有奖励的办法,所以同时也含有积极的作用。"总之,在邹韬奋看来,"实际工作和严密监察,是加强党的力量的两个重要因素"。[1]

国民党临时全国代表大会召开后,邹韬奋即发表《国民党代表大会的收获》,显示出欢迎的态度,认为大会通过的《抗战建国纲领》,"可以证明抗战以来中国的政局已有了很大的进步"。[2]

其三,分析国际形势,提出外交方策。

邹韬奋认为中国抗战的胜利和国际形势密切关联,但应该运用国际形势而不应该依赖国际形势,要加大对外宣传。

邹韬奋提出四点意见供国人参考:一在外交方面不要仅仅看到各国政府当局的态度,同时还要密切注意到各国人民伟大的推动力;二不要忽视国民外交的重要性;三各国对于中国抗战的援助可有种种的方面,要靠我们从种种方面加以努力的推动;四尤其重要的是我国内部必须愈益扩大并巩固团结,一致对外,然后才更能引起世界的敬重,增加国际的同情与援助。[3]

邹韬奋以奥地利完全屈服德国,最终被德国所吞并的惨痛教训警醒国人:一是奥地利内部分裂,互相摧残,当局不知把全国民众,尤其是劳苦大众的力量发动起来;二是奥地利对于"奥奸"

---

[1] 邹韬奋:《韬奋全集》第8卷,上海:上海人民出版社,1995年版,第420—421页。

[2] 同[1],第427页。

[3] 同[1],第386—387页。

的纵容坐视,患入腹心,不可救药;三是奥地利当局对于民众运动,尤其是工人阶级的爱国运动,加以种种的压迫,也不参加国际和平阵线,只是幻想意大利的撑腰,结果遭致亡国惨祸。反观中国,他认为"中日的情形虽不是完全与德奥相同,但是奥国不能抵御帝国主义的侵略,他们失败的原因,却实在值得我们的借镜"。[1]

其四,强调民主政治是抗日制胜的重要保证。

抗战初期,有些人散布种种谬论,认为民主与抗战是不相容的,公开鼓吹政治独裁。这种论调对于巩固统一战线和开展全民抗战都是不利的,给抗战前途蒙上了阴影。邹韬奋对此予以坚决的驳斥,指出:"民主不但不与抗战不相容,而且是要增加抗战的力量的。""中国目前所需要的民主,并非要抄袭英美等国的通常文章,也不是主张要在这样紧急的时期用选举来建立议会。我们以为中国目前所需要的民主,其唯一的动机,是要尽量发挥民众力量,在政府及领袖领导之下,在种种方面参加抗战,争取民族解放自由。"

关于民主的内容,邹韬奋认为包括以下三点:一是在现有的政治机构中应有反映民意的机关,其中最重要的一点是这里面所容纳的分子,须能代表全国各方面对于国事的意见,反映大多数民众的意志,以备政府的采择;二是关于抗日及善意批评政治的言论自由;三是组织抗日团体的自由。抗战期间,邹韬奋"对反民主的抗争",主要是从这三个方面进行的。[2]

邹韬奋还发表专论,研究了怎样产生民意机关问题,认为"要

---

[1] 邹韬奋:《韬奋全集》第8卷,上海:上海人民出版社,1995年版,第414—416页。
[2] 同[1],第380—381页。

尽可能采用有限制的选举,而不宜用指派的办法"。[1]

其五,激励士气和民气。

因为敌强我弱,在日军疯狂的军事进攻之下,国土大片沦丧,人民惨遭杀戮和蹂躏,极易造成士气低落和民气消沉。这种心理上的暗影,对于抗日救亡极为不利,邹韬奋"心所谓危",发表一系列社论,激励士气和民气。一是要向士兵和民众讲清楚国际国内形势,讲清楚敌我双方的力量对比以及此消彼长的趋势,使他们以一种正确的心态来对待暂时的挫折和失利,并且透过现象看本质,增强中国必胜的信念。二是抓住一些典型事例来揭穿日军不可战胜的神话,说明中国军队并非不能战。中国军队英勇作战,如中国空军在武汉附近一次就击落敌机21架,并且远征日本成功,中国军队在台儿庄痛击日军获得大捷等事实均为邹韬奋所重视,用来鼓励士气和民气。三是告诫国人中国抗战的最终胜利将来之不易,而且时间之久暂全以国人努力的程度为转移。因而,既要对抗战前途充满信心,又要不辞艰苦,脚踏实地地做好眼前的抗日救国工作。

其六,对具体问题提出具体的解决办法。

关于征兵问题,邹韬奋认为必须作大规模的动员,在"教育宣传"方面下一番艰苦的功夫,绝不是仅仅靠一纸命令,捆绑拉夫所能奏效,更不能"敲诈营私"。他建议利用乡土观念先组织保卫乡土的义勇队或保卫队,然后在短时期里加以紧张的积极的政治教育,提高他们的民族意识,爱国热诚,极力把他们在精神上武装起来,同时还须在物质上尽力替乡民解除种种痛苦,使他们能维持最低限度的生活,不受贪官污吏及土豪劣绅的苛虐,对于

---

[1] 邹韬奋:《韬奋全集》第8卷,上海:上海人民出版社,1995年版,第422—423页。

士兵家属的优待尤须有具体的规定，使被征者无后顾之忧而能安心于为国奋斗。他深信这种有步骤有办法的征兵，必有良好效果。[1]

关于战时的儿童保育问题，邹韬奋认为有两点须特别注意，第一是要把这事业视为对国家民族应尽的职责，而不可视为"慈善事业"，不可拿一般所谓孤儿院或育婴堂之类的组织来作比拟。第二是要极力避免官僚化。[2]

关于救护伤兵的医药征募运动，邹韬奋在大力呼吁的同时，提出两点意见：第一是要尽力杜绝窃取回扣之流弊；第二是对征募所得，处理要敏捷迅速，尽力避免官僚化的颟顸延搁的弊病。他希望"输将的要踊跃，办事的要认真！"[3]

关于青年训练的基本原则，邹韬奋认为第一个基本原则是训练的目标要以整个的国家民族的利益为前提，抛弃派别和门户的偏见。第二个基本原则是训练青年要注意"以德服人而不以力服人"的诚挚态度。[4]

关于春耕运动，邹韬奋提出了"几个重要的希望"：一是要对乡村实行有组织的、有持久性的扶助与指导，对各区的各种农产品及附属事业实行切实的计划与推进；二是这个运动不仅是含有增加生产的物质的意义，同时须注意乘此机会提高农民的文化水准，增强他们的民族意识；三是一方面扶助农民增加生产，一方面还要武装农民，训练农民，增强他们的保卫乡土，间接即保卫民族的实力；四是同时扫除一些封建残余势力以及土豪劣绅对乡

---

[1] 邹韬奋：《韬奋全集》第8卷，上海：上海人民出版社，1995年版，第517页。
[2] 同[1]，第413页。
[3] 同[1]，第431页。
[4] 同[1]，第439页。

民的欺诈摧残。[1]

邹韬奋适应时代之需要，自觉地将自己所从事的新闻出版事业与民族解放战争结合在一起，凡是有所批评、有所宣传、有所建议，都以有裨益于争取抗战胜利为前提。他认为："报道战地新闻，还只是新闻记者一种任务而已，就整个抗战建国的前途说来，宣传国策，教育民众，反映民意，督促并帮助政府对于国策的实施，在在都须彻底认识新闻记者所负责任的重大与工作的艰苦。"[2] "算旧账，对国内各方面挑拨离间，这断然是不但无益于抗战的胜利，反而是有害于抗战的胜利，是言论界所不应有的现象。"[3] "济南惨案"以后，紧扣时代主题，具有高度的政治责任心，以政治家的韬略主办新闻出版事业，正是邹韬奋最为赢得读者的地方。

真心诚意地为读者排忧解难，全心全意地为读者服务是邹韬奋长期以来所形成的优良传统。在如火如荼的民族大搏斗中，前线将士、后方青年都渴求抗战书刊的滋养。青年人的苦闷主要不再是恋爱、婚姻、家庭，而是心想救国，但救国乏术、救国无路。类似的请求指点迷津的书信雪片般飞来；反映各地情况、报告各种信息的来信积案盈尺，或喜或忧，或表扬或投诉，每每牵引着邹韬奋的喜怒哀乐。他"尽其在我"地解答每一个问题。因而，他的抗日救国主张既阐发于时评社论之中，又自然流淌于各种各样的按语、简复之中。在他的笔底，一批批迷茫青年走上了革命征途，成长为忠勇奋发的民族解放战士。

有一位病中的青年把《抗战》三日刊比做沙漠中的甘露，特

---

[1]邹韬奋:《韬奋全集》第8卷，上海：上海人民出版社，1995年版，第493页。
[2]同[1]，第25页。
[3]同[1]，第393页。

意托人带信给邹韬奋表示谢意。信中说:"正在病得奄奄一息的时候,突然接到由正阳关转来廿几本《抗战》,你想我是多么高兴!我完全忘记病了,坐在搬家的汽车上就打开来看,躺在床上忘记了按时吃药,也忘记了两只手臂被打针打痛了,只要特和三哥一离开我,马上就从枕头下取出《抗战》来看。你想,一个多月没有看到武汉的报纸和杂志,也没有接到友人的信,突然发现了一包书而上面是写着寄给我的,叫我怎不欢喜欲狂呢?一个旅行在沙漠中的人,渴得快冒出烟来了,突然得着了甘露,怎叫他不高兴得跳起来呢?"[1]

有一位希望进一步接受抗日训练的河南青年,在写给邹韬奋的信中说:"我是《抗战》三日刊的一个热心的读者,关于抗战救亡工作者所必须的知识,我早已感到十二分的饥渴,它——《抗战》三日刊,确曾供给我不少的食粮。我每一次接到它都是紧张的愉快的一口气把它读完,得到了这些精神上的滋养,我慢慢地感觉到自己的身心于无形中健壮起来,对于国内国际的形势和各种重要的问题有了比较正确的认识,对于抗战前途有了胜利的信心,同时我就逐渐觉悟到在这争取民族解放的大时代里,我也应该拿出自己所可能尽力的力量来。"[2]

邹韬奋究竟得到了多少读者的信赖和赞誉,是难以统计出来的。读者对邹韬奋的信赖、热爱、赞誉是发自内心的,是内心深处真实感觉的自然流露,毫无做作之处。

1938年6月19日,邹韬奋以救国会主要领导人的资格,被国

---

[1] 1938年5月26日汉口《抗战》三日刊第75号。
[2] 邹韬奋:《韬奋全集》第8卷,上海:上海人民出版社,1995年版,第598页。

民党当局聘为国民参政会参政员。这使他"有机会与抗日各党派共同参加实际的政治活动，得到更多的实际的政治接触"。他"怀着一腔热诚与希望，把自己看作努力代表民意的一分子，欣然参加，当初并未曾料到这只是一场幻梦而已"。[1]

7月6日至15日，国民参政会第一次大会在汉口举行。邹韬奋出席会议，提出三个提案：第一个是《调整民众团体以发挥民力案》，反映当时民众运动的迫切要求；第二个是《具体规定检查书报标准并统一执行案》，反映当时文化界的迫切要求；第三个是《改善青年训练解除青年苦闷而培植救国干部案》，反映当时多数青年的迫切要求。第一个提案主张"只要在事实上不违反三民主义及抗战建国纲领，确有群众基础及救国工作表现的民众团体，政府都应允许他们立案，承认他们的合法地位"。该案经过"激烈辩论之后，算是通过了"。后来，他回忆说，当时是"发傻"，"因为提案的通过不通过，和民众团体的命运是不相干的"。[2]

7月7日，在全民抗战爆发一周年的时候，邹韬奋主编的《抗战》三日刊与柳湜主编的《全民》周刊合并，更名为《全民抗战》三日刊。邹韬奋为总发行人，并与柳湜联合主编，编委中有沈钧儒、张仲实、艾寒松、胡绳等。邹韬奋与他们相处得很好。为激励士气，《全民抗战》三日刊特编印战地版，送往前线后，受到广大官兵热烈欢迎。随后，又编行《保卫大武汉特刊》。

发刊词《全民抗战的使命》陈述了两刊合并，充实力量，对抗战作更大贡献的意愿，认为在抗战建国的总任务下，该刊"当前实践的任务"有两个："一是巩固全国团结，提高民族意识，灌

---

[1] 邹韬奋：《韬奋全集》第10卷，上海：上海人民出版社，1995年版，第198—199页。
[2] 同[1]，第211页。

输抗战知识,传达、解释政府的国策,剖析国内政治、军事、经济、文化以及国际之情势,为教育宣传的任务。另一是以使政府经常听到人民的声音,民间的疾苦,动员的状况,行政的优劣,使政府在领导抗战,实施庶政上得到一种参考,为我们政治的任务。"[1]

邹韬奋认真总结了抗战一年来的教训,认为一年来的抗战,军事上固然有许多需要检讨的地方,但最为根本的是民众的动员和政治上的进步跟不上军事的动员,致使军事上时时被动,处处退却。当时以及以后的一段时期,中日双方将展开大规模的武汉攻防战。他呼吁在民众和政治上予以努力补救,并在军事上采用灵活多样的战法,尤其要重视敌后的游击战,扫荡敌人建立的伪组织,与敌人争夺民众;要建立机械化新军,扩大充实空军,组织、训练、武装民众,迅速发展国防生产,改善民生等等,总之要把保卫武汉的战争视为保卫全中国、解放全中国整个战争的重要一环来总体部署、具体规划,而不能再蹈上海、南京等保卫战的覆辙。[2]

邹韬奋在创刊号上还发表《我对于参政会的希望》,认为国民参政会是中国在非常时期所产生的非常的民意机关。参政会不同于欧美各国的所谓的议会,参政员不是民选,而是由政府遴选聘请而来,也就是邹韬奋后来所说的"请客"。虽然如此,邹韬奋认为各参政员"却应该以民意代表自任,却应该把国民参政会视为民意机关,应该努力使国民参政会在实际上成为民意机关"。

为此,他认为"最重要的一点,是参政员要时刻注意行使职权的时候,须尽量反映大多数民众的迫切要求,须尽量反映在抗

---

[1] 邹韬奋:《韬奋全集》第8卷,上海:上海人民出版社,1995年版,第33页。
[2] 同[1],第38—42页。

战建国时期中的大多数民众的迫切要求"。"各参政员虽不是由民众自己选择出来,但是一般民众却把民意机关来看待国民参政会,国民参政会在民众间已成为一个'十目所视十手所指'的机构,能否克尽它的任务,民众是不会忽略过去的,民众也不应该忽略过去的。"当然他也知道"国民参政会只是一个代表民意发言的机关,执行之权却在政府,所以国民参政会在实际上能得到怎样程度的效果,要看国民参政会和政府的共同努力达到怎样的程度。倘若'决而不行,行而不彻',那么这个会是多余的!""在这样共同努力的情况之下国民参政会未尝不能做到真正的民意机关,这完全要看我们怎样干,完全要看我们要怎样干。"[1]邹韬奋长期企盼民主政治而不可得,因而十分珍惜抗战时期出现的国民参政会这一似是而非的民意机关。他要通过自身并试图影响别人共同努力,在实际上把国民参政会转变成真正的民意机关,虽然过于主观,难以实现,但愈能体现他的一腔爱国热情,是"服务上的彻底精神"的再次表现。

邹韬奋还以一个新闻记者的身份以《在参政会中》为题,连续报道国民参政会的各种情况(限于可以发表的部分),指出国民参政会有了如下的收获:一、国民参政员来自全国各民族、各区域、各党派以及无党派各方人士,这些人济济一堂,是全国精诚团结的一个缩影;二、大会充分执行了议决权、询问权和建议权,审议125件提案,都是有关抗战建国的各部门工作的。大会对于政府以往的各部门工作也有相当认真的询问,都由主管长官出席用口头或书面答复,这是沟通政府施政实况与民众欲望的一个重要方法,也是消除政府与民众间隔阂的一个良好机会,不禁使人感到

---

[1] 邹韬奋:《韬奋全集》第8卷,上海:上海人民出版社,1995年版,第35页。

中国政治的发展不能不算有了相当的进步。[1]

国民党实行的是一条片面的抗战路线,骨子里害怕民众。国民党顽固派更是视有组织的抗日民众为洪水猛兽,随意妄加罪名,予以摧残。这种做法,只能是亲者痛仇者快,同时也把自己推到了与民众对立的被动地位。邹韬奋竭力支持民众运动,势必为国民党当局所不容,因而在国民党统治区的处境越来越困难。

《全民抗战》编辑部收到大量的群众来信,反映各地民众运动遭摧残的情况。例如贵阳民族解放先锋营七十余人被拘押,长沙难民工作负责人遭审讯,漳州民众救国服务团负责人及成员多人被秘密杀害等来信深深刺痛着邹韬奋的心。就是在群情激愤,抗战气氛最为浓厚的武汉,也有解散青年救国团、民族解放先锋队和蚁社三团体的不幸事件发生。这些压制民众运动的暴行,是国民党害怕民众,不让民众抗日的错误政策的真实反映,不是个别的局部的行为。邹韬奋将一些令人发指的压制民众运动的暴行刊布于《全民抗战》三日刊上,以此作为对社会的呼吁。

邹韬奋披肝沥胆,反复痛陈要积极培育和加倍珍惜民众力量。他发表专论《统一运动与消灭运动》,为民众争取参加抗日救国工作的自由。

他承认"争取抗战胜利,我们需要一个统一的政府,需要一个统一的军队,需要一个统一的统帅——需要一个统一的国家!""因为必须这样,才能把全国的力量集中起来,集中来对付我们民族敌人的残酷侵略。在这个意义上,统一运动是我们所热烈拥护的,是全国爱国同胞所要努力使它巩固和扩大的。"

---

[1] 邹韬奋:《韬奋全集》第8卷,上海:上海人民出版社,1995年版,第50—52页。

但是他也注意到"常有一部分人专重表面上形式的划一,反而阻碍了实际上力量的真正统一","无意中空耗了一致对外的力量,这实在是令人痛心的莫大憾事"。

他以团结各党派的力量为例,说"这原是很正当而迫切的一件事,但却经历许多时候的无益争论,喊着'一个党'的口号,消耗力量于内部摩擦,其实为着抗战而统一全国各党派的力量,在乎积极领导而不在乎企图消灭各党派,这是极明显的事实"。

他进一步坦陈"统一运动"是有着增强抗战力量的效用,"消灭运动"是含有削弱抗战力量的危机。全国民众运动"仍未能有良好的开展,症结所在,仍由于'统一运动'和'消灭运动'的混淆不清。我们深知政府当局同样地感到动员民众的迫切需要,在主观上是决不要以'消灭运动'来替代'统一运动'的。但是如果只顾到表面上形式的划一而忽略力量的统一,在客观上还是不免同样的遗憾"。

联系到武汉被解散的三团体,他"很诚恳地希望领导民众运动的负责长官再加考虑,立即恢复三团体的救国工作,并以同样的精神开展整个的民众动员"。[1]

从上述的立场观点,显然可以看出,邹韬奋是在与国民党片面抗战路线"唱反调"。

为了控制舆论,国民党当局于1938年7月底特组织中央图书杂志审查委员会及地方的同类审查机关,并公布《战时图书杂志原稿审查办法》和《修正抗战期间图书杂志审查标准》,规定除本党及各级党政机关之出版物得免除原稿审查手续外,其他各出版

---

[1] 邹韬奋:《韬奋全集》第8卷,上海:上海人民出版社,1995年版,第211—213页。

物均不得免；除自然科学应用科学之无关国防者，及大中小学与民众学校教科书外原稿均须一律呈送所在地审查机关审查许可后，方准发行，凡政治经济哲学等社会科学以及文学、艺术的书籍原稿均在审查之列。

8月3日和9日，邹韬奋接连在《全民抗战》三日刊上发表《审查书报原稿的严重性》和《再论审查书报原稿的严重性》，抗议国民党当局歧视非本党出版物、压制民间言论自由的政策。他提请国民党当局注意"古人说防民之口甚于防川，宜于疏导而勿令溃决。民间的痛苦和要求，在最初也许听来不顺耳，但事实终是事实，掩饰不如补救，便可化大事为小事，化小事为无事"。[1]

8月下旬，生活书店联合中华书局、商务印书馆等十多家出版机构发表宣言，呼吁国民党政府立即撤销上述两项法令。

在国民党当局看来，邹韬奋是犯有"前科"的，因此对他本来就怀有戒心。虽然邹韬奋的抗议理由充分、口气委婉、态度平和，但还是立即遭到了来自国民党当局的压力。《全民抗战》三日刊在学校、机关等单位暗中被禁止订阅。生活书店总管理处将设在全国的分支店在地图上标明，送汉口各报刊出，但《扫荡报》奉令拒登。这是抗战开始后，邹韬奋所办文化事业遭刁难、受摧残的开端。

生活书店随着全民族抗战的展开获得了大发展，邹韬奋开始着手整顿"店务"。

1838年1月，生活书店编审委员会成立，邹韬奋、胡愈之、范长江、金仲华、钱俊瑞、柳湜、杜重远、张仲实等为委员。经过不到一年的努力，生活书店在全国各地及香港（香港分店成立

---

[1] 邹韬奋：《韬奋全集》第8卷，上海：上海人民出版社，1995年版，第186页。

于 1938 年 7 月 1 日）设立的分店已达二十几处[1]再经过 1938 年冬和 1939 年的发展，生活书店分支店最盛时达到 56 处（含新加坡分店，该店 1939 年 9 月 9 日开始营业）。成为国民党统治区最大的进步的文化出版机关。

随着各地分店的诞生，为了加强管理，沟通联系，生活书店总店于 1938 年 3 月份开始编印《店务通讯》，每周一期，分发各地分支店。

对于生活书店的管理，邹韬奋只是在大政方针上把关，没有时间和精力管理具体的"店务"。在前 20 期《店务通讯》上，邹韬奋没有写过什么东西。鉴于分店增多，干部分散各地，彼此难于沟通的实际情况，他开始着手整顿"店务"。

从 8 月 13 日第 21 号《店务通讯》开始，邹韬奋每期都写稿一篇，持续两个月，讨论生活书店经营、发展事宜。

第一篇题为《迅速扩展后的积极整顿》，陈述了进行"积极整顿"的必要性，提出了具体的建议，希望借助《店务通讯》这个园地来营造出一种和谐共进的人际关系。

生活书店原来只有总店和分店，自总店从上海迁移武汉后，因为分支店增多，公共事务加繁，才决定设立总管理处。其下辖五个部：一是总务部，二是主计部，三是营业部，四是编辑部，五是出版部。这五个部都是综合整个书店的工作，起提纲挈领作用。

这次整顿的重点是解决最为复杂的人事问题。

---

[1] 该数字来自 1938 年 10 月 8 日邹韬奋在重庆《店务通讯》上所发表的《理想与现实——关于整顿社务的感想》，当时的文章记载当时的数字，"二十几处"之说是较为准确的。抗战爆发后"不到一年，全国分店已达五十余处"之说，来自 1944 年邹韬奋遗作《患难余生记》(《韬奋全集》8 卷 894 页），其时他重病在身，生命垂危，常常头痛欲裂，所记之事，难免有所偏差，因而到 1938 年秋即有分店"五十余处"之说不确切。

在生活书店，由雇员而职员，由职员而社员，均有严格的时限要求和考核标准。在抗战爆发之前的几年极为紧张的时间里，为了保持人员的纯洁性，不致书店被人利用，生活书店在进人问题上保持着相当的戒备。因为社章规定职员任职满六个月者即为社员，有选举权和被选举权。因而，生活书店临时委员会不得不于1935年9月24日做出决定，从即日起生活书店只招雇员，雇员永远不得为职员。这是迫不得已的办法，虽然杜绝了不良分子的侵入，但也在一定程度上制约了自身的发展。

抗战爆发后，国内形势发生了巨大变化，生活书店的生存、发展环境也有了很大的改观，因而必须扩大社员队伍。1938年5月13日，生活书店临时委员会做出决定，一方面保存"特约雇员"办法，另一方面规定服务一年后的雇员，经审查合格者得为职员，再依社章规定任职满六个月者得为社员。邹韬奋为此与同事们协商定出了三条标准：一是文化水准；二是对于本社组织和事业的了解；三是平日服务的成绩。[1]

生活书店有"雇员"之称，是由特定的历史背景形成的，但邹韬奋和同事们觉得这个称谓不妥。1938年9月，临委会决定取消"雇员"称谓，一律称"职员"，不过"职员"有试用阶段和正式阶段。此外对于短期的或约来担任某种特殊任务的职员则称为"特约职员"。

生活书店采取生产合作社的管理体制，因此"社员"与"非社员"有相同点，又有不同点。

邹韬奋著文指出："本店的事业是本社事业的一部分，就店说，同为店员；就社说，则有社员与非社员的区别。社的任务是决定

---

[1] 邹韬奋：《韬奋全集》第8卷，上海：上海人民出版社，1995年版，第225页。

本社一切事业的方针与办法；店的任务是执行本社所决定的关于本店的一切业务。就店说，无论是社员或非社员，同为店员，同是为店服务，同是分头执行本社所决定的关于本店的一切业务。"因而，在所受待遇方面有两个重要的共同点：第一是经济平等，各人因工作所得的薪金，并不因为社员与非社员的不同而有所差异。第二是职业保障，除因违反纪律而被解职的，都有职业保障，也并不因为社员与非社员的不同而有所差异。就社的方面说，其任务在于决定本社一切事业的方针与办法，"做社员的同事对于这个'决定权'，当然都是参加一份，非社员的同事对于这个'决定权'便没有参加的机会（虽则建议权是大家同样有的），这种决定权当然还有直接和间接之分"。例如，在社员大会中，对于议案或任何建议的赞否，每个社员都直接参加一份；在社员大会选举各部门的负责人以后，便把某部门的决定权赋予给他们，自己只算间接的参加（被选举的当然仍是直接参加，不过是代表的责任，不仅是自己一人的参加而已）。[1]

由此可见，邹韬奋是用民主集中制原则来管理规模庞大的生活书店的。这是他系统探索事业管理之道的开始。

1938年9月，汉口文化界组织慰劳团，携带慰劳品和精神食粮赴沿江战区鼓励前方战士，邹韬奋应约参加。

18日，邹韬奋和沈钧儒、范长江、王炳南等由武汉出发，赴长江南岸德安一线慰劳抗日将士。邹韬奋既是汉口文化界的代表之一，同时又代表生活书店和全民抗战社，把该刊读者以及后方民众的热望带去，再把前方战士的兴奋与需求带回。邹韬奋一行所带的慰劳

---

[1] 邹韬奋:《韬奋全集》第8卷，上海：上海人民出版社，1995年版，第232—234页。

1938年9月中旬，邹韬奋与沈钧儒等赴前线慰问抗日战士。（自左至右：王炳南、邹韬奋、薛岳、沈钧儒等）

品有金鸡纳霜、药特灵、红药水、毛巾、纱布、药棉，文化食粮有《世界知识》、《全民抗战》等杂志以及当天武汉出版的四大日报。

邹韬奋等要经过长沙和南昌。车到岳阳，停车较久。他们遇到几个伤兵，无人救助，虽有两位偶然经过的军人服务部的人员在替他们想办法，但因缺少人手和器材而一筹莫展。邹韬奋等不忍心看到为国奋斗的战士们如此受苦，便捐钱雇人力车送他们前往附近的伤兵医院。两位军人服务部的人员告诉邹韬奋等，她们在后方医院忙得不可开交，深深感觉到救护伤兵的工作实在做得太不够。又说前一天也在同一地点，三四百伤兵运到，无人照料，饥饿难忍，有个伤兵向售卖番薯的乡民要了一块，但因身无分文而付不出钱，因此双方争吵打起架来。之前，民众运动未得到充分开展，伤兵救护困难等许多不容乐观的问题，邹韬奋都是从大量的读者来信中看到的，而今都亲眼目睹亲耳所闻了。这不能不使邹韬奋更加忧心忡忡，他不禁要问"为什么在岳阳这样一个大城镇，对于救护伤兵——稍有组织的民众工作中的一部分——竟致这样没有办法？这种现象应能唤起负责动员民众者的深切的反省"。[1]

邹韬奋一行到德安前线慰问了抗日将士，到南昌、长沙了解了民众运动情况，访问了第九战区第一兵团司令长官薛岳和前线指挥官俞济时等，对抗日战争正面战场的情形有了切身的感受。29日，劳军归来，邹韬奋将所见所闻所感写出，分5次发表于《全民抗战》三日刊上。他热情歌颂"至忠极勇的前线战士"，描述了我军在赣北极端恶劣的环境下（淫雨纷飞，疟疾肆虐），在极端缺少民众支持的情况下，含辛茹苦，忍受伤亡，为国死战的情景。他大声疾呼后方民众要竭尽力量减少前线将士所遭受的不必要的痛苦。前线所需要的输送队、救护队和掩埋队均感缺乏，形势岌岌可危。究其原因，主要的是因为民众运动并未真正开展起来，没有强有力的组织所致。他列举事例，认为"民气不是没有，但是我们需要珍视民气而不畏惧民气，我们需要使民气焕发兴奋，运用到积极的工作方面去，而不要存消极的态度"。[2]邹韬奋的这种论断可谓是一针见血，国民党顽固派实实在在是畏惧民气。

由于武汉战局紧张，从10月15日第30号起，《全民抗战》改为五日刊。25日，在汉口出至第32号，从下一号起迁至重庆继续出版。同日，汉口沦陷于敌手。27日，武汉三镇全部失陷。

---

[1] 邹韬奋：《韬奋全集》第8卷，上海：上海人民出版社，1995年版，第243—244页。
[2] 同[1]，第276页。

汉口沦陷前,为了不误《全民抗战》五日刊在重庆出版的时间,邹韬奋和柳湜随身带着大量稿件和读者来信乘飞机赴重庆。当时,他们担心在机场受到检查,可是遇到的两个国民党宪兵恰是《全民抗战》的热心读者,不但免去检查,还主动表示:"永远跟你韬奋先生走。"平安地上了飞机后,邹韬奋对柳湜说:"我们的辛苦不白费,到处有我们的人。""中国革命一定胜利,只要看这一代青年的心就可保证。"[1]

---

[1] 柳湜:《我们这一代需要的精神》,《解放日报》1944年11月22日。

十二　山城雾锁　壮志难酬（上）

1938年10月下旬，邹韬奋从汉口转移阵地到重庆。从此，他开始了在国民党统治区最后两年多的艰难的抗战生活。他一方面含辛茹苦继续开展抗战文化事业，一方面在国民参政会内外勉力反击国民党政治逆流。

10月30日，《全民抗战》五日刊在重庆按时出版，实现了从汉口到重庆的顺利对接，一天时间也没有耽搁。

武汉、广州的失陷，标志着抗日战争进入相持阶段。然而，当时的人们并不都知道这点。武汉保卫战，英勇惨烈，消耗了敌人，虽不支而退，情有可原；广州疏忽守备，未经大战，先敌弃城，罪责难逃。这两个重要城市同时失陷，给日在苦战中的国人以极大的震惊。如何正确

邹韬奋和夫人沈粹缜及长子嘉骅在重庆学田湾寓所前

分析形势，鼓励国人的抗战信心，是每一个爱国的文化工作者义不容辞的责任。

邹韬奋是好样的，刚到重庆，即运如椽之笔，在重庆出版的第一份《全民抗战》五日刊上，发表《广州武汉失陷以后怎样？》，指出：

> 第一，我们的抗战既是民族生死存亡之争，既是因为不愿做奴隶而拼命；无论如何艰苦，除到了民族可以独立解放，同胞不至被敌人逼迫屈膝做奴隶的时候，我们除了继续坚持抗战之外，没有第二条生路可走。所以我们可以确信的是广州武汉失陷以后，我们还是要坚持抗战，绝对没有丝毫迟疑的余地。
>
> 第二，我们抗战胜利的基本条件是全国精诚团结，一致在坚决领导全国抗战的国民政府和最高领袖领导之下，百折不回地努力奋斗。中国能以整个民族的力量对暴敌日本帝国主义作殊死战，必能转败为胜，转危为安；中国的整个力量如被分化，那就必然要堕入深渊，永劫不复。我们彻底认清了这一点，尤其是在这样危急重要关头，我们要彻底认清这一点，那么我们希望在广州武汉失陷以后，各党派更能精诚团结，极力避免国内的任何摩擦，大家更能聚精会神的立在一条战线上，对付唯一的共同敌人日本帝国主义的残酷侵略。同时我们深信无论敌人和他的走狗们怎样挑拨离间，我们对于坚决领导全国抗战的国民政府和最高领袖，还是要始终竭诚拥护，患难与共的。
>
> 第三，半殖民地的民族解放战争的胜利，不能仅靠单纯的军事，同时必须注重政治的彻底改善与全国人力物力的彻底动员，真能实现"全面抗战"和"全民抗战"。十五个月抗战以来，

军事方面在事实上表现着越打越强的进步（当然有极少数的例外，但不能因此抹煞整个的趋势），但政治的改善与民众的动员还是远赶不上军事的需要。而且因为军事上的迫切需要，而更暴露了政治与民运方面的许多缺憾。……我们希望国民参政会在这方面有更大的努力，也希望政府和全国同胞在这方面有更大的努力。[1]

无论形势多么险恶，中国都要坚持抗战，以抗战求生存，此外别无他路；只要全国精诚团结，用整个民族的力量去抗敌，不为敌人所诱惑所分化，必能转败为胜；检讨过去十五个月的抗战，最为深刻的教训在于，必须将军事的彻底动员与政治的彻底改善和民众的彻底动员紧密结合在一起，才能取得民族解放战争的胜利，单纯的军事行动解决不了问题，中国虽然蒙受了巨大牺牲，但亡羊补牢，犹未为晚。邹韬奋的这些明确而坚定的言论为苦闷中的中国人拨开了迷雾，廓清了征程；又为国民党军政当局指出了重大责任之所在，必须好自为之。他不满意于国民党的片面抗战路线，但又必须竭诚拥护"领导全国抗战的国民政府和最高领袖"，这是他自觉维护统一战线内部之团结的重要表现。

在随后的11月10日，邹韬奋发表《以更大努力承接新局势》，再次鼓励人们"抗战必胜建国必成的信念"，诚恳告诫国人："今后所要共同努力的不再是有无信念的问题，而是要以切实的行动与功效来响应最高领袖的指示与国民参政会的决议，要以迅速果决迎头赶上的精神，从军事、政治、经济、文化各方面，下猛进突击的工夫，共同督促、共同勉励，以更大的努力，承接这重要关

---

[1] 邹韬奋：《韬奋全集》第8卷，上海：上海人民出版社，1995年版，第277—279页。

键的新局势。"[1]

国民参政会每三个月召开一次大会。邹韬奋从武汉转移到重庆，即参加10月28日至11月6日召开的国民参政会第二次大会。死马当作活马医。他还没有放弃要把本来不是民意机关的国民参政会改变成民意机关的努力。

在参政会上，邹韬奋恪尽职守，积极参政议政，提出《请撤销图书杂志原稿审查办法以充分反映舆论及保障出版自由案》，并竭尽全力使其获得通过。

按规定每一个提案只需20人联署就能成立，邹韬奋费了几天的工夫奔走接洽，居然得到包括"陪客"在内的74人的联署，着实兴奋了一番。但是该案在审查会及大会中都引起非常激烈的辩论。在审查会上，邹韬奋费了很大力气进行说明、争论，结果"撤销"被改为"改善"，等于推翻了整个提案。于是，他不得不在大会上再作最后的努力。

但在大会辩论时，"陪客"刘百闵说图书杂志原稿审查办法是王云五向政府请求的（刘当时在国民党中央党部主持审查事宜）。邹韬奋不信，立刻打电报到香港询问王云五（他也是"来宾"，这次未到会）。

在大会的最后关头的几分钟，邹韬奋接到王的复电。复电内容如下："国民参政会秘书处即转邹韬奋先生：渝冬电敬悉。图书杂志原稿审查，弟去年绝未向政府请求举办。反之，力子先生初掌中宣部时，曾以应否恢复审查见商，弟详举窒碍情形，力劝不可，兹当交通梗滞之时，如欲审查原稿，更无异禁止一切新刊物，或使新刊物绝迹于内地，窒碍尤多，务望先生等坚持撤销。幸甚！

---

[1] 邹韬奋:《韬奋全集》第8卷，上海：上海人民出版社，1995年版，第285—286页。

王云五江。"

邹韬奋得此电报，拍案叫绝，当即在大会上宣读，并得到罗隆基等人的热烈响应，竟恢复"撤销"字样，得到大多数的通过（75票对55票），震动了全会场。[1]

开会期间，邹韬奋既作为参政员议政，又因为职业的需要，以记者的身份，大量报道会议情况。他以《关于参政会第二届大会》为题，分3次报道了众多参政员的"参政"情况，爱国热情充沛其间。他以《参政会第二届大会的检讨》和《参政会第二届大会的特点》为题对会议加以总结。

邹韬奋在报道和宣传当中，加进了自己的思考。他希望民众也把国民参政会当民意机关看待，对它做更严格的督促与更认真的推动。他认为"无论在建议方面，或在询问方面，在参政会的规章上虽没有接受民众意见的明文规定，但也没有禁止接受民众意见的明文规定，所以民众果有切实的意见，只须有提出的价值，尽可通过参政会而引起政府的特别注意。诚然，国民参政会还不能像外国的正式国会那样，有弹劾权，但是如果真有可以整顿政治的意见，通过询问权和建议权的作用，多少也可以得到类似的功效"。[2] 这种合理的解释恰好反映了他要将国民参政会改变为民意机关的真实意图。

邹韬奋在参政会内外与周恩来等共产党人来往密切，自觉执行党在国统区的文化政策。

周恩来十分赞赏邹韬奋高超的斗争艺术，称他为"很好的鼓动家"。邹韬奋常去曾家岩八路军办事处拜访周恩来，向他请教政

---

[1] 邹韬奋：《韬奋全集》第10卷，上海：上海人民出版社，1995年版，第220－221页。
[2] 邹韬奋：《韬奋全集》第8卷，上海：上海人民出版社，1995年版，第300页。

治问题，并接受共产党中央对国统区文化工作的指示。有时周恩来通过邓颖超约见邹韬奋和沈粹缜。有一次邹韬奋又向周恩来提出了加入中国共产党的请求，周恩来仍然要他以党外民主人士的身份在国统区工作，并说："目前党还是需要你这样做。"当时生活书店总管理处每月举行一次茶话会，邹韬奋常常约请周恩来到会，介绍政治军事形势，并亲自伴送周恩来离开会场。[1]

11月，李公朴夫妇去延安。毛泽东同时接见了他们俩以及生活书店西安分店的杜绝（杜国均），对国统区文化工作提出了建议，说"今后文化教育出版事业要考虑广大沦陷区的工作，应该在华北、华中、华南分设据点，以适应敌后各个抗日根据地的需要"。[2]

为此，邹韬奋曾与林伯渠商量了准备在陕甘宁边区和敌后各解放区逐步设立生活书店分店问题。[3]

12月，胡愈之为了与沈钧儒等商讨开展桂林文化工作问题，同时也应邹韬奋邀约商讨生活书店工作，到了重庆。生活书店总管理处随《全民抗战》五日刊迁移重庆后，处境十分险恶，在国民党的压迫下业务活动很难开展，胡愈之和邹韬奋等商讨生活书店今后工作的方针，决定大力发展分店，把抗日文化种子撒到全国各地。各地分店既与总店相联系，又独立经营和发展，这样既可以扩大生活书店的业务和影响，也可避免国民党一下就把生活书店扼杀。在经营方针上，胡愈之提出了"促进大众文化，供应抗战需要，发展服务精神"的原则。他们还调整健全了生活书店

---

[1] 刘景华：《周总理与邹韬奋的友谊》，《光明日报》1979年7月24日。

[2] 庶民：《从冬天战斗到春天》，《生活·读书·新知三联书店成立三十周年纪念册》。

[3] 1939年1月，生活书店在延安设立安生书店，后根据毛泽东指示在敌后解放区逐步设立了华北书店与大众书店。

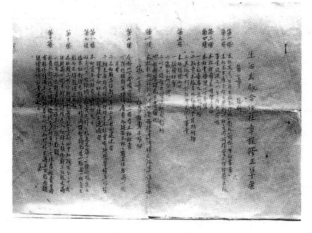

生活书店店牌和生活出版合作社章程

总管理处的机构，设立编审委员会，由胡愈之担任主席，这是他第一次公开在生活书店任职。[1]

在胡愈之的直接帮助下，生活书店总管理处由原来的五个部调整为四个部，即总务部、生产部、营业部和服务部。总务、营业两部是原有的机构；原来的编辑部发展成编审委员会，直属总

---

[1] 胡愈之：《我的回忆》，南京：江苏人民出版社，1990年版，第53页。

经理；生产、服务两部是新组合的。生产部包括编校科、图版科、印刷科及材料科。服务部是对社会完全尽义务的一个部门，以区别于一般的营业部门。服务部特别注意两件事：第一件是战地的文化服务（包括沦陷区域），还有一件事是代办的事情，如代办书报、代办印刷、代办发行等等。这一部门还包括拟议中的流通图书室及文化问讯处等等。他们要在这一部门中对于广大民众和士兵竭尽更大的力量与更大的贡献。[1]

邹韬奋后来在作"同人介绍"时，亲切地称呼胡愈之为"我们的胡主席"，盛赞"胡主席是本店的最有功勋的一位同事"。"他对本店的重大贡献不仅是编审，在实际上是包括了我们的整个事业。"[2]

根据党中央对国统区文化工作的指示，邹韬奋自觉地调整了文化工作的对象，充分考虑到敌后抗日根据地的文化需要。

12月24日，邹韬奋在《店务通讯》第33号上发表《适应大时代的文化工作》，指出："愿以全力推进抗战文化而奋斗！"这是生活书店全体同仁的志愿。文章检讨了过去的做法，说明了努力的方向，认为"已往所做的工作只能部分地配合大时代的需要，绝对不能使我们满意的，我们必须更积极地作进一步的努力，更充分地供应抗战的需要，更充分地满足社会对于生活书店的期望"。

12月30日，邹韬奋在《游击区域的文化工作》编者附言中说："从今以后，全国文化工作的对象，不仅顾到后方，同时还要顾到各游击区域和前线，这是当前战争对于文化的要求，这一认识已被不少的人所接受。今后后方如何充分有效的帮助前方，有计划

---

[1] 邹韬奋：《韬奋全集》第9卷，上海：上海人民出版社，1995年版，第12页。
[2] 同[1]，第253—254页。

的动员文化工作者，深入敌后和前线，动员一切文化资料，供给前方，继续不断的训练各种干部，作前方的补充，以及与各游击区、战区取得经常的联系，都已成为共同的认识。"[1]

1938年秋开始的店务整顿，到1939年2月24日在渝的社员大会召开结束。这次会议通过了修改后的《生活出版合作社章程》，选举邹韬奋、胡愈之、金仲华、沈钧儒、杜重远、张仲实、徐伯昕、王志莘等为第五届理事会理事，解决了甚为复杂的人事问题，理顺了各种关系，生活书店的办店方向、办店方针更加明确。

这次整顿是在中国共产党人的直接帮助和参与下进行的。邹韬奋与周恩来、胡愈之建立了深厚的无产阶级情谊。邹韬奋英年早殁，在病榻呻吟之际，仍念念不忘周恩来、胡愈之这两位引导他不断走向进步的忠实的共产党朋友。他曾对生活书店骨干人员张锡荣说："我的著作许多地方不成熟，如果能整理出版，请周恩来副主席或胡愈之先生帮我删削修改，因为在我毕生所结交的朋友中，他们两位是我最敬佩的。"[2]

从卢沟桥事变到攻占武汉、广州，日本实行大规模的战略进攻，虽占领了中国的大片领土，但自身也付出了惨重的代价。中国没有屈服，正面战场仍在抗战（尽管是消极的），敌后战场严重扰乱了敌人的后方。战区的扩大和战线的拉长，使日军兵力不足应付，财政开支也捉襟见肘，日本人民生活日益贫困，反战情绪不断增长，国际孤立局面无法改变。这一切表明日本"速战速决"的战略已经彻底破产，陷入了不能自拔的泥沼之中。因此，日本侵略

---

[1] 邹韬奋：《韬奋全集》第8卷，上海：上海人民出版社，1995年版，第359页。
[2] 邹嘉骊编：《忆韬奋》，上海：学林出版社，1985年版，第273页。

者于占领武汉、广州后，不得不调整对华政策。他们将以前对重庆国民政府实行军事打击为主、政治诱降为辅（曾一度不以重庆国民政府为谈判对手）的方针，改变为以政治诱降为主、军事进攻为辅的方针；把重视正面战场，轻视敌后战场，改变为集中大量兵力进攻共产党领导的敌后抗日武装，以巩固被其占领的地区。

随着侵华政策的调整，日本大力拉拢汪精卫集团投降。汪精卫是著名的亲日派。抗战开始后，他散布大量"亡国"谬论，暗中与日勾结，主张对日"和平"。1938年12月19日，汪精卫及其狐朋狗友叛逃河内。汪精卫身为国民党副总裁、中央政治委员会主席、国防最高会议副主席、国民参政会议长。如此位高权重的人物，竟然叛国投敌，激起了全国人民的极大愤怒。各地纷纷举行讨汪集会，许多团体、报刊、知名人士、前方将领、海外华侨，纷纷发表谈话、文章、通电，声讨汪精卫集团的叛国罪行，要求予以严惩。

1939年新年伊始，邹韬奋发表的第一篇文章即是《汪精卫的自掘坟墓》。但与众不同，他在谴责的同时，又从辩证法的高度做出了理性的分析，尽量把舆论往好的方向引导，尽量打消由此给国人心理造成的不良影响。他说：汪氏叛国阴谋的完全暴露不但于抗战前途没有坏的影响，而且有好的影响，因为他"对抗战的光明前途既没有信念，以他在党政的地位，时发似是而非的'和平'言论，传播'求降'的毒菌，对于抗战显然是很不利的，现在完全暴露，使一般人都彻底明了他的葫芦里所卖的究竟是什么药，不再受他的欺骗，这是可为抗战庆幸的。"就国民党而言，他认为汪氏背党阴谋的完全暴露，不但于国民党无损，而且于国民党有益，因为"如今毅然排除危害党国通敌求降的不肖分子，正所以整饬纪纲,加强力量,增加全国对于国民党的信仰"。他要求国人坚信:"脱离了大众意志的任何个人,他的本身都是没有力量的。领袖之所以成为领袖,是因为他能反映大众的迫切要求,为大众幸福而努力奋斗,一旦离开了这个立场,无论他原来的地位如何崇高,都是要被国人所唾弃的。""汪氏的叛国背党,只是自掘坟墓,自绝于国人,自己断送其政治生命,自陷于国家民族千秋万世的罪人而已!"[1]

为鼓励国人的抗战信心和决心,邹韬奋又发表《国内外形势好转的加速》,将国内外的有利因素归结为两点:"一方面,中国的'革命列车'总是向前进的,在前进的过程中,虽不免要经过不少的艰苦困难,但总是向着光明的方向,总是向着进步的方向。其中虽有些动摇分子脱离了革命,脱离了民众,使自己陷入黑暗和落伍的境域里面去,遭受历史车轮的无情的淘汰,徒然替自己掘了坟墓,引进坟墓;但是民族解放的斗争仍然是向前迈进,不达胜利不可。在另一方面,中国的光明和进步的前途是配合着世界的光明和进步的前途。世界的大势是反侵略力量和侵略力量的搏斗,在这搏斗中,也经过不少的波折,有人看到侵略力量猖獗横行,妥协外交愈让愈糟,便以为世界上只是侵略者有办法,反侵略者是永无团结起来的可能,好像他们对国内的抗战,遇着顿挫,便以为中国'再战必亡',患着同样的错误,同样的要投到侵略者的怀抱中去!自愿立在侵略者的方面去!这种人应该更仔细看看国内外最近形势好转加速的事实,注意国内外大势的总的动向。"[2]这样对抗战前途充满信心的言论,在艰苦抗战、前途未卜的严重关头,

---

[1] 邹韬奋:《韬奋全集》第9卷,上海:上海人民出版社,1995年版,第3—4页。
[2] 同[1],第6—7页。

弥足珍贵，使人们看过后怎么也悲观不起来。

国民党汪精卫集团叛国投敌了，既自绝于人民，也自绝于国民党（被永远开除国民党党籍）。国民党蒋介石集团及重庆国民政府仍然留在抗日的阵营里面。战局稳定了，日本侵华政策调整了，着实让国民党当局轻松了许多。蒋介石在多次谈话中说，从卢沟桥事变到岳阳失陷为抗战第一期，此后为第二期，即"转守为攻转败为胜的时期"。

1939年1月，国民党召开五届五中全会，中心议题即为"确立后期抗战方略"。蒋介石在开会词中强调：内外情势对抗战"日趋有利"，"国家危险已经过去"，"前途非常乐观"，"敌国目前已经失败"，"确信战局必然是一天天顺利"。全会宣言提出"加强团结"、"积极奋斗"和"努力建设"三项努力目标。虽然还表现出一定的抗战热情，但与前期相比已有所降温。会议把抗战形势估计得过于乐观，三项努力目标之实质就在于假"抗战"之名，以加强国民党自身，强化一党专政机构及其对前方、后方和敌后的控制。会议设立"防共委员会"，确定了防共反共的方针。因而，史学界普遍认为国民党五届五中全会是其走向消极抗日、积极反共的开端。

随后国民党又秘密制定了《限制异党活动办法》和《共党问题处置办法》，严格限制共产党的活动，并制造一系列的反共摩擦事件。这股逆流的形成与日本改变侵华政策密切相关，并贯穿于以后的整个抗战过程之中。

邹韬奋具有丰富的新闻工作经验，对于时局的变化有着敏锐的观察。他是一位伟大的爱国者，长期以来宣传什么与不宣传什么没有别的任何标准，而是看其是否有利于祖国和人民。在抗日战争的特殊环境里，他一切以是否有利于抗战为转移。因而，面对甚为复杂的政治问题，他切实把握时代的主旋律，抓住主要矛盾，凡是有利于抗战的人和事、言和行，都予以大力宣传。他发表《全国感奋的蒋委员长演词》和《五全闭会以后如何》两篇文章把国民党五届五中全会有利于抗日的方面予以宣传，树立起政府抗日的形象，这对于安定人心、影响国际视听都有好处，并且对于阻止顽固分子破坏团结抗战的活动也能起到钟馗打鬼的作用。

1939年2月12日至21日，国民参政会第三次大会在重庆召开。邹韬奋仍然以积极的态度出席会议，宣传报道会议。

邹韬奋在会议上提出《请撤销增加书籍印刷品寄费以便普及教育增加抗战力量案》和《动员全国知识分子扫除文盲普及民族意识以利抗战建国案》，并努力使之获得通过。

对这次参政会的宣传报道，邹韬奋更加重视"民主"的成分。他明确指出："具有'民主'意义的'参政'绝不是几个个人的事情，而是全国国民所应共同参加的事情。所以我们首先要唤起全国国民对于国民参政会的注意，对于国民参政会的严厉的敦促，同时予以充分的帮助。"[1]这种见解与他在第二次参政会时对参政会规章所做的合乎"民意"的解释相比观点更加鲜明了。

第一、二次国民参政会通过了很多切合时需的提案，总结经验教训，邹韬奋认为"有一点值得我们注意的，就是在实际上'遵行'到什么程度，得到了什么结果，都有切实检查的必要"。[2]根据国民参政会组织条例所规定，该会决议案"经国防最高会议通

---

[1] 邹韬奋:《韬奋全集》第9卷，上海：上海人民出版社，1995年版，第29页。

[2] 同[1]，第33页。

过后，依其性质交主管机关制定法律或颁布命令行之"。他列举了许多决议案由国民参政会到国防最高会议再到各机关公文旅行的程式，字里行间流露出对决而不行的不满。

关于第二期抗战，邹韬奋和一些参政员商议，认为"充分的相持与有效的反攻，不是可以坐待的，还有待于我们的加紧努力"。依据当时的实际情形，他们提出了几个要特别注意的实际问题：第一是沦陷区问题，必须要由种种计划和措施，以打破日本"以华制华"的阴险企图；第二是兵役的改善问题，这件事不只是军事问题，还连带包括政治、经济、文化水准等问题；第三是后方的治安问题，此问题的解决要与下层政治机构与人民最低限度的生活相联系；第四是加强动员民众问题，抗战以来，动员民众还不够充分，还不能使人人都有参加抗战工作的充分机会，却是无可争辩的事实，"固为加强抗战力量计，对于加强动员民众，仍有慎重考虑与加紧实行的必要"。[1]

蒋介石在第三次国民参政会闭幕词中，对"民主政治"问题，大唱了一通高调。他说"一国的人民如果不能关切他们自身的幸福，管理他们自己共同的事务，就是说，如果人民不能积极参加政治的话，他们就不能造成强固的国家"，"要得到抗战胜利，建国成功，绝不能专赖兵力，必须动员民众的精神，组织民众已发动的精神，以全国的精神一致力量的总和，来做前方的后盾，来做后方开发的原动力，所以充实军力以外，必得动员民力，更必集合民意"。"在这一个抗战艰苦的时期，造成真正的民主政治的规模。"

邹韬奋引用了蒋介石的上述讲话，并以之为武器，批评道："有些人误会了民主政治的真义，一听到民主政治这个名词，往往以

---

[1] 邹韬奋：《韬奋全集》第9卷，上海：上海人民出版社，1995年版，第35—37页。

为这是与政府对立的,甚至认为是反政府的主张;这些怀着鬼胎的人们尤其反对在抗战期间提到民主政治,不知道正是因为要广大动员民众来参加抗战工作,所以更需要民主政治。"这是典型的以其人之道还治其人之身的做法。怎样建立民主政治的基础?邹韬奋就研究所得,提出了两点:一是更广大动员民众,二是更切实整饬吏治。[1]

3月,国民党开展了一场国民精神总动员运动。

该运动的目标有三:一是"国家至上民族至上",二是"军事第一胜利第一",三是"意志集中力量集中"。宣传救国之道德即"忠孝仁爱信义和平",共同之信仰是"完成建设三民主义的国家",卫护国家的先决条件为"军令政令之绝对统一"。因此,"分歧错杂之思想必须纠正",不准"违反"三民主义,不准"破坏军政军令及行政系统之统一",不准有"利用抗战形势以达成国家民族利益以外之任何企图",否则"一体绳纠,共同摈绝"。

国民党发动的精神总动员运动具有两面性:一方面是抗日的,有利于振奋民族精神;另一方面,为维护国民党独裁统治服务,是反共反人民的。中共中央发表文告,对其有利于抗日的一面予以支持,对其反动的错误的一面进行批评,并做出有利于人民和各参政党派的合乎逻辑的解释。

共产党认为,国家和民族,是全体中国人,尤其是占百分之九十的绝大多数劳动人民的国家和民族,只有在这个认识的基础上,"国家至上民族至上"才是根本正确的。"企图以个人或少数人的私利,来代替和掩盖全国家全民族的最高利益,认为个人或少数人的私利,就等于全国家全民族的利益",是根本错误的。"军

---

[1] 邹韬奋:《韬奋全集》第9卷,上海:上海人民出版社,1995年版,第42—43页。

事第一胜利第一"，只能是动员一切力量，打到鸭绿江边，收复一切失地，争取抗战的最后胜利。"意志集中力量集中"，唯有巩固与扩大抗日民族统一战线，才能达到这个目的。而集中最大力量的办法，只能用民主方式。关于民族道德，只有忠于大多数与孝于大多数，才是真正的忠孝，有益于大多数人的思想行为才能谓之仁。[1]

邹韬奋先后发表《精神动员的正确认识》[2]、《如何贯彻精神总动员的实施》[3]、《国民精神总动员的正确认识与迫切需要》[4]阐述自己的观点，尽量把该运动引向正确的轨道。

如何看待国民精神总动员运动？

邹韬奋认为：一、"精神与物质是相辅而行的，精神动员并不妨碍物质动员，更不含有轻视物质不要物质的意义，而且是更要能够运用物质以达到抗战建国的目的。"

二、我们的国家民族观与法西斯的国家民族观根本不同。所谓"国家至上民族至上"就是孙中山遗教中的"先要恢复民族主义和民族地位"，"要提倡民族主义，自己联合起来"；但不要忘记孙中山一再指示的"要济弱扶倾"，联合弱小民族，"共同用公理去打破强权！""如果误解'国家至上''民族至上'的真义，便是中山先生的罪人！"因而，"我们的欲血抗战，一方面固为争取我们民族国家的独立自由，同时也是保持世界的正义，这两方面是并不冲突的"。

三、"我们不要忘却国民精神总动员的唯一目标是为着抗战建

---

[1]《中央关于开展国民精神总动员运动告全党同志书》，《六大以来》第 1019 页。
[2] 邹韬奋：《韬奋全集》第 9 卷，上海：上海人民出版社，1995 年版，第 58 — 60 页。
[3] 同 [2]，第 63 — 65 页。
[4] 同 [2]，第 90 — 92 页。

国","凡是有益于抗战建国和打击敌人汉奸的事情，我们都应该努力做去；凡为有害于抗战建国和有益于敌人汉奸的事情，我们都应该极力避免。例如我们要抗战必胜建国必成，最基本的条件是全国团结，一致对外，凡是可以巩固全国团结一致对外的工作，我们都应该尽最大的努力；凡是足以引起内部摩擦和纠纷的勾当，我们都应该绝端反对。又例如，我们要加速抗战必胜建国必成的结果，最基本的另一条件是充分动员全国民众参加抗战建国工作，凡是可以加强民众动员的策略，我们也都应该尽最大的努力；凡是足以妨碍民众动员的行为，我们也都应该绝端反对"。

四、我们的国民精神总动员与敌人的国民精神总动员有本质的区别："我们敌人的国民精神总动员，是为着日本军阀财阀少数人的利益，我们的国民精神总动员是为着整个民族的利益；我们敌人的精神总动员是在压制人民大众的反战情绪，由此走上军事独裁压迫民众的道路，我们的国民精神总动员是在发挥全民保卫祖国的力量，由此更向民主政治和衷共济的道路；我们敌人的国民精神总动员是在思想上行动上开倒车，因为它的目的是在侵略，是在压迫大众，我们的国民精神总动员是在思想上行动上求进步，因为它的目的是在反抗侵略，是在鼓励大众起来。"

如何实施国民精神总动员？

《国民精神总动员纲领》提出了三点：一是精神总动员之实施必求其表里贯彻；二是精神总动员之效果必求其持久不渝；三是民族精神之树立必求确实不拔贞固不移。

邹韬奋认为："切实有效的实施办法，实有决定的意义，需要慎重精密的研究。"他特提出两点补充意见：

一、"在政府和领袖的领导之下，尽量鼓励民众自发的组织与积极性的参加。"《纲领》对于各级组织已有明确的规定,邹韬奋认为这还不够,"觉得党政指导机关的组织固属重要,而民众组织的建立与参加也值得严重的注意。"《纲领》"对于民众方面固然已有相当的注意,但是还偏于上层领导人,而且是全由聘请,对于民众下层的组织(例如十人团之类的组织),对于民众组织的民主化(例如选出负责人,在政府领导之下参加工作之类),使下层民众有自发的广大的组织,对于工作的具体内容有充分发表意见及共同讨论的机会,不仅是奉命令,作公事上的敷衍。"在工作的进行与成绩的考核方面,"在规定的原则之内,可尽量让民众有充分的自由,发展他们的创造性,增加他们的热烈情绪,处处表现其自动的精神"。

二、"有了广大的民众组织,更须运用组织努力于种种有关抗战建国的实际工作,在实际工作中表现精神,在实际工作中提高精神,同时因精神的表现与提高,促进工作的迈进与效率的增加。""国家民族的基本力量,无疑地是建立于最大多人民之上。""提高大多数人民的物质力量与知识力量,也就是提高整个国家的物质与智慧。但是这种伟大的工作,绝不是少数人所能担负得起的,必须在政府与领袖领导之下,运用广大的民众组织,分工合作,在这种为最大多数同胞努力的工作中,表现精神的动员,考核精神动员的结果。"

邹韬奋强调民众的参与和实际效果,要将这场运动开展成为最为广泛的民众动员运动,并且切实有利于抗战建国。显然,他的宣传与解释与中国共产党的态度较为相似,与国民党强化独裁统治的真实用意则大相径庭。

邹韬奋在国统区主办有最大规模的进步的文化出版事业,为丰富中国人民的精神食粮全力以赴，为抗战建国工作献计献策，理应受到政府的嘉奖。然而，随着国民党在政治上的日趋反动，邹韬奋所主办的文化出版事业受到了极为严厉的"原稿审查"和极其野蛮的封店捕人的双重打击。

在"原稿审查"方面，邹韬奋吃尽了苦头。

1938年7月由国民党当局公布的《图书杂志原稿审查办法》，虽经包括邹韬奋在内的文化界人士和包括生活书店在内的文化机关的强烈反对，并由国民参政会议决"撤销"。但是，国民党当局依然我行我素，顽固施行《原稿审查办法》。

邹韬奋认为，重庆市图书杂志审查会最初阶段的工作还保持着相当合理的态度，尤其是当时在中央党部主持这件事的刘百闵，"有着相当公正的态度"。虽然邹韬奋根本反对"原稿审查"，但对于刘所主持的"能讲理"的审查会却诚恳地致了"赞美词"。

办刊物要保证不脱期，且能反映在时间上最近的问题或事实，没有什么限定的"办公时间"，必要时要通宵达旦地干。而审查会有固定的办公时间，办公时间过了，即令急得要死的稿子，也得等到第二天审查。

有一次，审查会发回稿子时，有篇文章被认为有几句不妥，全文不许用。时已傍晚，刊物当晚等着排印，要和审查会讲理已来不及，邹韬奋赶紧拿着文章找到刘的家里，由8点等到12点，刘才回来。经解释，刘答应通过，刊物得以当晚付印。虽然刘是一个极力主张"原稿审查"的党棍，但邹韬奋"在精神上却是愉快的，因为我们都是讲理的人，刘先生以讲理的态度对待我们，我们是知道感谢的"。[1]

---

[1] 邹韬奋：《韬奋全集》第10卷，上海：上海人民出版社，1995年版，第223页。

但是，当刘百闵不再主持中央党部的审查工作后，重庆审查会就不讲理了。首先，在星期日只办半天公，致使送审稿积压。后来索性星期日全天不办公，使定期刊物，尤其是周刊发生很大的困难，有时效性的文章难以及时刊出。其次，因躲空袭，"老爷们"把办公处搬到长江南岸的山上去了，于是依审查条例稿子隔日可以审查完毕索回的，要增加一日，而且稿子只许一次送审，不能像以前一样可以分送，时间上又增加了好几天。其三，以前稿子不通过的，除批示理由外，原稿附同发还，后来不通过的稿子不但"应予免登"，而且把原稿一概扣留，这样一来，原稿不在手边，批示对不对，无从查起，要去"讲理"，也讲不清楚，唯有"绝对服从命令"罢了，否则就要扯到"国家至上"的大道理上面，变成该死的"叛徒"。[1] 其四，以前审查会对送审的文章，只在认为不妥的句子旁用红笔画上红条，让送审者自己修改，后来"老爷们"老实不客气地替送审者修改，对文艺和社会科学都做出了令人啼笑皆非的"贡献"。他们把原文用浓墨涂得丝毫看不见，再写上自己的高见，以此作为原作者要负文责的意见。其五，"老爷们"还随意把文章删去几句，使上下文严重脱节，送审者只能唯命是从。[2]

审查"老爷们"为所欲为，是国民党在政治上走向反动的必然反映。邹韬奋对"老爷们"的"德政"加以"进一步的认识"，得出了几点整体认识：首先，审查"老爷们""只是整个政治未改善的情况下的寄生虫，政治未改善，即令一大堆坏蛋混蛋都成了

---

[1] 在南京中国第二历史档案馆存有被扣的一组邹韬奋的文章，第一篇是拟在1939年4月20日《全民抗战》上发表的《五月的最大教训》。五十多年后，这组文章收入《韬奋全集》，才得以重见天日。

[2] 邹韬奋：《韬奋全集》第10卷，上海：上海人民出版社，1995年版，第224—226页。

这是在国民党档案中发现的一组当年被扣留的邹韬奋文章

滚蛋,接着仍不免有另一大堆坏蛋混蛋取而代之,我们所以要注重的是要指出他们所代表的政治上的一种恶劣倾向而无意攻击任何个人"。其次,许多被"删除"、"修改"和"扣留"的内容,"并不是咬文嚼字的枝节问题,而应注意老爷们在此中所反映的政治上的意义,这种政治上的意义是研究如何改善中国政治者所必须加以检讨的"。"审查虽然是局部的事情,当然不能用来概括全部的政治,但是审查老爷们的反映却好像政治上的一个寒暑表,值得我们深切的注意,也是研究中国政治的一种重要的参考材料。"审查"老爷们"一面忌讳"顽固""黑暗",一面惧怕"前进""光明",就连"团结"二字也怕得要命,不管什么地方遇到,一律改为"统一",大的方面且不说,仅就这些文字的改动就可以看出其中蕴涵的政治本意,即要强化国民党一党专制的统治地位。[1]

可以说,国民党当局"原稿审查"办法的施行,暴露出抗战中它在政治上伪装起来的反动性,其结果只能是搬起石头砸了自己的脚,从此永远失去了包括邹韬奋在内的爱国知识分子的人心。

在封店捕人方面,邹韬奋伤透了心。

自抗战爆发以来,生活书店在极艰苦的环境中,扩大工作范围,加强工作效率,所设分店深入战区和敌后游击区。许多英勇忠贞的职员冒着生命的危险,屡次押运大量书籍出入敌人的封锁线;有的职员为抗战文化而遭敌机轰炸,血肉横飞,只留下一枚职员徽章;有些职员因力疾办公,不辞劳瘁,竟以身殉。他们是一群有着爱国激情和艰苦奋斗精神的"文化战士"!

生活书店除陆续出版8种杂志和近千种书籍外,还为一般民众编行《战时读本》及《大众读物》。前者深入浅出,向一般民众灌输抗战建国知识,印数达百万册;后者为宣传抗战的通俗小册子,印数共达三百多万册。这两本宣传抗战国策及建国伟业的通俗书籍,共计印数在五百万册以上。这对于一个资力薄弱,全靠营业以维持自身生存的文化出版机关,已是难能可贵了。

在战时印刷、纸张和运输极艰难的情况下,生活书店又号召广大读者捐款,特为前线将士编行《全民抗战》战地版,得到各战区将士的热烈欢迎。战地版1939年3月5日出版,之后共出33期。

---

[1] 邹韬奋:《韬奋全集》第10卷,上海:上海人民出版社,1995年版,第244—246页。

生活书店对于其他推动抗战伟业的事情也积极参与，不甘后人。生活书店在重庆第一家响应政府关于义卖的号召，在结束的时候，请国民党当局派代表到场监视义卖所得的结算，全数贡献国家。生活书店积极响应国民党党政机关征集50万封慰劳信的运动，竟以一个小小的文化出版机关，在一二个月内征得十三万余封！

但是，就是这样一个抗战的、进步的文化出版机构，在抗日救国大业迫切需要的时候，竟被国民党当局摧残殆尽。

生活书店遭摧残的第一个时期是从1939年3月至1940年6月，在这一年零三个月的时间里，生活书店经过艰苦经营所建立起来的布满各地的56个分支店，除其中5处系因战局关系而撤退者外，其余遭摧残而毁灭者达44处之多，到1940年6月，仅剩7个分店（国内5个，香港、新加坡各1个）。

1939年3月8日，浙江天目山临时营业处被无故迫令停业，随后被封闭，职员被押送出境，公私财货均被封存。这是生活书店遭摧残的开始。4月21日，西安分店遭搜查，取走合法书刊1860册，经理周名寰被拘，停止营业，随后全体人员被逐，所有账册、现款、货财、房屋押金乃至一切用具，皆被席卷而去。生活书店自此进入最为艰危的时期。以后几十家分店的毁灭，情形大致与此相同。

好端端的书店何以罹此大难？邹韬奋和同事们最初也莫名其妙，后来经过了解才知道大致的原委。

摧残者方面的借口不外乎以下几点：一说该店售卖违禁书刊。二说该店以那样少的资本（1935年12月28日向实业部商号注册资本15万元）而能办这样大规模的事业，必定接受了共产党的津贴。三说该店在管理上采用了民主集中制，含有"政治作用"，认为该店同人自治会的分组（分有卫生、娱乐及自我教育等组，自我教育组并设立读书会，鼓励同人业余看书，并作集体讨论），是"政治活动"的证明。此外各分店每两周举行店务会议，讨论营业问题，也被视为含有"政治活动"的嫌疑。四说该店同事中有人的书信被检查，发现有与延安通消息的嫌疑。[1]

对上述四点，邹韬奋逐点予以驳斥，使其无一能够成立。罪名虽属莫须有，但国民党当局大权在握，生杀予夺，全由使之，生活书店在劫难逃。

邹韬奋"为着申雪本店的冤抑，为着要保全这十五年来无数作家与全体同人所惨淡经营，费了无量血汗所造成的文化机关，奔走呼吁，尽忠竭智，不敢有片刻松懈"。[2]

生活书店被摧残初期，邹韬奋尚以为是地方党部的胡闹，因此每次都把无故被摧残的事实，亲往中宣部面告部长叶楚伧和副部长潘公展，请求他们主持公道，予以帮助，并表明本店所坚守的"服从法令，接受纠正"的原则。叶潘两人均说这是地方党部的行为，他们不知道，要等到有关的地方党部查明具报，才能决定办法。听过这些冠冕堂皇的回答，邹韬奋和同事们只得静候"查明具报"。但是，"查明具报"均音信杳然，而各地封店捕人的消息却纷至沓来。

从1939年3月到6月，短短3个月，被封闭或被勒令停业的分店已达11处之多。到这个时候，邹韬奋等才深切地感到为中宣部负责人所推脱的"地方党部的行为"，实际上是国民党已经内定的摧残整个进步文化事业政策的外在表现，是从上而下发动的，

---

[1] 邹韬奋：《韬奋全集》第10卷，上海：上海人民出版社，1995年版，第334—336页。
[2] 邹韬奋：《韬奋全集》第9卷，上海：上海人民出版社，1995年版，第151页。

并不是什么地方事件。同时，邹韬奋等又得到从中央党部传出的消息，说中央党部已决定先封闭生活书店各分店，然后进而再封闭重庆总店。

于是，邹韬奋不再请求不再企盼国民党中央党部"命令有关的地方党部查明具报"，根据"服从法令，接受纠正"的原则，向中央宣传部作整个原则的交涉。7月4日，邹韬奋和徐伯昕往访潘公展副部长。他们对中宣部的请求是加强原则上的领导，而叶、潘（叶、潘事先商量好了）表示党部对于原则上的领导还不能放心，要生活书店和官方的正中书局及独立出版社联合，在三机关上组织一个总管理处，或成立一个董事会，主持一切，并可增加经费，仍由邹韬奋主持。这样一则可使党部放心，二则可由竞争而增加效率，三则可免各地方当局对该店的为难，得到依法保障的保证等等利益。邹韬奋认为这是等于合并，有损"生活精神"，并举出种种不合理不妥当的地方，毅然拒绝。

邹韬奋和徐伯昕回来后，根据所谈，很快准备了一个较详细的呈文，10日送达中宣部。呈文拒绝合并，并在编辑、职员修养、不售禁书三个方面提出了具体的纠正办法。但是，批示永不见来，而所余的分店仍继续不断地被摧残着。每隔几日即有一个分店"报丧"的电报呈现到邹韬奋的面前，尤其使他哀痛欲绝的是艰苦奋斗忠贞于抗战建国文化事业的青年干部一个一个被拘。他曾经愤然对中宣部负责人提出抗议，说他负生活书店总责，如有犯罪证据，甘愿受捕，决不卸责，不必摧残许多无辜青年，但这种抗议没有发生丝毫的效率。

在这次大办交涉中，邹韬奋还发现了国民党当局摧残生活书店的一个深层原因：生活书店发展迅猛，给官方的出版机构以极大的竞争压力，对此"党老爷们"眼红了，遂无耻地运用政治的力量来压服直至毁灭生活书店。为了拯救生活书店，邹韬奋也曾往访陈布雷。因私交甚厚，陈布雷的话说得很直率。他说："韬奋兄！党里有些同志认为你们所办的文化事业的发展，妨碍了他们所办的文化事业的发展。"原来如此！邹韬奋"受到很深的感触"，沉痛地说：事业发展有其本身积极努力的因素，应该在工作努力上比赛，不应凭借政治力量给予对方以压迫和摧残，这样的作风，在实际上绝对不能促进"党里有些同志""所办的文化事业"。[1]

在生活书店遭摧残的第一个时期里，国民党中统特务头子徐恩曾与邹韬奋有过几次晤谈。他们是南洋公学从中学到大学的同班同学，所以谈话时都没有什么拘束。

徐恩曾仇视共产党，有一次与邹韬奋晤谈时破口大骂共产党。邹韬奋所关心的是国民党摧残进步文化事业的不合理，顺便问他："依你所得的材料，我究竟是不是共产党？"他微笑着说："我'跟'了你七八年之久，未能证明你是共产党。"邹韬奋说："既然如此，你何必对我说了许多关于共产党的话？"他直率地说："到了现在的时候，不做国民党就是共产党，其间没有中立的余地，无所谓民众的立场！你们这班文化人不加入国民党就是替共产党工作！"他重提要生活书店与官方的正中书局等合并的老调，并希望邹韬奋加入国民党，多多研究三民主义。

邹韬奋坚定地说："三民主义已为全国人民所接受，只须在实际上实行起来，没有不受全国人民所欢迎的，至于我自己，也曾经读过好几遍，你要我再读，我当然'愿安承教'的。不过要我加入国民党，也不妨事前和我商量，现在无缘无故在短时期内把

---

[1] 以上材料出自《韬奋全集》第10卷，第343—346页、第9卷，第167—168页。

几十家书店封闭,把无辜的工作人员拘捕,在这样无理压迫下要我入党,无异叫我屈膝。中国读书人是最讲气节的,这也是民族气节的一个根源,即使我屈膝,你们得到这样一个无人格的党员有何益处?"

徐恩曾听罢,怒形于色,说邹韬奋把加入国民党视为屈膝,是在侮辱国民党。邹韬奋申辩正是尊重国民党,所以希望它能尊重每一个中华民国国民的人格。[1]"老同学"也未能规劝、压服得了邹韬奋,谈话不欢而散。

邹韬奋也曾请求国民党中的一些"贤明"的前辈援助,他们虽然同情,但无能为力,生活书店分店继续不断地被摧残着。

情况越来越糟,风声也越来越大,蒋介石对此也有所耳闻。"党老爷们"恶人先告状,说共产党每月津贴生活书店10万元。邹韬奋得到这个消息后,深切感受到"党老爷"的神通广大,"明知党老爷自己所办的文化事业不易发展,不自反省症结何在,尽对'生活'垂涎三尺,在这样'弱肉强食'的情况下,'生活'是终于不易保全的,但是我们对于这个无数作家及数百干部血汗所凝成,千百万读者的爱护所支持的文化堡垒,仍不得不作最后的挣扎"。

于是,邹韬奋于1940年6月间,以国民参政员的身份给蒋介石写了一封长信,请他主持公道。信的内容注重说明两点:一点是用出版物的统计数字证明售卖违禁刊物的不确,还有一点是举出党部派人到"生活"查账的事实,证明津贴10万元的不确。信中用铁一样的事实,粉碎了"党老爷"的诬陷阴谋。

蒋介石看到信后,把叶楚伧叫过去(当时为中央党部秘书长),大意对他说生活书店在社会上有着它的信誉,不可弄得太厉害,

---

[1] 邹韬奋:《韬奋全集》第10卷,上海:上海人民出版社,1995年版,第349—352页。

以免引起社会的反感。蒋介石如此表态后，从1940年7月至1941年1月，党部方面对于国内所剩的5个分店，暂时停止了封店捕人。

封店捕人虽暂时停止了，但是"不合并即须全部消灭"的"政策"，在实际上并没有丝毫放松过。

1940年7月中旬，中央党部方面派了一位"大员"为非正式的代表到生活书店总管理处来看邹韬奋。他不知道邹韬奋给蒋介石写信的事情，开始时仍然强调非与正中书局等合并不可。否则"蒋委员长"已决定把"生活"全部消灭。

邹韬奋直率地指出，"生活"有它固有的苦干精神和民主纪律，有它的种种优点，如强迫和党办的机关合并，这种精神和优点必保全不住，"生活"也就等于被毁灭。因而对合并之事，始终不敢接受。

这位"大员"见"合并"恐吓未成，即抛出第二个方案，即所谓派党代表监督。他天真地对邹韬奋说："我这次和你商量，与正中等合作的原议可以取消，不过据中央党部的意思，你无论如何，必须接受另一种方法，否则即须全部消灭无疑。"什么另一种方法呢？他接着表示中央党部要派党代表经常驻店监督一切，并再三郑重声明，如这个办法仍不接受，那就非全部消灭不可。

邹韬奋重申只能接受中央党部原则上领导的立场，坚决拒绝党部派代表经常驻店，表示"与其丧失信誉而等于消灭，毋宁保全信誉而遭受封闭"。"大员"的第二个方案也告破产，就连他自己也表示派员监督"确有困难"。[1]

"党老爷"拼命用文化封锁的方式来间接摧残"生活"。他们所试用的"妙法"有以下几种：

---

[1] 邹韬奋：《韬奋全集》第10卷，上海：上海人民出版社，1995年版，第358—360页。

十二 山城雾锁 壮志难酬(上) 373

生活书店总管理处(重庆学田湾)和部分分店

一是查禁已经审查过的书籍。由政府所设立的审查机关,以同一审查标准审查通过的书籍仍遭查禁,审查者不负任何责任,已受审查通过者毫无法律保障可言。"党老爷"随心所欲地下达禁令,各地存书被没收者动辄数千册,被扣留者又是数千册,所受损失不计其数。

二是各地驻邮局的检查员、三民主义青年团、宪兵团等等,随意扣留"生活"的挂号邮包,随意扣留用任何方法运输的生活书店出版的已被审查通过的书刊。这种办法较第一种办法"更进步",因为明令查禁已通过审查的书籍,还可以办交涉,"党老爷"们虽可故意拖延,但总要感到麻烦。邮包被扣,虽可根据事实呈请中央纠正,但他们复一个"等候查明办理",便可一了百了,永远不"查",永远不"明",请查者终究无可如何,彼此"心心相印"罢了。

三是密令各地学校乃至"党老爷"控制得厉害的其他机关,禁止阅看生活书店出版的已被审查通过的书刊。这种"密令"有中央党部发出的,有地方党部发出的,有教育部发出的,各地热心读者往往把这种"密令"抄寄或把原件寄给邹韬奋。有一次教育部"密令"各省教育厅转饬各学校禁止学生阅读《全民抗战》,说该刊是宣传共产主义的刊物。其实,该刊每期都经过中央党部领导下的重庆市图书杂志审查委员会审查通过,既合法又没有宣传什么"共产主义",教育部无异于在打中央党部的嘴巴。

偷偷摸摸地"密"一下还不够,各地宪兵看见有人看《全民抗战》竟公开干涉,说这个刊物看不得。类似的举报也多得很。然而,就是在这种无法无天的情况下,《全民抗战》在内地的周刊中,销数仍居第一位。[1]

在生活书店遭受摧残的苦难日子里,面对"审查老爷"和"党老爷"们的淫威,邹韬奋进行了坚韧不屈的抗争。但他没有愤世妒俗,意气用事,而是苦练内功,加强管理,自强不息。1940年11月生活书店出版的《事业管理与职业修养》(出版前各篇文章均在生活书店内部刊物《店务通讯》上发表过,该书是邹韬奋在抗战期间最重要的著作之一),系统而全面地反映了邹韬奋的事业管理思想。

邹韬奋系统地研究了民主集中制原则,创造性地运用于生活书店的管理当中。

邹韬奋将民主集中制内容概括为四点:一是领导机构,一律由选举产生;二是领导机构须定期对整个组织做工作报告;三是严格的纪律和少数服从多数;四是下级机构和全体人员,务必执行上级机构的决议和上级负责人的指示。他特别强调了民主与集中的辩证统一性,认为"民主绝对不是无政府状态,集中也绝对不是独裁的意义。不民主的集中才是独裁;不集中的民主才是无政府状态;两者都是要不得的。我们所需要的是不折不扣的民主集中,不能把它任意分裂开来"。"所谓少数服从多数,是指任何人都须服从大家所共同规定的原则;是指领导性质机构的会议中少数人须服从多数通过的决议。"[2]

邹韬奋认为:"寻常的管理,往往是指一个人或少数人的管理,多数人是被管理者。如运用民主集中的原则于事业的管理,那么

---

[1] 邹韬奋:《韬奋全集》第10卷,上海:上海人民出版社,1995年版,第361—363页。
[2] 邹韬奋:《韬奋全集》第9卷,上海:上海人民出版社,1995年版,第613—614页。

全体同事都是管理者，那么全体同事都是被管理者，说得简单些，可以说是集体的管理。"[1]

生活书店是一个商号注册的商业机关，其领导机构如理事会、人事委员会及监察委员会，都由选举产生，每年须对全体同人大会做工作报告。邹韬奋要求参加领导机构的同事注意以下几点：一是须以店的整个事业的利益为前提。领导者应当眼界开阔，不限于任何狭小的部分，要有通盘的筹划，正确处理好部分利益与整体利益、暂时利益与长远利益、扩大生产与改善同人生活、顾到新同事工作情绪与顾到老同事工作情绪等各方面的关系。二是须有大公无私的精神。领导者要有人情味，但在工作中不能以个人的恩怨来臧否同事，以私害公，要完全根据事实，以所规定的章则或规约，作公平的决定。三是须有民主精神。具体表现为：须能虚心听取不同的意见；须有服从多数的习惯；须有集体责任的认识（领导机构作出决议后，任何参加者都须共同负责）。四是须有严守秘密的习惯。邹韬奋还认为，上述四点同时也可适用于领导机构以外的同事，这样就能很好协助领导机构负起应负的任务。[2]

鉴于分店散布各地的实际，生活书店进行管理上的改革，实行了"集体领导，个人负责"的原则。在人事方面，总管理处只规定原则，不顾及琐屑的事情；琐屑的事情，由各店负责人根据领导机构所定的原则负责执行，不必事事请示。另一方面，各店负责人如确有错误，由领导机构决定处分。这样就在提高各分店负责人职权的同时，又加重了他们的责任。在业务方面，各店应

---

［1］邹韬奋：《韬奋全集》第9卷，上海：上海人民出版社，1995年版，第608页。
［2］同［1］，第616—618页。

有较详备的营业计划,在一定时期之后加以检查,作为奖励或处分的根据。在营业计划的范围内,给予各店负责人以发挥创造力的余地。邹韬奋还设想在条件许可的情况下,实行领导干部巡回视察的办法。[1]

生活书店全体人员都必须在共同规定的"规约"内行动,以维持整个事业的工作纪律,这就是邹韬奋所说的"民主纪律"。"民主纪律"有两个特点:一是有共同规定的原则做根据;二是执行如果有错误,得提出理由要求纠正。在业务上和人事上,有全体同事所共同规定的社章,其余的原则,也都是在社章所允许的范围内,由选出的领导机构共同规定的。这些都是纪律方面的依据,是大家都要服从的。在共同的规则面前人人平等,一切照章办事。这样,同人中得了奖的,觉得格外光荣,不幸得到惩罚的,也没有话说。

邹韬奋研究了民主的主要程序,认为除选举外,会议也是民主的主要程序的一部分。会议所含的民主作用,最重要的是讨论。讨论之所以重要,是由各个的主观的意见,经过讨论过程变化为集体的比较客观的意见,从而避免偏见和独断,达到"集思广益"的目的。为使讨论得到好的结果,邹韬奋提出了几点要特别注意的事项:一是各人应该用客观公正的态度与极端的诚意虚心,让各人充分发表他们的意见,但要避免谩骂和啰唆;二是要勇于说出并倾听反面的意见,否则就根本不懂得什么是民主;三是要以整个事业的利益为主要的标准;四是不应把讨论过程中的易于得罪人的话传扬出去,增加人事纠纷。[2]

---

[1] 邹韬奋:《韬奋全集》第 9 卷,上海:上海人民出版社,1995 年版,第 619—621 页。
[2] 同[1],第 624—625 页。

生活书店总处有业务会议,各分店有店务会议,都是每两星期举行一次。在店务会议上,各店负责人得以把总管理处及本分店的最近的重要事项报告给同人知道,还可就此提出业务上的问题征求同人的意见;同人对于业务上的报告或问题有发表意见及参加共同讨论的机会;各部门的负责人得借此报告他所担任的工作,得到共同研究或纠正的机会。店务会议还含有关于业务上的教育的意义,学习的意义,是同人教育自己,加强自己的一种学习的媒介。

生活书店有着畅通的"言论机关"。《店务通讯》每周一次,注重反映业务方面的言论并公布文件;《我们的生活》每月一次,注重全体同人生活上种种问题的讨论与建议。这两种都是"全国性"的内部刊物。此外,还有壁报,每周一次,多反映各地的情况,具有"地方性"。邹韬奋在言论自由的原则下,提出了一些其他原则供同人参考。它们是:言论应以有益于整个团体及事业为前提;注意言论的积极性;言论要保持团结、巩固团结,力避误会等等。[1] 他所希望的是建立起一种上下沟通、当面背后一致的和谐融洽的人际关系。

邹韬奋不只在制度方面勇于创新,而且在用人方面也大得其法。他指出:"主持事业最重要的是在用人,所谓'干部决定一切',所注意的也重在这一点。"他从广义上理解"用人",认为:"凡关于物色人才,培养人才,爱护人才,提拔人才,分配人才,督察人才乃至奖惩人才,都包含在内。""对于用人,最主要的基本态度是大公无私,是非明辨。"而要这样做,"最重要的是须能根据事实,注意理智的考虑与判断,而不可夹以私人的感情作用"。邹

---

[1] 邹韬奋:《韬奋全集》第9卷,上海:上海人民出版社,1995年版,第632—634页。

韬奋特别提到，亲戚关系、私人感情和私人友谊容易妨碍到大公无私的用人态度。所以在生活书店中，他一个亲戚不用，亲戚中就是有人才，宁愿让其到别人主办的机关里去发展。[1]

邹韬奋诚心诚意地爱护干部。他根据实践经验提出了一些原则和办法：一要注意干部的需要与困难，用最关切的态度尽力帮助他们；二要注意教育干部，使他们的天才能获得最大限度的发展，不能使他们的天才有一分一毫的埋没；三要注意分配干部以最适当的工作；四要注意保护并增进干部的健康；五要注意提拔干部；六要注意奖励干部；七要使干部能有机会尽量贡献他的意见，并虚心考虑他们的意见；八要注意使干部没有内顾与后顾之忧，不但要顾到干部个人，也要顾到他们的家属。[2]另外，邹韬奋还提出干部之间要互相爱护，"要使同人之间不要受到不必要的精神上的打击"。他深切感受到："干部是不易培养起来的，是不易请到的，如'放冷箭'一个一个的'放掉'，实在是莫大的罪恶！"[3]

邹韬奋十分关心同人生活的改善，对工作报酬问题做了较为系统的研究。在生活书店，丝毫没有"老板要顾到个人利润"的问题夹在里面，全体同人都是工资劳动者。因此，"同人待遇的改善"与"整个经济的健全"两者之间兼筹并顾，工作报酬的提高不是原则问题，而是办法问题。这里没有两极分化现象，加薪时尽可能先顾到收入最低的部分，并对服务时间长、贡献大及重要岗位的同人在力所能及的范围内予以厚待。[4]

---

[1] 邹韬奋：《韬奋全集》第9卷，上海：上海人民出版社，1995年版，第647—648页。
[2] 同[1]，第649—650页。
[3] 同[1]，第656页。
[4] 同[1]，第656—657页。

邹韬奋认为在"过渡的社会"（在他看来，共产主义社会为"最理想的社会"，资本主义社会和社会主义社会均为"过渡的社会"）"偏重按劳取值的薪水和偏重解决困难的津贴都有它的必要性"。[1]两者都属于工作报酬范围，但"薪水"人人按劳均可得到，"津贴"则是特殊需要者可享，非人人可得。生活书店人事委员会经过反复研究，制定出"关于调整薪水与津贴的办法"，并付诸实施。

邹韬奋视同事为手足，每每为一些同事的不幸去世而伤痛不已。以毕子桂病逝前后情形为例，可以看出邹韬奋是何等重视同事的安危。1941年2月2日，他收到昆明分店报告子桂因患急性盲肠炎入医院救治的急电，"如晴天霹雳，忧心如焚"，当即托在重庆的朋友介绍昆明名医助诊，并致急电该医生，"请妥为诊治"。6日，昆明第二次急电告危，当即复急电："桂病危切念，请尽最大努力救治，续情电告。"晚间再发一急电，嘱"桂病请多延名医会诊，防转别症"。7日昆明第三次急电告危甚。邹韬奋夜不能安眠，8日晨即接到病故电报，"泪如泉涌"，即决定发出两电，一电慰唁子桂的未婚妻，一电慰唁子桂的父母。邹韬奋特作祭文，盛赞子桂的美德和能力，并表示"我们于万分悲痛之余，当本着他对于文化事业未竟的志愿，继续奋斗，为国家民族努力，使我们这坚贞伟大的伙伴的精神永远不死"。[2]

邹韬奋青年时期从事职业教育研究多年，养成了良好的职业道德。抗战期间，他在系统阐述事业管理问题的同时，也系统地阐述了职业修养问题，并认为两者是彼此不能分离、密切联系在一起的。

---

[1] 邹韬奋：《韬奋全集》第9卷，上海：上海人民出版社，1995年版，第659页。

[2] 同[1]，第671－673页。

邹韬奋认为，寻常所说的职业修养，往往只注意一般职员的修养，而忽略了负责人的修养；往往只注意消极的、接受的方面而忽略了积极的、创造的方面。在事业管理上，他主张大家都来参加管理；在职业修养方面，同样主张大家都要注意修养。一般职员固然要诚恳、谦虚、和蔼，时时用心学习，时时追求上进；负责人也当如此。因为"事业的发展是靠全体同事的共同努力，职业修养的增强是发展事业的发动力，这发动力不是只是要从某一局部发出，是要从全部分同事发出来的。如果负责人任用私人，包庇私党，培植私人势力，而对于一般同事却要求全责备，在事实上将适得其反！如果负责人态度傲慢，颐指气使，不知道重视干部，爱护干部，而对于一般同事却要求全责备，在事实上也将适得其反！"因此，"我们不应该注意到片面的职业修养；我们应该注意到'全面'的职业修养"。[1]

邹韬奋主要从"德"与"能"两个方面来论述职业修养问题。

关于"德"，邹韬奋主要着眼于职业道德的提高，其主要观点如下：

首先，要明确服务对象。他认为文化工作者"要配合抗战建国伟大时代的需要，把我们的服务范围扩大到整个民族的各阶层"，于是他将除汉奸卖国贼以外的"包括整个民族的各阶层"定为服务的对象。当然，邹韬奋又把服务的重点对象确定为"最大多数的落后群众"，因为他"信仰群众的伟大力量"，深信中华民族的光明前途的基础是建立在大多数的群众之上。而要最大多数群众的伟大力量发挥出来，就必须使他们的文化水准尽量提高。[2]邹

---

[1] 邹韬奋：《韬奋全集》第9卷，上海：上海人民出版社，1995年版，第611－612页。
[2] 同[1]，第673－674页。

韬奋所主办的文化事业义不容辞地承担起了唤醒民众的历史重任，因而具有大众性、进步性。

其次，要学会做人。生活书店从《生活》周刊时代起，就有良好的社会声誉，一般社会上的人把该店的人看得太好了，想得太好了。在这种情况下，邹韬奋却提出了做人的问题，而且社会上看法越好越要注意。他认为"我们的做人不仅是个人的问题，而是有关我们整个团体的问题。我们不仅是要自己负责任，同时也要对我们每个人所爱护的整个团体负责任"。这里他阐明了个人与团体的辩证关系，个人的行为举止时时处处影响着团体的整体形象。因此，他要求同人"首先要彻底明了自己对社会的责任，对整个团体的责任"。而不应该"乘个人的高兴，随个人的脾气，依个人的喜怒"，而不顾到整个事业、整个团体。[1]

其三，对读者和顾客应有服务精神。"发展服务精神"是生活书店三大目标之一，也是对外应有态度的总的原则。他要求书店门市部乃至其他部门的同人对读者和顾客都要诚恳、热诚、周到、敏捷、有礼貌等等，而要做到这些，最主要的是不怕麻烦。不怕麻烦又是从对于服务的意义有正确而深刻的认识产生出来的。他提出"服务不仅仅是替人做事，而且要努力把事情做得好"。要"在实践上——不是口头上——'发展服务精神'，要替本店创造无数的好朋友，不要替本店创造无数的冤家！"[2]

其四，对于事业应有"参加的态度"。邹韬奋认为对于事业有两种决然不同的态度，一种是"旁观的态度"，另一种是"参加的态度"。前者是消极的，后者是积极的；前者只是吹毛求疵不想办

---

[1] 邹韬奋:《韬奋全集》第9卷，上海：上海人民出版社，1995年版，第675－677页。

[2] 同[1]，第677－680页。

法，后者是不仅批评且还要想办法；前者不顾现实唱高调，后者根据现实需要加以慎重的考虑；前者把要说的话藏在肚子里背后大捣其鬼，后者知无不言言无不尽；前者只顾自己不顾大局，后者把团体的利益放在第一位；前者往往偏于个人的争意气，后者特别注意正义与公道；前者事事不负责任，后者处处负责任；前者把自己的事看作团体的事，后者把团体的事看作自己的事；前者对于同事的好坏马马虎虎，后者对于同事则扬善纠错；前者只顾私谊援用私人，后者公事优先不徇私情。生活书店同人养成了"参加的态度"的优良传统。邹韬奋提出"我们要共同爱护这种极为宝贵的传统的精神，我们要发扬光大这种极可宝贵的传统精神"。[1]

其五，正确处理事业性与商业性的关系。邹韬奋把生活书店定性为事业性与商业性统一的机关。在上海时，生活书店就努力为社会提供精神食粮，抗战时期则努力于巩固团结、坚持抗战及积极建设的文化工作，这是其事业性的一面。要顾到事业性，就要有牺牲精神。但在经济方面，生活书店白手起家，要靠自己的收入，维持自己的生存，必须严格遵守量入为出原则，这是其商业性的一面。为顾事业而在经济上做无限的牺牲，则书店难以生存，事业无所支持，发展更谈不上；若不注意文化食粮的内容，事业必然一天天衰落，商业也将随之衰落，无异于自杀。要充分发挥商业性，在积极方面，必须注意"工作第一"；在消极方面，必须注意爱护公物公财，极力避免浪费。[2]

其六，理性面对"艰难困苦"。生活书店就其发展历史来说，资金的缺乏、人手的不足、徙地频繁（抗战时期）等等，可谓困

---

[1] 邹韬奋：《韬奋全集》第9卷，上海：上海人民出版社，1995年版，第680—682页。
[2] 同[1]，第682—684页。

难重重。但从《生活》周刊时代起赢得的广泛的社会信任与同情，支持着生活书店不断地克服种种困难，蓬勃发展。抗日战争进入相持阶段后，生活书店遭到了外来的强大的政治力的摧残，致使"艰难困苦"至极。对国民党当局，邹韬奋进行了旷日持久的不可屈服的抗争。对内部员工，他提出了如下要求：一、以坚决的意志和镇定的心情，在艰苦困难中奋斗！要坚信所努力的文化事业，对于整个中华民族有着重要的贡献，值得含辛茹苦无所怨怼地为之奋斗。有了这个信仰就不会消极和灰心。二、环境愈困难，办事愈麻烦，要能够在艰难困苦中奋斗，最重要的是下决心不怕麻烦。遇到不怀好意的纠缠，要耐心解释，轻易"冒火"无助于事情的解决。三、不怕在艰苦困难中奋斗，不是蛮干，不是不讲技术地干，而要尽量减少困难，为文化工作的开展争取更好的客观条件。[1]

关于"能"，邹韬奋主要着眼于业务能力的提高和工作的改进。

生活书店同人有浓厚的学习兴趣。邹韬奋非常重视同人业务能力的提高，强调要在工作实践中学习。他鼓励同人不耻下问，互相学习，学习技术、学习做人。他认为"学习是进步的源泉，进步可以增加工作的效率，这两方面应该相成相辅而不应该相妨相碍的"。[2]

邹韬奋把"干部决定一切"与"技术决定一切"联系起来考虑，提出"尊重技术"的主张，"谁的技术好，谁在技术上有进步，对他便须加以鼓励；谁的技术坏，谁在技术上固步自封，甚至退步，对他便须加以提醒或纠正，不得已时或须加以甄别，决不应

---

[1] 邹韬奋：《韬奋全集》第9卷，上海：上海人民出版社，1995年版，第692—694页。

[2] 同[1]，第702页。

糊里糊涂地过去"。"只有技术优良，能够切切实实为本店办事办得好的人，才是本店的好干部；只有好干部才能担负得起领导的作用。"[1]

邹韬奋注意"工作的检讨"，认为不问对错、不做回顾或考虑的"埋头苦干"不是一种好的办法。（他年轻时曾经不计成败，"埋头苦干"过）"检讨"过去的工作，对的地方继续坚持，错的地方赶紧纠正，有利于工作的进一步开展。事情无论大小，都应有一定的计划，事情做到哪一步，只有经过"检讨"才能心中有数。工作在一起的同人，彼此联系密切，应注意集体"检讨"，旁观者清，可以以人为镜。"工作检讨"对事不对人，针对工作本身加以客观的"检讨"，找出对错，探求改进方法。言者不吹毛求疵，听者要虚怀雅量。总之，一切以有利于工作为转移。[2]

1939年12月，邹韬奋对全店一年来工作加以"检讨"，为同人"检讨"工作提供了好的范例。通过"检讨"，邹韬奋高度肯定了全体同人的艰苦奋斗精神、和衷共济的精神以及民主集中精神。同时他也认识到同人的教育训练不够、意见沟通不够、营业计划还不周密，资金不够、运转困难等工作上的不足。

在1939年和1940年，邹韬奋花费了大量的时间和精力来整顿和经营生活书店，并做了大量的经验总结和理论探讨。他这样做主要是为了进一步增强生活书店的凝聚力和抵抗力，一方面适应生活书店向全国各地大发展的需要，一方面有利于抵抗国民党当局的野蛮摧残。

应该说，在经营管理上，邹韬奋是成功的。生活书店无依无

---

[1] 邹韬奋：《韬奋全集》第9卷，上海：上海人民出版社，1995年版，第704—705页。

[2] 同[1]，第708—709页。

靠,自力更生求发展。曾几何时,30年代初期的小小的"书报代办部",发展到抗战初期国统区最大的进步的文化出版机构。各地分店累计达56处之多,其中54处在国内,1处在香港,1处在新加坡,员工四五百人。这是很了不起的成就!

邹韬奋说,各地的分店"都有一个一看就知道的象征,那就是每天从早到晚,门市部都源源不绝的拥满着热心的读者和购买书报的人们"。"有许多读者简直把'生活'当作他们的'家',每到一个地方,只须知道那个地方有'生活'分店,他们往往总要想到'生活'。人地生疏,想起'生活',往那里跑。认不得路,想起'生活',往那里跑。找不到旅馆,想起'生活',往那里跑,请代找一个。买不到车票或船票,想起'生活',也往那里跑,请帮忙代买一张。住址一时不能确定,也想起'生活',也往那里跑,请有信暂为留下转交,以便自己来取。"[1]

生活书店成了服务的象征,这是生活书店的成功之处,同时也是国民党当局最为害怕、最为忌恨的。尽管邹韬奋竭尽了全力,但最终还是未能保全生活书店这个"广大读者爱护支持的文化堡垒"。

1941年1月间,皖南事变发生,国民党当局对进步文化事业做出进一步摧残,本已停止的封报捕人的勾当又死灰复燃。

从2月8日起至20日止,不到半个月,国内仅存的5个分店,又接连遭难,被查封与迫令停业者达4个,剩下的一个重庆分店也日在风雨飘摇之中。

在生活书店第二个被摧残期内,邹韬奋曾特访中宣部部长、

---

[1] 邹韬奋:《韬奋全集》第10卷,上海:上海人民出版社,1995年版,第346、347页。

国民参政会秘书长王世杰,把党部方面封店捕人的罪恶事实告诉他。但他冷着面孔推得一干二净,说中宣部只管书报内容是否错误,至于书店不是中宣部所管的,封闭书店是军警的事情,更是中宣部所管不到的,并表示中宣部绝无此种命令发出,而且也绝无此意。邹韬奋所注意的是国民党对于文化事业的整个态度,这种当面撒谎的行为已为邹韬奋所不齿。

在与王世杰谈话不得要领后,邹韬奋又几次访问潘公展副部长未遇,却与中宣部秘书主任许孝炎谈了两次。中宣部事先商量好了,许的口径与王的一样,也是把责任推得一干二净。不同的是他的态度和蔼一些,并煞有介事地将邹韬奋所述记下,自告奋勇地说要查一查,有了结果另行通知。通知永远不会下来,邹韬奋两三年来的商谈努力最终失败。这也成了邹韬奋与"党老爷"们的最后周旋。

国内硕果仅存的重庆分店,因为陪都观瞻所系,又蒙"蒋委员长关怀",才得以苟延残喘下去。

十三　山城雾锁　壮志难酬（下）

从 1939 年 5 月 13 日第 70 号起，《全民抗战》改为周刊继续出版。在生活书店遭受野蛮摧残的同时，该刊在国民党"原稿审查"的高压下，言论自由受到了很大的限制。

面对国民党政治上的逆流，邹韬奋深感国事的严重。在他的勉力主持下，《全民抗战》坚持团结、反对分裂，坚持抗战、反对投降，坚持进步、反对倒退，仍然具有鲜明的大众性和进步性，不失为一面具有很大感召力的、宣传团结抗战的大旗。

抗战相持阶段，邹韬奋的国事主张概括起来主要有以下几个方面：

第一，巩固统一和加强团结。他认为统一和团结都是抗战胜利的基本条件，国内局部的摩擦分散、消耗国力，直接间接为敌人的"拆散我们的团结"效劳，必须迅速消弭，全国同胞尤其是舆论界必须明辨是非，主持正义，使所谓吃摩擦饭的人在社会上无容身之地。

第二，改革机构和实行民主。他认为政治机构的改革与充实，实有迫切的需要，否则一切法令，即属良善，亦难下达；民主是解决战时中国一切政治问题的锁钥，是国内团结的基础，是抗战胜利的根本保证。

第三，反对妥协投降。他认为汪精卫之流公然叛国，易于辨认，未露出尾巴的妥协投降的人,却需要高度的警觉。

第四,粉碎敌人的"以战养战"阴谋。他认为经过两年多的消耗战,敌人已经捉襟见肘,进退维谷,为最后挣扎计,不得不企图"以战养战",以中国的人力物力财力来征服中国。我们要加强在沦陷区的抗战工作,彻底打破敌人"以战养战"的企图。他特别提出在敌后也要注意团结问题,认为敌后抗敌工作成绩与团结程度总是成正比的。

第五,独立自主地开展外交。1939年9月1日,法西斯德国闪击波兰,第二次世界大战在欧洲正式爆发。他认为要认清国际形势,认定当前的敌人只有日本强盗一个,毅然加紧同美苏的合作。

第六,反对国民党政治上倒退,促进时局好转。时值九一八事变8周年,他发表纪念文章,特意指出:中国抗战必获胜利的关键就在于我们的反侵略战争是进步的战争,必须朝着进步的方向走,必须有意识地努力进步,而不要恐慌进步,不要自己不进步而打击别人的进步,要使自己和别人同样的进步,要坚决反对开倒车的路线。[1]

1939年9月9日至18日,国民参政会第四次大会(从这次会议开始每六个月举行一次)在重庆大学召开。

来自各地各界各党派的参政员聚会在一起,普遍关心当时的政治问题。大家彼此交换意见,认为如果真正实行宪政,实行民主政治,便可制止危机,保障抗战的胜利。于是,包括国民党的"陪客"在内的抗日各党派参政员,提交会议的有关宪政问题的提案

---

[1] 邹韬奋:《韬奋全集》第9卷,上海:上海人民出版社,1995年版,第202—203页。

多达7个。

会议通过空前激烈的辩论,议决的"治本办法"为"(一)请政府明令定期召集国民大会,制定宪法,实行宪政。(二)由议长指定参政员若干人,组织国民参政会宪政期成会,协助政府促成宪政";"治标办法"为"(一)请政府明令宣布,全国人民,除汉奸外,在法律上,其政治地位一律平等。(二)为应战时需要,政府行政机构,应加充实并改进,借以集中全国各方人才,从事抗战建国工作,争取最后胜利"。[1]

"议长"蒋介石在闭幕词中称该案是本次会议"最大之贡献",为本次会议第一个最重要的决议案,对于"提高民权,加强国本,应为最要之务"。他还宣布了指定的组成宪政期成会的19位(后来增加至25位)参政员名单。随后召开的国民党六中全会也煞有介事地议决实施宪政。

邹韬奋参加了辩论,"看到济济一堂有着各党派的许多领袖们,同时想到许多为着'防制异党活动办法'而被关在牢狱里或集中营里受罪的无辜青年",悲从中来,不禁起立痛陈并质问:"我有一个诚恳的要求,要求今夜在这里相聚讨论的各党派的领袖们,勿忘正在此时有着无数的无辜青年正在牢狱里在集中营里婉转呻吟哀号着啊!""我今夜张眼四望,明明看见在座的确有各党派的许多领袖,被允许开口共产党,闭口青年党,似乎是允许党派公开存在似的,但同时何以

战斗在重庆的邹韬奋

---

[1] 邹韬奋:《韬奋全集》第10卷,上海:上海人民出版社,1995年版,第284—285页。

又有许多青年仅仅因党派嫌疑,甚至仅仅因被人陷害,随便被戴上一顶不相干的帽子,就身陷囹圄,呼吁无门。敢问这究竟是怎么一回事?承认有党派就老实承认有党派,要消灭一切党派就明说要消灭一切党派,否则仅这样扭扭捏捏,真是误尽苍生。"[1]这样的言论,"陪客"们听了当然很不高兴。

邹韬奋在会上提出了《改善审查搜查书报办法及实行撤销增加书报寄费以解救出版界困难而加强抗战文化事业案》和《严加肃清汪派卖国活动及汉奸言论案》。前者与要求实施宪政的提案相呼应,再次呼吁保障文化事业。该案指出审查书报、搜查书报各有两大缺点,并建议如下办法:"(一)查禁书报必须由负责机关将理由通知出版者和著作人。如有不合审查标准之处,应给予出版者及著作人以申诉的机会。搜查时须出示负责机关之证明文件及公开颁布之查禁书单。对于未经查禁之书报不得任意取去,禁止阅看。(二)检查书报须有统一机关负责执行,且书报经过合法审查机关之许可通过,给予审查证或注册证后,须予统一的合法保障,各地不得再任意扣留没收。"该案获得通过,决议是:"本案所列办法,送请政府切实改进。"其实这些办法在前几次大会提案中就已提及,这次只是根据新的事实,旧事重提罢了。[2]邹韬奋屡次提出,皆获通过,但在"政府"方面不但未有丝毫的"改进",反而变本加厉地摧残进步的抗战文化事业。

从国民参政会第四次大会到第五次大会期间,包括邹韬奋在内的25名国民参政员(即国民参政会宪政期成会成员)发起了一场宪政运动。

---

[1] 邹韬奋:《韬奋全集》第10卷,上海:上海人民出版社,1995年版,第283页。

[2] 同[1],第292—294页。

1939年10月，他们共同发起召集宪政座谈会。在重庆银行公会开过三四次，到者各界都有，人山人海，讨论非常热烈。25名召集人最初对于宪政运动都抱着一腔热诚，并应到会者的强烈要求，发起筹备宪政促进会，由座谈会中推举85个筹备员，25名召集人包括在内，有国民党员、其他党派及无党派的热心宪政运动的社会人士。同时在重庆有三十多个妇女团体发起妇女宪政座谈会，有青年各团体代表25人发起的青年宪政座谈会，成都、桂林、上海、延安等地也有较为热烈的响应，纷纷发起宪政座谈会及宪政促进会。一时间，宪政运动呈现出蓬勃的气象。

邹韬奋发表一系列文章，为宪政运动大造舆论。

首先，他认为中国之所以迫切需要宪政，是因为：（一）实施宪政是加速促成抗战胜利建国成功的一个重要步骤。认真实施宪政，扩大国民对于政治的参与、提高国民对于政治的自觉与责任，就是加强国民对于抗战建国的共同努力，就是加强民众的切实动员。（二）实施宪政是动员国民加强帮助政府而不是与政府成对立的形势。不能因为在各国宪政运动史上，有一个阶段是人民与君主的斗争，便误会到实施宪政是国民与政府的斗争或对立。（三）实施宪政更能充分反映大众的活动与他们在抗战特殊时代的新要求。[1]

其次，他主张宪政运动民众化。"所谓宪政运动的民众化，就是要尽量推动最大多数的民众参加宪政运动。"[2] 他"希望每一个民众团体及学术团体，每个茶馆，每个民众教育馆，每个大大小小的事业机关，都能举行宪政座谈会，使一般民众都能明白宪政究

---

[1] 邹韬奋:《韬奋全集》第9卷，上海：上海人民出版社，1995年版，第225—226页。
[2] 同[1]，第240—241页。

竟是什么一回事,宪政和抗战建国究竟有什么关系,宪政和他们的切身利害究竟有什么关系,他们所希望的宪政内容究竟怎样。这样深入民间的宪政运动,如能得到良好的领导和开展,在直接方面可以充分反映全国民众的要求,使将来的宪法能反映全国民众实际上的需要。在间接方面也就是实际的政治教育,加强他们对于政治的认识与了解,为实施宪政前途建立巩固的基础"。[1]

其三,他认为实施宪政可以分为三个阶段:第一个是从参政会通过决议案起至开始召集国民大会;第二个是从开始召集国民大会至宪法颁布止;第三个是在宪法颁布以后的切实执行的阶段。如果希望宪政的实施真能获得实际的功效和真正的成功,绝对不能坐待国民大会的自然来到与宪法的自然产生,必须在第二阶段尚未到来,第一阶段刚开始时,推动宪政运动,推动最大多数民众参加宪政运动。[2]

其四,他批驳了"抗战与民主,根本是两个不相容的东西"、"实行民主必不利于抗战,要实行抗战必须暂时停止民主"、"提倡宪政是反对政府"、"组织宪政促进会是反对政府"、"批评国民大会组织法选举法及'五五宪草'是反对政府"、"宪政是政府的事情"、"实施宪政只是少数人的愿望而并不是多数老百姓的要求"、"宪政分散抗战力量"等等混淆视听的谬论,以形成正确的舆论导向。

邹韬奋除在《全民抗战》周刊上大声疾呼宪政运动外,还为热心宪政运动的人士编辑出版了两辑《宪政运动参考材料》。第一辑收集孙中山遗教中有关宪政的重要文献,国民大会组织法选举法及"五五宪草"等。第二辑收录"五五宪草"的原来草案、立

---

[1] 邹韬奋:《韬奋全集》第10卷,上海:上海人民出版社,1995年版,第296页。

[2] 同[1],第295页。

法院的初稿及修正案、修正国民政府组织法、中华民国训政时期约法，附录中华民国临时约法及中华民国宪法草案。这些都是重要的中华民国时期的宪法史料，是当时人们追求理想宪法的现实基础，编辑出版后，或多或少能使人们获取一些宪政知识，了解国民党所标榜的"宪法"到底是什么货色，又不至于引起国民党当局的太大的不满。生活书店还编印了《宪政运动论文选集》，收录包括其他报刊发表的有关论文。

邹韬奋还应邀参加各种演讲会。有一次，重庆中央大学要举行一个宪政演讲会，一些学生邀请邹韬奋去演讲。由于他是宪政运动的积极分子，该校的"三青团"分子慌忙请来国民党中宣部副部长潘公展。

潘公展第一个演讲，大放厥词，反对宪政运动，极力推崇国民党一党专政。快结束时，他突然圆睁眼睛，张大喉咙，面红耳赤，握紧拳头，厉声呼道："现在有人说苏联是最民主的国家，试问现在在苏联有的是一个党，还是几个党？"台下的"三青团"分子大喝其彩。潘公展疾言厉色显然是对着邹韬奋而发的。

邹韬奋第二个上台，不慌不忙地解释了苏联一党制的由来，认为中国抗战建国不是任何一个阶级一个党派所能担当得了的。从国民参政会来看，团结抗日各党派共同努力抗战建国大业，是政府的国策。国民党中确有一部分人幻想"消灭异党"，和上述国策背道而驰，阻碍或减少国策所能发挥的伟大的力量。他最后说："团结抗战建国，各党派没有话说，如国民党必欲置国策于不顾而要'消灭异党'，那么即就国共两党而论，都有武器，势非引起内战不可，此外有没有办法？"全场默然。他进一步追问："大敌当前，不团结御侮而反自相残杀，只等于破坏抗战，陷国家民族于危亡之境，此外没有什么可得。"全场又默然。邹韬奋说得在情在理，这默然实际上是对他的一种肯定。曾经气势汹汹的潘副部长此时也只有"微笑无言"的份了。[1]

邹韬奋和几位热心研究宪政的朋友，为着研究"五五宪草"的内容，先后举行过七八次的讨论。就研究讨论的结果，公推张友渔、韩幽桐、沙千里、钱俊瑞、张申府以及邹韬奋分别执笔写出。再经过传阅、商议和修改，最后由张友渔和邹韬奋整理定稿，编成一个小册子，题为《我们对于五五宪草的意见》，目的也是为国人提供一些参考的材料。

然而，在国民党当局的压制下，宪政运动很快走上了"苦命"的途程。首先是封锁宪政运动的消息及言论，在国民党党报党刊上则大载其诬蔑宪政运动的"理论"；其次是索性在参政会25人所召集的座谈会中捣鬼（派特务扰乱会场秩序），在各地方则严禁宪政运动的出现，在各地方报纸上连'宪政'两个字都不许出现。在西安、兰州等地的人们简直认为宪政运动是"海外奇谈"。

宪政期成会的一些成员，鉴于风声不对，直接去找蒋介石。蒋介石假惺惺地提出两点：第一是希望能尽可能提早实施宪政；第二是大家对于实施宪政的办法可加以研究。国民党中央党部秘书长叶楚伧随即解释说："研究可以，最好由少数学者在房间里研究研究，不要发表文章，来什么运动。"[2]由此可见国民党当局是多么害怕宪政运动。

国民参政会宪政期成会确曾组织过，"促成宪政"也是各方所热烈期望的，但职权没有一定的规定，召集人张君劢叫苦不迭，

---

[1] 邹韬奋:《韬奋全集》第10卷，上海：上海人民出版社，1995年版，第862—863页。
[2] 同[1]，第298页。

说不知道要干什么，态度消极。该会勉强开过一两次会，会后一哄而散，大有自生自灭之慨。这不是他们不努力，而是在国民党的压制下，一切都无从着手。直到1940年4月国民参政会第五次会议的前几天，他们才根据教授派"来宾"提出的《五五宪草修正案》、救国会派（邹韬奋等）"来宾"提出的"对于五五宪草的意见"和共产党"来宾"提出"的关于国民大会组织法、选举法及五五宪草的意见"，草成《中华民国宪法草案（即五五宪草）修正案》，总算没有交白卷。

1940年4月1日至10日，国民参政会第五次会议召开。这次会议最为关注的问题之一是怎样在实际上扩大宪政运动的影响。

邹韬奋和宪政期成会成员们为宪政运动作了最后的一次努力。《五五宪草修正案》提交大会后，引起最激烈争论的是该案采用了教授派"来宾"所建议的，在国民大会闭会期间需要设立一个常设机构，名叫"国民议政会"。依草案规定，国民大会每三年由总统召集一次，会期一个月，故修正案建议在大会闭会期间，设立"国民议政会"，作为常设机构，每六个月开会一次，处理重要国事。其他各在野党派也认为很有必要。可是这事引起了"陪客"们的激烈反对，于是掀起了一番大舌战。有一位"陪客"立起破口大骂，实际上等于表示宪政是绝对不必要的。他的一顿大骂，使在野各抗日党派的"来宾"为之心寒，不得不对宪政前途冷了半截。

上述《五五宪草修正案》是第五天提出讨论的，当时因天已晚，即将休会，只将宪草修正案全文逐条宣读，并由宪政期成会召集人张君劢出席说明修正案要点后，即由议长蒋介石宣告当日休会，该案于第二天大会再详细讨论，并郑重声明，只有大家自由发表意见，才能得到圆满的结果，希望第二天大家多多自由发表意见。

殊不知第二天只有八九个人对"议政会"应否设立的一点发言之后，尚未得到结论，其他各点更未有一句话讨论到，宣告休息十分钟后，再行开会。接着开会时，秘书长王世杰忽然恭恭敬敬双手捧着"议长"的字条，十分严肃地踱着方步由主席台走到讲台，宣读一遍，即算决议。内容如下：

  （一）本会宪政期成会草拟之中华民国宪法草案修正案，暨其附带建议及反对设置国民大会议政会之意见，并送政府。
    前项反对意见，由秘书处征询发言人意见后，予以整理。
  （二）参政员对于宪政期成会修正案其他部分持异议者，如有四十人以上之连署，并于五月十五日之前（按开会的那一天为二十九年四月六日），送本会秘书处，应由秘书处移送政府。[1]

  宪法修正案原为国民参政会第五次大会最中心的议案，也是宪政期成会的唯一研究结晶，就这样连议都不让充分地议一下就干脆结束了，这种流氓行径使"来宾"们不胜寒心。其实真由"大家自由发表意见"，"得到圆满的结果"，还不也是停留在纸上，又有什么实际的意义？蒋介石国民党连表面上的"民主"也不想伪装了，倒也真的干脆，好让人们看清楚其反民主的本来面目。
  对于宪政的最后的挣扎，正面的宪草修正案已不议而终，侧面的几个提案均获得通过，都是"送请政府切实注意"。其中有一个是邹韬奋提出来的，题为"严禁违法拘捕，迅速实行《提审法》，以保障人民身体自由案"。有了已往四次与会的经历，邹韬奋对中国政治"表面与骨子脱节"的特征已深有所感。在第五次大会上，

---

[1] 邹韬奋：《韬奋全集》第10卷，上海：上海人民出版社，1995年版，第305—306页。

他"仍抱着一线的希望",提出上案,"作最后的尝试"。

《提审法》于1935年6月21日由国民政府公布,但未确定施行日期。该法规定人民被法院以外的任何机关非法逮捕拘禁时,本人或其亲属得向地方法院或其所隶属的高等法院声请提审;人民被逮捕拘禁时,其执行机关应即将逮捕拘禁的原因,以书面示知本人及其最近亲属,至迟不得逾二十四小时;地方法院如对声请之裁定不公,人民得抗告于上级法院;法院接受声请书状或逮捕拘禁机关复文后,对于提审之声请认为有理由者,应于二十四小时内向逮捕拘禁机关发提审票;等等。该法虽未尽完善,但若遵照执行,对于人民人身自由之保障确有一定好处。邹韬奋进行的完全是合法的斗争,提案获得通过,"切实执行"则永远留在纸面上。

邹韬奋参加了国民参政会第一届全部五次大会,所得到的总的感想是"在这样紧张的抗战建国的时代,像国民参政会这样一个所谓'半民意'的机关是不够的,因为它的不够,所以我们既不存奢望,也无所谓失望"。[1] 这种态度已大不同于以往,他已无意把国民参政会改造成"民意机关"了。

从1940年4月第一届国民参政会第五次大会,到1941年3月第二届国民参政会第一次会议,宪政运动完全消沉,政治逆流愈演愈烈。国民党统治区特务横行,进步书报横遭摧残,进步人士、无辜青年横遭迫害。邹韬奋的人身安全也受到严重的威胁。

1940年5月初,邹韬奋遭受到恶毒的"谣言攻势"。国民党参谋总长兼军政部长何应钦在国防最高会议中报告说,有情报表

---

[1] 邹韬奋:《韬奋全集》第9卷,上海:上海人民出版社,1995年版,第381页。

明邹韬奋、沙千里、沈钧儒三人将于七七事变日在重庆领导暴动，如不成，将于双十节再暴动！在场的陈立夫也添油加醋，说这事有可能发生。

邹韬奋等听说后，诧为奇闻，以为无辨明之价值，一笑置之。但后来听说各军警机关及下级党部都得到关于此事的密令，嘱严密防范。邹韬奋和沈钧儒、沙千里三人才觉得此事显系有组织的"谣言攻势"，于是同往军事委员会访问何应钦，详询原委。何亲自出来接见，承认确有此报告，并叫某参谋拿出书面报告来讲给他们听，大意说是根据政治干部训练团的两个自首学生的报告，说他们已经拟定了暴动计划，三人各有分工，邹韬奋还有一个管理军械的任务。

邹韬奋等感到非常有趣，问可否让那两个自首学生出来对质。何应钦说党部方面为安全计，已把他们好好地藏在别处去了。邹韬奋等表示一向拥护抗战国策，光明磊落，一切公开，不会干暴动的事情，况军械不是小东西，究竟有无，不难查明。何应钦很客气地说："我相信诸位先生绝对不会干这样的事情，这个报告恐怕是汉奸有意挑拨，企图使政府把诸位先生一抓，便可在后方引起很大的骚乱，我是不相信这个情报的，请诸位先生不必介意。"对此，邹韬奋等没有话说，以为这件事可是告一段落了。

但是，事实虽然如此，而"密令"却继续不断地发出，有些朋友亲眼见到"密令"，纷纷告诉邹韬奋等。邹韬奋等并不在意。到了七七事变日前一天夜里及当天早晨，邹韬奋的住处门口及临近街段都有荷枪实弹的"武装同志"防守着。邹韬奋等始觉问题的严重，写信去质问何应钦，他回信说查无其事。临近双十，又有朋友来说，各军警机关及各级党部又接到"密令"，说邹韬奋等要在双十节那一天暴动，要他们格外小心防范。"当面郑重声明是一件事，暗中的'密令'又是一件事"，这就是当时中国政治的奥妙之所在。[1]国民党要人散布"笔杆暴动"的谣言，其严重性就在于为从肉体上消灭邹韬奋等人制造舆论。此后，邹韬奋的行动常有特务跟踪。

事情还不止如此，最令人痛心的还有一大群无辜青年受到惨酷的迫害。当时在四川綦江有政治部干训团，学生千余人，忽有青年被诬，说他们也将由邹韬奋和沙千里"笔杆暴动"所"领导"，即由该团拘捕刑讯拷打成供，由一两人株连到数十人，又由数十人株连到一二百人，总数达四五百人之多！结果打死了十几人，重伤数十人。邹韬奋"听到那样多的无辜青年遭受那样惨的无妄之灾，使我悲慨之情，格外深刻，凄惨印象，永不绝于我心"。[2]

邹韬奋在《患难余生记》中对国统区（大后方）的政治情形做出了符合历史实际的描述。他认为从八一三抗战开始，国统区的政治"曲线"开始渐渐上升，1938年达到最高峰，1939年逐渐往下降，1941年皖南事变后的数月间降到最低点。上升期"主要的象征或经纬则为团结和民主"；下降期的主要表现是"三擦"（军事摩擦、人事摩擦、文化摩擦）愈演愈烈。"三擦"随着政治"曲线"的下降成正比例而尖锐化，各"擦"之间又有相当的连带关系。无论在"三擦"中的那一"擦"，在国民党顽固派方面都是要用倒退来消灭进步。"在军事摩擦中，他们所要消灭的是进步的军队；在人事摩擦中，他们所要消灭的是进步的人才；在文化摩擦中，

---

[1] 邹韬奋：《韬奋全集》第10卷，上海：上海人民出版社，1995年版，第311—314页。
[2] 同[1]，第316页。

他们所要消灭的是进步文化。"[1]

在各抗日党派中,只有国共两党有军队,因而前方的"军事摩擦"只限于国共两党。1939年3月至9月,国民党先后制造了博山、深县、平江、确山等惨案,屠杀共产党军政人员一千六百余人。该年年底到1940年春,国民党军队进攻包括陕甘宁边区在内的共产党领导下的敌后抗日根据地,均被击退。这是国民党掀起的第一次反共高潮;1941年1月皖南事变发生,是为第二次反共高潮,也是国民党制造的"军事摩擦"中最为严重的一次;1943年国民党集结重兵企图围攻陕甘宁边区,是为第三次反共高潮。国民党军政部长何应钦在国民参政会报告军事时,往往根据国民党"摩擦专家"的单方面报告,置共产党将领的无数报告的事实于不顾,大放厥词。邹韬奋大不满意于何应钦的这种态度,认为这样只会加剧"摩擦",消耗自己力量,有利于敌人,不利于抗战,且让国共两党以外的党派忧心焦虑。[2]

后方的"人事摩擦""是指国民党一方面强拉人入党,否则加以种种压迫,如打破饭碗等等;一方面发现有其他党籍者就加以种种压迫,打破饭碗是轻描淡写,其较重者由特务老爷赐予一绑,锒铛入狱,或一命呜呼!"[3]

"人事摩擦"不只限于国共两大党之间,救国会、青年党等其他抗日党派也为国民党所不容。无党无派人士也在国民党的大拉之列,不得不在入党和饭碗之间大加思索。通常的做法是由各机关当局发"表"填注,一大批一大批地"集团入党"。甚至在举行

---

[1] 邹韬奋:《韬奋全集》第10卷,上海:上海人民出版社,1995年版,第887页。
[2] 同[1],第859页。
[3] 同[1],第864页。

各种会议时也来这一套,如在重庆举行的小学教员会议就是这样,实行集体入党。邹韬奋本人以及许多同事也在被拉之列。"[1]强拉入党还算是客气,随着政治"曲线"的下降,那些刻苦耐劳、品行端正、热心国事、积极抗日之士,往往总要被疑心是什么"异党分子"(特指共产党分子),而遭无妄之灾。因为在国民党"特务老爷"们眼里,上述优秀品质只有共产党人才具有。邹韬奋身处言论界,知之甚多,痛心疾首,莫此为甚。

"军事摩擦"很容易连带剧增"人事摩擦"。皖南事变发生后,战时首都重庆的"人事摩擦"紧张到了极点。"人事摩擦"和"特务活动"是孪生子。各机关都有受到津贴的特务活动其间。街头巷尾,也是特务密布,使被监视者无所逃于天地之间。然而,并不是人人都愿意从事特务勾当。有一天,有两个青年偷偷摸摸地找到邹韬奋,"抽抽咽咽哭得像孩儿似的"。他们在中央某机关被迫做特务,以前毕业于上海某高中,在报上看到某机关用某军事机关战时服务队的名义招生,以为是参加抗战的良好机会,踊跃应考,不料从此投入火坑,被迫做特务。如果中途不做特务,即有被枪毙或被暗杀的危险。邹韬奋安慰他们,只要真正侦察到妨碍抗战的汉奸,不做破坏团结的工作,于抗战也是有益的。他们垂涕而道希望如此,并说最痛苦处在于被迫残害所谓"异党分子",摧残无辜青年,苦苦哀求邹韬奋帮助他们脱离苦海。邹韬奋万分同情他们的处境,建议他们做好相当的准备,注意保密,寻机远逃。

---

[1] 抗战期间,国民党威胁利诱、软硬兼施,邹韬奋誓死不入其彀中,共产党既无丝毫强迫,更不刻意笼络,邹韬奋却心向往之,多次提出加入共产党的请求。从这件事可以看出邹韬奋在选择了共产党后立场是多么坚定。从表面看来,他属于中间派,但他却是以一个坚强的共产主义战士的姿态来投身抗战的。

他们泪如泉涌地告别,邹韬奋心里有着说不出的悲哀。[1]

邹韬奋也一天到晚地被"特殊的特务"监视着。特务们虽踏破了铁鞋,但终究没有得到邹韬奋的所谓"罪行"。邹韬奋不是没有活动。用他自己的话说:"我对于国家民族的血没有冷,是滚烫着的,无论在国民参政会中,在国民参政会外,抗日各党派,为着调解国共摩擦(因国共摩擦最尖锐,尤其是军事摩擦,如处理不当,或不幸扩大,势必妨碍团结抗战建国),我无次不参加,无次不追随诸前辈之后,竭尽心力,不辞劳瘁,以期有所救济(因所调解者为国共摩擦问题,故国共两方面都不直接参加,直接参加者仅为国共以外的其他抗日各党派,惟有所建议,必以书函详述,由全体负责者签字,推代表特与国民党的蒋先生及中共在渝代表人周恩来先生征求同意)。"

热心调解国共摩擦的国民参政员不乏其人,他们虔诚希望全国团结御侮。但是邹韬奋一参加调解国共摩擦,国民党顽固派便振振有词,说国民党请他做参政员,他却帮助共产党。邹韬奋对此十分愤慨,认为"他们好像把参政员看作养走狗似的,一旦豢养,便感恩图报,助桀为恶,便当闭着眼睛帮助他们'消灭异党',置国家民族前途于不顾!他们自己也许这样做惯了!为什么不略为张开眼睛把人看看清楚?说得出这样肮脏的话,听了令人作三日呕!记下来都污了我的笔!"[2]邹韬奋调解国共摩擦的行为是光明磊落的,国民党特务难以依此拘捕他。于是,国民党军委会政治部暗中商讨了寻机刺杀邹韬奋的办法。邹韬奋随时随地都有生命危险。

---

[1] 邹韬奋:《韬奋全集》第10卷,上海:上海人民出版社,1995年版,第872页。
[2] 同[1],第872—873页。

关于"文化摩擦"邹韬奋认为与"军事摩擦"、"人事摩擦"同样地残酷,而且还要普遍化。邹韬奋是一个文化工作者,对于进步文化的遭难,"当然要发生更直接的沉痛的感觉"。他根据抗战时期的实际情况,把文化区分为"进步文化"和"倒退文化",认为"进步文化须与中国当前的进步时代的实际需要相配合;中国当前进步时代的实际需要,最扼要地说来是团结、抗战和民主,所以拥护团结、抗战和民主的文化是进步文化,反对或破坏团结、抗战和民主的文化是倒退文化"。生活书店出版的书报乃至代销的书报,都须注意是否能够促进团结,巩固团结;是否能够加强抗战,坚持抗战;是否能够推进民主,实现民主。在相反方面,绝对不但不制造或煽动摩擦,而且要尽力消除或反对摩擦;绝对主张彻底抗战,反对妥协投降;要求实现真正的民主政治,反对法西斯,反对一党专政,反对新专制主义,反对挂羊头卖狗肉的有名无实或徒有形式而缺乏精神的"民主"政治。此外,所努力的是为大众谋福利的文化,而不是为少数人谋私利的文化,在思想或理论上积极注重于大众有利的思想或理论,反对为少数人保持私利的欺骗或麻醉大众的思想或理论。[1]因而进步性与大众性成为邹韬奋所主办的文化事业的两大特点。正因为如此,他得到了广大读者和人民群众的衷心爱戴;也正因为如此,他又为反共反人民的国民党当局所不容、所迫害。

"文化摩擦"如果只是口头辩论、文字争论,那真理会愈辩愈明,然而事实却不是这样,而是国民党党部、警察、宪兵、"特务老爷"等等压迫进步文化的行为。因而"文化摩擦"的结果不但可使被压迫者失学失业,甚至失去生命。邹韬奋认为"其实'文化摩擦'

---

[1] 邹韬奋:《韬奋全集》第10卷,上海:上海人民出版社,1995年版,第887—888页。

这个名词还不能成立，因为军事还可以武装对垒一打，受压迫的方面还有武装可以来抵抗一下。讲到大后方的进步文化，一遇到国民党的压迫，那就只有受压迫罢了，在压迫得透不过气来的时候，疏解和抗议都无用，压迫者是可以任所欲为，倒行逆施的"。[1]

"军事摩擦"也会加剧"文化摩擦"。最显著的是皖南事变发生后，国民党当局对于"文化摩擦"也是变本加厉。共产党办的《新华日报》受到空前的压迫，中间阶层的报刊言论也进入最苦难、最紧张的时期。邹韬奋认为皖南事变在表面上看来含有军令政令的因素，但是在实质上却不能否认其为党派斗争，是个政治问题，不能以军令政令几个表面上的名词抹煞问题的真实内容，而不从根本上加强民主政治，巩固抗日党派的精诚团结与合作。邹韬奋有一篇文章很委婉地表达了这种态度，原拟刊登在《全民抗战》周刊上，但是全文被审查会扣留，在1941年2月8日第156期的社论位置开了个大天窗。20日，生活书店贵阳分店被封，全体职工被捕，生活书店在国内的54个分支店除重庆分店以外全部被查封。22日，《全民抗战》出至第157期被查封。至此，邹韬奋所主办的进步的文化事业已在国民党当局制造的"文化摩擦"中被摧残殆尽。

正当由"军事摩擦"（皖南事变）而加剧的"人事摩擦"和"文化摩擦"达到白热化的关头，国民党用以伪装民主的第二届国民参政会定于1941年3月1日召开。

中国共产党参政员提出解决皖南事变的12条办法，作为出席会议的条件。后来再次提出立即停止对共产党的军事进攻、承认

---

[1] 邹韬奋：《韬奋全集》第10卷，上海：上海人民出版社，1995年版，第859页。

中共及各党派之合法地位、释放皖南事变被捕干部等12条临时办法。国民党拒绝答复。共产党参政员拒绝出席会议，粉碎了国民党企图利用共产党参政员出席会议，欺骗舆论、推卸罪责的阴谋。

其他各抗日党派参政员尝过第一届"来宾"的滋味，又鉴于以往的重要决议多是决而不行，或至多仅在"等因奉此"中兜圈子，加上新的国内环境比旧时更差，所以都把参政会看得很淡，鼓不起劲儿。他们中许多人已无意再来粉饰场面，但又不得不顾全"团结"的"形式"，在2月20日前后怀着极为复杂的心情陆续到渝。

邹韬奋仍被请做"来宾"。开会前夕，他的心境不只是复杂，而且"苦痛得厉害"。他一方面多次参加在野各党派"来宾"的聚谈，共商大计；另一方面，为着生活书店忙着与国民党党部作最后的商谈，所得到的结果仍然是"彻底的消灭"。

在这段"苦痛得厉害"的日子里，邹韬奋即时得到了中国共产党的帮助。2月间，周恩来根据中共中央的指示，为保存进步文化界的力量，在海外开展文化宣传工作，决定逐步把在重庆、桂林等地的大批民主人士和文化界人士转去香港，建立新的文化阵地。邹韬奋和夫人沈粹缜曾访问周恩来和邓颖超，得到关于时局问题、生活书店问题、个人去向问题等方面的剀切指示。

根据周恩来的指示，邹韬奋开始有计划地疏散生活书店工作人员，逐步把出版发行的重点转移到解放区，并将生活书店的领导中心转移至香港。

23日傍晚，邹韬奋毅然决定辞去国民参政员，出走香港。他觉得："在这地狱似的凄惨环境中，再粉饰场面实在是莫大的罪恶！"[1]

当晚，邹韬奋访沈钧儒。他拿着几份电报，眼里含着悲愤的泪，

---

[1] 邹韬奋:《韬奋全集》第10卷，上海：上海人民出版社，1995年版，第372页。

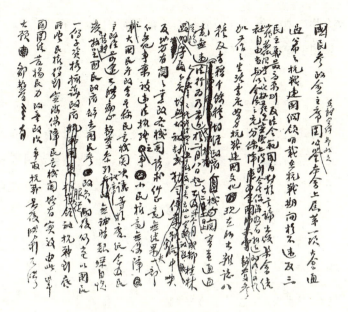

邹韬奋愤而辞去"国民参政员"职务致国民参政会的电稿

告诉沈钧儒昆明、成都、桂林、贵阳几处分店被封、人员遭捕的情形，并说："这是什么景象！一点不要理由，就是这样干完了我的书店！我无法保障它，还能保障什么！我决意走了！"[1]

第二届国民参政会定于 24 日报到。邹韬奋为了迷惑特务，按规定报了到，领到聘任状和徽章，抽签抽到了二十号议席，还被中央通讯社特派摄像员照了一张半身像。下午参加在野各抗日党派会议，并在共同商讨的给蒋介石的一封信上签了名。他在会议完毕赶回家里，已是万家灯火了。

临行前，邹韬奋要安排、交代的事情很多。最为重要的是要说清楚为什么此时出走这个问题，以免引起不必要的误会。为此，他连夜起草了两份文件，一件是辞去国民参政员的电稿，另一份

---

[1] 沈钧儒：《悲痛的回忆》，见邹嘉骊编《忆韬奋》，上海：学林出版社，1985 年版，第 22 页。

是致除共产党之外的在野各抗日党派领袖们的公开信。

辞职电稿内容如下:

> 国民参政会主席团并转全体参政员公鉴:本会上届第一次大会通过公布之抗战建国纲领,明载在抗战期间于不违反三民主义最高原则及法令范围内,对于言论出版集会结社自由,当予以合法之充分保障。此种最低限度之民权,必须在实际上得到合法保障,始有推进政治之可言。韬奋参加工作之生活书店,努力抗战建国文化,现在所出杂志八种及书籍千余种,均经政府机关审查通过,毫无违法行为。乃最近又于二月八日起至二十一日止,不及半个月,成都、桂林、贵阳、昆明等处分店,均无故被封,或勒令停业,十六年之惨淡经营,五十余处分店至此已全部被毁,虽屡向中央及地方有关之党政各机关请求纠正,毫无结果。夫一部分文化事业被违法摧残事小,民权毫无保障之事大。国民参政会号称民意机关,决议等于废纸。念及民主政治前途,不胜痛心。韬奋忝列议席,无补时艰,深自愧疚。敬请转呈国民政府,辞去国民参政员,嗣后仍当以国民一分子资格,拥护政府,服从领袖,抗战到底,所望民权得到实际保障,民意机关始有实效,由此巩固团结,发扬民力,改善政治,争取抗战最后胜利,不胜大愿。[1]

公开信内容为:

> 衡山先生并转任之、问渔、御秋、君劢、努生、舜生、幼

---

[1] 邹韬奋:《韬奋全集》第10卷,上海:上海人民出版社,1995年版,第39页。

椿、伯钧、漱溟、表方、慧僧、申府诸先生惠鉴：韬奋追随诸先生之后，曾于二三年来在国民参政会中，勉竭驽钝，原冀对于民主政治有所推进，俾于国家民族有所贡献，但二三年之实际经验，深觉决议等于废纸，会议徒具形式，精神上时感深刻之苦痛，但以顾全大局，希望有徐图挽救之机会，故未忍遽尔言去耳。惟就韬奋参加工作之生活书店言，自前年四五月后所受之无理压迫，实已至忍无可忍之地步。本会上届第一次大会通过公布之抗战建国纲领，明载在抗战期间，于不违反三民主义最高原则及法令范围内，对于言论出版集会结社自由，当予以合法之充分保障。此种最低限度之民权，必须在实际上得到合法保障，始有推进政治之可言。生活书店努力抗战建国文化，现在所出杂志八种及书籍千余种，均经政府机关审查通过，毫无违法行为。乃最近又于二月八日至廿一日，不及半个月，成都、桂林、昆明、贵阳等处分店，均无故被封，或勒令停业，十六年之惨淡经营，五十余处分店，至此已全部被毁。贵阳不仅封店，全体同事均无辜被捕。虽屡向中央及地方有关之党政各机关请求纠正，毫无结果。一部分文化事业被违法摧残事小，民权毫无保障之事大。在此种惨酷压迫之情况下，法治无存，是非不论，韬奋苟犹列身议席，无异自侮，即在会外欲勉守文化岗位，有所努力，亦为事实所不许，故决计远离，暂以尽心于译著，自藏愚拙。临行匆促，未能尽所欲言。最后所愿奉告者，韬奋当仍以国民一分子资格，拥护抗战国策，为民族自由解放而努力奋斗。苟有以造谣毁谤相诬者，敬恳诸先生根据事实，代为辩正，而免于政治压迫之余，复遭莫须有之冤抑。忝在爱末，用感披沥上陈，诸希鉴察为幸。诸先生为前辈先进，对国家民族尤具无上热诚，必能为全国同胞积极谋福利，再接再厉也。临颖怅惘，无任神驰，敬颂公安！[1]

邹韬奋的辞职是积极的而不是消极的；是对国民党暴政的抗议，但又没有走极端。上述两份文件清楚地反映出他"以光明磊落的辞职行动，唤起国人对于政治改革的深刻注意与推进"的意愿。[2]

邹韬奋连夜将起草好了的辞职电稿及公开信送到沈钧儒处，并向他告别，说明天早上一定走。接着，邹韬奋又夜访黄炎培，说明辞职出走的理由，并向他告别。等邹韬奋回到家里，已经深夜一点多钟了。

邹韬奋曾向重庆卫戍司令部的稽查处填写表格，请购飞机票，打算以继母有病为辞，直接飞往香港，但因沈钧儒力劝开完会再走而作罢。既然决定开会之前走，再订飞机票已不可能，于是他不得不改走陆路。25日一早有车从南岸出发，邹韬奋必须于当晨四点钟过江赶往南岸。

匆匆睡过一两个小时，邹韬奋即起床。为着爱国、救国，他曾经流亡、坐牢；在全国抗战的新形势下，又是为着爱国、救国，他再一次被迫离开温馨的家。这是邹韬奋的第四次流亡。

25日晨4时许，情真意挚的师长、战友沈钧儒乘着满街的雾气来送行。昏暗的灯光下，邹韬奋和妻子正在门口作别。不久，邹韬奋就在潮湿的雾气中消失得看不见了。邹韬奋死后，沈钧儒在追念他的诗中曾有"薄雾微明际，行矣竟奈何""从今衡舍路，默默怕经过"的真切动人的诗句，道出了生离死别的难抑苦境。

---

[1] 邹韬奋：《韬奋全集》第10卷，上海：上海人民出版社，1995年版，第373—374页。落款时间"廿五晚"有误，应为"廿四晚"。

[2] 同[1]，第372页。

十四　转战香港　力倡民主

早春的清晨，清冷冷的。

邹韬奋化装成商人，身着一件古铜色的呢袍，头戴一顶黑色呢帽，身上带着一份由沈钧儒的侄子弄到的重庆某汽车公司顾问的身份证明书。他乘坐的是福建省的长途汽车，由一位生活书店的同事找关系买的票。到达南岸车站后，即有一位生活书店同事照料他上车。

在车上，邹韬奋意外地碰到曾是《全民抗战》编委的胡绳。为免于别人的注意，他们相互之间只得以"陌生人"相待。一直等到汽车开出了重庆地界，他们才互相点了点头。他们在路上相处6天，同行到衡阳。途中受到两次盘问，险象环生。邹韬奋一路上担忧着留在重庆的夫人是否应付得了特务们的纠缠，也怀念着还留在重庆的朋友和同事，更苦思焦虑着时局的变幻，因而时常陷入沉思。当别人问他干什么事情时，他竟完全忘了自己扮演的角色，不知所措，无以为对。为此，胡绳提心吊胆了一路。[1]

3月3日，邹韬奋在衡阳与胡绳分手后，只身一人乘湘桂铁路夜班车去桂林。车中一位曾在生活书店工作过的青年人找到并照顾邹韬奋，使邹韬奋甚为愉悦。

---

[1] 胡绳：《在流亡生活中的韬奋先生》，见邹嘉骊编《忆韬奋》，上海：学林出版社，1985年版，第28页。

3月4日，车到桂林。邹韬奋即由那位热情的青年人领到当地救国会负责人陈此生处，受到盛情接待。邹韬奋了解了生活书店桂林分店被摧残的详情。

3月5日下午2时，邹韬奋从桂林乘飞机飞往香港。他的飞机票是由中共中央南方局华南工委负责人廖承志，委托国民党军事委员会桂林办公厅主任（也是广西军政方面最高负责人）李济深，疏通关系，由其下属的一位高级职员具名担保才买到的。在桂林机场，邹韬奋看到张友渔、韩幽桐、孟秋江等几位熟友同机赴港。但为避免暴露身份，他们在机场相见时互相不打招呼，相对无语。国民党当局发现邹韬奋出走后，一面以国民参政会主席团的名义拍电报到桂林表示挽留，一面密令桂林的特务机构扣押邹韬奋。所幸在密电到达之前两小时，邹韬奋所乘的飞机就起飞了。

3月5日当天下午，飞机降落在九龙启德机场，邹韬奋即被友人接往香港。从路上的情况来看，虽然邹韬奋本人事先不知道，实际上共产党、救国会以及生活书店为了他的安全在暗中作了周密的安排，环环相扣，均有人接应。这体现了共产党和同事们、朋友们对他的关怀。

在香港，邹韬奋见到先他转战而来的好友金仲华、范长江等人，也见到了暗中帮他来港的共产党人廖承志。有人问起他今后的行动计划，他说："我的能力和志趣，都不允许我做一个政治运动的领导者，我不过是一个喇叭手，吹出人民大众的要求罢了。"[1]

在一次与朋友们的集会上，他郑重声明："我们到香港不是为逃难而来的，而是为'坚持抗战，反对投降；坚持团结，反对分裂；

---

[1] 张友渔：《韬奋先生死了》，见邹嘉骊编《忆韬奋》，上海：学林出版社，1985年版，第33页。

坚持进步，反对倒退'，创办民主报刊而继续战斗的！"[1]

当时，范长江正在筹办《华商报》。在香港办报办刊也和国统区一样，稿件付印前要送去审查。为减少阻力，廖承志建议由商人邓文田出面申请注册，并采用该名。一则能使报纸公开发行，便于向内地和南洋各地寄递；二则使工商界和一般市民看了也不会感到害怕。

关于办报方针，该报对内要求团结、民主、进步，反对分裂、独裁、倒退；对外反对英美对日妥协，揭露批判绥靖政策和"东方慕尼黑阴谋"。3月下旬，中共中央文件《打退第二次反革命高潮后的时局》传达后，又把"有理、有利、有节"的斗争方针列入其中。范长江本人是1939年加入共产党的党员，因而可以说《华商报》是一份在中国共产党领导下的宣传团结抗战的政论性的报纸。

《华商报》督印人兼总经理邓文田，副总经理范长江，总编辑胡仲持，总主笔张友渔。邹韬奋虽未加入《华商报》的班子，但他非常支持《华商报》的工作，开社委会时也积极参加。应范长江之约，他准备根据自身的经历，为《华商报》撰写长篇连载文章《抗战以来》。

邹韬奋走后，夫人被特务严加监视，一再纠缠。原来监视邹韬奋的两个特务因为"失职"而被关押起来，因而新来的两个特务特别卖力。国民党特务机关认为只要困住沈粹缜和孩子们，不愁邹韬奋不回来，不愁抓不到邹韬奋。

要摆脱特务的纠缠，就必须设法出走。在生活书店的帮助下，沈粹缜和孩子们终于有了好的脱身之计。她先把准备带走的行李

---

[1] 范长江：《忘我的人》，《文汇报》1959年7月24日。

衣物及邹韬奋必须保存的资料,分别整理,分批转移到生活书店总管理处。

3月初,趁着一次空袭警报的机会,他们母子4人,拿一些随身携带的小件钻进防空洞。警报解除后,他们不再回家,赶到和生活书店同事约好的地点碰头。有一个书店同事专门护送他们去桂林。

他们到了桂林,因国民党当局更加紧了机票的控制,已不能乘飞机去香港。他们走陆路,经过柳州、玉林,从广州湾乘船到香港,与邹韬奋团聚。[1]

沈粹缜带着3个孩子到香港后,5口之家租住在两间陋室里,各种用品全无,孩子上学也没有钱,一时生活上陷入了困境。平日家中的一切都由沈粹缜料理。就连邹韬奋每次外出,需要多少钱,都由沈粹缜算好放到他的口袋里。不到万不得已时,沈粹缜是不会向邹韬奋讲困难的。但是,如果邹韬奋知道家庭经济困难时,马上就会非常不安,感到对不起妻子。正当沈粹缜不知如何是好的关头,热情而又细心的范长江察觉到了。他立即与几个朋友商量,决定以预支稿费的方式,按月给邹韬奋400元港币,才算解决了邹韬奋一家生活上的燃眉之急。[2]

《华商报》为晚报,1941年4月8日正式创刊,每天出对开一张。邹韬奋为之撰写的长文《抗战以来》,从创刊号开始,一天不间断,连载至6月30日止,共得文稿77篇。此外,邹韬奋还为《华商报》写了一些别的很有影响的政论文章。

《抗战以来》揭露了国民党利用国民参政会伪装民主、反对宪

---

[1] 胡耐秋:《韬奋的流亡生活》,北京:生活·读书·新知三联书店,1979年版,第63—64页。
[2] 范长江:《念韬奋同志》,见邹嘉骊编《忆韬奋》,上海:学林出版社,1985年版,第203页。

政的内幕；揭露了国民党当局压制言论自由，摧残进步文化事业的卑劣手段；揭露了国民党特务横行、践踏民主、侵犯人权、残害青年的暴行。邹韬奋来自战时的"陪都"，并切身参与"实际政治"，因而对于国民党法西斯专政的本质认识得十分深刻。他告诉世人："表面上是一回事，骨子里又是一回事。这实在是中国目前政治上最重要的征象，也是我二、三年来在中国实际政治这一门课程中所得到的最深刻的教训。""要研究中国政治，光看白纸上的黑字是不够的。要改善中国政治，光从条文上做功夫更是绝对不够的。"国民参政会通过的决议无论多么切合时需，都不予执行，"糟蹋纸张，糟蹋油墨，罪孽深重"。[1]

另一方面，《抗战以来》热情讴歌"震动寰宇的民族战士"、"自动奋发的千万青年"、"沦陷区同胞的艰苦奋斗"、"热爱祖国的千万侨胞"。邹韬奋因此看到中国抗战胜利的希望，认为："这许多广大的爱国民众是中华民国的广大而巩固的基础，是中华民族光明前途的骨干。这样的有着无限光明前途的祖国是我们所值得爱所不得不爱的！"

邹韬奋呼吁"爱我们的祖国"，认为："我们要做一个堂堂正正的人，就不得不爱我们的祖国！如今我们的祖国还有着这么广大的爱国民众做她的基础，还有着那么无限的光明前途，值得我们爱，这不是更使我们够兴奋的事情吗？""因为中国的广大群众的力量实为决定中国前途的主要因素，而不是违反广大群众要求的任何个人或任何集团所能压抑下去的。""任何在政治舞台上已具有伟力的个人，或在中国已具有相当力量的政党，真能反映中国的广大人民的要求，必然得到最后的胜利，否则必然要遭到最大

---

[1] 邹韬奋：《韬奋全集》第 10 卷，上海：上海人民出版社，1995 年版，第 212—213、295 页。

的失败。"他还要求大多数的中国人民，为爱护祖国，为争取祖国的光明前途，必须在"争取国家独立和实现民主政治"的总目标下，努力奋斗到底。[1]

邹韬奋对于中国政治问题的批评不是为了泄个人的私愤，而是"意在以光明磊落的公开言论，唤起国人对于政治改革的认识和努力，用意也是积极的而不是消极的"，[2]是为着"爱我们的祖国"的。他襟怀坦白，心底无私，严厉批评国民党中的黑暗部分，但为着中国政治的改革，对于"政府和领袖存着忠言直谏的态度"，不反对"领导抗战的政府和领袖"。只要国民党还留在抗战阵营，只要蒋介石还没有做"汪精卫第二"，邹韬奋都支持和督促国民党、蒋介石保持抗日的立场。邹韬奋切齿痛恨国民党当局消极抗日、反对民主、反共摩擦等倒行逆施行为，但不主张"推翻现政府而另换一个政府"，并多次撰文劝导持这种观点的人。邹韬奋把革命的坚定性与斗争策略的灵活性高度结合起来，是一位有韧性的战斗者。

《抗战以来》的连载引起了巨大的反响。应广大读者的要求，又由华商报社汇编成单行本，广为发行。该书连印3次，印数达15000册，仍是供不应求，影响之大，前所未有。国内外读者看到这本书，都深感国内政治如不彻底改革，抗战就不可能取得胜利，中国光明的前途就不可能到来。通过这本书，广大读者也可以弄清楚关于国共两党之间的一些是是非非。

当时，设在香港的由宋庆龄领导的保卫中国同盟，办有《保卫中国同盟通讯》半月刊，亦邀约邹韬奋为之写稿。

---

[1] 邹韬奋：《韬奋全集》第10卷，上海：上海人民出版社，1995年版，第263—264页。
[2] 同[1]，第172页。

保卫中国同盟是宋庆龄邀集部分中外著名人士发起组织的国际性统一战线组织。1938年6月14日在香港成立。发起人中还有冯玉祥、孙科、尼赫鲁、保罗·罗伯逊等。抗战中，该同盟利用各种方式向世界各国朋友和海外华侨阐明中国人民抗日斗争的意义和目标，介绍国内的抗战情况，争取各国人民和海外华侨的同情和支持。

邹韬奋为《保卫中国同盟通讯》写了以下两篇文章，表现出高超的对外宣传本领。

第一篇题为《中国政治发展的展望》（1941年4月15日第29期），指出"新四军事件"明白无疑地同一切政治因素有密切联系，"今日中国之关键问题，在于决策和行政管理的民主化"，"这一主张已经形成了巨大的力量，最终将推动中国的民主运动，废除一党专制，建立所有党派真正合作的民主政府"。"我们深信中国终将成为一个民主的国家。一切想使历史车轮倒转的人终将失败，尽管他们现在是多么的不可一世。"这一"展望"是抗战时期政治形势顺利发展的必然趋向，与后来中国共产党提出的联合政府主张相符合，可见邹韬奋对中国政治问题的把握是多么的正确。

第二篇题为《苏日中立条约和远东局势》（1941年5月1日第30期），指出："那些使日本困扰不安的问题，并不会单因同苏联的这个新条约而消失。日本仍然不得不在大陆上面对中国的军队和游击队，并且在太平洋非常可能与美国的舰队对峙。""日本将对美国采取比以往更加大胆的态度，因为它相信帝国的北部疆界目前已相当稳固。美国只有为其在太平洋的防御迅速采取某些决定性的步骤，才能遏制日本的扩张，这一扩张是决不会放弃的。"中国的抗战不会因苏日中立条约而有所削弱，"只要日本被中国的抗战牵制在大陆上，日本就不可能进一步自由地向南扩张"。文章突出了中国抗日战争的国际作用和中国的抗战能力，有利于赢得国际的同情和帮助；对苏、中、美、日、英等各国之间的关系作了简要而透辟的分析，能够帮助人们分清敌友。"日本将对美国采取更加大胆的态度"之预测恰为年底"珍珠港事件"所证实，可惜没有引起美国人的足够重视。

3、4月间，重庆、桂林等地因遭受迫害而无法立足的进步文化人士纷纷来港。因为邹韬奋在新闻出版界有着很高的信誉和威望，有人建议由他出面办个刊物，宣传抗日民主思想，一定有重要意义，也是国内外广大读者所企盼的。邹韬奋本人也有这个想法。但是，在香港办刊物，需有"港绅"（在社会上有地位的绅士，如《华商报》的邓广田）作为督印人和负责人，才允许登记。邹韬奋不具备这个条件。

说来也巧，有一位名叫曹克安的青年人，其父是"港绅"，早已登记好要办一个周刊，但因未找到适当的主编，刊物一直没有问世。曹克安读过邹韬奋的著作和主编的刊物，崇敬邹韬奋的道德文章。经联系，曹克安欣然应允，愿为发行人。邹韬奋决定以《大众生活》复刊的名义出版刊物。

5月3日，《大众生活》编委会组成：邹韬奋任主编，金仲华、茅盾、乔冠华、夏衍、胡绳、千家驹为编委。

第一次编委会在香港湾仔凤凰台生活书店办公室召开，主要讨论了何时出刊问题。大家分析香港的政治环境，认为这里虽然标榜"言论自由"，但也是各方特务云集的场所，无论日特、汪特还是蒋特如果听到邹韬奋要在香港办刊，都将设法进行破坏，港

邹韬奋主编的报纸和刊物

英当局因为怕麻烦,也不会欢迎。因而,邹韬奋提出必须尽快出版。

说干就干,勇往直前是邹韬奋一贯的工作作风。5月10日,《大众生活》复刊号发排,5月17日正式出版。这是邹韬奋毕生所办的最后一个刊物。

此后,每星期六举行编委会,地点改在太子行二楼。编委夏衍后来回忆说:"这个刊物雷打不动地每周开一次编委会,讨论时事之外,还要决定下一期的主要内容,并在这个范围内每个编委担任一篇以上的文稿。韬奋的特点是用他特有的精神和品德来团结作者和读者,同时又以科学的管理方法来编辑和经营这份刊物。他不止一次说过,他办刊物的经验是亲自抓'一头一尾'。'头'是社论,'尾'是答读者来信(就是'信箱'和'简复')。社论绝大部分是经过编委讨论题目后由他亲自执笔的,而他花精力最多的,则是答读者来信。有一次私下谈话,他对我说:'我们这些知识分子或多或少是脱离群众的,在香港这个特殊的地方,要接近群众也不容易,所以我只能从读者来信中摸到一点群众的脉搏。'"[1]

邹韬奋在《复刊词》中对比了前后出版的《大众生活》所面临的不同的国内形势,说:"假如在五年以前,摆在全国人民面前的紧迫问题是如何促成停止内战,团结统一的局面以进一步达到对外的全面抗战,那么现在,摆在全国人民面前的紧急问题,就是如何使分裂的危机根本消灭,巩固团结统一,建立民主政治,由而使抗战坚持到底,以达到最后的胜利。""现在虽然很不幸地发生了局部的逆流,但我们坚信,靠着全国人民的巨大力量也一定能旋乾转坤,而到达胜利与光荣的彼岸,所以目前正需要一个比五年以前更广泛而深刻的民众力量的表现。"他声称本刊重出,"所自勉的就是要造成诸位的一个'知识上的好友'——但却不是脱离现实的抽象的知识,而是直接间接和抗战建国以及在这大时代中各人工作上修养上有关的知识"。他公开表明立场:"对于进步的,有利于民族前途的一切设施固极愿尽其鼓吹宣扬之力,但对于退步的,有害于民族前途的现象我们也不能默尔无言。纵使因此而受到误会与攻讦,但我们对民族前途的信心与为这信心而不惜一切牺牲的决意是必能为读者诸友们共鉴的。"

5月31日,邹韬奋与文化界旅港人士茅盾、金仲华、恽逸群、范长江、于毅夫、沈志远、沈兹九、韩幽桐9人联名在《华商报》上发表《我们对于国事的态度和主张》。

---

[1] 夏衍:《懒寻旧梦录》,北京:生活·读书·新知三联书店,1985年版,第460页。

他们分析了祖国抗战形势，指出"今天祖国抗战所遭逢的危机，不仅在于日本帝国主义者要集中全力以结束'中国事变'，而尤在于国内根本的政治问题始终未曾获得合理的彻底的解决。四年来的事实，昭示我们，要争取抗战最后胜利，必须团结和动员全民族的力量，而要团结和动员全民族的力量，主要的条件是实现民主政治。他们对国民党在政治上走向倒退表示强烈不满，列出了种种表现和危害"。为了克服困难保证抗战胜利，他们殚精竭虑提出了九条"改革政治的最低限度的主张"，即坚持抗战国策，求其更须彻底；团结须更具诚意；民主政治须即实施；确定独立自主的外交原则；严惩贪污，整饬官场；对改善民生，宜迅作有效的处置；解除抗战文化的压迫与封锁；特务工作必须用以对付敌伪，不能用以统治人民；应切实保障侨胞回国投资，及回国参加抗战建国工作的安全，保证侨胞捐款的合理运用，制止达官贵人在海外豪奢之生活，以慰节衣缩食踊跃输将的爱国侨胞。

他们是一群流亡在外的坚定的爱国者，披肝沥胆建言献策，宣称："但使政治进步有望，则我们不但对目前之流离与诽谤，视为无物，即令粉身碎骨亦甘之于饴，至对于阴谋出卖国家，破坏抗战之恶势力，则一息尚存，誓当与之奋斗到底。我们无时不准备重返祖国，今虽身在海外，亦不愿自安于明哲保身，愿始终坚守文化岗位，追随海内外同胞之后，力争祖国之进步与光明！"

6月22日，苏德战争爆发，第二次世界大战进一步升级。邹韬奋当天下午知道消息，立即召开编委会议，确定《大众生活》新7号要刊登如何看待苏德战争的文章。6月28日，邹韬奋在《大众生活》新7号发表社论《德军进攻苏联》，明确表示："就我们对于德苏战争的态度而言，我们根本上是同情于苏联的；而且我们相信由于这战争的展开,将触发一个广大世界的反法西斯怒潮,加速侵略帝国主义的崩溃!"

7月12日,邹韬奋在《华商报》上发表《对苏联的态度问题》,认为苏联对中国的态度是友好的,援助中国抗战最为得力,"我们为着抗战的胜利,一面要自力更生,一面要尽力争取更多的一切外援。但是我们却主张对于最邻近中国的、反法西斯最坚决的、对中国抗战同情最切援助最多的苏联,须特别加强友好和合作的关系。这种态度是完全和中国的国家民族的利益相符合的"。文章强调:"中苏两个伟大民族是全世界反法西斯侵略的两大支柱,它们的利益是相辅相成而不是相对立的,它们的友好的关系和密切的合作是全世界光明前途的源泉。它们反法西斯侵略的战争,能够得到最后的胜利,是全世界的人类解放的两盏明灯,是全世界最优秀的儿女所渴望的。"

当时,日本舆论挑拨中苏关系,希望中国掀起反苏的高潮,或至少要引起中国人对于苏联的恶感。香港的国民党报纸也借机诬蔑和攻击苏联,以适应反共反人民的需要。因而,邹韬奋关于中苏关系以及如何看待苏德战争问题的言论,对于提高人们的认识,维护中苏团结,增强抗战力量,具有很重要的政治意义。随后,邹韬奋还作了一系列的苏联问题的研究。

9月18日,中国民主政团同盟在香港创办《光明报》。10月10日,同盟正式宣告成立,并发表"贯彻抗日主张,恢复领土主权之完整,反对中途妥协"、"实践民主精神,结束党治,在宪政实施以前,设置各党派国事协议机关"、"加强国内团结,所有党派间最近不协调之点,亟应根本调整,使进于正常关系"等十大政治纲领。该同盟是中间党派和无党派人士的政治联盟,一面与共产党积极合作以抵抗国民党的压迫,一面联合起来争取自由民主、反对内战,维护自身的生存与发展。它的成立客观上加强了中国抗日和争取民主的力量,是中间党派政治势力发展中的一件大事。虽然该同盟成立时,救国会没有加入(沈钧儒原是同盟的创议人之一,但有部分发起人认为他和救国会其他成员与共产党关系密切,不同意他们参加。到1942年他们才加入同盟),但邹韬奋给予了积极的支持。他和金仲华、张友渔3人署名发表了宣言,响应同盟的主张,保证完全同它合作。

邹韬奋在香港期间的言论,是他在抗战时期言论的精华。除了对国内外形势作精当的分析、评述,形成正确的舆论导向,以帮助人们分清国际上的敌友,了解国内抗战现状、存在的问题、解决的办法、抗战的前途之外,最为主要的是对国内反民主的种种论调在理论上进行了全面、透彻的驳斥,分析了在中国实现民主政治的重要性、紧迫性,并提出了相应的途径和办法。

主要发表在《大众生活》和《华商报》上的《反民主的几种烟幕》、《国际友人对中国民主的热望》、《揭穿妨害民主的几种论调》、《民主阵线中的苏联》、《言论自由与民主政治》、《实现民主的普遍要求》、《一党专政与以党治国》、《中国民主的一般性》、《中国民主的特殊性》、《民意机关的组织与职权》等为数几十篇的专门研究文章(这些文章大部分收入《对反民主的抗争》,1946年7月由韬奋出版社出版),集中反映了邹韬奋对于民主政治问题的思考和辩驳:

第一,认为中国非走上民主之路不可。

从国内情况看,实现民主政治是各抗日党派及全国人民的一致要求。"中国当前最重要的几个实际问题要得到合理而切实的解决,非努力促进民主政治的实现不可。我们目前最重要的事情当然是争取抗战最后胜利的加速到来,要达到这个目的,与军事相配合的最重要的几个实际问题必须得到合理而切实的解决:第一是团结问题,第二是政治问题,第三是经济问题。"[1]而"民主政治的实现是抗战期间解决政治经济一切困难问题乃至巩固团结的前提,是加强中国抗战力量的基本条件,也就是与抗战最后胜利是分不开的"。[2]

从外部援助上看,美、英等国标榜为"民主"国家,因此只援助所谓的"民主"国。美国为了让中国拖住日本的后腿,保障自己的安全,在一定程度上支援中国抗战。它派来了经济、技术专家,也送来了一些美元,但"还嫌不够,还注意政治方面,郑重推荐一位政治顾问到中国来",其用意很简单,是想使援助能收到实效。政治不改善,不走向民主化,则再多的援助或是中饱私囊,或是用于打内战。因此,中国要赢得更多的国际援助,从而增强抗战的力量,早日打败日本侵略者,就必须实现民主政治。[3]

第二,揭穿反民主的种种谬论。

实现民主政治是大势所趋,人心所向,并为国际友邦所注目的事情。因此,"反民主者因为懔懔畏惧于国内人心所向与世界大势所趋,不敢明目张胆反对民主,只得转弯抹角,企图暗伤民主政治的发展。他们费尽心血,绞尽脑浆,制造反民主的种种烟幕,发出妨害民主的种种论调。同时他们对于主张实现民主政治者加

---

[1] 邹韬奋:《韬奋全集》第10卷,上海:上海人民出版社,1995年版,第713页。

[2] 同[1],第684页

[3] 同[1],第661—662页

以种种的诬蔑与诽谤,以为这样可以增加他们反民主烟幕的作用,可以增加他们妨害民主论调的欺骗"。[1]"烟幕"也好,"论调"也好,邹韬奋统统予以彻底的揭穿,还它以反民主的本来面目。

第一种谬论是公开明言或努力暗示民主与抗战不相容。这种"烟幕"在抗战爆发后一直不停地放着,到第一届国民参政会第四次会议通过实施宪政案后,放得更厉害,公开宣言"实行民主必不利于抗战,要实行抗战必须暂时停止民主"。邹韬奋借用蒋介石在国民参政会上冠冕堂皇的支持宪政的言论对上述谬论予以驳斥,指出民主政治对抗战"大有裨益",并为"领袖"所提倡。"我们现在所要求者只是政府要把领袖的指示见于事实,实行起来。"[2]

第二种谬论是"以非常沉痛的姿态"说要向敌人争自由,不能麻烦政府,向政府争自由,否则就对不起遭受奸淫屠杀的成千成万的兄弟姐妹,对不起前方拼死作战的战士,对不起国家和民族。这种谬论伪装得很好。但邹韬奋洞悉其奸,予以无情的揭露。他说:"侵略我们的敌人的残酷是事实,我们必须向民族的敌人争自由也是不成问题的,但是横行无忌的压迫人民的党老爷,害国害民的贪官污吏,发国难财无恶不作的权贵,却不能以此为借口而钳制人民对于民主政治、清明政治的要求,却不能以此为借口而箝制被压迫被摧残的人民对于民主自由的要求。而且我们要铲除政治上的黑暗部分,正是要实现'提高民权,加强国本'(蒋介石语),使我们'向民族的敌人争自由'得到加速的成功……这不是'少数人'的'打麻烦',而且是大多数人的迫切要求,我们'打

---

[1] 邹韬奋:《韬奋全集》第 10 卷,上海:上海人民出版社,1995 年版,第 709—710 页
[2] 同[1],第 673 页。

心自问',要'对得起国家民族',只得对不住你们了!"[1]

第三种谬论是把"国家至上"和个人自由对立起来。反对民主政治的人常常捧出"国家至上"的大帽子来压制民主的要求,主张除了拥护"国家至上"之外,"我们要牺牲各个人的自由",要"全体国民各人对自由的牺牲",换句话说就是,在"国家至上"的口号之下,国民对于民主自由的要求是绝对不应提出的,否则便是犯了违反"国家至上"的大罪。对此,邹韬奋从三个方面进行了驳斥:(一)"国家是为人民而存在的,只有法西斯的国家观才把国家和人民强为划分开来","民主国的所谓'国家至上'的'国家',正为着保卫民主自由而反抗法西斯摧残民主自由的国家,它没有理由把正在号召保卫的民主自由,借口'国家至上',要强迫人民'牺牲各个人的自由',要'全国国民各人对自由的牺牲,效法法西斯主义者那样压迫人民,剥夺人民的一切民主自由。"(二)中国只是挂了"民国"的招牌,在实际上并未实现民主政治。孙中山遗教不强迫人民为着被神秘化的国家和超出人民以上的国家而牺牲一切民主自由,他所反对的是"一盘散沙"的"自由",所重视的是"以民为主,拿民来治国家",简直是"人民至上"。(三)官僚专制的"国家"不配"至上",只有"以民为主"的"国家"才配得上"至上"。[2]

第四种谬论是诬蔑要求实现民主政治是要推翻现有的"政治中心",是要颠覆政府。邹韬奋又以蒋介石在国民参政会上"早颁宪法"是"中央这十年来所不断努力以求的一件大事"之演词为依据,反问道:难道"蒋委员长"也要颠覆政府?"其实全国人

---

[1] 邹韬奋:《韬奋全集》第10卷,上海:上海人民出版社,1995年版,第674页。
[2] 同[1],第686—687页。

民所希望者是抗战的最后胜利,在执行抗战国策的政府,谁也不想颠覆它,国民对于实现民主政治的要求,只是要改善它充实它,以加强对于抗战的领导则有之。""如说是要颠覆政府,那只是反民主者独出心裁捏造出来的产物,用来吓人罢了!"[1]

第五种谬论是亡国的恫吓。反民主者把法国灭亡的原因归结到民主政治上,特意提醒人们注意"亡了国的人民还有什么民主自由可说!"好像中国实施民主政治,就要准备做"法兰西第二"似的。邹韬奋认为"这种诬蔑是相当刻毒的,因为法兰西是一个惨败的国家,可以引起人们对于民主政治的厌恶情绪。但是法国的亡国不是由于民主而是由于反民主造成的"。"亡了国的人民没有什么民主自由可说,这诚然是事实,但却不足以说明民主自由是要不得的,是不该要的,是可以让压迫人民摧残人民的党老爷们横行的。"[2]

第六种谬论是故意把"民主"解释为"散漫无政府状态"。这种谬论是"抗战时期非实行集权不可,宪政与抗战不能同时并行"的翻板。邹韬奋反问道:"中山先生一生倡导民主政治,难道也等于倡导'散漫无政府状态'吗?""其实任何实行民主政治的国家,民主不但不妨碍集权,而且民主集权是当然的现象。重要国政取决于民意机关,执行则集中于行政元首或责任内阁,民主与专制对立,并不与集权对立。"[3]

第七种谬论是认为中国已实现了民主政治。一些国民党要人为了争取外援,对外尽量把中国说成是"民主国家"。例如,国民

---

[1] 邹韬奋:《韬奋全集》第10卷,上海:上海人民出版社,1995年版,第676—677页。
[2] 同[1],第677、746页。
[3] 同[1],第687—688页。

党中央党部秘书长吴铁城就曾在对美广播中说:"我国一切事业皆大进步,成为真正民主政治之国家,人民亦得享受民主政治之生活。"另一位"党老爷"也宣称:其实国民党"不仅在专政,而且还有充分的彻底的民主精神"。邹韬奋认为这种往自己脸上贴金的说法,"对于民主政治的实现,又多了一个挡箭牌!"民主政治尽管有种种形式,但至少有三点让人看得见的事实:一是起码应该有人民选出的代表人民的民意机关,负责起监督政府、督促政府的责任;二是起码应该有对民意机关负责的政府;三是起码对于人民的最低限度的民主自由应有切实的合法保障。而这三点在中国都还谈不上,怎么能说中国已是"民主国家"了呢?[1]

第八种谬论是动辄把主张民主者视为"异党分子"。反民主者惯用的伎俩是任意给主张民主者戴上一顶红帽子,"把全国各阶层、广大人民对于实现民主政治的要求,把国父中山先生一生努力奋斗所要实现的民主政治,一切一切都算在共产党账上。"邹韬奋以中国民主政团同盟的成立为例,说:"一方面可见实现民主的要求是反映着全国各阶层的需要,中共并未参加,对于实现民主的要求是由帽子不红的若干在野党派组成的民主同盟提出。"反民主者"看到这种实际的情形,未免要大失所望罢"![2]

第九种谬论是诬蔑"贯彻抗日主张"、"实践民主精神"、"加强国内团结"等为"第五纵队的主张",理由据说是"为了敌人的便利"。邹韬奋又以中国民主政团同盟的重要分子大多数为国民参政员为例说:"国民参政会正在纷纷通告各参政员按期到渝开会,如果他们是'第五纵队',政府却敦请这许多'第五纵队'到抗战

---

[1] 邹韬奋:《韬奋全集》第10卷,上海:上海人民出版社,1995年版,第689—690页。
[2] 同[1],第754页。

邹韬奋 1937 年至 1941 年出版的 4 本译作

陪都去'参政',不是太冒失吗?即此亦可充分表现'第五纵队'的诬蔑,徒然令人齿冷而已!"[1]

第十种谬论是曲解"一党专政"与"以党治国",从而论证国民党专制独裁的合理性,并以苏联为例,咄咄逼人地发问:"现在有人说苏联是最民主的国家,试问苏联是不是只有一个政党?"邹韬奋认为在当时的世界上存在着两种"一党专政"的国家,但

---

[1] 邹韬奋:《韬奋全集》第 10 卷,上海:上海人民出版社,1995 年版,第 757—758 页。

两者的性质决然不同。"政党只是代表其所代表的阶级,那么苏联现在只有一个党,是与苏联全国只有一个工作者的阶级的这一事实相适合的。"因此,像苏联这样"无产阶级专政的民主国家是走着民主的道路","它的一党政治的'一'是真正的'一'",是"为着全国最大多数人民的利益而自然存在的"。[1]而德、意"在实际上不能不依赖无产阶级而存在,在实际上并不能使全国都变成一个资产阶级",所以它们的"一党专政的'一'只是表面上的现象,在实际上,暗中仍有其他党派存在"。"中国不适用苏联式的一党政治,也不适用德意式的一党专政,更不需要贝当所梦想的加强压迫人民以媚敌的'一党专政'。"根据孙中山遗教,三民主义的中国采用"以党治国",实质上是"以党义治国",不是一党包办,而是由全国各党派(当然是抗日的)依民主方式来共同努力,使中国成为三民主义的民主国家。"这一点的明确认识,对于中国政治的推进是非常重要的。"[2]

第三,阐明了中国民主的一般性与特殊性。

关于中国民主的一般性。邹韬奋认为:"民主政治之所以异于专制制度(无论是君主专制或是官僚专制)和法西斯主义,除了各民主国各有其特点外,还有共同具有的一般性。这种一般性,是民主政治必具的因素或条件,如果失去了这一般性,便不是民主,或徒具民主之名而无民主之实。"

邹韬奋从释义开始,说"'民主'在西文的原字起源于希腊文,由'人民'和'治理'两个希腊字合组而成的,简单的意义便是由人民来治理。关于民主的定义,最为政治学者所普遍接受的是

---

[1] 1939年邹韬奋翻译出版了《苏联的民主》一书,说明了这个问题。
[2] 邹韬奋:《韬奋全集》第10卷,上海:上海人民出版社,1995年版,第716—720页。

林肯所谓'民有、民治、民享的政府'。"邹韬奋又引用孙中山和列宁对"民主"的看法，认为都是"由人民来治理"，其形式有二："一种是由人民直接管理自己。像希腊小城市国家，每一个公民都有直接参加政府的权利；还有一种是通过他们所选举的代表。由于一国的人民数量往往不能像希腊小城市国家那样少，所以一般地说来，都是采用'通过他们所选举的代表'。"他指出虽然世界各民主国具有种种不同的类型，但都必须具有以下三种"一般性"：一是有由人民选举代表来构成民意机关，负起监督政府促进政治的责任；二是有经人民选举或由民意机关产生，能直接对民意机关切实负责的政府；三是人民的民主权利须得到切实的保障。依据孙中山的遗教，中国的民主应该具有世界上"进步的民主政治"的一般性。[1]

邹韬奋将中国民主的特殊性概括为四个方面：

其一，中国民主有着特殊的历史任务。中国是一个半殖民地半封建的国家，"所以中国民主政治的历史任务便是反帝反封建残余。就积极的意义说，便是要争取抗战最后胜利，使中国成为一个独立自由的国家；同时使中国建立清明政治，成为真正的三民主义共和国"。这两大任务"彼此之间有着很密切的关系"。

其二，中国民主应有的内容"是三民主义之切实的执行"，因为三民主义"如能切实执行，在实际上便是上述的两大历史任务之具体表现"。

其三，中国民主的进步性。"首先由于作为它的具体内容的三民主义的进步性"，因为三民主义是在摈除了一般资本主义的弊病后提出的。此外，"还由于它现在所处的时代是社会主义国家成立

---

[1] 邹韬奋：《韬奋全集》第10卷，上海：上海人民出版社，1995年版，第747—750页。

以后，各国民主都在努力扩大的时代，中国的民主革命已是新的进步的世界的一环，而不是旧的倒退的世界的一部分"。

其四，各阶层共同努力的必要。"中国民主政治的成功必须由于全国各阶层的共同努力，因此必须由于成为全国各阶层比较有组织的先锋——抗日各党派——来共同努力。"因此，中国不能采用德、意式的一党专政，也不是苏联式的无产阶级的民主，中国所应采用的民主制是近于英、美的多党制的民主。[1]

第四，强调言论自由的重要性。

这与邹韬奋所从事的职业有密切关系。在他看来，无论什么类型的民主国，只要翻开它们的根本大法——宪法——就可以看到对于人民的言论、出版、集会、结社自由都有规定，而且言论自由放在第一位。因为言论自由，在各国民主政治运动史上，都是由争取民主的人民所必须争得的一种最重要的最基本的民主权利。言论自由的保障，在积极方面可以反映人民的要求，在消极方面可以发生继续监督政府督促人民代表的作用。他把言论机关划分为反映民意和反映官意两种，在反民主和假民主的国家里，官意占着绝对的便利，民意常在摧残压迫之下挣扎着。言论机关除了反映民意之外，还负有指导民意的责任，但这种指导仍然逃不出反映民意的范畴，官意的言论机关，并不一定都要不得，但必须反映民意，与民意相一致。[2]

第五，力争实现已有法规中规定的民主权利。

---

[1] 邹韬奋:《韬奋全集》第10卷，上海：上海人民出版社，1995年版，第758—763页。邹韬奋对英、美民主的虚伪性早有深刻的认识，这里所说的是形式上"近于"。上述"中国民主的进步性"恰好说明了中国要采用的民主在本质上又不同于英、美的民主。

[2] 同[1]，第706—707页。

在民主政治的三个"看得见的事实"中,邹韬奋特别看重民主权利的获得保障,认为"民主权利能否得到切实的保障,是民主政治是否已经实现的证据;民主权利所能得到的切实保障的程度,是民主政治得以实现的程度之最正确的指针"。"训政约法及抗建纲领的内容都够不上宪政,我们当然不能固步自封",但其中对于人身、言论、出版、集会、结社等自由均有明确的规定,因而"在更完善的宪法尚未产生以前,我们对于目前仅有的根据——训政约法与抗建纲领——必须努力求其兑现,必须努力求其切实执行"。

　　邹韬奋把"民主权利的效用"归结为三点:一是人民积极参加国事改进政治的重要工具,二是抗战期间动员民众的基本条件,三是能增进政府与人民间的健全关系,能增加人民对政府的信仰,因而能保障政府对人民的领导。因此,他认为当时最迫切的问题,一方面当然是争取宪政早日实现,一方面尤须力争已有法规中的民主权利的切实实现,而要做到这两点,必须有具体的办法:一是不许违法的官吏以"本官即国家"或"本官即法律"的心理,随便摧残人民的民主权利;二是保证训政约法与抗建纲领所规定的民主权利的尊严不可侵犯;三是经常监督政府必须切实保障人民的民主权利。[1]

　　通过上面的介绍,可以看出邹韬奋对民主问题是很有研究的。在他的思想中,民主是一种能充分调动整个民族的力量去打败日本侵略者最为有效、快捷的工具;同时又是目的,即要让人民当家做主,充分享受民主权利,这也是进行反帝反封建斗争的根本目的。他的民主思想的来源很广博,既有西方近现代资产阶级民

---

[1] 邹韬奋:《韬奋全集》第10卷,上海:上海人民出版社,1995年版,第785—792页。

主学说，又有马克思主义民主学说，还有孙中山的三民主义学说，可以说是择善而从。但他立论正确，实质上又是站在无产阶级立场上来理解民主政治问题的。他对反民主谬论的批驳极富战斗性，论说充分，辛辣讽刺，戳穿了一切反民主的鬼把戏。他用三民主义、蒋介石的演词及国民党重要会议的决议来反击反民主的论调，富有策略性，让反民主者有口难辩，又不至于妨碍统一战线内部的团结。

邹韬奋是一位杰出的民主战士（毛泽东、朱德等老一辈无产阶级革命家多称赞邹韬奋为"民主战士"）。他对民主政治问题不是从艰深的学理上去研究（因而他不是深邃的民主思想家），而是深入浅出，从现实可行性的角度去研究和宣传，这与危在旦夕的民族生存环境和如火如荼的民族解放斗争的实际需要有关，也与他所从事的新闻报道、新闻评述的事业有关。

大批文化工作者抵港，带来了盛极一时的文化空气。然而，香港并非发展文化事业的风水宝地。代表少数剥削阶级利益的统治者绝对不能容忍大众性、进步性的文化事业，无论是内地的国民党当局，还是香港的港英当局，概莫能外。

邹韬奋在重庆大受"原稿审查"之苦，在香港则大受"清样审查"之苦。在重庆，邹韬奋还曾找"审查老爷"讲过理，还从"棺材"里救出过文章，勉强还能根据"老爷们的高见"修改（有时是"老爷"们随心所欲的代改）文章，做些添补工作，因而《全民抗战》只开过一次"天窗"。在香港，审查的是定过稿的清样，遭到扣、删后（香港的"老爷"们对认为有问题的文章、段落和字句，则或扣或删了事，懒得费力去改），就无法补救，因而开"天窗"是常有的事，而且开得很大，至于方形的空格，则每期《大众生活》上都有，或段或句或字，百孔千疮，惨不忍睹。并不是说内地的"老爷"仁慈些，香港的"老爷"刻薄些，两者在本质上都是一样的，都是"审查"没商量，扣、删没商量，只不过前者"原稿审查"，后者"清样审查"，使送审者有无时间补救罢了。

菲律宾一读者来信说刊物中有许多方形空格，于读者不利，请求予以添补。邹韬奋在"简复"中道出了编著者的苦衷。他肯定读者的请求"在原则上确有理由"，但"在事实上却有着不能克服的困难，因为各稿送检查的稿件是已经排好的清样，送检查收回后，即须急急忙忙付印，如改排或'添补'，往往要延误到出版时间，所以只得让'方形空格'出现。所幸各种刊物的编著人都在尽可能避免'方形空格'在清样上出现，清样上能尽可能避免，刊物上也就可以达到少见为妙的目的了"。[1]

以1941年8月16日出版的《大众生活》新14号为例，该期共有15篇文章，被"审查老爷"扣留3篇，1篇删掉题目，2篇题目被删掉半截；有3幅插图送审，1幅被扣，连题目也不允许登。15篇文章中只有一篇关于苏德战争的译文和一篇连载的中篇小说未删改。该刊共24页，该期就有9页被大删之后，开了大块"天窗"，几乎整页空白。《大众生活》新14号就是以这样残缺不全的样子面世的，读者看了，谁能不为之鼻酸？谁能不为之愤怒？

为了刊物的生存和发展，邹韬奋呕心沥血，鞠躬尽瘁。他曾在写给沈钧儒的一封信中说：每天一定要写若干字数的文字，还要开会，忙得不亦乐乎；到了晚上，放下笔杆，倒头便睡，"真如

---

[1] 邹韬奋：《韬奋全集》第10卷，上海：上海人民出版社，1995年版，第530页。

僵尸一般"。[1]

复刊的《大众生活》虽遭受"审查老爷"们的百般残害,但一出版就受到海内外读者的热烈欢迎,销数很快达到 10 万份。菲律宾读者曾西川来信说:"《大众生活》的复刊,是每个一向在读先生文章敬仰先生的读者一个重大的鼓励,同时,社会上对于先生及先生等的主张的态度,也可以在《大众生活》广大的销路看得出。在我们这菲律宾,《大众生活》已成为侨界中普遍的读物了。虽然在一家中学,《大众生活》是被禁看的'禁书',但是那些先生们禁学生看,自己却是每期都要偷着看的读者,世间有这稀奇的事!"[2]

在马来西亚、新加坡、印度尼西亚等南洋各地基本上都是这样,就连旅居各地的国民党人都偷着看,可见复刊后的《大众生活》的影响有多大了!

复刊的《大众生活》比《华商报》晚出版 40 天,两相比较,用当时参与其事的夏衍的话说:"《大众生活》和《华商报》紧密合作,在宣传战线上起了很大的作用。回想起来,在当时当地,《大众生活》的影响可能比《华商报》还大。"[3] 这种评价是公允的。

时局变幻迅速,1941 年 12 月太平洋战争爆发。

12 月 8 日,日军进攻九龙。清晨,隆隆的飞机声、震耳的爆炸声和凄厉的警报声惊醒了邹韬奋一家。此时,邹韬奋一家住在九龙弥敦道尖沙咀 34 号 4 楼。从窗口望去,只见尖沙咀码头上拥

---

[1] 沈钧儒:《悲痛的回忆》,见邹嘉骊编《忆韬奋》,上海:学林出版社,1985 年版,第 20 页。
[2] 《大众生活》新 17 号,1941 年 9 月 6 日。
[3] 夏衍:《懒寻旧梦录》,北京:生活·读书·新知三联书店,1985 年版,第 461 页。

挤着许多人，且有不少车辆载着英国雇佣的印度兵向北急驶而去。邹韬奋立即明白发生了什么事情。

很快，住在九龙的于毅夫（东北救亡总会的负责人之一）和范长江先后来到邹韬奋家中。他们带来了日本在当天早晨6点钟正式向英美宣战的消息，并说已经过英国情报部香港办事处证实。

邹韬奋和范长江商量，估计九龙难以久守，为安全起见，还是转移到香港去为好。在香港，再转移别处也方便一些。可九龙和香港间的渡轮只供军用，不搭一般乘客。于是，范长江派人去找过海船只，邹韬奋派人分头通知住在九龙的另外一些朋友。

下午5点多，邹韬奋一家和一些友人乘一条小木船在夜色朦胧中偷渡到香港，当夜住在一家旅馆。

12月9日上午，廖承志召集紧急会议，夏衍、乔冠华、邹韬奋和文化界、新闻界的一些人士都参加了。分析了形势，大家均认为港英当局是不可能在这个小岛上长期坚持抗战的，香港迟早要落入敌手。廖承志当即决定派人和东江纵队联系，要求尽快派人来协助疏散文化界人士。

《大众生活》12月6日新30号已经出版，按规定12月13日应出版新31号，但迫于形势，来不及再编发稿件了，邹韬奋写好的《暂别读者》也不能刊出，就此停刊了。《华商报》于12月12日停刊。

12月12日，九龙失守。香港更加人心惶惶，日本间谍、汉奸活跃，黑社会分子也趁机作乱，枪案不断。邹韬奋在社会上影响大，成为日、汪、蒋等各方必欲捕而害之的对象。邹韬奋五易住处，隐蔽而居，生活困厄。但他不以为苦，反而觉得是体验劳动人民生活的好机会。在港的朋友们为他的安全而担忧劳碌，使他"深深地感受到友谊和集体的温暖"。

12月25日,香港沦陷。刚从国民党的黑暗统治中挣脱出来的进步人士,又面临着落入日本侵略者魔掌的危险。

此时,邹韬奋转移到湾仔贫民窟里,不分昼夜地躺在"碌架床"(在一家小照相馆的二层楼上,有楼梯直通街道)上,不敢外出。这次夫人与他住在一起(孩子们被安排在别处),照料他的生活。他们在躲藏、不安和困苦中迎接1942年的到来。

这时,一场在中共中央亲切关怀下,由中共华南工委和东江纵队精心策划、具体执行的"港九大营救"正悄悄展开了。

十五　光荣归宿　青史垂名

中共中央关怀着滞留香港的文化界人士的安全，指示以廖承志、连贯为首的中共华南工作委员会：为了保护我国革命文化界的精华，必须立即用一切力量把全部留港的抗日文化工作者抢救出来。

1942年元旦前后，中共香港地下组织派人看望邹韬奋夫妇，说党组织"正在了解情况，研究从哪条路线离开香港最为安全"，表示尽快帮助他们转移出去。

在廖承志的统筹安排下，在东江纵队的严密保护下，1月9日下午，邹韬奋身着"唐装"只身离开"贫民窟"，被人领上停在海边的一艘大木船。

10日天色未明，海雾弥漫，邹韬奋与茅盾夫妇、胡绳夫妇、于伶、恽逸群等坐船偷渡九龙。

11日，他们混在上万名的难民队伍中向内地进发。在避过日伪的检查后，他们离开难民队伍，改走山路，经过两天的艰难跋涉，于12日傍晚到达白石龙镇东江人民抗日游击队司令部。

这是邹韬奋的第五次流亡。这次流亡也含有积极的意味，即流到了人民的怀抱，流到了早已心向往之的理想家园——共产党领导下的抗日民主根据地。与邹韬奋同时或前后，其他旅港的文化界人士也全都被安全转移了出来。

13日,东江纵队司令员曾生、政委林平热情招待文化界人士,并召开座谈会。邹韬奋在会上自喻是跟随"文化游击队"从香港转移阵地归来的。他一再强调说,没有人民的枪杆子就没有人民的笔杆子。他题写了"保卫祖国,为民先锋"的横幅赠给曾生司令员。

到达游击区后的几天,邹韬奋就和一些脱险归来的抗日文化工作者,参观了丛林中的《东江民报》(东江纵队机关报——《前进报》的前身)。他十分关心游击区新闻出版工作,仔细观看了各种各样的抗日宣传品,对油印出版技术方面的创造很感兴趣。他还十分热情地题写了《东江民报》的报头。[1]

1月24日,邹韬奋转移到阳台山,此时夫人及子女也从香港转移到此。他在这里生活了两个月,曾同游击队一起行军,并热情地与战士们谈话,还为《东江民报》写过一篇社论,题为《惠博失陷的教训》,抨击国民党消极抗战积极反共的政策。在这里,邹韬奋从不把自己看作"客人",游击队从领导到战士也把他看成是"自己人"。一次,他曾与一位老朋友谈到参加中国共产党问题,说自己认识到真理晚了些,但还有后半生可以献身于共产主义事业;又说他准备在临终前要求党考察自己的一生,希望党在他死后能够追认他为共产党员。[2]

邹韬奋离开香港时,本想经东江前往桂林、重庆。3月间,东江纵队得知国民党当局已密令通缉邹韬奋,指令特务机关发现时"就地惩办"。为了保卫邹韬奋的安全,东江纵队决定将他安排到

---

[1] 杨奇:《和韬奋相处的日子》,见邹嘉骊编《忆韬奋》,上海:学林出版社,1985年版,第240—241页。

[2] 穆欣编著:《邹韬奋》,武汉:湖北人民出版社,1982年版,第306—307页。

梅县乡下隐居。其夫人及子女则先期离开东江前往桂林以为掩护。邹韬奋为不能再重返抗日文化战场而感到遗憾,表示:"我既然不可能在任何城市公开露面,决定就在乡间闭户读书。"[1]

邹韬奋住到梅县畲江江头村陈炳传(又名陈启昌)家是由中共地下党员胡一声介绍的。胡一声在太平洋战争爆发前,名义上是香港中国新闻社负责人之一。香港沦陷后,他负责接待由香港转移来的文化界人士。他虽然没见过邹韬奋,但对邹韬奋的政治态度和所从事的文化工作很了解,在得知邹韬奋要找一个可以隐居的地方,就热心地予以筹划。

陈炳传是大革命时期的中共党员,胡一声与他是老战友。陈炳传的父亲陈作民(有些材料上写作陈卓民)也是一位革命老同志。大革命失败后,陈炳传父子被国民党通缉,全家流亡到马来西亚,继续从事革命活动,同时也做些生意,积蓄了一些钱。他们1941年回国,修复旧居,以侨商的面貌出现,暗中为东江纵队筹措物资。陈氏父子都知道邹韬奋,阅读过邹韬奋主编的刊物,钦佩邹韬奋的为人,同情邹韬奋的处境。经胡一声联系,陈氏父子欣然答应,欢迎邹韬奋去住。

江头村是梅县南部的一个僻静的小山村,地处梅县、丰顺两县的交界处,大革命时期农民运动开展得很好。大革命失败后,青壮年多已逃往国外,不再为国民党地方当局所注目。政治条件好,各阶层群众对国民党的统治都极为不满,而且因许多乡亲被杀而怀有深仇大恨。华南中共党组织也认为这里是暂时安置邹韬奋的好地方,经研究同意把邹韬奋隐藏到陈炳传家中。当时,交给陈炳传的任务是:"公开隐蔽,严密防范,保证安全。"

[1] 胡耐秋:《韬奋的流亡生活》,北京:生活·读书·新知三联书店,1979年版,第94页。

4月初，邹韬奋告别了东江游击区，由东江纵队的同志伴送，住进了陈炳传家中。他化名"李尚清"，对外则说是香港某商行的股东，因战争关系，经济上受到重大损失，为此精神上受到刺激，需要在乡下休养一段时间。

离开了喧闹扰攘的都市，隐居到僻静安宁的山村，邹韬奋感到轻松愉快。

潺潺的溪水，翠绿的山岚，柔柔的风，暖暖的日，花香飘鸟语，蛙声伴蝶飞，这些只是山村有，都市难得几处寻。村民日出而作，日没而息，不用定点上班，没有明枪暗箭，不用忧谗畏讥，没有缠绵悱恻，一切都是那么自然、和谐、富有人情味。

邹韬奋对村民的生产、生活有着浓厚的兴趣。谁家杀猪、做豆腐，他总要跑去看看。6月农忙，老乡在场上打谷，邹韬奋也要试一试，尝尝辛苦的味儿。

邹韬奋特别喜欢"山村夜谈"。晚上，常有一些老乡到他的住处来摆龙门阵，他从老乡那里了解到山村人民的革命斗争史以及许多乡风民俗，他则把外界的形势、新闻知识及许多趣谈说给老乡，海阔天空，其乐融融。有时也有所讨论，各抒己见，毫无拘束，情绪热烈。

白天，他走到哪里，常有成群的孩子围上，争叫"李伯伯"。有时他在溪水潭中游泳，碰上一些孩子也在，总要打闹成一团，彼此哈哈大笑。有时他向孩子们讲些英雄故事，启发他们的爱国思想，培养他们的勇敢精神。为了更好地与老乡交流感情，邹韬奋"拜"陈炳传的10岁儿子陈明辉为"师"，学习客家话。

为了防止敌伪及国民党顽军的偷袭，邹韬奋还在陈炳权的父亲陈作民老人的陪伴下，白天仔细观察村子内外的地形，晚间参加反匪特演习。在这方面，老乡们都富有经验，邹韬奋从中对梅县人民过去的革命斗争历史有了较深的体会。

为了丰富邹韬奋的精神生活，陈作民设法把埋藏在梅县亲戚家的两箱历史文献取回来，其中有整套的大革命时期中共中央机关报《向导》周刊、团中央机关报《中国青年》、中共广东区委机关报《政治》周刊、团区委的《少年先锋》、梅县地委的《青年旗帜》等。他还为邹韬奋特意找了一个秘密书房。邹韬奋如获至宝，认真阅读，获益甚多。这是他第一次较为系统地研究中国共产党的历史，更加增进了他对中国共产党的了解与感情。

对照中国共产党的历史，邹韬奋说："中国人民革命的巨火在广东炽烈燃起来的时候，我还是一个不大关心政治的人。后来国共分裂，我也还是当作党派斗争。我自己不想卷入到任何党派斗争方面去。我认为谁执政都没有问题，只要能够政治清明，使祖国逐步走上富强的道路。我自己总是希望脚踏实地，为国家及人民切切实实做一些具体有效的事情。直到九一八事件发生，我投身到挽救祖国危亡的战线上，才逐步认识到挽救中国的唯一道路，只有唤起全国人民，实行反帝反封建的民族民主革命。从此，才认识中国共产党，按着党所指的方向努力。我对中国革命是半路出家，是通过自己的摸索，走了不少迂回道路的。"[1]这种反思是符合邹韬奋思想发展实际的。

8月间，邹韬奋的战友专程从桂林到重庆，向周恩来汇报了邹韬奋的情况。鉴于国民党特务可能侦知邹韬奋隐居在梅县，为了保

---

[1] 陈启昌（陈炳传）：《韬奋在梅县江头村隐蔽的日子里》，见邹嘉骊编《忆韬奋》，上海：学林出版社，1985年版，第479页。

障邹韬奋的安全，也为了使邹韬奋继续为革命发挥作用，周恩来建议邹韬奋考虑是否前往苏北抗日根据地，然后从那里转赴延安。

邹韬奋接受了周恩来的建议。9月中旬，中共党组织派冯舒之（原生活书店干部）到江头村迎接并护送邹韬奋去上海。胡一声、郑展受派协助行动。

分别在即，邹韬奋身为文化人，别无长物以馈亲人，乃以文人特有的题字留念的方式表达感情。当日，他撮录鲁迅著作的名句，写成两个条幅，一个留别胡一声，一个留别陈炳传。前者内容为"历史上都写着中国的灵魂，指示着将来的命运。只因为涂饰太厚，废话太多，所以很不容易察出底细来。正如通过密叶投射在莓苔上的日光，只看见点点的碎影"。后者的内容为"翻开历史一查，歪歪斜斜的每页上都写着仁义道德几个字，仔细看了半夜，才从字缝里看出字来，满本都写着两个字是吃人"。两个条幅都签上了清秀有力的真名——韬奋。

邹韬奋还提前为陈炳传家即将落成的新居写了大型中堂，共四个条幅，每幅近两米长，三百五十多字。这是邹韬奋平生留下的最大的墨迹，浸透了对陈炳传一家深厚的感激惜别之情。在落款处也签上了"韬奋"真名，日期写的是"1942年11月14日"。这个日子是陈作民老人择定的良辰吉日，是搬家进新屋的日子，不是邹韬奋题字时的日子。[1]

9月24日是农历的中秋节。陈炳传设晚宴为邹韬奋送行，村中的父老长辈应邀来了许多。知道和蔼可亲的"李伯伯"（孩子们的称谓）要走，大家都很伤感，无心赏月。加之特殊时期，路途遥远，

---

[1] 陈汉辉：《忆韬奋伯伯在江头村》，见邹嘉骊编《忆韬奋》，上海：学林出版社，1985年版，第496—497页。

险象环生，大家铭心刻骨地为邹韬奋的安全担忧。

邹韬奋依依难舍江头村，恋恋不舍山村人，深情地对陈炳传说："我不能忘记江头村，这里是我第一次深入接触的祖国的农村，是我第一次和祖国劳动人民交往的场所。从这里我学到了许多东西，领受到语言说不出的深情厚谊。""在这里的半年生活是我一生中有极深刻意义的一段，将来我一定要把这段生活写出一本详细的回忆录来。"[1]

不了解中国的农民，就无法真正理解中国革命；不系统研究中国共产党的历史，就难免对中国共产党有所隔膜。可以说，这次隐居使邹韬奋的马克思主义世界观和中国革命的具体实际进一步结合起来了。他对中国共产党领导的人民革命事业第一次有了切身的感受。在这里所获得的种种感受，是他长期生活在国统区的大城市里以及民族资产阶级知识分子圈子里根本无法得到的。

回首往事，邹韬奋感慨良多。临行前，他对胡一声说："我过去主张实业救国，提倡职业道德，是资产阶级改良主义的空想；后来还注重放弃武装，与蒋介石和平协商，联合救国，简直是与虎谋皮！""我毕生办刊物、做记者、开书店，简直是'题残稿纸百万张，写秃毛锥十万管'了，但政权、军权还在蒋介石手里，他一声令下，就可以使千万个人头落地！千万本书籍杂志焚毁！连我这样的文弱书生，只谈爱国，他都一再使我流离失所，家破人散呢！我现在彻底觉悟了，我要到八路军、新四军方面去，在毛泽东、周恩来、朱德等同志领导下，参加革命斗争，争取加入

---

[1] 陈启昌（陈炳传）：《韬奋在梅县江头村隐蔽的日子里》，见邹嘉骊编《忆韬奋》，上海：学林出版社，1985年版，第483页。

中国共产党。"[1]

这种认识是发自内心深处的,既有辛酸,又有喜悦,道出了一代爱国的民族资产阶级知识分子由改良主义、民主主义走向共产主义的坎坷历程。

9月27日,邹韬奋惜别江头村,在胡一声、冯舒之和郑展3人的伴送护卫下上路了。这是邹韬奋的第六次流亡,也是他最后的一次流亡。

他们乘小船由梅江到兴宁,转货运汽车到曲江(今韶关),胡一声留下等候消息。从曲江转火车到湖南株洲以南的碌口镇,郑展与邹韬奋、冯舒之分手,回韶关向胡一声报告情况。而后,冯舒之护卫邹韬奋乘船经长沙到汉口,在汉口买得身份证后,转换江轮于10月中旬到达上海。

邹韬奋从梅县到上海,在路上走了近二十天,在曲江和藕池口两次遇险,但都凭着自己的镇定沉着和护卫者的机智勇敢化险为夷。其他暗藏的杀机随时随处都有,稍有不慎,后果不堪设想。邹韬奋经历了一次极为艰险的旅程。

当时的上海处在日伪统治之下,白色恐怖极端严重。邹韬奋到达上海,即由生活书店留在上海的工作人员陈其襄负责料理一切。邹韬奋因为在上海工作时间长,熟人多,容易被认出,因而整天躲在屋子里不敢外出。

邹韬奋在梅县隐居时,就发现患有耳病,并用中草药治疗过,颇为有效。从梅县到上海的路上,又发现右耳淌黄水,但无法就

---

[1] 胡一声:《同君一席话 胜读十年书》,见邹嘉骊编《忆韬奋》,上海:学林出版社,1985年版,第362—363页。

医。到上海后，经医生检查，初步诊断为"中耳炎"，但在那样险恶的环境下，不可能做进一步的诊治，留下了日后迅速恶化的祸根，最终导致他英年早逝。

11月中旬，经过中共上海地下组织的周密安排，邹韬奋通过日伪的层层封锁线，安全到达了苏中抗日根据地。

到达苏中的第一夜，邹韬奋宿于大众书店。该书店是遵照毛泽东把进步文化出版工作逐步向敌后抗日根据地转移的指示，由生活书店、读书出版社、新知书店共同调派干部开设的。邹韬奋与书店久违了，能与同事们相聚感到特别亲切。他勉励大家为供应根据地军民文化生活的需要，在敌我斗争极为尖锐的环境里，要克服一切困难，坚守岗位。他还向大家问寒问暖，关心大家的生活。

第二天邹韬奋被接往东台县东部的三仓地区。当时，中共苏中区党委、苏中区行政机关和新四军一师师部都驻在这里。苏中区党委书记、新四军一师师长粟裕热情地接见了邹韬奋。新四军军长陈毅致电苏中区要求确保邹韬奋的安全，并希望在盐城军部同他见面，共商在华东广大抗日根据地开展文化出版事业。苏中区党委委员、苏中行政公署文教处处长刘季平在抗战前的上海曾是邹韬奋的熟友，受命负责接待邹韬奋。

随后，邹韬奋怀着激动的心情在苏中进行了半个多月的考察。他注意了解根据地的形势和人民军队的战略战术，参加各种民众活动和座谈会，并到处发表演讲。他多次与刘季平畅谈观感，并再次郑重提出入党要求。他说："现在我已不能在国民党统治区公开露面，这样的时期已经过去，我希望同意我入党。"刘季平随即向苏中区党委和华中局做了汇报。[1]

---

[1] 顾小岚:《韬奋的夙愿》,《解放日报》1980年7月1日。

邹韬奋离妻别子7、8个月了。他十分惦记远在桂林的家人，不知他们是否平安。他盼望着自己的妻儿也能来共产党领导下的敌后抗日根据地看看，并参加力所能及的革命工作。

在苏中考察时，邹韬奋常常情不自禁地将所思所见的事情与妻子联系起来。碰到困难时总要对身边工作人员说："不知道我爱人是不是能行？"他知道延安生活条件比较艰苦，总要问："我爱人到延安能不能过得惯？"看到战士骑马跃过战壕，他会说："我爱人能像一个女战士，纵马跃过战壕就好了。"[1]

12月上旬，邹韬奋去苏北根据地考察，并准备从那里经山东去延安。新四军三师师长黄克诚会见了他。他在苏北进行广泛的社会调查，着重了解根据地的政治经济状况和抗日民族统一战线的实施情况，并参观当地的小型工业、手工业和运输业，了解精兵简政和大生产运动情况，还去当地参议会旁听，与开明绅士和工商界人士也进行了广泛接触。

其时，新四军军部已由盐阜区迁至洪泽湖以南临近安徽的盱眙县境内。陈毅军长时刻记挂着邹韬奋的安危冷暖，特意委托人缝制了羊皮袍赠给邹韬奋以御寒。邹韬奋曾与陈毅几次通信，谈及在苏中、苏北抗日根据地的观感，说："过去十年来从事民主运动，只是隔靴搔痒，今天才在实际中看到了真正的民主政治。"[2]

邹韬奋到达苏北后不久，日伪军五万余人对苏北抗日根据地发起冬季大"扫荡"。苏北军民万众一心，英勇作战，很快粉碎了

---

[1] 游云：《韬奋在苏中解放区的片断》，见邹嘉骊编《忆韬奋》，上海：学林出版社，1985年版，第304页。

[2] 陈毅：《在延安举行的邹韬奋先生追悼大会上的讲话》，见邹嘉骊编《忆韬奋》，上海：学林出版社，1985年版，第92页。

敌人的"扫荡"。邹韬奋亲历其间，备受鼓舞。

1943年1月，新华社特派记者访问邹韬奋，问他对根据地的印象如何。他回答说："我到根据地来是我平生最兴奋的事情，在这里我有两个最深刻的印象，一是共产党在抗日民族统一战线中的忠实而充分的照顾各阶级的利益，使全根据地的人民团结起来坚持抗战；二是民主政治的实现，根据地内人民普遍参加政治生活，热烈拥护政府的情形，使我十余年来为民主政治而奔走的信心更加坚定了。"他还表示希望早日到延安去参加整风学习，努力以一个共产党员的标准来改造自己。[1]

邹韬奋再次致信陈毅，赞扬反"扫荡"斗争的胜利，说："今天我真正地了解了共产党统一战线绝不是只有形式的寒暄请客，而是和各阶层人民结成了生死之交，在这次战斗中，敌人用这样强大的兵力'扫荡'，可是共产党新四军和所有的地主资本家团结一致，互相保证，坚持不屈，最后取得胜利，这是共产党的伟大成功。"另一方面，他又知无不言，对有关的不足之处一定直言相告。[2]

在苏中、苏北考察期间，邹韬奋的耳疾日益加剧。

1943年2月初，中共党组织决定密送邹韬奋返沪就医。临行时，他向戴白韬表示：敌后抗日民主根据地是全国最理想的地方，真正的民主自由在共产党领导的抗日根据地实现了，没有正确的政

---

[1] 袁信之：《韬奋同志在苏北片断》，见邹嘉骊编《忆韬奋》，上海：学林出版社，1985年版，第246页。1944年1月7日，在上海医病的邹韬奋接受《苏中报》记者采访时，再次表达了同样的观感和感受。

[2] 陈毅：《在延安举行的邹韬奋先生追悼大会上的讲话》，见邹嘉骊编《忆韬奋》，上海：学林出版社，1985年版，第92页。

策和具体细致的工作，不可能取得这样的成就，愿意留在敌后跟大家一起工作和学习。他"希望病快快好，好了我立刻就回来"！[1]

2月上旬，邹韬奋由苏北返回苏中，再由新四军护送于该月中旬到沪，住进陈其襄家，化名"李晋卿"。邹韬奋多年的好友，生活书店在上海时期的医药顾问曾耀仲医生，约请医务界的几个朋友为邹韬奋进行了全面的检查，确诊为癌症。

3月初，邹韬奋由陈其襄用德和企业公司经理的身份具保，住进上海红十字医院。

5月，由外科主任穆瑞芬医师主治，施行手术。

6月，在中共党组织的安排下，邹韬奋夫人沈粹缜和长子邹嘉骅、幼女邹嘉骊先后由桂林来沪陪伴。[2] 邹韬奋在恢复期对夫人畅谈从梅县乡间分别以后的情况，以及在苏北的见闻。他的记忆力很好，说明手术没有影响大脑功能。

由于癌细胞未能切除干净，医生决定用镭锭放射治疗。此后，右边面部肌肉抽搐，发生剧痛，且越来越厉害。

7月，上海地下党组织派人到新四军军部汇报邹韬奋的病况。陈毅军长主持紧急会议，决定派人密赴北平请名医到沪医治。会上，陈毅军长指示上海地下党组织"要用尽一切力量，想尽一切办法，不惜任何代价来医治他的病"。[3]

依据邹韬奋的病情，还需要进一步做手术，才有一线救治的希望。而当时全中国只有北平某医院一美国医师能施行这个手术，

---

[1] 戴白韬：《韬奋同志的革命精神》，见邹嘉骊编《忆韬奋》，上海：学林出版社，1985年版，第201页。

[2] 邹嘉骊等编《韬奋年谱》，《韬奋全集》第14卷，第658页。

[3] 张又新：《韬奋病危的时候》，见邹嘉骊编《忆韬奋》，上海：学林出版社，1985年版，第257—258页。

可是太平洋战争爆发后,这位医生被日本法西斯逮捕了。以后又打听到这位美国医生有个助手,是中国人,也能开刀,华中局即派人秘密赴北平请他到上海来。他已应允,但要治疗费二十万元。华中局不惜巨款,立即答应了他。但这位医生在离开北平前又被日军逮捕了,邹韬奋因而失去了最后的救治希望。[1]

9月,邹韬奋转剑桥医院住院,癌细胞转移,病情恶化。生活书店负责人徐伯昕从桂林来上海看望邹韬奋,向邹韬奋汇报生活书店在内地的工作情况。邹韬奋表示:"希望病愈之后再和大家一起继续努力二三十年",并谈了今后的打算,第一要恢复生活书店,第二要为失学青年办一个图书馆,第三要办一个日报,以尝夙愿。

谈话之间,剧痛袭来,不能自持,邹韬奋翻滚在地,眼泪夺眶而出。痛定之后,邹韬奋对徐伯昕说:"我的眼泪并不是软弱的表示,也不是悲观。我对任何事情从来不悲观。我只是痛到最最不能忍受的时候,用眼泪来同病痛做斗争!"[2]

生命对于任何人来说都只有一次。邹韬奋在同病魔顽强抗争的时候,从不轻易言死。他留恋生命,珍惜于国于民有用之身。虽是病入膏肓,但念念不忘的却是病好之后如何去工作。刚刚到过敌后抗日根据地,刚刚看到中国的光明前途,事业未竟,怎能遽然撒手人寰?

中共中央以及毛泽东、周恩来十分关怀邹韬奋,特地打电报,要华中局派人去上海探望病情,表示慰问并致赠医药费用。10月,华中局派为邹韬奋所熟悉的"新知书店"创办人徐雪寒执行该任务。

---

[1] 陈毅:《在延安举行的邹韬奋先生追悼大会上的讲话》,见邹嘉骊编《忆韬奋》,上海:学林出版社,1985年版,第93页。

[2] 胡耐秋:《韬奋的流亡生活》,北京:生活·读书·新知三联书店,1979年版,第132—133页。

徐雪寒完成了任务，并带回了邹韬奋给华中局的一封亲笔信。信中表达了对共产党中央及毛泽东的感激之情，表示病愈后一定去根据地，转而去延安。徐雪寒回到新四军军部后，即向华中局领导汇报了探病经过，并代为起草了向党中央汇报的电报稿。[1]

病重期间，邹韬奋仍殷殷以国事为念。同年10月间，他得知国民党撤退河防，调集大军围攻陕甘宁边区，怒不可遏，在病榻上口授《对国人的呼吁》，[2]述："我正处在长期惨苦的病痛中，环境的压迫和重病的磨折，都可用我坚强的意志与之抗争，还能泰然处之，但每一念及祖国的前途，则忧心如捣，难安缄默。"

他指出"国民党内反动派这次对敌妥协进攻共产党的策动，实是危害国家荼毒人民的滔天罪行，我们必须以全国人民的力量、全国舆论的力量、全国各抗日党派的力量，以及海外数千万华侨的力量，共同揭露国民党内反动派这种阴谋，坚持团结，坚持抗战到底"。

他表示"民主政治同时是坚持抗战精诚团结的最基本条件之一。当我在敌后抗日民主根据地，亲眼看到民主政治鼓舞人民向上精神，发挥抗战力量，坚持最残酷的敌后斗争，并团结各阶层以解决一切困难的情形，我的精神极度兴奋，我变得年轻了。我对于伟大祖国更看出了前途光明"。"国民党内反动派的所以反对民主政治，其目的无非为实行法西斯的一党专政而已。"为了争取

---

[1] 徐雪寒：《临终前的韬奋先生》，见邹嘉骊编《忆邹韬奋》，上海：学林出版社，1985年版，第385—387页

[2] 文章写好后，交徐雪寒带回苏北发表。但为了保护邹韬奋的安全，没有及时发表出去。1944年10月8日延安《解放日报》刊发时，改题为《对国事的呼吁》。10月11日国民党图书杂志审查委员会以"诋毁政府，触犯审查标准第二项第三条"为由，批复该文在《群众》半月刊上"应予免登"，全文被扣。

抗战的胜利，祖国解放，民主自由，必须坚决反对国民党拖延实施民主进程的政策，坚决反对伪装的民主，"主张以全国人民为本位的民主政治，并且要求立即实行"。

在文化教育上，他呼吁"必须立即取消不合理的图书审查制度，必须立即取消将青年当囚犯的特务教育，必须立即取消残害进步文化人士和青年知识分子的罪行"。

他以沉痛的心情坚持自己写最后一段，说："三四年来由于环境的压迫，我的行动不能自由，最近更不幸卧病经年，呻吟床褥，不能不暂时停止我二十余年来几于日不停挥，用笔管为民族解放及人民自由进步文化事业呼喊倡导的工作。我个人的安危早置度外，但我心怀祖国，惓念同胞，苦思焦虑，中夜彷徨，心所谓危，不敢不告。故强支病体，以最沉痛迫切的心情，提出几个当前最严重的问题，对海内外同胞作最诚挚恳切的呼吁，希望共同奋起，各尽所能，挽此危机，保卫祖国。"[1]

11月间，因为敌伪特务追查甚紧，邹韬奋不得不转到瞿直夫医院。不久又转往德济医院。先后用假名"邹恒逊"、"邹白甫"、"李晋卿"。

1944年1至2月间，借助麻醉药剂杜冷丁，可安神止痛，精力尚好。邹韬奋决定将一生经历中尚未发表过的事情，写成长文，题为《患难余生记》。

每天早餐后，他就拥被而坐，伏在小木案上写作，有时废寝忘食，直至夜晚。家人、同事、朋友们劝他注意休息，他总是说："我要争取时间，和病魔搏斗！""能写多少是多少，写一些是一些。"有时他一面写一面痛得发抖，泪流满面。他安慰妻子说："你不要

---

[1] 邹韬奋：《韬奋全集》第10卷，上海：上海人民出版社，1995年版，第815—817页。

邹韬奋的部分著作

看到我流泪而难过,我不是为了伤心而流泪,而是被脑痛逼出来的眼泪。"[1]

他原计划还要写《苏北观感录》、《民主在中国》和《各国民主运动史》,并对妻子说:"我虽在病中,也还一定要写。要把我这次看到的这么许多好的东西都写出来。把解放区的真实情况介绍

---

[1] 沈粹缜:《韬奋的遗志已经全部实现了》,见邹嘉骊编《忆韬奋》,上海:学林出版社,1985年版,第224页。

给千百万读者，让他们看到那里是我们新中国的希望！"[1]

2月，《患难余生记》写到五万多字。原定写四章，但因病情急剧恶化而不得不搁笔。该书是邹韬奋最后的未完成的遗著。由于日本特务机关听到风声，加紧侦缉，邹韬奋被迫转移到生活书店同事毕青的家里住了一个月，化名"季晋卿"。

2、3月间，华中局再次派徐雪寒到上海探望邹韬奋，并致赠医药费。此时邹韬奋消瘦极了，但神智尚清。他迫不及待地对徐雪寒说："我看来是不行了，日本帝国主义还没有赶出去，我却再也不能拿起笔保卫祖国、保卫人民！我的心意，我的希望，寄托在延安，寄托在党中央，我要求入党，请你代我起草一份遗嘱，也就是一份申请书，请求党在我死了之后，审查我的一生行为，如果还能够得上共产党党员这样光荣的称号，请求追认我为伟大的中国共产党的党员。"他还就抗战建国的重大政治问题发表了意见。徐雪寒确曾为邹韬奋起草过一个遗嘱草稿，但后来公布的遗嘱是邹韬奋口授的，两者是无关的。[2]

徐雪寒与上海的地下党组织和生活书店的同志组织了一个委员会，商议了邹韬奋在上海治病以及后事问题，决定必须绝对保密，不能泄露出去，以免为敌伪所利用。如被敌伪知道了，他们就会宣扬邹韬奋在沪治病如何受到保护和优待，这样会玷污邹韬奋的声誉。邹韬奋病故之后，长期照顾邹韬奋的陈其襄和邹韬奋的夫人和孩子要暂时离开上海，免遭敌伪的威胁，决不能给敌伪以可乘之机，以免在政治上造成无可挽回的重大损失。

---

[1] 沈粹缜：《忆韬奋》，《文汇报》1964年7月24日。
[2] 徐雪寒：《临终前的韬奋先生》，见邹嘉骊编《忆韬奋》，上海：学林出版社，1985年版，第388—389页。

一天夜里，邹韬奋昏厥十几分钟，自知病情严重，随时可能有突变，第二天即找徐伯昕嘱咐后事，对妻子儿女均有所交代，并再次表示请中国共产党中央审查他一生，死后追认入党。到了这种地步，他仍没有最后放弃生存的希望，说："我过去二十年是锻炼自己、充实自己，这一生发展到目前为止，恰当成熟的阶段，正可以为人民做一番事业，如果病好了，还可以为未来光明的新中国再奋斗二三十年。"[1]

4月间，邹韬奋住进上海医院。邹韬奋已到癌症的晚期，这次住院实际上已经毫无治病的意义，只不过尽量减少一些痛苦罢了。而在减少痛苦方面也越来越不可能了。自使用杜冷丁后，初时每日二三针即可安神止痛，后来病势日笃，杜冷丁的效力随之减退，每日十几针都难减痛苦之万一。他骨瘦如柴，四肢的肌肉已经萎缩，针都无处扎了。他的性情也变得异常焦躁，剧痛袭来就嚷着要打针，常常为打迟了针而发脾气。日夜守护的夫人心如刀绞，明知麻醉药是在零星地消耗他的生命，但为了减轻他的苦痛，又不得不一次又一次地给他注射。为了使邹韬奋少受一些麻醉剂的毒害，她减少了药量，有时注射蒸馏水。这样做只能给病人以心理上的安慰，却丝毫不能减少苦痛，遏制病情的恶化。

6月1日深夜，邹韬奋突然昏厥过去。次日，即召集亲友，口授遗嘱，并定稿。他为不能见到次子嘉骝而黯然神伤。他这时还不知道，由于国民党军队从湖南战场上败退，并且三令五申地强迫桂林居民疏散，嘉骝已由生活书店在桂林的同事护送到重庆，不久就由周恩来亲自带到延安，留在那里学习了。如果邹韬奋知道次子先他而到了延安，他会感到特别欣慰的。

---

[1] 穆欣：《韬奋》，北京：人民出版社，1985年版，第157页。

十五　光荣归宿　青史垂名　457

邹韬奋在上海医病榻上和夫人沈粹缜及长子嘉骅合影

6月间，邹韬奋常有昏迷现象。偶有一天，邹韬奋神智清新，眼角流露着光芒，带着兴奋的情绪与夫人谈话。他说："我要使我的病很快的好起来，让我好早些到延安去。过去在重庆，我已不止一次的告诉过你，只有中国共产党才是中国人民的救星，我虽然不会使用枪炮作武器，但是我能用锋利的笔尖，挑开国民党无耻阴谋的黑幕，号召民族团结起来，反对敌人，那时我还能起着中国共产党政治上助手的作用。我要在敌人的地区内坚持斗争，不愿就此离开。今天国民党已经对我发出了通缉令，黑暗势力更加恶劣，敌人想制我死命，可是我不怕死，因此我要尽快到延安去，争取入党，我要为党多做一些工作。"[1]

---

[1] 沈粹缜：《韬奋的遗志已经全部实现了》，见邹嘉骊编《忆韬奋》，上海：学林出版社，1985年版，第224—225页。

邹韬奋心系延安,认为不只是他个人而且包括他的家人到延安后均可获得新生。他憧憬未来,超脱了苦痛,继续兴奋地说:"等我病好了,我们就一定到延安去。在那里可以接触到许多新东西,学习到许多新东西。我要用这支笔再好好为人民工作几十年。你也可以学习一点东西。参加一点工作,小孩也可以很好地学习和锻炼。"[1]

然而,青山遮不住,毕竟东流去,邹韬奋已经走到了生命的尽头。进入7月份,他已不大能讲话了。生活书店同事和夫人沈粹缜考虑到邹韬奋在社会上是有影响的人物,过去为躲避敌伪的侦察,在上海治病期间一直瞒着许多熟人,眼前应当让一些进步人士知道他的状况了,因而通知了几位文化界的进步朋友。

郑振铎得到消息后,立即赶到上海医院病房,可惜邹韬奋处于昏迷状态。他们没有能说话,郑振铎在邹韬奋的病床前默默地站了许久。

7月21日,邹韬奋体温急剧上升,嗓子失音,但仍能以笔代言,字迹颤抖,勉强可认。

23日,邹韬奋颤抖着写了一句话:"一切照办,不要打折扣。"这是针对遗嘱而言的,他希望能够得到执行。

24日凌晨,邹韬奋进入弥留之际。沈粹缜一面请医生抢救,一面拿出遗嘱,请人念过,改正几个字。邹韬奋最后一次签上了自己的名字。他又用仅有的微力颤抖着在一个练习本上写出了三个不成形的字:"不要怕。"这是用以鼓励妻子和儿女的。7时20分,伟大的爱国者、坚强的共产主义战士邹韬奋的心脏停止了跳动。在他的身后,留下了一个烽火连天而又曙光初现的中国。

---

[1] 沈粹缜:《忆韬奋》,《文汇报》1964年7月24日。

遗 嘱

我自愧能力薄弱,贡献微少,二十余年来追随诸先进,努力于民族解放、民主政治和进步文化事业,竭尽愚钝,全力以赴,虽颠沛流离,艰苦危难,甘之如饴。此次在敌后根据地视察研究,目击人民的伟大斗争,使我更看到新中国光明的未来。我正增加百倍的勇气和信心,奋勉自励,为我伟大祖国与伟大人民继续奋斗。但四五年来,由于环境的压迫,我的行动不能自由,最近更不幸卧病经年,呻吟床褥,竟至不起。但我心怀祖国,惓念同胞,愿以最沉痛迫切的心情,最后一次呼吁全国坚持团结抗战,早日实行真正的民主政治,建设独立自由幸福的新中国。我死后,希望能将遗体先行解剖,或可对医学上有所贡献,然后举行火葬,骨灰尽可能带往延安。请中国共产党中央严格审查我一生奋斗历史,如其合格,请追认入党,遗嘱亦望能妥送延安。我妻沈粹缜女士可参加社会工作,大儿嘉骅专攻机械工程,次子嘉骝研习医学,幼女嘉骊爱好文学,均望予以深造机会,俾可贡献于伟大的革命事业。

韬 奋
一九四四年六月二日口述

邹韬奋遗嘱

邹韬奋的遗嘱全文如下:

我自愧能力薄弱,贡献微小,二十余年来追随诸先进,努力民族解放、民主政治和进步文化事业,竭尽愚钝,全力以赴,虽颠沛流离,艰苦危难,甘之如饴。此次在敌后根据地视察研究,目击人民的伟大斗争,使我更看到新中国光明的未来。我正增加百倍的勇气和信心,奋勉自励,为我伟大祖国与伟大人民继续奋斗。但四五年来,由于环境的压迫,我的行动不能自由,最近更不幸卧病经年,呻吟床褥,竟至不起。但我心怀祖国,惓念同胞,愿以最沉痛迫切的心情,最后一次呼吁全国坚持团结抗战,早日实行真正的民主政治,建设独立自由幸福的新中国。我死后,希望能将遗体先行解剖,或可对医学上有所贡献,然后举行火葬,骨灰尽可能带往延安。请中国共产党中央严格审查我一生奋斗历史,如其合格,请追认入党,遗嘱亦望能妥送延安。我妻沈粹缜女士可参加社会工作,大儿嘉骅专攻机械工程,次子嘉骝研习医学,幼女嘉骊爱好文学,均望予以深造机会,俾可贡献于伟大的革命事业。

邹韬奋的遗嘱体现了爱国爱民的赤子之心,体现了对中国共产党的一往情深,体现了生命不息战斗不止的献身精神。他在中国共产党领导的人民革命事业中看到了中国的光明前途,同时也找到了自己的光荣归宿。面对他的遗嘱,追忆他鞠躬尽瘁的一生,"高尚的人们将撒下热泪"。[1]

邹韬奋在上海去世后,仍须封锁消息。因为当时的上海还在日伪盘踞之下,日本侵略者正在极力搜寻邹韬奋,派出与邹韬奋相识的汉奸文人探听情况,如能查获病体或尸体,都给重奖。

---

[1] 马克思在《青年在选择职业时的考虑》中写道:"在选择职业时,我们应该遵循的主要指针是人类的幸福和我们自身的完善。……人类的天性本来就是这样的:人们只有为同时代人的完善、为他们的幸福而工作,才能使自己也达到完善。""如果我们选择了最能为人类福利而劳动的职业,那么重担就不能把我们压倒,因为这是为大家而献身;那时我们感到的就不是可怜的有限的、自私的乐趣,我们的幸福将属于千百万人,我们的事业将默默地但是永恒发挥作用地存在下去,而面对我们的骨灰,高尚的人们将洒下热泪。"(《马克思恩格斯全集》第40卷,北京:人民出版社,1982年版,第7页)

十五 光荣归宿 青史垂名 461

虹桥公墓墓地

1994年邹韬奋遗骨迁葬于上海市龙华烈士陵园

7月25日，邹韬奋的遗体用"季晋卿"的名字暂厝上海殡仪馆的小礼堂，是由张锡荣以"外甥张全富为舅舅季晋卿治丧"的名义办理登记手续的。[1] 没有花圈、挽联、挽幛，只有徐伯昕用黄纸写的"懿范犹存"四个大字贴在灵堂前。曾耀仲医师在死亡证明书上填写的死亡原因是"肺炎"。一切缮后工作都在静悄悄中进行。

邹韬奋生前过着动荡的生活，颠沛流离，死后还要改名换姓，隐匿病情，不能公开安葬，际遇是多么的坎坷！他没有死在最为向往的延安，没有死在苏北敌后抗日根据地，也没有死在抗日的火线上，而是死在敌伪阴霾笼罩下的上海，给家人、同事、朋友们以不尽的哀思和无奈的呼唤——魂兮归来！

丧事料理停当，8月中旬，徐伯昕携带邹韬奋遗嘱赴苏北，向中共华中局汇报邹韬奋病逝及其缮后处理情况，并请将遗嘱转送延安中共中央。张锡荣受派到重庆报丧，9月初到达，将邹韬奋患病、治疗和逝世的有关情况，特别是弥留时遗嘱要求入党的细节，详细向《新华日报》中共负责人徐冰做了汇报，并写成书面材料由徐冰报送中共中央和毛泽东。邹韬奋的家属也转移到苏北敌后抗日根据地。

遗嘱转到延安后，9月28日，中国共产党中央委员会电唁邹韬奋家属，以"严肃而沉痛的心情"，接受邹韬奋的临终请求，追认他为中国共产党党员，"并引此为吾党的光荣"。唁电称颂："韬奋先生二十余年为救国运动，为民主政治，为文化事业，奋斗不息，虽坐监流亡，决不屈服于强暴，决不改变主张，直到最后一息，犹殷殷以祖国人民为念，其精神将长留人间，其著作将永垂不朽。"

---

[1] 1946年6月22日，安葬于上海虹桥公墓；1967年迁葬于上海龙华革命公墓；1994年再迁葬于上海市龙华烈士陵园。

中共中央电唁邹韬奋先生家属

邹韬奋先生家属礼鉴：惊闻韬奋先生病逝，使我们十分悲悼，接读先生遗嘱，更增加我们的感奋。韬奋先生二十余年为救国运动，为民主政治，为文化事业，奋斗不息，虽坐监流亡，决不屈于强暴，决不改变主张，直至最后一息，犹殷殷以祖国人民为念，其精神将长在人间，其著作将永垂不朽。先生遗嘱，要求追认入党，骨灰移葬延安，我们谨以严肃而沉痛的心情，接受先生临终的请求，并引此为吾党的光荣。韬奋先生长逝了，愿中国人民齐颂先生最后呼吁，为坚持团结抗战，实行真正民主，建设独立自由繁荣和平的新中国而共同奋斗到底。谨此电唁，更望家属诸位节哀承志，遵守先生遗嘱于永久。

中国共产党中央委员会
一九四四年九月廿八日

中共中央电唁邹韬奋家属

对于这一高度的评价，邹韬奋是当之无愧的。长期的愿望终于实现，虽是哀荣，足慰亡灵，邹韬奋安息。

邹韬奋的死讯传出，四海同悲，在苏北、在重庆、在延安分别举行了隆重的追悼大会。

8月18日，苏北党政军各界人士数千人在新四军军部隆重集会，悼念邹韬奋。张云逸代军长致悼词，邹韬奋生前好友范长江、钱俊瑞、于毅夫、徐雪寒等人发表演讲。邹韬奋的长子嘉骅代表家属含泪致答词，表示要继续走父亲所走的道路，和敌人及一切恶势力战斗到底。

9月12日、14日和15日，邹韬奋的战友和朋友张申府、沙千里、王志莘、章乃器、黄炎培、陶行知、沈钧儒、史良、杨卫玉、徐伯昕10人（根据原件排名）联名在《新华日报》第一版广告栏中刊登邹韬奋逝世的讣告，称赞："邹韬奋先生，一代文豪，读者遍海内外，毕生努力文化工作，于抗战团结尤多贡献。"

9月25日、26日、27日和30日，宋庆龄、于右任、孙科、冯玉祥、柳亚子、邵力子、陈布雷、李根源、李烈钧、董必武等72人又联名在《新华日报》第一版广告栏中刊登"邹韬奋先生追悼大会启事"。

此时，世界反法西斯战争已进入大反攻阶段，欧洲战场、太平洋战场均取得重大的胜利。而中国战场却正在遭受豫湘桂大溃败。这是国民党在政治上走向反动的必然结果。邹韬奋作为一位真诚的、伟大的爱国者，却被国民党当局逼迫得难有容身之地，颠沛流离而死。因而，邹韬奋之死，在广大爱国民主人士、知识界和进步青年中间激起了巨大的反响。他们之中许多人把参加邹韬奋的追悼会作为对法西斯独裁统治的抗议和回击。

10月1日上午9时，重庆追悼邹韬奋大会隆重举行，各党派各界各阶层人士八百余人参加。

哀乐声声，挽联环绕，会场庄严肃穆，悲怆感人。3人伫立邹韬奋的遗像前，黄炎培主祭，沈钧儒、左舜生陪祭。

黄炎培读过祭文，沈钧儒报告邹韬奋的生平事迹，盛赞邹韬奋的道德文章，认为邹韬奋的逝世，"在我中华民族，无论在政治上、文化上，都是一个重大损失！""他是一直并永远立在中国人民大众的立场，面对着现实，有知识便求，有阻碍便解决，有黑暗便揭发，只问人民大众的需要和公意，不知自己一身的利害。

就因为这样，牺牲一切，挥洒他的热血，倾注他的精诚，努力创办和支持他的二十年文化事业；就因为这样，决心参加救国行动，努力于民主运动；就因为这样，离开了他所几年安居的陪都；就因为这样，卒至不恤奔驰颠沛以迄于死。"[1]

郭沫若、邵力子、林祖涵、褚辅成、纽约新闻周报记者伊罗生、左舜生、莫德惠、邓初民等发表演说。其中，郭沫若的演说慷慨激昂，说出了全体与会者的共同心声，也道出了全中国人民乃至世界人民的心声，引起了极大的共鸣，将追悼会推向了高潮。

郭沫若说："韬奋先生！你是真的离开了我们吗？你是真的放下了武器倒下去了吗？没有的，永远没有的！你并没有离开我们，你还活着，你还活在我们每一个人的心里，每一个青年的心里，千千万万人民大众的心里。你是活着的，永远活着的，从中国的历史上，从我们人民的心目中，谁能够把邹韬奋的存在灭掉呢？（鼓掌）你的武器，你的最犀利的武器也交代在我们手里来了，我们每一个人的身上都有你的武器，这就是这么一支笔。你依靠着这支笔，为人民的解放，为反法西斯的胜利战斗过来；我们也应该仗着这支笔，为人民的解放，为反法西斯的胜利战斗过去。（大鼓掌）这是一支不折不扣的名实相符的钢笔，有了这支笔存在的地方，便是民主存在的地方；没有这支笔的地方，便是法西斯存在的地方。（鼓掌）像德国、日本这样法西斯国家，它们的笔是没有了，是变了质，变成了刷把，（鼓掌）替统治者刷糨糊，（鼓掌）刷粉墙，（鼓掌）刷断头台，（鼓掌）刷枪筒，（鼓掌）甚至刷马桶。（鼓掌）这样的刷把，迟早是要和着法西斯一道拿来拖进茅厕里去

---

[1] 沈钧儒：《邹韬奋先生事略》，见邹嘉骊编《忆韬奋》，上海：学林出版社，1985年版，第16—17页。

的。(鼓掌不息)""我们中国幸而还有一支笔,这是你韬奋先生替我们保持了下来,我们应该要永远的保持下去。在目前反法西斯战争接近胜利的时候,笔杆的使用是要愈加代替枪杆的地位了:枪杆只能消灭法西斯的武力,要笔杆才能消灭法西斯的生命力。"郭沫若最后坚决表示:"韬奋先生,我们就要永远地保卫这支笔杆,我们不让法西斯再有抬头的一天,不让人类的文化再有倒流的一天;这也怕就是你通过你的笔所遗留给我们的遗嘱!(鼓掌历久不息)"[1]

经久不息的掌声是对邹韬奋的褒奖,是对国民党黑暗统治的控诉,是人们长期受压抑的情感的猛烈宣泄。

铺天盖地的挽联是人们情感宣泄的又一条渠道。

周恩来、邓颖超挽联:

忧时从不后人,办文化机关,组救亡团体,力争民主,痛摧独裁,哪怕冤狱摧残,宵小枉徒劳,更显先生正气;

历史终须前进,开国事会议,建联合政权,准备反攻,驱除日寇,正待吾曹努力,哲人今逝世,倍令后死伤神。

朱德挽联:

为坚强民主战士;
是广大青年导师。

---

[1] 郭沫若:《韬奋先生哀词》,见邹嘉骊编《忆韬奋》,上海:学林出版社,1985年版,第39—40页。

中国救国会挽联：

　　历廿余年文化斗争，卓识匡时，很早就提到民主政治；
　　有数十万读者拥护，真诚爱国，永远是站在大众立场。

新华日报社挽联：

　　奋斗不懈，为的是团结抗战；
　　救国有道，所求在民主自由。

重庆生活书店挽联：

　　不私不阿，不屈不挠，为祖国，为大众，一支铁笔，二十年卓绝奋斗，争取民主、自由、解放；
　　敢说敢骂，敢哭敢笑，编杂志，办书店，生活作风，十五载艰辛缔造，哪怕检扣、查禁、封门。

挽联之多，难以尽数列举。仅就上述数联就可以看出，多是爱恨交织在一起的。因而，可以认为在重庆举行的大规模的追悼邹韬奋的活动带有浓烈的政治色彩。

如果说在重庆进行的悼念邹韬奋的活动是民间的、自发组织的（国民党当局是迫害邹韬奋的罪魁祸首，只会破坏而决不会组织悼念活动），那么稍后在延安举行的悼念邹韬奋的活动则是官方的、有组织的，而且规模也要大得多。

致邹韬奋夫人沈粹缜的慰问信

粹缜先生：

　　在抗战胜利的欢呼声中,想起毕生为民族的自由解放而奋斗的韬奋先生已经不能和我们同享欢喜,我们不能不感到无限的痛苦。您所感到的痛苦自然是更加深切的了。我们知道,韬奋先生生前尽瘁国事,不治生产,由于您的协助和鼓励,才使他能够无所顾虑地为他的事业而努力。现在,他一生光辉的努力已经开始获得报偿了。在他的笔底,培育了中国人民的觉醒和团结,促成了现在中国人民的胜利。中国人民一定要继续努力,为实现韬奋先生全心向往的和平、团结、民主的新中国而奋斗不懈。韬奋先生的功业在中国人民心目中永垂不朽,他的名字将永远是引导中国人民前进的旗帜。想到这些,您,最亲切地了解韬奋先生的人,一定也会在苦痛中感到安慰的吧！您的孩子——嘉骝,在延安过得很好,他的品格和勤学,都使他能无负于他的父亲,这也一定是可以使您欣慰的事吧！谨向您致衷心的慰问,并祝您和您的孩子们健康！

周恩来启
卅四年九月十二日

周恩来致邹韬奋夫人沈粹缜的慰问信

　　10月7日,延安《解放日报》头版刊载邹韬奋逝世的消息、邹韬奋的遗嘱及生平事略、中共中央唁电、苏北军民集会悼念邹韬奋的消息以及社论《悼邹韬奋先生》。

　　11日,周恩来召集博古、吴玉章、周扬、艾思奇、柳湜、张仲实等发起组织"邹韬奋同志追悼会筹委会",并讨论追悼事项,议决纪念办法。周恩来在会上称赞邹韬奋为宣传中国共产党的抗

十五　光荣归宿　青史垂名　469

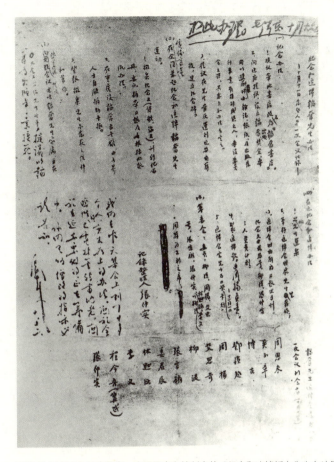

1944年10月11日在延安，由周恩来主持制定的"纪念和追悼韬奋先生办法"

日救亡政策，指引无数青年走上革命道路，立下了不可磨灭的历史功绩。

会后，张仲实根据讨论的结果，整理成《纪念和追悼邹韬奋先生办法——十月十一日发起人第一次会议记录》：

（一）纪念办法

1.提议华北书店改名为"韬奋书店"。

2. 向边区政府提议，设立韬奋出版奖金，用以奖励对办杂志、报纸及出版发行事业有特别成绩之人，专设委员会主持，其委员和办法另定之。

3. 提议在先生骨灰运到延安安葬后，建立纪念碑。

（二）电渝商量在全国发起纪念和追悼韬奋先生运动

1. 征集纪念文（诗歌、论文），刊行纪念册，委托新华日报及各根据地报纸办理。

2. 在重庆设韬奋图书馆，由各界人士自愿捐助金银。

3. 登报征集先生未发表之信件和著作。

（三）向陕甘宁边区文教会议提议电唁韬奋先生家属，并在大会上介绍先生生平，提议以韬奋为出版事业模范。

（四）在延安纪念和追悼办法

1. 出版先生选集；

2. 举行追悼会时展出先生著作；

3. 追悼会时由解放日报出专刊，纪念会由艾思奇、柳湜、张仲实三人负责计划；

4. 制追悼歌，由周扬负责；

5. 追悼会定先生百日祭——十一月一日举行。

（五）筹委会：委员：柳湜、周扬、艾思奇、张宗鳞、张仲实、林默涵、李文，以柳湜、周扬为正副主席。

12日，周恩来在这份记录上签署了如下意见："我们在昨天集会上，到了十多个人，定出如上的办法。关于全国性的已电林、董转商沈老，关于在延安要做的，正在筹备中。你们有何增改的指示，也请告知。"

15日，毛泽东为邹韬奋题词："热爱人民，真诚地为人民服务，

十五　光荣归宿　青史垂名

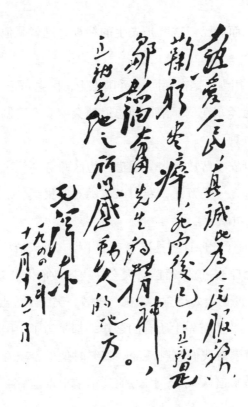

毛泽东题词

朱德题词

鞠躬尽瘁，死而后已，这就是先生的精神，这就是他之所以感动人的地方。"

同日，朱德为邹韬奋题词："爱国志士，民主先锋。"

16日，毛泽东在"邹韬奋同志追悼会筹委会"制定的办法上批示："照此办理"。

31日，延安《解放日报》报道：边区政务会议决定设立韬奋出版奖金，基金一千万元，专用以奖励对办报纸、杂志及出版发行事业有特殊贡献者。

11月22日（比原计划推迟了三个星期，这天恰好是七君子事件8周年纪念日），追悼邹韬奋大会在边区政府大礼堂隆重举行，延安各界人士两千余人与会。朱德、陈毅、吴玉章等出席并讲话。

朱德指出："韬奋先生所有的著作，都是为了中国的民族民主革命。他的遗嘱对我们感触甚深。临终时他把希望寄托在中国共产党身上，请求追认入党，因为他到华中根据地后，亲眼看到了共产党主张符合全国人民的要求。目前中国民主势力与反民主势力正在剧烈的斗争中，我们要更加努力于民主运动，团结全中国人民，争取抗战建国的胜利。"[1]

陈毅在讲话中回顾了邹韬奋到苏北根据地后与他几次通信畅谈观感的情况，以及华中局设法救治邹韬奋的情况，最后说："韬奋先生是由民主主义者走上共产主义者的道路。他的业绩，对于每个中国的民主主义者和共产主义者都是很好的教育。"[2]

吴玉章指出："近代中国文化界，在新闻事业、出版事业上，最有成绩、最有创造力的，要算邹韬奋同志。""韬奋同志在文化事业

---

[1] 1944年11月24日延安《解放日报》。
[2] 同[1]。

上的作风、能力诚然可宝贵，而特别应该宝贵的是他为新民主主义而奋斗的精神。""我希望我们为新民主主义奋斗的战士，看了韬奋同志的遗嘱更加努力奋斗。邹韬奋同志给我们以深刻的信念，使我们更坚决的向新民主主义的新中国的光明前途迈进。我们要以完成新民主主义事业来纪念我们已死的，却是新生的永远的同志。"[1]

徐特立的讲话称颂了邹韬奋对抗日民族统一战线的重大贡献，为全面、正确评价邹韬奋提供了新视野。他说："韬奋同志正是中华民族优秀儿女的代表，是抗日民族统一战线领导者之一，是救国会的发起者和组织者之一。将来写中华民族解放史和世界殖民地的解放史，他的业绩是许多光荣斗争史中之一页。""他的伟大处，我认为他具有革命精神、实际精神两方面。"[2]

22日、24日，《解放日报》出版"邹韬奋先生逝世纪念特刊"，刊发了上述讲话，毛泽东、朱德题词以及其他纪念文章二十余篇。其中，陈毅的《纪念邹韬奋先生》为后人评价邹韬奋并把握中国革命的总规律提供了深刻的启示。

文章指出邹韬奋"是以一个民主主义者走入战场，伟大的革命实践推动他向前迈步，直至与共产主义相结合，最后以他的为国家为民族为人民服务的品质和事业说，置诸共产主义者前列，可说毫无愧色。因此邹先生的道路是彻底的革命民主主义者与共产主义最终结合的道路"。

文章认为邹韬奋所走过的道路是继孙中山和鲁迅之后又一次"及其庄严郑重地指出了中国革命的总规律"，并进一步指出"凡是一个真正的革命民主主义者，他绝难半途而废，他至少会承认

---

[1] 1944年11月22日延安《解放日报》。
[2] 同[1]。

中国共产主义者是他最好的朋友。反之,中国早期的共产主义者如果拒绝参加民主革命,或不献身民主革命前列,或于献身之后陷于同化,不能彻底推行民主革命,忘记了本身的任务,那必然是假的共产主义者,亦必失败无疑"。"因此,我肯定的说韬奋先生一生的奋斗,其伟大成功便是继孙、鲁两公之后,再度指出中国革命的总规律。这种价值是无可比拟的,也是我最倾慕的地方。"

除毛泽东和朱德题有挽词外,延安的各大机关以及一些党政军和文化界知名人士均致送了挽联,表示痛切哀悼。例如:

刘少奇、陈毅挽联:

  噩耗传来,忆抗敌冤狱,民主文章,革命气骨,涕泪满襟哭贤哲;
  胜利在望,看欧西革故,敌后鼎新,人民抬头,光芒到处慰英灵。

李鼎铭挽联:

  赤心谋救国,二十年奔走呼号,不避艰危行素志;
  病榻草遗文,千万言亲切沉痛,忍从患难记余生。

中共中央书记处、办公厅挽联:

  功业救中国,属念在延安,追求新民主,胜利在望愈遗憾;
  迫害离重庆,困逝于上海,消灭法西斯,英才早死有余悲。

中共中央宣传部挽联：

　　毕生向真理追求，横眉冷对千夫指；
　　廿载替大众服务，俯首甘为孺子牛。

八路军总政治部挽联：

　　办书店，办周刊，灌输进步思想，作青年导师，功业不朽；
　　为抗战，为民主，坚持韧性斗争，为我党同志，楷模永垂。

　　中国共产党领导的晋察冀、晋绥、苏中等敌后抗日根据地以及东江纵队也都举行了追悼会，悼念邹韬奋。
　　应该说，在中国现代史上，受到中共中央及其领导人如此重视，享受如此哀荣的文化界人士是不多见的。

　　邹韬奋的一生是不断追求进步的一生。他挥洒着热血，倾献着精诚，为国家的独立、民族的解放，为民主政治的实施，为大众文化事业的发展艰苦奋斗到最后一息，书写了一部书生爱国的历史。
　　邹韬奋虽没有看到日本法西斯的覆灭和中华民族的获救，但是祖国和人民没有忘记他。
　　抗日战争刚刚胜利结束，周恩来即致函邹韬奋夫人沈粹缜，表示亲切慰问。信中说："在抗战胜利的欢呼声中，想起毕生为民族的自由解放而奋斗的韬奋先生，已经不能和我们同享欢喜，我们不能不感到无限的痛苦。""现在他一生光辉的努力已经开始获得报偿了。在他的笔底，培育了中国人民的觉醒和团结，促成了现在中国人民的胜利。中国人民一定要继续努力，为实现韬奋先生全心向往的和平、团结、民主的新中国而奋斗不懈。韬奋先生的功业在中国人民心目中永垂不朽，他的名字将永远是引导中国人民前进的旗帜。"

邹韬奋虽没有看到国内法西斯的垮台和中华人民共和国的建立，但是祖国和人民没有忘记他。

中华人民共和国成立前夕，1949年7月18日，中共中央专门发出《关于三联书店今后工作方针的指示》，指出："三联书店与新华书店一样是党领导之下的书店"，"三联书店过去在国民党统治区及香港起过巨大的革命出版事业主要负责者的作用，在党的领导之下，该书店向国民党统治区及香港的读者，宣传马列主义、毛泽东思想和党在各个时期的主张。这个书店的工作人员，如邹韬奋同志（已故）等，作了宝贵的工作"。这是中共中央以正式文件的形式对邹韬奋及其主办的文化事业的高度肯定，使邹韬奋创办的大众的进步的文化出版事业得以延续下去，并在新生的中华人民共和国得到更大的发展。

周恩来为纪念邹韬奋逝世5周年题词："邹韬奋同志经历

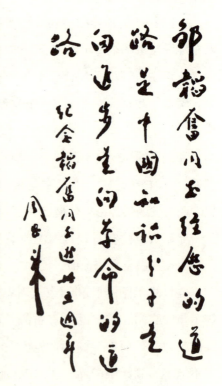

周恩来题词

的道路是中国知识分子走向进步走向革命的道路。"

1949年9月30日,即中华人民共和国成立的前一天,毛泽东亲自为人民英雄纪念碑奠基,并宣读亲自题写的碑文,以此告慰千千万万为反对内外敌人,争取民族独立和人民自由幸福,在历次斗争中牺牲的人民英雄们。邹韬奋的灵魂也会在此得到安息。

1949年10月1日,中华人民共和国成立,开创了中国历史的新纪元。

1950年,当邹韬奋逝世6周年的时候,共和国开国元帅、上海市市长陈毅特意题词:"为人民

邹韬奋纪念馆

邹韬奋的部分藏书

邹韬奋故居书房

利益奋斗,是韬奋先生毕生的志愿,新中国的成立和巩固,足告慰英灵,我们继续为人民利益奋斗并向韬奋先生学习。"

1956年10月,在陈毅的大力支持下,决定将上海重庆南路(原吕班路)万宜坊邹韬奋故居改建为"韬奋纪念馆",1958年11月5日,正式对外开放。

在人民的中国,邹韬奋的夫人沈粹缜参加了社会工作,三个孩子均健康成长为祖国的栋梁之材。长子邹家华(原名邹嘉骅)成长为共和国国务院副总理;次子邹竞蒙(原名邹嘉骝)成长为国家气象局局长,并曾连续两任国际气象组织主席;幼女嘉骊长期从事文化事业,在整理邹韬奋遗著,弘扬邹韬奋精神方面做出了突出贡献。家人情况也足以告慰邹韬奋的英灵了。

生前,阶级敌人和民族敌人均视邹韬奋为眼中钉,必欲尽早除而后快。在人民的中国,有时阳光底下也会有阴影。"文化大革命"期间,张春桥、陈伯达等反革命野心家、阴谋家为了达到不可告人的目的,不惜诬蔑、谩骂邹韬奋及其主办的文化出版事业。生活书店被指斥为"三十年代的黑店"(具有讽刺意味的是,在三十年代却是相反,被敌对势力指斥为红店),生活书店的人被指斥为"全是叛徒、特务、老板"。韬奋纪念馆横遭封闭。他们甚至设立专案,妄图彻底否定邹韬奋。

然而,为祖国为人民鞠躬尽瘁的人是任何恶势力都打不倒的。邹韬奋生前是这样,死后也是这样,因为祖国是他的后盾,人民是他的靠山。

随着"文化大革命"噩梦的结束,以及70年代末80年代初拨乱反正工作的全面展开,强加在邹韬奋身上的一切诬蔑谩骂之词均被推翻,一个活脱脱的伟大爱国者的形象熠熠生辉。

在改革开放和民族振兴的伟大时代，邹韬奋的坚定的革命信念和炽热的爱国主义精神，他的全心全意为人民服务、为读者服务的奉献精神，他的高尚情操和优良品质，都已引起了全社会的高度重视，成为增强中国人民建设有中国特色社会主义的自觉性和坚定性的精神动力。他的事业管理思想则可为社会主义市场经济条件下现代企业制度的建立直接提供借鉴。

1995年11月5日，首都各界二百多人隆重集会人民大会堂，纪念邹韬奋诞辰100周年。中共中央总书记、国家主席江泽民和国务院总理李鹏为纪念大会题词。

江泽民的题词是："继承和弘扬韬奋真诚为人民服务的精神。"

李鹏的题词是："韬奋同志是新闻出版战线上的典范。"

李鹏出席纪念大会并发表了讲话。李鹏在讲话中盛赞邹韬奋为中国人民的革命事业所作出的丰功伟绩，称赞邹韬奋为"伟大的爱国者，著名的政治家、出版家和新闻记者"，"他短暂的一生是追求光明的一生，为人民大众鞠躬尽瘁的一生，处处闪现着耀眼的光彩，给我们留下了可贵的纪念"，"韬奋同志的名字将永远是引导新闻出版界和爱国知识分子前进的一面旗帜！"[1]

在纪念邹韬奋诞辰100周年之际，凝结邹韬奋毕生心血的《韬奋全集》由上海人民出版社出版。全集的出版对于研究邹韬奋战斗的一生具有重要价值，对于研究现代中国历史和文化思潮提供了丰富的资料，其中对中国的政治、经济、社会、生活各方面的深刻的思考所闪现的思想光华，至今仍有现实意义。这是对邹韬奋的最好的纪念，同时又是邹韬奋给后人留下的宝贵的精神财富。

邹韬奋永远伫立在民族的精神里，永远活在人民的心坎上。

---

[1]《人民日报》1995年11月6日。

邹韬奋年表

• 1895 年［1 岁］

11 月 5 日（农历乙未年九月十九日）出身于福建永安。

是年，甲午战争中国惨败，被迫与日本订立《马关条约》，割地赔款。随后几年帝国主义各国掀起瓜分中国狂潮。

• 1900 年［6 岁］

父亲带着家眷迁往福州。由父亲"发蒙"，读《三字经》，从此开始了近十年的私塾学习，打下了坚实的国学基础。

是年，八国联军侵占北京。

• 1907 年［13 岁］

农历五月，母亲病逝，终年 29 岁，留下三儿三女。

• 1908 年［14 岁］

9 月，祖父在江西老家病故。

11 月，随父回江西奔丧，并扶母柩同往，在老家住 4 个月。

• 1909 年［15 岁］

春，回福州，考入福州工业学校。在这里初学英文，接触到一些新思想，眼界开阔了许多。

- 1911年［17岁］

辛亥革命爆发，福州光复。

- 1912年［18岁］

1月1日，中华民国成立。

4月，孙中山辞去了临时大总统，周游各省到达福州。邹韬奋得见孙中山的音容笑貌。

秋，由父亲送至上海南洋公学下院（附小）读书。

- 1913年［19岁］

立志做新闻记者。

- 1914年［20岁］

秋，升入南洋公学中院（附中）。

自此，家中的一切供给中断，被迫自力谋生。

- 1915年［21岁］

5月，在上海商务印书馆出版的《学生杂志》上发表处女作。

- 1917年［23岁］

秋，升入南洋公学上院（大学）电机工程科。

- 1919年［25岁］

2月，为筹措学费，辍学到江苏省宜兴县蜀山镇当家庭教师。

5月，五四运动爆发，席卷全国。

7月，回上海，参加《学生联合会日刊》的编辑工作。

9月，考入圣约翰大学文科三年级，主修西洋文学，辅修教育。

- 1921年〔27岁〕

7月，从圣约翰大学毕业，获文学学士学位。

9月，进入职业界，做英文秘书，兼做英文教员。

是年，中国共产党成立。

- 1922年〔28岁〕

担任中华职业教育社编辑股主任，开始研究职业教育。由此进入民族资产阶级营垒。

是年，与叶复琼结婚。

- 1924年〔30岁〕

参加职业指导运动周，对于社会上经济的不景气和政治的黑暗有所了解，觉得闭门造车不行。

是年，第一次国共合作成立。

- 1925年〔31岁〕

年初，叶复琼病逝。

10月，《生活》周刊创刊。

- 1926年〔32岁〕

1月1日，与沈粹缜结婚。

10月，接任《生活》周刊主编，从此开始了新闻记者、出版家生涯。

是年，北伐战争开始，掀起国民革命高潮。

• 1927年［33岁］

主编《生活》周刊。

蒋介石发动四一二反革命政变，国民革命失败。

是年，系统研究孙中山三民主义。

• 1928年［34岁］

主编《生活》周刊。

5月，对济南惨案予以强烈的谴责，从此开始谈"政治"，走上了政论家的坎坷途程。

• 1929年［35岁］

主编《生活》周刊。

是年，系统研究甘地主义，探求抵御外侮的良方。

• 1930年［36岁］

主编《生活》周刊。

《生活》周刊社成立书报代办部。

是年，发生空前剧烈的军阀混战——中原大战。

• 1931年［37岁］

主编《生活》周刊。

9月18日,日本制造九一八事变。《生活》周刊转变为宣传抗日救亡的号角。

11月,《生活》周刊社发起募捐,实际支持马占山抗日。

• 1932年［38岁］

主编《生活》周刊。

1月28日,日本在上海制造一·二八事变。《生活》周刊社积极参加支前工作,并及时报道战况。

3月间,和戈公振、毕云程、杜重远、李公朴等发起筹办《生活日报》。

7月,生活书店正式成立。

同月,发表《我们最近的趋向》,具备了阶级和阶级斗争观念,认清了社会主要矛盾,从此挣脱了改良主义的窠臼。

10月,国民党当局下令停止邮递《生活》周刊。因环境所迫,《生活日报》宣布停办,发还募得的全部股款和利息。

• 1933年［39岁］

上半年,主编《生活》周刊,发表大量的解释马克思主义基本原理的文章,初步具有马克思主义世界观。

1月,参加宋庆龄、蔡元培、鲁迅等发起的中国民权保障同盟,当选为执行委员。

5月27日,在"信箱"答复中明确指出:"横在我们面前的,已不是先安内后攘外,或先攘外后安内的问题,而是唤起广大的民众运动以推翻帝国主义及其依附者的问题。"为了适应宣传上的需要，他把为民众运动进行"思想和意识的准备"定为《生活》周刊"努力的方针"。该答复集中反映了九一八事变后邹韬奋思想发展变化的情况，是其走上革命道路的标志。

7月14日，因人身安全不保，被迫流亡国外，是为第一次流亡。

8月7日，到达意大利威尼斯，海上旅程结束。17日到瑞士。23日至巴黎。

9月30日到伦敦。在这里系统地学习了马列主义理论，回国后将读书笔记加以整理和翻译，得《读书偶译》一书。

12月16日，连续出版达8年之久的《生活》周刊被国民党当局查封。

- 1934年［40岁］

2月10日，《新生》周刊在上海出版，杜重远任主编。

2月，从伦敦出发，先后考察了法、比、荷、德等国，4月18日又回到伦敦。

7月14日，从伦敦乘船赴苏，19日抵列宁格勒，20日到达莫斯科。对苏联进行了全方位的考察，感到世界社会主义如日方升。

9月27日，回到伦敦。

- 1935年［41岁］

4月25日，在伦敦写作《萍踪寄语三集弁言》，标志着马克思主义世界观最终形成，从此成为坚强的无产阶级文化战士。

5月11日，乘船赴美，16日到达纽约。随后，在美进行了三个多月的考察，看清了"金圆帝国"的真相。

5月间，新生事件发生，《新生》周刊遭禁，杜重远被囚。

得知新生事件，决定立即回国，8月27日乘船回到上海。

11月16日，《大众生活》创刊，以"力求民族解放的实现，封建残余的铲除，个人主义的克服"为宗旨，重新树立起一面抗日救亡的大旗。

12月9日，一二·九学生抗日救亡运动爆发。《大众生活》大量报道，全力声援。18日，上海文化界救国会成立，被推为执委。

是年，中国共产党发表著名的《八一宣言》，号召停止内战，团结一切抗日力量，建立抗日民族统一战线。

● 1936年［42岁］

2月29日，《大众生活》出至第6期，被国民党政府查禁。邹韬奋在国内难以立足，随时有被拘捕的危险。

3月7日，《永生》周刊出版，由金仲华主编。

3月，去香港筹办《生活日报》。这是第二次流亡。

5月31日，全国各界救国联合会在上海成立，被选为执委。

6月7日，《生活日报》在香港创刊，以"努力促进民族解放，积极推广大众文化"为宗旨。同时办有《生活日报星期增刊》。

7月31日，与陶行知、沈钧儒、章乃器4人联名发表《团结御侮的几个基本条件与最低要求》。

同日，《生活日报》宣布在港停刊，迁移上海继续出版。《生活日报星期增刊》改名为《生活日报周刊》留港出版。

8月10日，毛泽东致章乃器、陶行知、沈钧儒、邹韬奋及全体救国会会员函，对他们发表的《团结御侮的几个基本条件与最低要求》表示"极大的同情和满意"。

8月23日，《生活日报周刊》改名为《生活星期刊》迁沪出版。

9月18日，毛泽东委托潘汉年致信章乃器、陶行知、沈钧儒、邹韬奋，对他们的抗日救国言论和行动，表示"无限的敬意"，并"委托潘汉年同志与诸位先生经常交换意见和转达我们对诸位先生的热烈希望"。从此与中国共产党中央有了直接的联系。

10月19日，鲁迅逝世，邹韬奋参加悼念活动，发表文章盛赞鲁迅的"战而不屈"的精神。

11月，上海日本纱厂工人罢工。绥远抗战爆发。

同月22日深夜，与沈钧儒、章乃器、李公朴、王造时、沙千里和史良一起被逮捕，是为七君子事件。《生活星期刊》停刊。

12月4日被押送苏州，监禁在吴县横街江苏省高等法院看守所。

同月12日，西安事变发生，断绝与外界的联系。

• 1937年［43岁］

4月4日，国民党江苏省高等法院以《危害民国紧急治罪法》对七君子提起公诉。

同月12日，中共中央发表声明，要求国民党政府"立即释放沈、章、邹、李、王、沙、史诸爱国领袖及全体政治犯"。

6月11日，江苏省高等法院第一次开庭审判七君子。

同月25日，第二次审判七君子。

宋庆龄、何香凝、胡愈之等16人发起"救国入狱运动"，声援七君子。

7月7日，卢沟桥事变爆发，日本发动对中国的全面战争，中国的全民族抗日民族解放战争正式开始。

同月31日，七君子获释，结束了243天的牢狱生活。

8月1日，七君子回到上海。

同月2—12日，应国民党政府"邀请"，七君子到南京盘桓十日，贡献了一些抗日救亡的意见。

同月13日，回沪，潘汉年代表中国共产党慰问七君子，并转达了中共对于抗日战争的方针政策。同日，日军进攻上海，八一三淞沪抗战爆发。

同月19日，《抗战》三日刊创刊。

11月12日，上海沦陷。

同月27日，与其他文化界友人一起，在潘汉年等共产党人的安排下，乘船赴港。然后，经广西，过衡阳，前往武汉。这是第三次流亡。

12月16日，在汉口续办《抗战》三日刊。

同月下旬，在张仲实陪同下，拜访周恩来，请求加入中国共产党。

- 1938年［44岁］

1—6月，主编《抗战》三日刊。

春季，蒋介石召见邹韬奋与杜重远，诱迫他们加入国民党，被婉言回绝。

5月，向钱俊瑞提出加入中国共产党的请求，并请钱作入党介绍人。

6月，被国民党政府聘为国民参政会参政员。

7月6—15日，出席第一届国民参政会第一次会议。

同月7日，《抗战》三日刊与柳湜主编的《全民》周刊合并，更名《全民抗战》三日刊出版，与柳湜联合主编。

9月中下旬，与沈钧儒等一起到江西德安一带慰问前线抗日将士。

10月25日，汉口沦陷，转移《全民抗战》到重庆。

10月28—11月6日，在重庆参加第一届国民参政会第二次会议。

在重庆，曾拜访周恩来，再次请求加入中国共产党。

• 1939年［45岁］

主编《全民抗战》。

2月12—21日，参加第一届国民参政会第三次会议。

3月，生活书店开始受到摧残。同时，《全民抗战》开始受到"原稿审查"的高压。

4月28日，当选为生活书店总经理。

6月22日，国民党社会局、市党部特派员带着武装警察到生活书店总管理处查问生活书店的组织、资本额和营业状况。

7月，国民党中央宣传部长叶楚伧、副部长潘公展与邹韬奋谈话，强迫生活书店与官办的正中书局及独立出版社合并，遭到邹韬奋的拒绝。

不久，国民党中统特务头子徐恩曾找邹韬奋谈话，要求邹韬奋加入国民党，并胁迫邹韬奋尽早把生活书店与正中书局合并，均遭到邹韬奋严词拒绝。

9月9—18日，参加第一届国民参政会第四次会议。参与发起、积极推动"宪政运动"。

• 1940年［46岁］

主编《全民抗战》。

4月1—10日，参加第一届国民参政会第五次会议。

5月初，遭受"谣言攻势"。何应钦公开地说邹韬奋等要领导暴动。

6月，生活书店散布全国的54个分支店在国民党当局的摧残下，仅剩下5个。

7月，国民党顽固派一"大员"与邹韬奋面谈，先重弹合并老调，再提出如不合并，则由国民党中央党部派代表驻店监督一切，否则"即须全部消灭无疑"。邹韬奋威武不屈。

11月，《事业管理与职业修养》由重庆生活书店出版。

- 1941年［47岁］

1月6—14日，国民党制造皖南事变。

2月8—21日，生活书店成都、昆明、桂林、贵阳分店连遭摧残。至此，生活书店在国内的54家分支店已被摧残殆尽，仅剩的重庆分店也日在风雨飘摇之中。

2月中旬，拜访周恩来，就时局问题、生活书店问题还有个人的去向问题，进行了广泛的交谈，从中得到剀切的指示。这是他和周恩来最后的一次见面。

2月间，仍被国民党政府聘为第二届国民参政会参政员。此时，邹韬奋已无意再粉饰局面，决意辞去该职。

同月25日，只身离开重庆，秘密出走香港。这是第四次流亡。

4月8日，范长江主办的《华商报》在香港创刊，邹韬奋为之撰写长文《抗战以来》。

5月17日，《大众生活》在香港复刊。

同月31日，与旅港的茅盾、范长江、金仲华等文化界人士联名发表《我们对于国事的态度和主张》。

6月22日，苏德战争爆发。

12月7日，太平洋战争爆发。8日，日军进攻九龙，《大众生活》被迫停刊。

同月25日，日军占领香港。

- 1942年［48岁］

1月，与其他一些文化界人士一起被中共华南工委和东江纵队营救出香港，转移到东江游击根据地。这是第五次流亡。

2月，国民党已密令通缉邹韬奋，一经发现，"就地惩办"。

4—9月，隐居在梅县江头村。系统地学习了中国共产党的历史，由此增进了对中国共产党的了解和感情；第一次深入祖国农村，第一次与中国人民的主体部分——农民亲切交往，理想与现实更加贴近了。隐居期间，左耳患病，流黏液，用药后渐愈。

9月27日，离开江头村，经国统区、敌占区，历时半个月到上海。这是第六次流亡。途中，右耳淌黄水。在上海诊断为中耳炎。

11月，由中共地下党组织精心安排，穿过敌伪层层封锁线，到达苏中抗日根据地。月底，向陪同的苏中区行政公署文教处处长刘季平郑重表示了入党要求。

12月，到苏北考察。该月前后，几次致信陈毅军长，谈考察苏中、苏北的体会，说在实际中真正看到了民主政治，看到了中国光明的未来。

- 1943年［49岁］

1月，苏北军民取得了反"扫荡"斗争的胜利。

2月，耳疾恶化。经医生诊断为癌症，被迫返沪就医。

5月，施行手术，术后进行放射治疗。

6月，夫人及长子、幼女先后从桂林来上海。

7月，病情恶化。陈毅军长指示"要尽一切力量，想一切办法，不惜任何代价来医治他的病"。

10月，奉党中央电令，华中局派徐雪寒到上海看望邹韬奋，并致赠医药费。

同月，得知国民党调集大军进攻陕甘宁边区，愤不可遏，口授《对国人的呼吁》。

• 1944年［50岁］

1—2月，病势稍缓，撰写《患难余生记》。

3月，华中局再派徐雪寒赴沪看望邹韬奋，致赠医药费，并对后事做出安排。

同月，曾找徐伯昕嘱咐后事，要求中国共产党审查他的一生，如果合格，请追认入党。

6月2日，遗嘱定稿，再次请求追认入党。

7月24日晨7点20分，逝世于上海医院。

9月28日，中共中央唁电邹韬奋家属，接受邹韬奋的临终请求，追认为中国共产党党员。

主要参考书目

1.《毛泽东选集》(1—4卷),人民出版社,1991年版。

2.《孙中山全集》第9卷,中华书局,1986年版。

3.《列宁全集》第31卷,人民出版社,1985年版。

4.《马克思恩格斯选集》(1—4卷),人民出版社,1995年版。

5.《韬奋全集》(1—14卷),上海人民出版社,1995年版。

6.《生活》周刊(1—8卷),1925年10月至1933年12月。

7.《大众生活》周刊(1—16号),1935年11月至1936年2月。

8.《生活日报》,1936年6月7日至7月31日。

9.《生活日报星期增刊》(后来相继更名为《生活日报周刊》和《生活星期刊》)第1卷第1号至第27号,1936年6月至11月。

10.《抗战》(《抵抗》)三日刊第1号至86号,1937年8月至1938年7月。

11.《全民抗战》三日刊(五日刊、周刊)第1期至第157期,1938年7月至1941年2月。

12.《大众生活》周刊新1号至30号,1941年5月至12月。

13.《忆韬奋》(回忆录集),邹嘉骊编,学林出版社,1985年版。

14.《邹韬奋》,穆欣编著,湖北人民出版社,1981年版。

15.《韬奋论》,俞月亭著,河北教育出版社,1991年版。

16.《韬奋与出版》,钱小柏、雷群明合著,学林出版社,1983年版。

17.《邹韬奋传》，俞润生著，天津教育出版社，1994年版。

18.《韬奋著译系年目录》，邹嘉骊编，学林出版社，1984年版。

19.《韬奋的流亡生活》，胡耐秋著，生活·读书·新知三联书店，1979年版。

20.《我的回忆》，胡愈之著，江苏人民出版社，1990年版。

21.《韬奋的道路》，上海韬奋纪念馆编，生活·读书·新知三联书店，1958年版。

22.《漫话救国会》，沙千里著，文史资料出版社，1983年版。

23.《救国会》，周天度编，中国社会科学出版社，1981年版。

24.《国民参政会资料》，四川人民出版社，1984年版。

25.《七君子在苏州狱中》，苏州市委统战部等编，1986年内部刊行。

26.《中国现代史》（上册），王桧林主编，高等教育出版社，1988年版。

27.《中国各民主党派史人物传》第5卷，彦奇主编，华夏出版社，1994年版。

28.《中国共产党历史》上卷，中共中央党史研究室著，人民出版社，1991年版。

再版后记

邹韬奋是对我影响最大的历史人物之一。我曾经如醉如痴地咀嚼着邹韬奋的作品,锲而不舍地用了10年的光阴研究邹韬奋。邹韬奋的思想和精神深深植根于我的脑际,一直激励我求学就业,鞭策我做人做事,引领我成长进步。

《邹韬奋传》是我研究邹韬奋的最终成果,1998年山东人民出版社初版。当年,江苏人民出版社出版的《畅销书摘》第11期摘登了该书;中国韬奋基金会《情况简报》第4期介绍了该书,并说我"是一位很值得推荐的新秀"。2000年,《邹韬奋传》获得江西省第9次哲学社会科学优秀成果奖二等奖。后来,《邹韬奋传》还得到了不少社会好评并被研究者引用。可以说,《邹韬奋传》既是我的第一本学术著作,也是我迄今为止最为珍爱的代表作。

今年5月4日,我参加江西省委办公厅机关党委组织的"五四青年读书交流会",在点评讲话时推荐了《邹韬奋传》,介绍了邹韬奋"消极中的积极"人生观和服务上的"彻底精神"。意在引导年轻干部遇事首先把自己摆放在最低下的位置,然后再去做最积极的进取和努力,这样成功了就不会得意忘形,失败了也不至于心灰意冷,从而始终保持平和的心态;同时引导年轻干部凡事不干则已,要干就要竭尽全力往好里干,干得让人家觉得离不开你。会后,不少青年同事认为很有教益,纷纷借阅或求购《邹韬奋传》。

然而,《邹韬奋传》出版17年了,书店早已售罄,网上虽偶尔能淘到旧书,但还是难以满足需要。

未几,三联书店专题分社社长朱利国先生打来电话,表达了再版《邹韬奋传》的意向。邹韬奋是三联书店的创始人之一,由三联书店出版《邹韬奋传》是名至实归的上佳选择。我应约将自己珍存的初版《邹韬奋传》样书寄去,很快获准立项,并签了出版合同。这其中,朱利国先生付出了多少辛劳、给予了多少关心,我是不得而知的。但有一点我是知道的,这就是如果没有朱利国先生,也就没有《邹韬奋传》在我神交已久的三联书店出版。由此,在《邹韬奋传》出版之际,我首先要对朱利国先生的看重和关心表示衷心感谢和由衷的敬意!同时,还要对责任编辑马驰同志以及美术设计蔡立国主任、陶建胜同志的辛勤帮助表示诚挚的感谢!

《邹韬奋传》再版,我没有对它伤筋动骨,只是将发现的舛误加以校正,将少部分语句加以润饰,初版的篇章结构和基本观点均保持不变。人生易老,逝者如斯。《邹韬奋传》初版时我33岁,《邹韬奋传》再版时我50岁,"新秀"不再。捧读清样,我思绪万千,情愫涌动,神伤泪流。初版后记所鸣谢的,昔日我拜访请教的胡绳等生活书店老前辈们在哪里,昔日多次接见并指导我的邹竞蒙先生在哪里,昔日我的博士生导师彭明教授、硕士生导师朱允兴教授在哪里,昔日待我如待自己博士生的彦奇教授在哪里,昔日"20世纪中国思想史传记丛书"主编王桧林教授在哪里,昔日悉心栽培我的江西财大党委书记漆权同志在哪里……阴阳两隔啊!值此《邹韬奋传》再版之际,我怎能不深切怀念他们!

当然,怀念先辈、先师,不是为了沉湎过去,而是为了铭恩、感恩并更好地从他们身上汲取开创未来的精神力量。虽然我多年没有再研究邹韬奋了,但是,《邹韬奋传》的再版,无疑使我又经受了一次韬奋精神的洗礼,同时使我又重温了一遍诸多先辈、先师的殷殷期待。邹韬奋是中国知识分子的光辉典范,毕生书写的是激昂卓越的书生爱国、救国的历史。我将继续保持满腔的热情和一身的干劲,全力以赴做好组织上交给的每一份工作,用实际行动为实现中国梦和江西梦做出新的更大贡献。我想,这样做,才是对邹韬奋的最好纪念,才是对诸位先辈、先师最好的怀念。同时,我更真诚地期望《邹韬奋传》的再版,能够使更多的读者特别是正上下求索在人生道路上的青年人从中得到些许启示、教益和帮助。这恰是曾经做过大学教师的我所梦寐以求的。

心有所感,书不尽言。聊记数语,权作再版后记。

沈谦芳

2015 年 10 月于南昌红谷滩